Beck'sche Elementarbücher

24r

Geschichte der Philosophie

Herausgegeben von Wolfgang Röd

Band VII

Verlag C.H.Beck München

Die Philosophie der Neuzeit 1

Von Francis Bacon bis Spinoza

Von Wolfgang Röd

Verlag C.H.Beck München

CIP-Kurztitelaufnahme der Deutschen Bibliothek

Geschichte der Philosophie /hrsg. von Wolfgang
Röd. – München: Beck.
(Beck'sche Elementarbücher)
NE: Röd, Wolfgang [Hrsg.]
Bd. 7.→Die Philosophie der Neuzeit

Die Philosophie der Neuzeit. – München: Beck.
1. Von Francis Bacon bis Spinoza / von Wolfgang
Röd. – 1. Aufl. – 1978.
(Geschichte der Philosophie; Bd. 7) (Beck'sche
Elementarbücher)
ISBN 3 406 03950 2
NE: Röd, Wolfgang [Mitarb.]

ISBN 3 406 03950 2

Umschlagentwurf von Walter Kraus, München
© C. H. Beck'sche Verlagsbuchhandlung (Oscar Beck), München 1978
Gesamtherstellung: C. H. Beck'sche Buchdruckerei, Nördlingen
Printed in Germany

Inhaltsverzeichnis

Einleitung

Zum Charakter der Philosophie des 17. Jahrhunderts

Wie für die Geschichte im allgemeinen gilt auch für die Geschichte der Philosophie, daß das jeweils Neue stets als Ergebnis kontinuierlicher Entwicklung auftritt. Manchmal bewirken allerdings Tempo und Häufigkeit von Veränderungen einen so tiefgreifenden Wandel der Situation, daß Diskontinuität vorgetäuscht wird, wo im Grunde Kontinuität vorliegt. So verhält es sich auch in der Philosophie des 17. Jhs., die durch so viele Ansätze modernen Denkens charakterisiert ist, daß der Eindruck ihrer Neuartigkeit das Bewußtsein ihrer Abhängigkeit von der Tradition leicht zu verdecken vermag. Dennoch muß die historische Darstellung der Verflechtung von Altem und Neuem, von Renaissance-Denken, später Scholastik und modernem Bewußtsein, namentlich in der ersten Jahrhunderthälfte, Rechnung tragen. Hierbei erweist sich eine scharfe zeitliche Abgrenzung als unmöglich. Das hat Folgen für die Abgrenzung von Band VI, der der Philosophie des Humanismus und der Renaissance gewidmet ist, und Band VII der vorliegenden Philosophiegeschichte, da im ersteren zum Teil Entwicklungen dargestellt werden, die ins 17. Jh. hineinreichen, während im letzteren manche Denker zu berücksichtigen sind, die in gewisser Hinsicht noch der Renaissance angehören.

Ungeachtet des Weiterwirkens traditionaler Elemente in der Philosophie des 17. Jhs. sind aber in diesem Zeitraum die Verschiebungen der Interessen, die Veränderungen der theoretischen wie der praktischen Grundeinstellung und damit die Modifikationen der Kriterien der Wahrheit und des Wertes so deutlich, daß es legitim erscheint, ihn als *Epochenschwelle* aufzufassen und den Beginn der modernen Philosophie in ihn zu verlegen, zumal im 17. Jh. auch in der Politik, der Ökonomie bzw. im sozialen Bereich typisch moderne Züge herrschend werden. Es ist die Zeit, in der sich unter Ludwig XIII. und Ludwig XIV. bzw. unter ihren Ministern Richelieu und Mazarin mit dem politischen Absolutismus in Frankreich die moderne Konzeption des Einheitsstaates durchsetzt, während in England analoge Bestrebungen unter den Stuarts zwei Revolutionen provozierten, um schließlich gegen Ende des Jahrhunderts zur Ausbildung der konstitutionellen Monarchie zu führen. Es ist die Zeit, in der das aufstrebende England die alten Kolonialmächte zu überflügeln beginnt und die zunächst im Fernhandel führenden Niederlande auf den zweiten Platz zurückdrängt; in der mit dem Zufluß von Edelmetallen aus Übersee eine starke Verteuerung der Lebenshaltung einsetzt und mit dem Freiwerden von ursprünglich in der Landwirtschaft gebundenen Arbeitskräften das Lohnniveau

merklich sinkt; in der die wirtschaftliche Bedeutung des gewerbe- und handel-
treibenden Bürgertums immer noch zunimmt und der Einfluß der Städte weiter
wächst, vor allem in Westeuropa, während Italien in der Entwicklung zurück-
fällt und das unter den Folgen des Dreißigjährigen Krieges leidende Mitteleu-
ropa einen Tiefstand in wirtschaftlicher, politischer und kultureller Hinsicht
erreicht hat. Es ist die Zeit ökonomischer und administrativer Rationalisie-
rungsbestrebungen, die in den wirtschaftlich fortgeschrittenen Ländern
schließlich zur Ausbildung des Merkantilsystems führen, das Handel und
Industrie auf Kosten der Landwirtschaft begünstigt und die Produktion im
Interesse ihrer Intensivierung der staatlichen Kontrolle unterwirft. In dieser
Zeit konnte es nicht ausbleiben, daß die Philosophie zu den durch die Entwicklung in den genannten Bereichen aufgeworfenen allgemeinen Fragen Stellung
nahm. Sie darf aber keineswegs nur als Reflex der angedeuteten Prozesse
aufgefaßt werden. Sie war daneben entscheidend durch die Wechselbeziehun-
gen zwischen ihr und der Mathematik bzw. den mathematischen Naturwissenschaften geprägt. Darüber hinaus gingen immer noch Impulse von den religiösen Weltanschauungen bzw. von den verschiedenen Richtungen der Theologie
auf die Philosophie aus und provozierten sie zu Reaktionen. Schließlich gibt es
einen Bereich philosophischer Probleme, die *genuin philosophisch* sind und in
bezug auf die eine autonome Entwicklung konstatiert werden kann. Die
Philosophiegeschichte wird beiden Aspekten Rechnung tragen müssen: dem
der Selbständigkeit der Philosophie und dem ihrer Abhängigkeit von außerphilosophischen Faktoren, wenn sie sich dem Ideal der historischen Angemessenheit annähern will. Als Geschichte der Philosophie wird sie sich freilich in erster
Linie auf den Bereich eigenständiger philosophischer Probleme und auf deren
Entwicklung zu konzentrieren haben.

    Einleitend soll zum Zweck der Orientierung versucht werden, einige Charak-
teristika der Philosophie des 17. Jhs. herauszuheben, selbstverständlich ohne
Anspruch der Vollständigkeit und ohne daß der Anordnung eine Rangordnung
zugrunde gelegt würde. Die Konkretisierung der folgenden, zwangsläufig
abstrakten Übersicht bleibt den spezielleren Erörterungen der einzelnen Kapitel dieses Bandes vorbehalten.

1. Der Praxisbezug der Philosophie

Francis Bacon, seiner Selbsteinschätzung zufolge Wegweiser in Richtung auf
eine Zeit theorieorientierter Praxis, formulierte jenes Ziel der *Herrschaft des
Menschen* über die natürlichen wie über die gesellschaftlichen Bedingungen des
menschlichen Daseins, das die meisten Philosophen der Epoche, darunter
Descartes und Hobbes, verband. Die Erforschung der diesseitigen Ursachen
von Tatsachen und Vorgängen in Natur und Gesellschaft (d. i. der *causae
secundae* gegenüber den *causae primae*, wie es in der mittelalterlichen Philoso-

phie hieß) dient nach diesem Programm dem Erwerb von Erkenntnissen
(namentlich von Erkenntnissen gesetzmäßiger Zusammenhänge), mit deren
Hilfe die Wirkungen der natürlichen wie der sozialen Kräfte im Hinblick auf die
maßgeblichen Ziele, die allen praktischen Bemühungen zugrunde liegen, ge-
steuert werden können. Die Zielsetzungen: Ersparung von Arbeitskraft durch
immer bessere Ausnutzung von Naturkräften mit technischen Mitteln, Erhaltung von Leben und Gesundheit mit Hilfe der Medizin, rationale Lebensführung durch Eindämmung affektiver Einflüsse auf das Verhalten, Rechtssicher-
heit im gesellschaftlichen Verkehr, Erhöhung der wirtschaftlichen Produktivi-
tät durch rationale Organisation der ökonomischen Beziehungen u. ä., erwach-
sen aus einer optimistischen Grundhaltung,[1] die die Epoche viel stärker prägte
als die ebenfalls anzutreffende pessimistische Einschätzung der menschlichen
Natur und ihrer Vermögen bei theologisch gestimmten Denkern wie Pascal
oder Malebranche. Im großen und ganzen dominiert die mit der Abkehr vom
Ideal der *vita contemplativa* zugunsten der *vita activa* gegebene Konzentration
auf diesseitige Aufgaben. Das irdische Dasein wird für sich selbst bedeutsam,
das menschliche Leben gilt nicht mehr primär als Zeit der Bewährung im
Hinblick auf ein jenseitiges Ziel, und demgemäß werden die menschlichen
Handlungen nicht mehr in erster Linie vom Gesichtspunkt der Transzendenz
aus bewertet.

2. Die Autonomie des philosophisch-wissenschaftlichen Denkens und die Verselbständigung des Individuums

Häufig wurde die sich schon im Spätmittelalter ankündigende, aber erst im
17. Jh. voll wirksam werdende Umorientierung der Philosophie von transzendenten zu *immanenten Zielsetzungen* als Prozeß der Säkularisation interpretiert.[2] Wäre das so zu verstehen, als hätten in der neuzeitlichen Philosophie
theologische Gedanken der Tradition durch Einbeziehung in ein neues Begriffs-
system einen anderen, nämlich weltlichen Charakter erhalten, dann wäre eine
solche Deutung verfehlt. Die moderne Philosophie ist wesentlich mehr als eine
Travestie theologischer Konzeptionen; sie stellt vielmehr ihre eigenen Fragen
und beantwortet sie mit den ihr eigenen Mitteln. Indem sich die Philosophie als
autonome Disziplin begreift, trennt sie scharf zwischen Wissen und Glauben.
Dies führt zur Schaffung von Freiräumen, innerhalb deren sich Philosophie und
Wissenschaft unabhängig von der Theologie und gelegentlich gegen sie entfalten
können.

Parallel zur sukzessiven Realisierung des schon in der Renaissance aufgestellten *Autonomiepostulats* in Philosophie und Wissenschaft erfolgt schrittweise
die Verselbständigung des ökonomischen Bereichs gegenüber der Moral und
der Religion. Hier wie dort bildet sich eine pluralistische Ordnung heraus, in der
nicht mehr die Legitimation kraft Tradition, sondern nur noch die Rechtferti-

gung durch kritische Vernunft und Bewährung in der Praxis Geltung verleihen. Die ökonomischen Aktivitäten werden nicht mehr nach sittlichen oder religiösen Maßstäben, sondern ausschließlich auf Grund wirtschaftsimmanenter Kriterien beurteilt.

Gleichzeitig setzt sich immer deutlicher die Tendenz zur Verselbständigung des *Individuums* gegenüber den herkömmlichen Ordnungsmächten durch. Die soziale Stellung des Einzelnen wird nicht mehr, wie in der feudal-ständischen Gesellschaft, durch Geburt und Herkommen, sondern durch seine Leistung bestimmt. Damit wird die soziale Hierarchie variabel. An die Stelle des statischen Ordnungssystems der ständischen Gesellschaft tritt eine offene, pluralistische Sozialordnung, in der die herkömmlichen Beschränkungen der Betätigungsmöglichkeiten des Einzelnen mehr und mehr entfallen. Der Preis dieser Freiheit besteht in erhöhter Unsicherheit. Während der Einzelne in der ständischen Gesellschaft den ihm zukommenden Platz auch im Falle des Versagens nicht verlor, scheidet er in der Marktgesellschaft im Falle der Nichtbewährung aus der Gesellschaft aus.[3]

Das Prinzip der sozialen Autonomie findet seinen deutlichsten Ausdruck in der modernen Version der Theorie des Sozialkontrakts, derzufolge sich isolierte Individuen, sozusagen soziale Atome, durch wechselseitigen Vertrag zu gesellschaftlichen Verbänden und insbesondere zum Staate zusammengeschlossen haben sollen. Es liegt nahe, einen Zusammenhang zwischen der Verselbständigung des Individuums als Rechtssubjekt und seiner ökonomischen Verselbständigung zu vermuten.[4] Die immer wieder aufgestellte Behauptung, der Verselbständigung des Individuums als Wirtschafts- und Rechtssubjekt entsprächen in der Philosophie der Epoche eine subjektivistische Erkenntnistheorie und eine subjektivistische Ethik, ist dagegen verfehlt. Im 17. Jh. dominiert die Überzeugung vom objektiven Charakter der Wahrheit und des Wertes, wie sie für den zeitgenössischen Rationalismus charakteristisch ist.

3. Die Vorherrschaft des Rationalismus

Wenn das 17. Jh. philosophiegeschichtlich vor allem als die Zeit Descartes', Hobbes', Spinozas oder Leibnizens, und nicht so sehr als die Zeit Bacons oder Gassendis erscheint, so ist das eine Folge des Übergewichts der von den ersteren vertretenen *rationalistischen Philosophie*, die, gestützt auf die Annahme einer einheitlichen, mit der Form der Wirklichkeit übereinstimmenden und daher zu apriorischen allgemeinen und objektiv gültigen Urteilen befähigten Vernunft, der Aufgabe gerecht zu werden versprach, die zahlreichen Ergebnisse der sich konstituierenden Wissenschaften systematisch zusammenzufassen und den Wissenschaften selbst das metaphysische Fundament zu verschaffen, dessen sie zu bedürfen schienen. Das geschah durch die Konstruktion umfassender Systeme unter Einbeziehung der Grundsätze der Natur- und Sozialwissenschaften auf der Basis allgemeinster Prinzipien, die infolge ihrer Evidenz als unbezweifelbar bzw. unkorrigierbar, mithin als nicht-hypothetisch galten. Nur unkorrigierbare Erkenntnis ist Wissen im strengen, von der rationalistischen Philosophie vorausgesetzten Sinne, während in bezug auf Hypothesen nur in einem schwächeren Sinne von „Wissen" die Rede sein kann. Aus den evidenten und auf Grund der vorausgesetzten Isomorphie von Denk- und Wirklichkeitsstruktur als objektiv gültig betrachteten Prinzipien – im Grenzfall sogar aus einem einzigen derartigen Prinzip – sollen die Folgesätze des Systems ableitbar sein. Auf Grund ihrer logischen Abhängigkeit von den objektiv gültigen Prinzipien sollen auch die Folgesätze von der Wirklichkeit selbst gelten. Das rationalistische Ideal unkorrigierbarer und in diesem Sinne perfekter Erkenntnis und die rationalistische Konzeption einer systematischen Universalwissenschaft hängen somit zusammen.

Gegenüber der rationalistischen Konzeption spielte der *Empirismus* zunächst eine untergeordnete Rolle, unter anderem wohl darum, weil die zeitgenössischen Wissenschaftler die von ihnen angewandte Methode zwar mit ihr, nicht aber mit dem empiristischen Induktivismus, wie ihn Fr. Bacon gekennzeichnet hatte, in Einklang bringen konnten. Diese Methode bestand nicht im Sammeln von Beobachtungsdaten und in der sukzessiven Verallgemeinerung, sondern im Konstruieren von Theorien, die nicht aus der Beobachtung sozusagen herausdestilliert, sondern deren Konsequenzen nachträglich mit der Beobachtung verglichen werden.

Der rationalistischen Überzeugung von der Einheit der Vernunft entsprang der Glaube an die Möglichkeit einer in allen Erkenntnisbereichen anwendbaren Einheitsmethode, als deren Vorbild teils die Mathematik, teils die mathematische Naturwissenschaft fungierten. Die Forderung, in Philosophie und Wissenschaft „*more geometrico*" zu verfahren, setzte sich so weitgehend durch,[5] daß von einem „geometrischen Jahrhundert" in der Geschichte der Philosophie gesprochen werden kann. Neben der „geometrischen" („synthetischen" oder „progressiven") Methode spielte allerdings die „analytische" oder „regressive" Methode der Theorienbildung, die man als die Methode der Forschung der synthetischen als der Methode der Darstellung gegenüberzustellen pflegte, die wichtigere Rolle. Sofern die Philosophie des 17. Jhs. auch die Aufgabe der methodologischen Reflexion wahrnahm, hängt sie eng mit den Disziplinen, auf deren Methode sie reflektierte, nämlich Mathematik und Naturwissenschaft, zusammen.

4. Das Vordringen der mechanistischen Betrachtungsweise

Indem sich die Philosophie an der Methode der zeitgenössischen Mathematik und der mathematischen Physik orientierte, sah sie sich der Versuchung ausgesetzt, die „wissenschaftliche" – und das heißt unter den Voraussetzungen des

17. Jhs. vor allem die *mechanistische* – Betrachtungsweise zur einzig legitimen zu erklären und nicht nur physikalische, sondern auch physiologische und soziale Zusammenhänge mechanistisch zu interpretieren.⁶ Andersartige Erklärungen – insbesondere teleologische – wurden abgelehnt. Alles, was (wie z. B. die quasi-psychischen Bestimmungen, die die Naturphilosophie der Scholastik und der Renaissance der Materie beigelegt hatte) mit der mechanistischen Betrachtungsweise unvereinbar war, wurde als Fiktion (als „okkulte Qualität") verworfen. Auch der Begriff der Kraft war eine Zeit lang dem Verdacht ausgesetzt, eine okkulte Qualität zu betreffen, weshalb die Physik vorübergehend auf Kinematik beschränkt bzw. als angewandte Geometrie aufgefaßt wurde. Der Verzicht auf die Dynamik, die nach damaliger Ansicht den Begriff „Kraft" voraussetzt, war freilich nur provisorisch möglich. Die radikale Einengung der Physik auf Kinematik entsprang dem Bestreben, ein für allemal die Gefahr einer mystischen Naturphilosophie, wie sie in der Renaissance vertreten worden war, zu bannen.

Parallel zur Elimination aller nicht-geometrischen bzw. nicht-geometrisierbaren Bestimmungen aus dem Begriff der Materie erfolgte eine Neudefinition der Seele, wobei aus deren Begriff alle Bestimmungen ausgeschlossen wurden, die nicht Bewußtseinsverhältnisse betreffen. Der damit gegebene schroffe Dualismus von Materie und Geist rückte das psychophysische Problem in den Mittelpunkt des Interesses und regte nicht nur die Entwicklung der rationalen, sondern auch die Ausbildung der empirischen Psychologie als einer selbständigen Wissenschaft an.

5. Der Durchbruch des Unendlichkeitsgedankens in der Kosmologie

Die Kosmologie des 17. Jhs. brach endgültig mit der herkömmlichen Konzeption des Kosmos, derzufolge dieser ein endliches, in die weniger vollkommene sublunare und die vollkommenere supralunare Welt gegliedertes Ganzes sein sollte. Die beiden Wirklichkeitsbereiche waren dieser Ansicht nach nicht nur dem Vollkommenheitsgrad, sondern auch der Art der in ihnen geltenden Gesetze nach verschieden, so daß der terrestrischen eine andersartige Himmelsphysik gegenüberstand. Die moderne Kosmologie ließ diese Konzeption fallen und postulierte die Gleichartigkeit aller Prozesse im Universum. Sofern sie den physikalischen Raum mit dem Raum der euklidischen Geometrie identifizierte, gelangte sie zu der These von der *Homogeneität* und *Unendlichkeit* des ersteren.⁷ Während Galilei der Frage noch ausgewichen war, ob der Raum endlich oder unendlich sei, bestimmte Descartes die räumliche Unendlichkeit, die er folgerichtig lehrte, im Sinne der Unauffindbarkeit von Grenzen des Raumes, wobei er auf den Widerspruch Henry Mores stieß, der die Annahme einer positiven Unendlichkeit des Raumes wagte und damit eine der grundlegenden Voraussetzungen der klassischen (Newtonschen) Naturphilosophie klar aussprach. Da es keinen Mittelpunkt des Unendlichen gibt, kann weder die Erde noch die Sonne zum Zentrum der Welt gemacht werden. Das Problem des Unendlichen stellte sich auch in Form der Frage, ob ein unendlich Kleines angenommen werden müsse oder ob als letzte Teile der Materie Atome von endlicher Größe anzusehen seien. Das letztere mußte unter der Voraussetzung, daß „Materie" und „Ausdehnung" dasselbe seien, ausgeschlossen erscheinen. Dennoch setzte sich die atomistische Betrachtungsweise in der Physik und Naturphilosophie des 17. Jhs. immer mehr durch, da ihre Vertreter argumentierten, die Materie könne nicht aus Punkten, auf die die unendliche Teilung der Ausdehnung hinauslaufe, aufgebaut gedacht werden. Wegen der Unvereinbarkeit von Atomistik und geometrischem Materiebegriff, wie er von den Cartesianern vertreten wurde, bedeutete das Vordringen der ersteren die Zurückdrängung des letzteren. Die cartesianische Naturphilosophie brach endgültig zusammen, als sich die Überzeugung von der Unentbehrlichkeit des Begriffs der Kraft und damit die Unhaltbarkeit einer rein „geometrischen" Physik (als Kinematik) durchsetzte. (Auf den Sieg der dynamischen Betrachtungsweise wird in Band VIII im Zusammenhang mit Leibniz und Newton eingegangen werden.)

6. Die Rolle der Erfahrungstheorie in der modernen Philosophie

Jede auch noch so gedrängte Übersicht über die Charakteristika der Philosophie des 17. Jhs. wäre unvollständig, wenn sie nicht einen Hinweis auf die Rolle enthielte, die die *Theorie der Erfahrung* in ihr spielt. Die moderne Philosophie im allgemeinen ist dadurch gekennzeichnet, daß sie keine der herkömmlichen philosophischen und insbesondere metaphysischen Fragen beantworten zu können meint, ohne vorher Klarheit darüber gewonnen zu haben, wie weit die Erfahrung bzw. die Erkenntnis reichen und wie diese überhaupt möglich sind. Die Antwort auf die Frage nach der Möglichkeit von (wissenschaftlicher) Erfahrung wird im Rahmen von Theorien zu geben gesucht, deren Prämissen die Funktion von obersten Prinzipien der Philosophie bzw. der Metaphysik erhalten. Die Bedeutung der erfahrungstheoretischen Orientierung der modernen Metaphysik, die es erlaubt, diese in weitem Wortsinn „transzendentalphilosophisch" zu nennen, kann nicht leicht überschätzt werden;[8] da sie aber in abstrakter Weise sich kaum angemessen darstellen läßt, kann hier nur auf sie aufmerksam gemacht werden. Im übrigen ist zu diesem Aspekt der neuzeitlichen Philosophie, der bereits in der Metaphysik des 17. Jhs. hervorzutreten beginnt, auf die den großen „transzendentalphilosophischen" Metaphysikern gewidmeten Kapitel zu verweisen.

Mit der Frage nach den Bedingungen der Möglichkeit von Erfahrung hängt die Frage nach der Berechtigung des im Alltag wie in der Wissenschaft unkritisch erhobenen Anspruchs der objektiven Gültigkeit mindestens eines Teils unserer Urteile über Tatsachen und gesetzmäßige Beziehungen zwischen Tatsachen engstens zusammen. Indem die kritische Rechtfertigung jenes Anspruchs als Aufgabe der Philosophie anerkannt wurde, wurde die Erfahrung als solche zum Problem. Im Zusammenhang mit diesem Problem erwies es sich als unvermeidlich, auf den Charakter von Begriffen und auf die Struktur von Erklärungen im wissenschaftlichen Bereich zu reflektieren, so daß auch *wissenschaftstheoretische Analysen* in der Philosophie der Epoche eine Rolle zu spielen begannen. Die in der Philosophie des 17. Jhs. zum Durchbruch kommenden Betrachtungsweisen prägten das Denken der folgenden Jahrhunderte so nachhaltig, daß die Entwicklung bis ins 19., zum Teil sogar bis ins 20. Jh., als Entfaltung von Ansätzen begriffen werden kann, die sich während der im vorliegenden Band darzustellenden Epoche herauskristallisierten. Das gilt allerdings nicht ausnahmslos. So ist z. B. der Empirismus im fraglichen Zeitraum nur in einer Form repräsentiert, die es schwer macht, in ihm den Ansatz des später entwickelten Empirismus zu erblicken. Im großen und ganzen darf jedoch gesagt werden, daß die meisten der Grundfragen der modernen Philosophie schon im 17. Jh. berührt wurden.

Am Schlusse dieser Einleitung darf ein Wort des Dankes an jene nicht fehlen, die dem Verfasser durch kritische Lektüre einzelner Kapitel behilflich waren, nämlich die Herren Stud.-Dir. Dr. H. Angstl, mag. theol. Julián Pacho, Univ.-Ass. Dr. V. Pittioni, Univ.-Ass. Dr. R. Thurnher und Univ.-Ass. Dr. E. Waibl. Den letzteren schuldet der Verfasser auch Dank für die Mühe beim Lesen der Korrekturen. Herrn Wolfgang Beck gebührt als Verleger besonderer Dank für die verständnisvolle Förderung der von ihm angeregten Arbeit. Großen Dank schulde ich schließlich Herrn Dr. G. Schiwy für Rat und Hilfe bei der Herstellung der Letztfassung.

I. Francis Bacon

1. Bacons Leben und Werke

Francis Bacon, später Baron Verulam und Viscount von St. Albans (1561–1626),[1] ist eine Persönlichkeit der Zeitenwende und weder der Renaissance noch der modernen Philosophie des 17. Jhs. eindeutig zuzuordnen. Einerseits Theoretiker der empirischen Methode, konnte er sich andererseits doch nicht völlig von dem herkömmlichen Ideal absolut sicherer Wesenserkenntnis lösen; einerseits Bahnbrecher der modernen Naturwissenschaft, drang er andererseits doch nicht zur Konzeption einer mathematischen Physik vor; einerseits Prophet des technischen Zeitalters, blieben in seinem Denken doch noch Motive der Alchemie wirksam.[2]

Beherrschendes Ziel Bacons war der Aufbau einer wissenschaftlichen Organisation, die die theoretischen Bemühungen einer Vielzahl von Forschern im Interesse praktischer Nutzung der Forschungsergebnisse koordinieren sollte. Dieses Ziel war nur mit staatlicher Förderung zu erreichen, weshalb Bacon bestrebt war, sich dem englischen König zunächst als Politiker zu empfehlen, um später von ihm als Organisator der wissenschaftlichen Forschung und technischen Verwertung der wissenschaftlichen Resultate gefördert zu werden. Der direkte Weg in die Politik war ihm jedoch wegen der Beschränktheit seiner materiellen Mittel verschlossen, weshalb er den Beruf des Juristen wählte, um sein ursprüngliches Ziel auf einem Umweg zu erreichen. Es gelang ihm, zunächst Unterhausabgeordneter zu werden, später verschiedene politische Ämter und schließlich unter Jakob I. das Amt des Lordkanzlers zu erhalten.

Bacon befürwortete eine autoritäre Regierung, in der er die einzige Alternative zur Anarchie erblickte.[3] Er begrüßte den endgültigen Sieg der englischen Reformation und glaubte noch wenige Jahre vor dem Ausbruch des Dreißigjährigen Krieges, daß nunmehr ein Gleichgewicht der großen Mächte hergestellt sei, welches eine friedliche Entwicklung zum Vorteil des wissenschaftlich-technischen Fortschritts gewährleiste. Er hoffte auf einen raschen Ausbau der englischen Wirtschaft, die zunächst noch gegenüber der holländischen klar im Rückstand war. Während die Niederlande im 17. Jh. sich anschickten, den Prinzipien des Kapitalismus mit politischen Mitteln Geltung zu verschaffen, war Englands Ökonomie durch das Fortbestehen feudaler Verhältnisse, namentlich durch die Konzentration des Besitzes in wenigen Händen, in ihrer Entwicklung gehemmt. Bacon plädierte für eine Eigentumsverteilung, bei der die Verfügung über die Produktionsmittel bei jenen liegen sollte, die deren beste Nutzung garantieren könnten. Zugleich forderte er die Entwicklung der Industrie durch Verbesserung der Produktionsmittel. In diesem Sinne verkündete er emphatisch die ´Notwendigkeit des materiellen Fortschritts.[4] In dem Maße jedoch wie die englische Wirtschaft zu Beginn des 17. Jhs. noch weitgehend nach traditionalistischen Prinzipien funktionierte, blieb auch Bacon noch von der traditionellen Wirtschaftsmoral abhängig, von deren Einfluß auf sein Denken unten die Rede sein soll.

Bacon war äußerst anpassungsfähig, ja berechnend, jedoch nicht nur im eigenen, sondern ebenso sehr auch im Interesse des Staates. So dürfte nicht nur Opportunismus, sondern auch Loyalität gegenüber der Krone für seine Abwendung von seinem früheren Förderer, dem Grafen Essex, maßgeblich gewesen sein, nachdem dieser sich gegen die Königin gestellt hatte. Dennoch bleibt befremdlich, daß er in dem Hochverratsprozeß gegen Essex, dem er zu größter Dankbarkeit verpflichtet war, die Rolle des Anklägers übernahm.[5]

Wenn es um die Beschaffung der Mittel für seine aufwendige Lebensführung und seine Forschungen ging, kannte Bacon kaum moralische Hemmungen. Die Unbedenklichkeit, mit der er (was freilich damals vielfach üblich war) Bestechungsgelder annahm, wurde ihm schließlich zum Verhängnis. 1621 wurde er in einen Korruptionsprozeß verwickelt und gestürzt.[6] Bis zu seinem Tod[7] widmete er sich ungestörter philosophischer und wissenschaftlicher Tätigkeit. Sein komplizierter, schillernder Charakter macht es schwer, zu einem eindeutigen moralischen Urteil über seine Persönlichkeit zu gelangen.

Bacon wollte den Gesamtbereich der menschlichen Erkenntnis, den *Globus intellectualis*, umspannen und suchte sich zu diesem Zweck eine Übersicht über alle Wissensbereiche zu verschaffen.[8] In seiner Einteilung der *doctrinae humanae* in Philosophie, Poesie und Geschichte orientierte er sich an der Gliederung der Erkenntnisfähigkeit in Verstand, Phantasie und Gedächtnis,[9] wobei er zur Philosophie natürliche Theologie, Naturphilosophie und Anthropologie rechnete und die Naturphilosophie in einen spekulativen und einen operativen Teil gliederte. Sein Begriff der Geschichte ist so weit, daß nicht nur die zivile, sondern auch die Naturgeschichte unter ihn fällt (I, 495 sqq.).[10] Diese Gliederung ist zugleich eine Hierarchie: Den höchsten Rang nehmen Philosophie und Wissenschaft als Leistungen des Verstandes ein, denen die von Phantasie und Gedächtnis abhängigen Disziplinen untergeordnet sind. Innerhalb der Philosophie kommt der Ersten Philosophie als Lehre von den universalen Grundlagen des Wissens im allgemeinen (I, 540 sqq.) die größte Bedeutung zu; sie ist sozusagen die Wurzel des Baumes der Wissenschaften,[11] ohne die er ohne Halt wäre. Das Ziel der Wissenschaft stellen jedoch jene Disziplinen dar, deren Ergebnisse praktisch anwendbar sind, nämlich Anthropologie und Sozialwissenschaft *(civil knowledge)*. Mit dieser Auffassung von der Rolle der Metaphysik als *Erster Philosophie* beeinflußte Bacon sowohl Hobbes als auch Descartes, die beide von ihm das Bild des Baumes der Wissenschaften übernahmen.[12]

Bacon plante ein umfassendes philosophisch-wissenschaftliches Werk, dem er den Titel „Instauratio magna" geben wollte.[13] Von den sechs Teilen dieses

Werkes, wie sie in der „Distributio operis" (I, 134 sqq.) vorgesehen sind, hat er jedoch nur die beiden ersten ausgeführt oder mindestens skizziert, nämlich den ersten, die enzyklopädische Gliederung der Wissenschaften enthaltenden Teil in „The Advancement of Learning" (1605) bzw. in der erweiterten lateinischen Fassung dieser Schrift „De dignitate et augmentis scientiarum" (1623) und den zweiten im „Novum Organum" (1620), dem ein früherer Entwurf „Cogitata et Visa" (1607) zugrunde liegt.[14] Der dritte Teil der „Instauratio", der eine naturgeschichtliche Stoffsammlung bieten sollte („Phaenomena universi sive Historia naturalis"), ist als geschlossenes Werk nicht mehr zustande gekommen, obwohl Bacon verschiedene Entwürfe naturgeschichtlichen Charakters hinterlassen hat.[15] Die übrigen Teile der „Instauratio", nämlich die „Scala intellectus", d.i. eine Übersicht über Entdeckungen, die mit Hilfe der neuen Methode gemacht wurden, die „Anticipationes philosophiae secundae", d.i. eine Zusammenstellung provisorischer, nämlich noch nicht ausreichend empirisch gesicherter Theorien und die „Philosophia secunda sive Scientia activa" blieben unausgeführt. Mit der „Nova Atlantis" (1627) stellte sich Bacon in die Reihe der frühneuzeitlichen Verfasser von Utopien, die in jener literarischen Gattung ein geeignetes Mittel der Gesellschaftskritik sahen, so wie er durch seine „Essays" (zuerst 1597, 3. A. 1625) zu einem der wichtigsten Vertreter des von Montaigne begründeten literarischen Genres wurde.[16]

Für Bacon war, anders als für Aristoteles, die reine Theorie nicht mehr das Höchste, sondern wird entschieden der praktisch anwendbaren wissenschaftlichen Erkenntnis untergeordnet.[17] Die Wissenschaft sucht neue Erkenntnis nicht um ihrer selbst willen, sondern zum Zweck der Naturbeherrschung. Sofern wir Naturvorgänge mit Hilfe der Erkenntnis der ihnen zugrunde liegenden Gesetze vorhersagen bzw. beeinflussen können, ist Wissen Macht.[18] Die Naturerkenntnis dient der Herrschaft des Menschen über die Natur, der Errichtung des *regnum hominis*. Mit der Finalisierung der Wissenschaft wollte Bacon jedoch nicht einem engen Utilitarismus das Wort reden, der jedes einzelne Resultat wissenschaftlicher Bemühungen an seinem unmittelbaren Nutzen mißt, da er klar sah, daß die Wissenschaft als solche dem Fortschritt der Menschheit dienen kann, ohne daß jeder einzelne ihrer Sätze direkt anwendbar sein müßte. Ebenso wichtig wie der Gedanke der Naturbeherrschung mit technischen Mitteln ist für Bacon die Idee der rationalen Steuerung politischer und sozialer Entwicklungen, die den Entwurf einer Sozialwissenschaft erforderlich macht.[19] Diese Idee läßt die Forschung selbst nicht unberührt. Die wissenschaftliche Forschung wird seiner Ansicht nach dem Ziel des individuellen und sozialen Nutzens nur dann optimal dienen, wenn sie *rational organisiert* und namentlich *arbeitsteilig* betrieben wird und wenn gleichzeitig die Anwendungen ihrer Resultate gewissen Kontrollen unterworfen werden. Sowohl die Organisation der wissenschaftlichen Arbeit wie die Kontrolle der Anwendung ihrer Ergebnisse soll von Institutionen nach Art der späteren wissenschaftlichen Akademien vorgenommen werden. Entscheidend ist der Gedanke, daß zwi-

schen der Gesellschaft, deren Zielen die Wissenschaft dienen soll, und den
wissenschaftlichen Gemeinschaften wechselseitige Abhängigkeitsbeziehungen
bestehen.

2. Erkenntnistheoretische Grundgedanken

Bacons Erkenntnistheorie beruht, ungeachtet des ausdrücklichen Baconschen
Anti-Aristotelismus, zum Teil noch auf aristotelischen Voraussetzungen er-
kenntnismetaphysischer Natur, namentlich auf der Annahme, daß es *Formen*
der Wirklichkeit gibt, die in der Erkenntnis erfaßt werden.[20] Erkenntnis kommt
demgemäß zustande, wenn die Wirklichkeitsformen frei von subjektiven Ent-
stellungen im Denken *widergespiegelt* werden. Das Ziel des methodisch geordneten Forschens ist die *Interpretatio naturae* als Auslegung der Natur unter
Vermeidung aller hypothetischen Konstruktionen (oder *anticipationes mentis:*
cf. NO I, 26; I, 161). „Interpretieren" bedeutet hier nicht das Hineinlegen eines
Sinns in die Natur, sondern das Herauslesen jenes Sinns, der in der Natur
vorliegt.[21] Wie später Galilei[22] sprach schon Bacon von der Schöpfung als einem
Buch, das lesen könne, wer das ABC der Natur beherrsche (I, 461). „Erkennen"
bedeutet demnach „Abbilden vorhandener Strukturen", nicht deren Konstituieren mit Hilfe hypothetischer Prinzipien, die nach Bacon stets den Sachverhalt
verzerrende „Antizipationen" sind. Er verwarf somit implicite alle apriorischen
Begriffe und Grundsätze und übersah daher, daß ohne solche das Vergleichen
von Tatsachen, das gezielte Experimentieren, das Unterscheiden von relevanten
und irrelevanten Daten, das in seiner Methodologie eine so wichtige Rolle spielt,
unmöglich ist.

Von der Erkenntnis im weiteren ist die Erkenntnis im engeren Sinne, die
„wahre" Erkenntnis, zu unterscheiden, die nach Bacon *Ursachenerkenntnis* ist
(das Wort „Ursache" in der älteren weiten Bedeutung verstanden) (cf. NO II, 2;
I, 228). Mit der Forderung, Tatsachen aus ihren Ursachen bzw. Gründen zu
erklären, wird die klassifikatorische Methode der Scholastik abgelehnt und
durch ein Erkenntnisverfahren ersetzt, von dem Bacon überzeugt war, daß es
das einzig fruchtbare sei. Die scholastische Methode ist seiner Ansicht nach
durch einen verhängnisvollen Verbalismus gekennzeichnet, der die Erkenntnis
der wesentlichen Formen der Wirklichkeit selbst verhindert[23] und damit das
Ziel der Naturbeherrschung unerreichbar macht; denn die Natur kann nur
beherrschen, wer ihr zunächst im Erkennen „gehorcht" hat (NO I, 3; I, 157).
Man muß sich mit anderen Worten zunächst der Form, d. i. den kausalen
Beziehungen, der Wirklichkeit gegenüber rezeptiv verhalten, um sie adäquat zu
erkennen und sodann, auf diese Erkenntnis gestützt, Prognosen aufzustellen
und sich in der Praxis entsprechend zu verhalten. In diesem Sinne gilt, daß
Wissen und menschliche Macht Synonyma sind (NO I, 3; 1, 157). Bacon
erkannte, daß es sinnlos ist, die Kausalgesetze modifizieren zu wollen. Die

Beeinflussung des Ereignisablaufs ist aber dadurch möglich, daß wir jene Ausgangsbedingungen herbeiführen, unter denen bestimmte Kausalgesetze wirksam werden. Alles andere tut dann „die Natur" auf Grund dieser Gesetze (NO I, 4; I, 157). Da unser Verstand die Formen der Dinge nur dann korrekt erfassen kann, wenn er einer *tabula abrasa* gleicht, d. h. sozusagen frei von Engrammen ist, die die Widerspiegelung verfälschen (I, 139), kommt es darauf an, zunächst alle möglichen Fehlerquellen zu eliminieren. Das geschieht mit Hilfe des Zweifels, der, ähnlich wie später bei Descartes, der Überwindung von Vorurteilen und der Ausschaltung irriger Annahmen dient, die der korrekten Abbildung der Natur der Dinge im Wege stehen. Bacon erkannte, daß es nötig ist, unseren Begriffsapparat bzw. unseren Sprachgebrauch in Ordnung zu bringen, um mit Aussicht auf Erfolg nach neuen wissenschaftlichen Resultaten suchen zu können. Er eröffnet damit die Reihe jener neuzeitlichen Philosophen, die in der Kritik unserer Denk- bzw. Sprachformen eine notwendige Bedingung fruchtbaren Philosophierens erblickten.

Nach Bacon lassen sich vier Arten von Fehlerquellen (*idola mentis*, d. h. geistige Trugbilder) unterscheiden (NO I, 39; I, 163):

a) *Idola tribus* (artspezifische Fehlerquellen);
b) *idola specus* (in individuellen Einstellungen liegende Fehlerquellen);
c) *idola fori* (durch soziale Beziehungen bedingte Fehlerquellen);
d) *idola theatri* (durch weltanschauliche Systeme bedingte Fehlerquellen).[24]

a) *Idola tribus* sind Fehlerquellen, die in der menschlichen Natur bzw. in der menschlichen Gattung wurzeln. Wir erliegen der Verführung durch ein „Trugbild der Gattung", wenn wir anthropomorphe Vorstellungen für objektiv gültig halten und damit die Wirklichkeit *ex analogia hominis* und nicht, wie es der wissenschaftlichen Erkenntnis allein angemessen ist, *ex analogia universi* deuten (NO I, 41; I, 163 sq.). Hierher gehört die ungerechtfertigte Annahme eines höheren Grades an Ordnung als tatsächlich vorhanden oder die Annahme von Zusammenhängen, wo es in Wirklichkeit keine gibt (NO I, 45; I, 165). Bacons Kritik richtet sich hier offensichtlich in erster Linie gegen die naturphilosophische Spekulation der Renaissance, die seiner Ansicht nach auf einer unkritischen Objektivierung anthropomorpher Schemata beruht. Indem sich Bacon bemühte, gewisse für irrig gehaltene wissenschaftliche bzw. naturphilosophische Konzeptionen als Projektionen von Zügen auf die Naturwirklichkeit zu erklären, die nur subjektiven Charakter haben und durch die Struktur der alltäglichen unkritischen Erfahrung bedingt sind, gehört er zu den Vorläufern der modernen Ideologiekritik.[25]

Eine besonders wichtige Rolle spielt unter den *Idola tribus* die Annahme einer Naturteleologie, von der Bacon überzeugt war, daß sie den Ruin der Philosophie nach sich ziehen müsse (NO I, 48; I, 166 sp.). Bacon hielt das teleologische Denken offenbar nicht nur deshalb für gefährlich, weil die Behauptung von

Zweckzusammenhängen in der Natur falsch ist, sondern vor allem darum, weil mit dem Rekurs auf Naturprinzipien, die nach Zwecken wirken und die daher etwas Quasi-Psychisches sind, ein Moment der Willkür in die Natur eingeführt und deren konsequent mechanistische Erklärung somit vereitelt wird.

Unter dem Titel „Idola tribus" erörterte Bacon auch den Einfluß von Denkgewohnheiten auf das wissenschaftliche Urteil. Unter dem Eindruck tiefverwurzelter Überzeugungen neigt man dazu, Beobachtungen zu ignorieren oder umzudeuten, die mit einer akzeptierten Theorie nicht zu vereinbaren sind (NO I, 46; I, 166), so wie man auch leicht der Versuchung erliegt zu glauben, jede neue Tatsache müsse in derselben Weise zu begreifen sein wie die bereits bekannten Fakten. Bacon sah, um es mit einem heute üblichen Terminus auszudrücken, die Bedeutung eines wissenschaftlichen Paradigmas für die Beurteilung von Beobachtungsdaten. Daneben wies er auch auf die Abhängigkeit unserer Urteile von Gefühlen und Willensrichtungen hin, so wie er auf die Versuchung aufmerksam machte, den unmittelbaren Sinneseindrücken wegen ihrer Intensität ohne weiteres zu vertrauen, anstatt sie im Lichte wissenschaftlicher Theorien zu beurteilen und gegebenenfalls zu korrigieren, um der „fallacia sensuum" entgegenzuwirken. In solchen Überlegungen scheint Bacon selbst die Schranken des Empirismus zu sehen, dem er jedoch prinzipiell verpflichtet blieb.

b) Die *Idola specus* haben ihren Grund in Dispositionen des Individuums, in seiner Erziehung, seinem Milieu, in seiner Abhängigkeit von Autoritäten usw. (NO I, 42; I, 164). So gibt es Menschen, die stärker die Differenzen, und Menschen, die stärker die Gemeinsamkeiten von Dingen beachten; Menschen, die zu den Gründen von Erscheinungen vorzudringen suchen, und Menschen, die am Phänomen hängen; konservativ und progressiv eingestellte Individuen usw.

c) Die *Idola fori* wurzeln in den sozialen Beziehungen und speziell in der Form der sprachlichen Kommunikation. Die Formen der *Sprache* zwingen den Intellekt in bestimmte Bahnen und verursachen zahllose Täuschungen (NO I, 43; I, 164), sofern das Denken nicht sachlichen Zusammenhängen, sondern verbalen Assoziationen folgt.[26] Die Menschen bilden sich zwar häufig ein, das Sprechen sei einseitig durch den Verstand bedingt; in Wirklichkeit aber wirkt die Sprache auf den Verstand zurück (NO, I, 59; I, 170–171). Die Forderung, nur definierte Termini zu verwenden, stellt gegen die Gefahr sprachlicher Irreführungen kein Heilmittel dar. Auch Definitionen bestehen ja aus Wörtern, die einen vagen alltagssprachlichen Sinn haben. Definiert man die im Definiens vorkommenden Wörter, so gilt für deren Definition dasselbe und so weiter. Letzten Endes müssen wir, um die Bedeutung von Wörtern zu klären, auf partikuläre Fälle rekurrieren, das heißt uns der sogenannten ostensiven Definitionen bedienen und damit deren Ungenauigkeit in Kauf nehmen. Bacon unterschied zweierlei sprachliche Fehler: Der eine besteht im Gebrauch von Wörtern, denen kein Objekt entspricht, der zweite im Gebrauch von Ausdrükken, die durch fehlerhafte Abstraktion gebildet wurden. Beispiele von Fehlern der ersten Art stellen die Ausdrücke „Schicksal", „Erster Beweger" oder „Planetensphären" dar. Da derartige Ausdrücke Fiktionen sind, forderte Bacon den Verzicht auf Theorien, die mit ihrer Hilfe formuliert sind. Als ein Beispiel für einen sprachlichen Fehler der zweiten Art nennt Bacon den Gebrauch des Begriffs „flüssig". Dieser Ausdruck ist seiner Ansicht nach ein vages Zeichen verschiedener Zustände, die keine bestimmte Gleichförmigkeit erkennen lassen. Er bedeutet „etwas, das sich leicht über andere Körper ausbreitet", „etwas, das nicht verfestigt werden kann", „etwas, das leicht in jeder Richtung nachgibt", „etwas, das sich leicht teilen und verteilen läßt" usw. Die Mannigfaltigkeit der Bedeutungen dieses Ausdrucks ist so groß, daß u. a. auch Feuer oder Luft, Pulver oder Glas „flüssig" genannt werden können. Die mit dieser Bedeutungsmannigfaltigkeit verbundene Vagheit rührt daher, daß der fragliche Ausdruck von den Eigenschaften des Wassers bzw. flüssiger Stoffe im allgemeinen abstrahiert und auf Dinge anderer Aggregatzustände übertragen wurde (NO I, 60; I, 171 sq.). Bacon war offenbar der Meinung, daß nur strikt univoke Ausdrücke eine präzise Bedeutung haben; wird dagegen ein Terminus in analoger Weise gebraucht, dann wird er ungenau und seine Verwendung zieht die Gefahr von Irrtümern nach sich. Außerdem scheint er eine wenn auch noch unklare Idee von der Eigenart der Dispositionsprädikate gehabt zu haben, wie seine Überlegungen zu Ausdrücken wie „flüssig" nahe legen.

Bacon begnügte sich nicht mit der Feststellung sprachlicher Fehlerquellen, sondern er fragte auch, warum die Sprache, deren Funktion die zutreffende Information ist, unter Umständen irreführe. Seine Antwort lautete, daß sie zunächst nicht zum Zweck der wissenschaftlichen Kommunikation, sondern im Hinblick auf praktische Zwecke des Alltags geschaffen worden sei und diesen Zwecken auch entspreche. Die Ausdrücke der Alltagssprache mit ihrer gewöhnlich nicht nur nicht störenden, sondern oft sogar vorteilhaften Vagheit werden erst dann zu einer Gefahr, wenn sie ohne zusätzliche Präzisierung in wissenschaftlichem Kontext verwendet werden, wo es auf Eindeutigkeit des Sprachgebrauchs ankommt. Mit Einsichten wie der soeben angedeuteten erweist sich Bacon als Vorläufer der sprachkritischen Philosophie späterer Jahrhunderte.

d) Die *Idola theatri* sind Fehlerquellen, die der Abhängigkeit des Denkens von Weltanschauungen bzw. von weltanschaulich fundierten philosophischen Systemen entspringen. Weltanschauungen sind Entwürfe eines Welttheaters, d. h. Konstruktionen von Weltbildern, die nicht, wie es nach Bacons Methodologie zu fordern ist, ausschließlich mit Hilfe empirischer Methoden gewonnen wurden.[27] Idole des Theaters sind jedoch, da erworben, nicht unüberwindlich (NO I, 60; I, 172). Es ist m. a. W. möglich, die theologischen[28] bzw. traditionell-metaphysischen Fiktionen, auf denen nach Bacon alle spekulativen Systeme beruhen, vollständig zu eliminieren. In Bacons Kritik der Idole des Theaters zeigt sich somit in aller Deutlichkeit die für die empiristische bzw. positivistische Philosophie im allgemeinen charakteristische antimetaphysische Tendenz, die zur Ablehnung aller die Grenzen der Erfahrung prinzipiell überschreitenden systematischen Konstruktionen führt.

3. Bacons Lehre von der induktiven Erkenntnis

Die Irreführung durch die Idole läßt sich nur mit Hilfe der richtigen Methode, nämlich der „wahren" Induktion, überwinden (NO I, 40; I, 163), deren Darstellung Bacon breiten Raum, vor allem im „Novum Organum", widmet.[29] Er war zwar überzeugt, daß das Denken natürlicherweise den zur Erkenntnis führenden Weg einschlägt, er meinte aber, daß es auf diesem Weg nicht weit gelangen kann, wenn es nicht ausdrücklich formulierten methodischen Regeln folgt (NO I, 21; I, 245). Tut es das jedoch, erreicht es sein Ziel mit der Sicherheit einer Maschine.[30]

Zwei Wege der Wahrheitssuche sind zu unterscheiden: Der erste führt, von wenigen Beobachtungen partikulärer Fälle ausgehend, schnell zu höchst allgemeinen Sätzen, aus denen dann weniger allgemeine Sätze deduziert werden. Der zweite Weg verläuft stufenweise, indem er in kleinen Generalisationsschritten von einer hinreichend großen Zahl von Beobachtungsaussagen zu sukzessive allgemeineren Sätzen führt (NO I, 19; I, 159). Weil der Verstand von der Tendenz zur Verallgemeinerung beherrscht ist und das Ziel der Generalisation möglichst rasch erreichen möchte, ist er geneigt, den ersten Weg vorzuziehen (I, 160), obwohl eine allzu schmale Erfahrungsbasis keine gesicherten Resultate der induktiven Verallgemeinerung erwarten läßt und daher die Gefahr besteht, daß der Mangel einer nicht genügend tragfähigen Induktionsbasis mit Hilfe fiktiver Annahmen (im Sinne von „Idolen") auszugleichen gesucht wird. Um die Gefahren des ersten Weges zu vermeiden, forderte Bacon, den Verstand gleichsam mit Bleigewichten so lange auf der Ebene der Fakten festzuhalten, bis eine hinreichend breite Basis der empirischen Generalisation geschaffen sei.

Der Induktion stellte Bacon die Deduktion gegenüber, namentlich in ihrer syllogistischen Form, die nach Ansicht der Aristoteliker (nicht aber des Aristoteles selbst) der ausgezeichnete Weg der Forschung sein sollte, was Bacon nachdrücklich bestritt (NO I, 11; I, 158). Mit seiner Forderung, die syllogistische durch die induktive Logik bzw. das Aristotelische Organon durch ein *neues Organon* zu ersetzen, verstärkte er die zeitgenössische gegen die formale Logik gerichtete Tendenz.[31] Wie andere zeitgenössische Kritiker der formalen Logik übersah er, daß empirische Wissenschaft ohne die in der formalen Logik untersuchten Ableitungsverfahren unmöglich ist. Weit davon entfernt, die formale Logik aufzuheben, setzt die empirische Forschung diese vielmehr notwendig voraus.

Bacon hatte aber völlig recht, wenn er betonte, daß der Syllogismus in der Naturwissenschaft nicht unabhängig von der Empirie angewandt werden könne, da er aus Sätzen besteht, die Begriffe enthalten, denen nur auf Grund ihres Zusammenhangs mit Beobachtungen Bedeutungen zukommen (I, 136). Wenn Ausdrücke ohne Erfahrungsbezug verwendet werden, kommt ihnen keine empirische Bedeutung zu (wie z. B. im Falle von „Schwere" oder „Attraktion") (NO I, 15; I, 159). Unter dem Einfluß dieser Auffassung hatte noch Newton Bedenken gegen die Deutung der Gravitation als Massenanziehungskraft, da er sie dem Verdacht ausgesetzt glaubte, eine „okkulte Qualität" zu sein.

So wie nach Bacon Ausdrücke nur dann Bedeutung haben, wenn sie entweder Beobachtungsbegriffe sind oder auf solche zurückgeführt werden können, so sind allgemeine Aussagen seiner Ansicht nach nur sinnvoll, wenn sie das Ergebnis induktiver Generalisation sind, bei der von einer hinreichend großen Zahl von Beobachtungen auszugehen und durch sukzessive Verallgemeinerung zu immer allgemeineren Sätzen aufzusteigen ist. Solange nur Einzeltatsachen berücksichtigt werden, kann deren Natur nicht angemessen erkannt werden; erst eine Mannigfaltigkeit von Tatsachenbeobachtungen, vor allem wenn diese unter den variablen Bedingungen experimenteller Untersuchung angestellt werden, macht die Erkenntnis der allgemeinen Natur der untersuchten Tatsachen möglich.

„*Induktion*" bedeutet unter Bacons Voraussetzungen nicht, wie gelegentlich gesagt wird, die Annahme, daß, was von den bisher beobachteten Fällen einer bestimmten Art zutraf, von allen Fällen dieser Art gelte, sondern ein Verfahren, ausgehend von hinreichend vielen Beobachtungen zur Erkenntnis der allgemeinen Prinzipien zu gelangen, die den beobachteten Tatsachen zugrunde liegen.[32] Die Verallgemeinerung ist demnach nicht als „Schluß" von n auf n + 1 Fälle aufzufassen, sondern als Folge der Erkenntnis der allgemeinen „Formen" bzw. der wesentlichen Struktur der untersuchten Erscheinung. Das Sammeln, Klassifizieren und Vergleichen von Beobachtungsdaten dient lediglich dazu, die Erfassung der „Formen" zu ermöglichen, die als solche stets allgemein sind; es ist somit zwar notwendige, nicht aber hinreichende Bedingung der Formulierung allgemeiner Sätze bzw. Gesetze.

Während die Daten, von denen bei der Generalisation auszugehen ist, durch Einwirkung der Dinge auf die *Sinne* bereitgestellt werden, ist das Vergleichen und Herausheben von Gemeinsamkeiten des Gegebenen eine *rationale Leistung*. Weder die Sinne noch die Ratio sind absolut zuverlässig: Die ersteren können täuschen, die letztere kann sich irreführen lassen. Keines der beiden Vermögen reicht für sich allein aus, um Erkenntnis zu gewinnen; vielmehr müssen empirisches und rationales Vermögen eine „legitime Ehe" eingehen (I, 131), damit die Nachteile, die ihre Isolation mit sich bringt, vermieden werden. Wenn die Ratio alle in Betracht kommenden Daten berücksichtigt und keine beobachtungsfremden Elemente ins Spiel bringt, dann sind die durch induktive Verallgemeinerung gewonnenen Sätze ebenso wahr wie die zugrunde liegenden Beobachtungsaussagen.

Bacons Lehre von der Induktion beruht auf einer *Ontologie*, für die es nicht nur konkrete Dinge, sondern auch Universalien („Formen") gibt, wenn auch nicht getrennt von den Dingen, sondern als deren immanente Strukturprinzipien. Obwohl Bacon erklärt hat, daß „in der Natur nichts wahrhaft existiert außer individuellen Körpern, die auf Grund von Gesetzen rein individuelle Akte hervorbringen" (NO II, 2; I, 228), wäre seine Lehre von der Induktion ohne die Anerkennung universaler Prinzipien unverständlich. Somit steht die Baconsche Induktion der Aristotelischen *Epagogé* viel näher, als der Verfasser des „Novum Organum" meinte, indem er die *Epagogé* als Induktion durch einfache Enumeration mißverstand. Der Unterschied seiner gegenüber der Aristotelischen Auffassung der Induktion ist trotzdem groß. Er liegt darin, daß Bacon, anders als Aristoteles, nicht an die Möglichkeit einer direkten Erfassung des Allgemeinen in den besonderen Fällen durch den *Nous*[33] glaubte, sondern überzeugt war, daß das Allgemeine nur indirekt, nämlich durch Analyse des Gegebenen und durch Ausschluß (per exclusiones ac rejectiones) des nicht zum Wesen einer Erscheinung Gehörigen, erschlossen, und zwar zwingend erschlossen wird (necessario concludat) (I, 137). Begnügt man sich dagegen mit der Aufzählung jener Beobachtungen, die eine Annahme stützen, ohne nach Daten zu suchen, die mit ihr unvereinbar sind, so ist der Schluß auf das Allgemeine unsicher und ständig widersprechenden Instanzen ausgesetzt (ib). Wer in der Art der herkömmlichen Induktion schließt, erblickt nur, was er zu sehen bereits gewohnt ist, d. h. er findet nichts Neues. Bacon hielt offensichtlich die Induktion für eine besondere Art des Schließens, mit deren Hilfe nicht-hypothetische allgemeine Sätze bzw. Gesetze gewonnen werden können. Hierin irrte er wie Aristoteles, der gemeint hatte, die allgemeinen Prinzipien würden erschaut, während Bacon annahm, sie würden gefunden; beide verkannten, daß diese Prinzipien immer nur erfunden werden können.

Nur mit Hilfe der metaphysischen Annahme von Wesensformen glaubte Bacon die Verbindung der Merkmale in bisher noch nicht untersuchten Dingen vorhersagen oder gar Merkmalkombinationen ändern zu können, um bestimmte gewünschte Wirkungen hervorzubringen. Hier vor allem zeigt sich seine Abhängigkeit von der Denkweise der Alchemie, in deren Sinn er an die Möglichkeit glaubte, die Form einer Art von Dingen durch die einer anderen Art, z. B. die Form unedler durch die edler Metalle, zu ersetzen.[34] Die Deutung der Baconschen Lehre von den Formen im Lichte alchemistischer Vorstellungen trifft aber nur einen Teil der Wahrheit; dem historischen Zusammenhang wird man nur gerecht, wenn man gleichzeitig die in der Lehre von der Form wirksamen platonistischen und aristotelischen Einflüsse berücksichtigt.[35]

Da die Formen der Dinge nach Bacon nicht unmittelbar durch eine Art intellektueller Intuition erfaßt werden können, erfordert ihre Erkenntnis die analytische Isolation der einfachen Elemente *(naturae simplices)*, deren Verbindung das Wesen einer Art von Dingen konstituieren soll. Näherhin sind die Zusammenhänge zwischen einfachen Naturen jene primären, dem Ding selbst zukommenden Bestimmungen, auf die die sekundären Qualitäten (wie Farbe,

Ton, Temperatur usw.) zurückzuführen sind. Unter „Analyse" verstand Bacon nicht nur die Zerlegung komplexer Dinge in deren Bestandteile, sondern auch den Rückgang von beobachtbaren Tatsachen zu deren nicht-beobachtbaren Gründen. Wenn von der analytischen Erkenntnis einfacher Naturen die Rede ist, wird der Ausdruck „Analyse" in der zweiten Bedeutung verwendet. Bacon ging es um die Konzeption einer Methode, die es gestatten sollte, beobachtbare Eigenschaften von Dingen bzw. Veränderungen von Erfahrungsgegenständen auf die ihnen zugrunde liegenden nicht mehr direkt beobachtbaren korpuskularen Strukturen (auf den *schematismus latens*) bzw. Strukturänderungen (auf den *processus latens* oder den *metaschematismus*) zurückzuführen (cf. NO II, 1; I, 227 sq.).[36]

„*Form*" bedeutet auf Grund dieser Konzeption dasjenige, was die relativ konstante Verbindung der „einfachen Naturen" in den Dingen einer gewissen Art bestimmt und damit ein Ding zu dem macht, was es ist, bzw. dasjenige, was den invarianten Ablauf von Änderungen der Kombination „einfacher Naturen" determiniert. In diesem Sinne ist die Form das „eigentliche" Ding *(ipsissima res)*. Ihre Erkenntnis ist die höchste Stufe des Wissens und der Erkenntnis der Ursachen partikulärer Naturen übergeordnet.[37] Da aber der Begriff der Form bei Bacon nicht eindeutig ist, sondern einerseits „Mikrostruktur", andererseits „Gesetz mikrostruktureller Änderungen" bedeutet, ist es nicht verwunderlich, daß voneinander stark abweichende Interpretationen der Baconschen Lehre von den Formen vorgetragen wurden.[38]

Zwischen der Auffassung der Form als Wesen bzw. Grund, aus dem die beobachtbare Verbindung der Merkmale eines Dings hervorgeht *(fons emanationis* bzw. *natura naturans:* I, 227), und ihrer Auffassung als Gesetz des Wirkens und der Bewegung eines Dinges (cf. NO II, 17; I, 257 sq.) bestand unter Bacons Voraussetzungen kein Widerspruch, sofern die Wesenheit im ersteren Sinne als Gesetz der Korpuskularbewegung gedeutet werden kann (cf. NO II, 2; I, 228, wo „Form" und „Gesetz" als Synonyma erklärt werden). So ist die allen warmen Körpern gemeinsame Form eine bestimmte gesetzmäßige Bewegung der das Ding bildenden Korpuskel, wie Bacon, die kinetische Theorie der Wärme vorwegnehmend, lehrte.

Bacons Vorgehen läßt sich in moderner Ausdrucksweise etwa so kennzeichnen: Um Beobachtungstatsachen zu erklären, formulierte er hypothetische Gesetze in bezug auf die korpuskulare Struktur der Materie und deren Veränderung. Diese Gesetzesaussagen verstand er als Aussagen über die „Natur" der Dinge. Die „einfachen Naturen", auf die sich alle Bestimmungen von komplexen „Naturen" zurückführen lassen sollen, entsprechen den Grundbegriffen der Korpuskulartheorie der Materie, wobei der „einfachen Natur" *Bewegung* eine fundamentale Rolle zugewiesen wird. Das heißt: der Begriff der Korpuskularbewegung gilt als grundlegender Begriff der Naturwissenschaft bzw. der Naturphilosophie.

Nicht nur die naturwissenschaftliche, sondern auch die metaphysische Erkenntnis hat die Erfassung von Formen zum Ziel. Während aber die Physik speziellere Formen erforscht, die überdies veränderlich sind, hat es die Metaphysik mit der Erkenntnis ewiger und unveränderlicher Formen zu tun, die aber nichtsdestoweniger der Wirklichkeit immanent sein sollen. In jedem Falle ist die Erforschung der formalen Prinzipien der Wirklichkeit auf praktische Ziele zu beziehen, mag auch diese Beziehung in vielen Fällen nur eine indirekte sein. Da die Erkenntnis der Formen Bedingung der Entdeckung neuer Tatsachen sowie der Vorhersage künftiger Ereignisse ist, ist sie nicht nur wesentliche Voraussetzung der Theoriebildung, sondern auch der freien Praxis (NO II, 3; I, 229).

Die Metaphysik als Inbegriff der allgemeinsten, durch empirische Generalisation gewonnenen naturphilosophischen Sätze ist nach Bacon ein Teil der Naturphilosophie und als solcher von der Ersten Philosophie zu unterscheiden, die als Lehre von den Kategorien und den allgemeinsten formalen Axiomen der Wissenschaften bestimmt wird (I, 548 sqq.). Sie enthält einerseits allgemeinste Begriffe wie „gleich" und „ungleich", „viel" und „wenig", „möglich" und „unmöglich", andererseits formale Axiome (notiones communes) wie „Gleiches und Ungleiches addiert ergibt Ungleiches" (d. h. „Wenn a ≠ b, dann a + c ≠ b + c"), die mehreren, im Grenzfall allen Wissenschaften gemeinsam sind. Sofern die *Philosophia Prima* Grundbegriffe und Grundsätze der speziellen Disziplinen zum Gegenstand hat, heißt sie als Universalwissenschaft *(scientia universalis)* „Mutter der besonderen Wissenschaften" (I, 540). Sie ist aber im Unterschied von diesen keine induktive Disziplin, so daß die induktive Methode nicht allgemein anwendbar ist. Hätte Bacon der formalen Logik und der Mathematik größere Beachtung geschenkt, so hätte er selbstverständlich auch von ihnen feststellen müssen, daß sie nicht induktiv verfahren; da er diese Wissenschaften aber wegen seiner einseitigen Konzentration auf die Erfahrungswissenschaften vernachlässigte, die Rolle formaler Prinzipien in diesen Wissenschaften jedoch nicht völlig übersehen konnte, nahm er nur die Erste Philosophie als Formalwissenschaft von der induktiven Methode aus. Die Funktion der Ersten Philosophie innerhalb der Philosophie im ganzen wird jedoch bei Bacon nicht völlig klar; erst Hobbes vermochte, an Bacons Konzeption anknüpfend, die Idee der *Philosophia Prima* zu präzisieren.

4. Der Weg der experimentellen Erkenntnis

Die von Bacon empfohlene Methode soll der Erkenntnis einen Weg weisen, dessen Wahl nicht vom Zufall abhängt. Die Erfahrung, die sich zufällig darbietet, hat keine festen Ziele; sie ist dem Herumtappen in der Dunkelheit zu vergleichen, bei dem die Aussicht, den richtigen Weg zu finden, gering ist. „Die wahre Erfahrung zündet dagegen erst ein Licht an, dann weist sie mit dem Licht den Weg. Sie beginnt mit geordneten, gesichteten, durchdachten Wahrnehmungen, gewinnt aus ihnen allgemeine Sätze und legt diese neuen Experimenten zugrunde" (NO I, 82; I, 190). Hierbei genügt es nicht, sich auf das Registrieren dessen zu beschränken, was sich ohne weiteres zeigt, sondern es kommt darauf an, der Natur durch experimentelle Variation der Bedingungen bestimmte Erscheinungen abzuzwingen: „Wie Proteus nur dann verschiedene Gestalten annahm, wenn man ihn in Fesseln schlug, so zeigt sich die durch künstliche Mittel angeregte und gefangene Natur offenbarer als wenn sie sich frei überlassen bleibt" (I, 500).[39]

Für die experimentelle Erfahrung als planvolles Forschen mit dem Ziel, die Formen der Dinge zu entdecken, hat Bacon die folgenden Schritte für wesentlich gehalten, wobei die Berücksichtigung der negativen Fälle unentbehrlich ist:

(1) Zunächst sind alle bekannten Fälle einer bestimmten Art (die positiven Instanzen), bei denen die untersuchte „Natur" vorhanden ist, anzuführen und tabellarisch zusammenzustellen *(tabula essentiae et praesentiae)* (NO II, 11; I, 238), z. B. alle Fälle von Licht, bei denen zugleich Wärme zu beobachten ist;

(2) sodann sind alle Fälle, in denen die fragliche Natur nicht vorhanden ist, (die negativen Instanzen), tabellarisch zu erfassen (in einer *tabula absentiae)*, z. B. der Fall des Mondlichtes, bei dem auch mit dem stärksten Brennglas keine Wärme erzeugt werden kann (NO II, 12; I, 239);

(3) schließlich ist eine Tabelle aller Fälle zu erstellen, in denen eine Natur in Abhängigkeit vom Grad einer anderen variiert *(tabula graduum)* (NO II, 13; I, 248), z. B. Wärme in Abhängigkeit von der Geschwindigkeit der Molekularbewegung.[40]

Die tabellarische Zusammenstellung soll dazu dienen, eine Übersicht zu ermöglichen und damit die Voraussetzungen der induktiven Verallgemeinerung zu schaffen. Mit ihrer Hilfe soll es möglich sein, Naturen zu finden, die mit gegebenen Erscheinungen immer zugleich anwesend bzw. abwesend sind und mit ihr variieren (NO II, 15; I, 256). Die Auffindung der gesuchten „Naturen" geschieht dann durch Ausschluß (exclusio) aller nicht zu ihr gehörigen Momente. Da es z. B. Wärme ohne Licht und Licht ohne Wärme gibt, kann die Natur der Wärme nicht mit der Natur des Lichtes identisch sein, sondern ist in etwas zu suchen, das stets zugleich mit der Wärme vorhanden ist und proportional mit ihr variiert (wie die Geschwindigkeit der Korpuskularbewegung). Die Formulierung allgemeiner Gesetze erfolgt zunächst versuchsweise, wobei die angenommenen Gesetze Falsifikationsversuchen zu unterwerfen sind. Widersprechende Fälle (negative Instanzen) widerlegen jede Hypothese über die Wesensform von Dingen (NO II, 18; I, 259). Bacon berührt den Gedanken, daß der Erkenntnisfortschritt auf dem Wege der Irrtumsberichtigung erfolgt, wenn er erklärt, die Wahrheit ergebe sich leichter aus dem Irrtum als aus der Konfusion, weshalb man dem Verstand die Freiheit lassen müsse, positive Erklärungen der Natur zu versuchen, nachdem die ersten drei vorbereitenden Tafeln aufgestellt und erwogen sind (NO II, 20; I, 261), und sie dann der Probe der negativen Instanzen zu unterwerfen. Eine Erklärung darf erst dann als gesichert gelten, wenn alle negativen Instanzen erschöpft sind. Bacon hielt es also für denkbar, die Falsifikation einer Annahme als unmöglich zu erweisen und auf diesem Wege zu einer abschließenden Verifikation von Gesetzeshypothesen zu gelangen.

Um die provisorisch aufgestellten, die weiteren Untersuchungen leitenden Hypothesen entweder zu stützen oder zu entkräften, sind Beobachtungen bestimmter Art besonders geeignet. Die entsprechenden Instanzen haben daher eine ausgezeichnete Funktion (instantiae praerogativae). Sie sind dazu angetan, anhand weniger Beobachtungen bzw. im Grenzfall einer einzigen Beobachtung das Wesen von Erscheinungen hervortreten zu lassen.[41] Besondere Bedeutung kommt hierbei jenen Instanzen zu, die die Genese einer bestimmten „Natur" betreffen (instantiae viae). So läßt sich z. B. die Weißfärbung gefrierenden Wassers verstehen, wenn man ihre Entstehung durchschaut, d. h. wenn man erkennt, daß beim Gefrieren die Wassermoleküle verkleinert werden und Luft eindringt. Ein Gemisch aus Partikeln eines dichteren Stoffes und aus Luftpartikeln erscheint aber immer weiß. Wichtig sind ferner Instanzen, in denen das Auftreten einer Erscheinung unter singulären Bedingungen berücksichtigt wird (instantiae solitariae), sowie Instanzen, die scheinbare Ausnahmen von einer Regel betreffen (instantiae irregulares et deviantes). Die „Natur" einer Art von Dingen läßt sich nämlich besonders leicht erkennen, wenn eine scheinbare Ausnahme auf bekannte Gesetze zurückgeführt werden kann.

Obwohl Bacon auch quantitative Beziehungen berücksichtigte (instantiae quanti), spielt der quantitative Aspekt in seiner Methodologie keine entscheidende Rolle. Dagegen betonte er nachdrücklich die Bedeutung solcher Instanzen, die ein Experimentum crucis erlauben (NO II, 36; I, 294 sqq.): Die *instantiae crucis* gestatten festzustellen, welche „Naturen" unauflöslich verbunden sind und welche nicht. Wenn z. B. eine Gewichtuhr im Vergleich mit einer Federuhr auf hohen Türmen langsamer geht als auf der Erdoberfläche oder in Bergwerken, so wäre nach Bacon zu folgern, daß die Anziehung der Erdmasse die Ursache der Schwere – im besonderen Fall der Gewichte, im allgemeinen Fall von Körpern überhaupt – sei. Die übrigen prärogativen Instanzen können hier übergangen werden.[42]

Bacon hatte die Absicht, in der Aufzählung methodologischer Hilfsmittel noch wesentlich weiter zu gehen, doch sind die entsprechenden Teile seines Programmes im „Novum Organum" nicht ausgeführt. Es handelt sich nach seinen Hinweisen um die Erörterung der Stützen der Induktion, der Korrektur induktiver Verallgemeinerungen, der Variation der Forschungsmethoden in Abhängigkeit vom Forschungsgegenstand, der Bestimmung der ersten und letzten Gegenstände der Forschung, der Untersuchung der der Forschung gezogenen Grenzen, der Diskussion ihrer praktischen Zwecke, namentlich in bezug auf den Menschen, der Maßnahmen, die der Vorbereitung der Forschung dienen und ähnliches. Während zu vermuten ist, daß über das Verfahren der Induktion in den nichtausgeführten Teilen des „Novum Organum" kaum wesentlich Neues gesagt worden wäre, ist es bedauerlich, daß sich Bacon nicht ausführlicher über die praktischen Zwecke geäußert hat, denen die theoretische Forschung zu unterstellen ist. So nachdrücklich er nämlich die Verbindung von Erkenntnis und Handeln betonte, so wenig klar sprach er sich über die Zwecke im einzelnen und ihren systematischen Zusammenhang aus.

In der Bewertung der Baconschen Methodologie gehen die Meinungen weit auseinander.[43] So wie im 19. Jh. K. Fischers Ansicht, derzufolge Bacon als Wegbereiter der empirischen Philosophie bzw. der experimentellen Methode zu gelten hat,[44] von J. v. Liebig die These entgegen gestellt wurde, daß Bacon jede tiefere Einsicht in das Wesen dieser Methode vermissen lasse,[45] so haben in jüngerer Zeit A. Koyré und E. J. Dijksterhuis[46] jenen widersprochen, die in Bacon einen modernen Methodologen sehen wollten.[47] Mit besonderem Nachdruck betonte K. R. Popper,[48] daß Bacons Lehre von der Induktion mit dem Verfahren der Naturwissenschaft nichts zu tun habe. Poppers (wie auch Liebigs) Kritik muß allerdings entgegengehalten werden, daß Bacon die Rolle allgemeiner Prinzipien in der experimentellen Wissenschaft nicht völlig übersehen hat, wie er auch nicht völlig blind hinsichtlich der Funktion war, die Hypothesen in wissenschaftlichen Erklärungen haben. Deshalb darf ihm nicht ohne Einschränkung eine Auffassung der Induktion zugeschrieben werden, derzufolge es ausschließlich auf das Sammeln von Daten ankommt. Bacon hat den Ameisenfleiß des Tatsachen beschreibenden Naturkundlers als ungenügend erkannt, allerdings zugleich auch jenes spekulative Vorgehen abgelehnt, bei dem der Theoretiker sein Ideengespinst aus sich allein hervorbringt wie die Spinne ihr Netz. Der empirische Forscher muß seiner Ansicht nach vielmehr wie die Biene vorgehen, die nicht wahllos, sondern sichtend sammelt (NO I, 95; I, 201).

Man wird diese und ähnliche Äußerungen dahingehend interpretieren dürfen, daß Bacon an die Einsicht der Unmöglichkeit theoriefreier Tatsachenbeobachtung rührte. Nicht die zufällige, sondern nur die planvolle Beobachtung steht am Anfang der Induktion, die somit von gewissen Gesichtspunkten abhängig ist, die der Beobachtung eine bestimmte Richtung geben.

Bacon bemerkte mit Recht, daß Naturerkenntnis ohne Bezug auf Erfahrungsdaten unmöglich sei. Dieser Gedanke beeindruckte viele Wissenschaftler des 17. und 18. Jhs. so nachhaltig, daß sie Bacon auch in der irrigen Meinung folgten, die Beobachtung sei nicht nur notwendig, sondern auch hinreichend für die wissenschaftliche Erkenntnis. Bacons Methodologie war aber nicht nur dem Vorgehen der zeitgenössischen Wissenschaft unangemessen, Bacon selbst ließ es am nötigen Verständnis für die wissenschaftlichen Leistungen seiner Zeit fehlen, wie seine Beurteilung Keplers, Galileis und Gilberts zeigt.

5. Theorie und Praxis

Bacon hat das Problem des Verhältnisses von Denken und Handeln, von Theorie und Praxis deutlich gesehen, allerdings nicht mit gleicher Deutlichkeit gelöst. Auf der einen Seite betonte er gegen das Aristotelische Ideal der rein kontemplativen Wissenschaft die Notwendigkeit, die Wissenschaften auf die Praxis zu beziehen.[49] Auf der anderen Seite war er aber weit davon entfernt, einer pragmatistischen Betrachtungsweise der Wissenschaft das Wort zu reden. So finden sich bei ihm einerseits Äußerungen wie jener berühmte Satz in der „Nova Atlantis", wo als Zweck des Hauses Salomonis, sozusagen der als Gegenmodell gegen die Universitäten konzipierten Akademie der Wissenschaften von Neu-Atlantis, die Erkenntnis der Ursachen und der verborgenen Bewegungen der Dinge sowie das Hinausschieben der Grenzen menschlicher Herrschaft im Sinne des Hervorbringens aller möglichen Dinge (III, 156) genannt werden. Andererseits darf nicht übersehen werden, daß es nach Bacon verhängnisvoll wäre, die Wissenschaften um des bloßen Nutzens bzw. des Gewinnes willen zu betreiben.

Eine derartige Motivation ist dem wissenschaftlichen Fortschritt vielmehr abträglich (I, 463). Nach Bacon muß die Vernachlässigung der Grundlagenforschung bzw. der Analyse der allgemeinen Prinzipien, die den Inhalt der *Philosophia Prima* ausmachen, zugunsten spezieller und direkt anwendbarer Sätze negative Konsequenzen haben. Denn wenn man darauf verzichtet, sich auf das höhere Niveau der prinzipiellen Betrachtungsweise zu begeben, vermag man den Zusammenhang des Besonderen nicht mehr zu überschauen (I, 460). Zwar muß die theoretische Erkenntnis auf die Praxis bezogen sein, aber hieraus folgt nicht, daß alle allgemeinen Probleme, die keine direkte Anwendung im praktischen Bereich zulassen, bedeutungslos sind. Die Teilbereiche des menschlichen Wissens verhalten sich zueinander wie Teile eines Baumes, die alle eine wesentliche Funktion haben, obwohl nur die Zweige Früchte tragen. Es ist auch nötig, die Wurzel zu versorgen, wenn man Früchte ernten will (I, 488). Im Bereich des Wissens kommt die Funktion der Wurzel der Ersten Philosophie zu, deren Prinzipien in keiner Weise praktisch anwendbar sind.

Auch im Bereich der speziellen Erfahrungserkenntnis ist der unmittelbare Nutzen nicht das allein entscheidende Kriterium. Wichtiger kann der mittelbare Nutzen sein, weshalb Bacon die erleuchtenden Experimente ausdrücklich den nur nützlichen vorzieht. Ihm schwebte nicht eine weitgehend dem Zufall überlassene Ansammlung nützlicher Kenntnisse vor, sondern eine als ganze auf praktische Ziele gerichtete, methodisch geordnete Wissenschaft.

Die praktischen Ziele hat Bacon meist nur in allgemeiner Weise bezeichnet, doch finden sich konkretere Hinweise verstreut in seinen Schriften. Sie lassen erkennen, daß Bacon in erster Linie an die verbesserte Nutzung der Naturkräfte mit Hilfe von Maschinen und chemischen Verfahren, daneben aber auch an die

Verbesserung der gesundheitlichen Verhältnisse dachte. Über die bloße Juxta-
position von Zielvorstellungen gelangte er aber nicht hinaus, da er eine Systematisierung der die Forschung wie die technische Anwendung ihrer Resultate
leitenden Wertvorstellungen nicht intendiert zu haben scheint. Wie weit seine
Vorstellungen von dem Stand der technischen und wirtschaftlichen Entwicklung abhängig waren und wie weit sie künftige Entwicklungen antizipierten, ist
schwer zu bestimmen. Für die Wirtschaft der damaligen Zeit kam die technische
Nutzung von Naturkräften nur in beschränktem Umfang und mit den seit
langem bekannten Mitteln (wie Wasserrädern und Windmühlen) in Betracht.
Die Verdrängung menschlicher Arbeitskraft durch Maschinen war in größerem
Maßstab noch nicht möglich. In vielen technischen Bereichen, wie z. B. der
Metallurgie, gab es in der damaligen Zeit kaum Veränderungen. Wichtig wurde
dagegen die Entwicklung und Verbesserung wissenschaftlicher Instrumente.
Daneben konzentrierten sich die Erfinder auf die Verbesserung der Schiffahrt-
technik, die im Zusammenhang mit den Entdeckungen bzw. der Kolonisation
von größter Bedeutung war, und allgemein auf die Transporttechnik. Eine
große Rolle spielte die Entwicklung der Kriegstechnik, einschließlich der
Entwicklung des Schießpulvers, die gewisse chemische Kenntnisse und Fertig-
keiten voraussetzte. Außerdem widmete man sich intensiv der Verbesserung der
Drucktechnik.[50] Man wird daher anzunehmen haben, daß Bacons Ideen nicht so
sehr bestehende Verhältnisse reflektierten, als vielmehr künftige Entwicklungen antizipierten, für die es in der damaligen Zeit allenfalls erste Ansätze gab.
Angesichts des antizipatorischen Charakters von Bacons Konzeption ist es
nicht verwunderlich, daß er im Hinblick auf die technische Verwertbarkeit
wissenschaftlicher Erkenntnisse von einem naiven Optimismus erfüllt war, der
die Frage nach Möglichkeiten mißbräuchlicher Anwendung von Ergebnissen
der wissenschaftlichen Forschung gar nicht aufkommen ließ. Bacons Optimismus hat Zeitgenossen und Spätere[51] nachhaltig beeindruckt und in Verbindung
mit seinem Radikalismus in der Auseinandersetzung mit der Tradition einen
wichtigen, in Richtung auf wissenschaftliche und praktische Fortschritte wirkenden Impuls dargestellt. Bacon hatte somit in der Tat, wie er selbst es
ausdrückte, die Funktion eines Wegweisers (I, 153). Namentlich wurde Bacons
Ideal einer rational organisierten, arbeitsteilig betriebenen Wissenschaft in der
Royal Society wirksam, während sein Appell, sich von der Spekulation ab- und
der Erfahrung als dem Fundament der Erkenntnis zuzuwenden, großen Einfluß
auf die Einstellung der zeitgenössischen Wissenschaftler hatte.

Im ökonomischen Bereich vertrat Bacon ausgesprochen traditionalistische
Ansichten, wie sich vor allem darin zeigt, daß er das wirtschaftliche Verhalten
moralischen Maßstäben unterwarf. Materielle Güter und Gütererwerb können
die Tugend beeinträchtigen, wenn man ihnen zuviel Aufmerksamkeit schenkt.[52]
Nur gerecht erworbener und vernünftig (vor allem zur Wohltätigkeit und zur
Erhöhung des eigenen Ansehens) genutzter Reichtum ist legitim. Die allzu
schnelle Bereicherung ist aber auf alle Fälle anrüchig. Verwerflich ist stets die

wirtschaftliche Ausnutzung der Notlage anderer sowie der „Wucher", also das
Zinsnehmen. Bacon fehlte offensichtlich jegliches Verständnis für das Wesen
des Kapitalzinses. Er gestattete das Zinsnehmen lediglich im Sinne einer Konzession an die menschliche Herzenshärte,[53] nicht im Sinne des Ausgleichs für
entgangenen Gewinn und Risiko, als den schon manche scholastische Theoretiker den Zins zu rechtfertigen gesucht hatten. Bacons Verhältnis zum Geld
unterscheidet sich deutlich von der für den modernen Frühkapitalismus, der
Konsumverzicht im Interesse von Investitionen fordert, charakteristischen
asketischen Einstellung: Geld ist seiner Ansicht nach zum Ausgeben da, freilich
nicht zu beliebigen, sondern zu moralisch positiven Zwecken.[54]

Die Unterordnung der Ökonomie unter die Moral läuft darauf hinaus, der
Wirtschaft die Eigengesetzlichkeit abzusprechen. Nach Bacon ist die ökonomische Aktivität nicht durch ihren Erfolg, d. h. durch den Profit, gerechtfertigt,
sondern sie unterliegt wirtschaftsfremden, nämlich moralischen, Maßstäben.

Bacon kann daher nicht ohne weiteres als Utilitarist bezeichnet werden,
obwohl er im Hinblick auf die Wissenschaft als solche eine ausgesprochen
utilitaristische Position eingenommen hat. Aber auch hier darf nicht übersehen
werden, daß Bacons Utilitarismus ethisch motiviert war, wie z. B. deutlich wird,
wenn er erklärt: „Da ich glaubte, daß ich zum Dienst an der Menschheit [ad
utilitates humanas] geboren sei und daß die Bemühung um die öffentlichen
Angelegenheiten zu den Dingen gehöre, auf die alle ein Recht haben und die
allen zugänglich sind, wie Wasser und Luft, stellte ich Untersuchungen darüber
an, was den Menschen am meisten nutzen könnte, und überlegte, wozu ich
selbst von Natur aus am besten geeignet wäre. Ich fand aber, daß nichts so
verdienstlich in bezug auf die Menschheit sei, als die Erfindung neuer Dinge und
Techniken, mit deren Hilfe das Leben der Menschen verbessert werden kann"
(III, 518). Bacon ist für die Entwicklung der Wissenschaften nicht zuletzt durch
seine Wissenschaftsethik bedeutsam geworden, die den Rahmen sowohl seiner
wissenschaftlichen, seiner methodologischen wie seiner ideologiekritischen
Bemühungen bildete.

II. Galileo Galilei und die Methode
der Naturwissenschaften im 17. Jahrhundert

1. Galileis Leben und Werke

In den letzten Jahrzehnten des 16. und den ersten Jahrzehnten des 17. Jhs., die Galileis Leben umspannte, gehörte die Apenninhalbinsel zum Einflußbereich Spaniens, das Unteritalien, Sardinien, Mailand sowie verschiedene kleinere Stützpunkte besaß und Genua zu seinem Satelliten gemacht hatte. In diesem Teil Italiens wurden politische und wirtschaftliche Initiativen weitgehend erstickt. Gleichzeitig sank das kulturelle Niveau in erschreckender Weise. Auch die unabhängig gebliebenen Gebiete der Halbinsel – neben verschiedenen Kleinstaaten vor allem die Toskana, Galileis Heimat und das Land, in dem er den größten Teil seines Lebens verbrachte und wo er als Hochschullehrer in Pisa und als Hofmathematiker und -philosoph in Florenz wirkte, sowie Venedig, zu dessen Festlandsgebiet Padua mit seiner traditionsreichen Universität, an der Galilei mehrere Jahre lehrte, gehörte, ferner der Kirchenstaat und das aufstrebende Piemont-Savoyen – mußten auf Spanien Rücksicht nehmen, zumal Frankreich etwa seit der Mitte des 16. Jhs. seine Versuche aufgegeben hatte, in Italien Fuß zu fassen. Venedig konnte seine Position in Morea und auf Kreta zunächst noch aufrecht erhalten, doch begann sich im Innern bereits der Niedergang abzuzeichnen. Auch im Kirchenstaat war der Druck der spanischen Politik spürbar, doch versuchten die Päpste, dem Einfluß Spaniens entgegenzuwirken. Urban VIII. (Barberini), unter dessen Pontifikat der zweite und entscheidende Prozeß gegen Galilei geführt wurde, nahm sogar die expansive Politik der großen Renaissance-Päpste wieder auf, stieß jedoch bei seinem Versuch, die europäischen Großmächte gegeneinander zum Vorteil des Kirchenstaates auszuspielen, schnell an seine politischen Grenzen. Nicht nur die Zeit der großen Politik war jedoch für Italien vorüber,[1] auch die Zeit der kulturellen Ausstrahlung, die von dem Land während der Renaissance ausgegangen war, ging ihrem Ende entgegen. Wenn die Toskana noch eine Zeitlang ihre Bedeutung aufrecht erhalten konnte, so hing das einmal mit der Tatsache zusammen, daß es den Medici nicht nur gelang, ihre Stellung im monarchischen Sinne auszubauen, die Erhebung ihres Landes zum Großherzogtum durchzusetzen und die Verwaltung des Staates zu verbessern, sondern das Land gegenüber dem Reich wie gegenüber Spanien relativ unabhängig zu machen. Zum anderen blühten in der Toskana, wie sonst nur noch in Mailand und Venedig, Handwerk und Handel, wenn auch nicht mehr so üppig wie im 14.Jh., als die oberitalienischen Städte wirtschaftlich an der Spitze der europäischen Entwicklung standen. In Oberitalien traten wegen der Verbürgerlichung der Gesellschaft die sozialen Mißstände, nämlich die für andere Gebiete der Halbinsel charakteristische Pauperisierung weiter Bevölkerungsschichten und die Ausbreitung des Räuberunwesens auf der einen, zunehmender Einfluß von Adel und Klerus auf der anderen Seite nicht so deutlich in Erscheinung wie im übrigen Italien. Der neue Typus des bürgerlichen Geschäftsmanns, für den die „Rechenhaftigkeit", verbunden mit einer utilitaristischen Grundhaltung, charakteristisch ist, findet sich in besonders reiner Ausprägung in Galileis Heimat, der Toskana.[2]

Galileo Galilei wurde am 15. 2. 1564 als Sohn des Musiktheoretikers und Komponisten Vincenzo Galilei in Pisa geboren.[3] Als Fünfundzwanzigjähriger erhielt er eine schlecht bezahlte Professur für Mathematik an der Universität Pisa, wo er bereits begann, sich mit der aristotelischen Bewegungslehre kritisch auseinanderzusetzen. 1592 verließ er Pisa und übernahm einen Lehrstuhl in Padua, wo er bis 1610, dem Zeitpunkt seiner Ernennung zum Hofmathematiker der Medici in Florenz und zum Professor ohne Lehrverpflichtung an der Universität Pisa, wirkte. In diese Zeit fallen verschiedene Schriften zu Fragen aus dem Bereich der angewandten Wissenschaft,[4] in denen der Gedanke des Nutzens wissenschaftlicher Erkenntnisse leitend ist (cf. II, 155–159).

1609 gelang Galilei auf Grund von Berichten über die Erfindung des Fernrohrs in den Niederlanden die Konstruktion eines Telekops,[5] mit dessen Hilfe er eine Reihe wichtiger astronomischer Beobachtungen machen konnte, nämlich der Mondgebirge, der Venus-Phasen, der Jupiter-Monde und der Sonnenflekken. Die neuentdeckten Tatsachen waren offensichtlich mit der Annahme eines Wesensunterschiedes zwischen sublunarem und supralunarem Bereich unverträglich,[6] so wie sie gleichzeitig die heliozentrische Konzeption zu stützen schienen. Galilei veröffentlichte seine Beobachtungen 1610 im „Sidereus Nuncius".

Obwohl Galilei darauf bedacht war, Fragen der Wissenschaft und religiöse Fragen sorgfältig auseinanderzuhalten, gelang es ihm nicht, den Konflikt mit der Kirche zu vermeiden, da er nicht bereit war, sich mit einer hypothetischen Darstellung der heliozentrischen Konzeption zu begnügen. 1615 wurde er bei der römischen Inquisition mit der Begründung angeklagt, daß seine Auffassung mit Äußerungen der Bibel, in denen die Erde als ruhend bezeichnet wird, in Widerspruch stünde. 1616 erließ das Hl. Offizium ein Dekret gegen die heliozentrische Theorie. Galilei wurde aufgefordert, seine Ansichten der Kirchenlehre anzupassen. Ungeachtet dieses Dekrets hörte er aber nicht auf, sich für seine Überzeugung einzusetzen.

Immer wieder verwickelte er sich in Kontroversen über astronomische Theorien. Im Zusammenhang mit einer solchen Auseinandersetzung entstand der „Saggiatore" (1626),[7] eine polemische Schrift, die aber auch Gedanken von allgemeiner philosophischer Bedeutung enthält. So bekannte sich Galilei in diesem Werk zu einer Auffassung der Wirklichkeit, derzufolge diese wesentlich durch Zahlenverhältnisse bestimmt ist. In einer berühmten Metapher verglich er die Natur mit einem Buch, das in mathematischer Sprache geschrieben ist, wobei die Schriftzeichen Dreiecke, Kreise und andere geometrische Gebilde sind. Ohne deren Kenntnis vermag der Mensch auch nicht ein Wort der Sprache der Natur zu verstehen (VI, 232; cf. XVIII, 295). Der in dieser Metapher angedeutete Gedanke läßt sich folgendermaßen explizieren: Wenn das Wesen der Wirklichkeit in mathematischen Beziehungen besteht, dann dürfen mathematische Sätze als Ausdruck dieses Wesens gelten, so daß namentlich die Gesetzesaussagen der mathematischen Naturwissenschaft als objektiv gültig anzusehen sind. Außerdem entwickelte Galilei im „Saggiatore" die erkenntnistheoretisch wichtige Unterscheidung von primären und sekundären Qualitäten, die sich auch bei Fr. Bacon findet und die sich bis in die antike Atomistik zurückverfolgen läßt. Als „primäre Qualitäten" werden (quantitative) Bestimmungen bezeichnet, die den Dingen an sich zukommen, während (qualitative) Bestimmungen, die auf Grund der ersteren im erkennenden Subjekt entstehen, „sekundäre Qualitäten" heißen (cf. VI, 347–352).

1632 erschien der „Dialogo sopra i due massimi sistemi", in dem Galilei den Versuch unternahm, die Richtigkeit des heliozentrischen Systems zu beweisen (siehe Abschn. 2). Die Veröffentlichung dieses Werkes alarmierte Galileis Gegner in der römischen Kurie. Das Inquisitionsdekret von 1616 wurde zur Geltung gebracht und der achtundsechzigjährige kranke Galilei durch Androhung der Folter zum Widerruf gezwungen (22. 6. 1633). Er wurde zwar nach kurzer Haft aus dem Gefängnis entlassen und lediglich unter Hausarrest gestellt, aber der moralische Druck auf Galilei wurde aufrechterhalten. Er durfte Besucher nur mit kirchlicher Erlaubnis empfangen und mußte fürchten, daß seine Ideen nicht mehr über den engsten Schülerkreis hinaus ausstrahlen könnten.

Das Urteil hatte in der Öffentlichkeit der katholischen Länder weitreichende Folgen. Um den Konflikt mit der kirchlichen Lehrautorität zu vermeiden, zogen sich viele Wissenschaftler, namentlich in Italien, in die spezialwissenschaftliche Forschung zurück. Nach seiner Verurteilung konzentrierte sich Galilei auf Probleme der Mechanik bzw. Kinematik. Die Frucht seiner Forschungen in diesen Jahren sind die „Discorsi e dimostrazioni matematiche intorno a due nuove scienze attenenti alla meccanica ed i movimenti locali" (VIII, 41–318), in denen unter anderem eine atomistische Konzeption der Materie entwickelt und das Quadratgesetz des freien Falls abgeleitet wird.

Eine im Zusammenhang mit Galileis Physik viel diskutierte Frage betrifft die Rolle des Trägheitsprinzips, das in verschiedenen Galileischen Theorien implizit wirksam ist, ohne in allgemeiner Form aufzutreten. Galilei formulierte es bald im Hinblick auf die Kreisbewegung (VII, 53), bald im Hinblick auf die geradlinige Bewegung (VII, 173), niemals aber im Hinblick auf die Bewegung im allgemeinen.[8]

In seinen letzten Lebensjahren wendete sich Galilei wieder astronomischen Fragen zu, obwohl seine Sehkraft zusehends abnahm. Der schließlich völlig erblindete Forscher starb am 8. 1. 1642.

2. Die analytische Methode

Galilei bediente sich einer Methode, deren Wurzeln bis in die Antike zurückreichen,[9] die aber erst in der Neuzeit bewußt nicht nur im Bereich der Naturwissenschaften und der Mathematik, sondern auch in der Metaphysik angewendet wurde, nämlich der analytischen. Er unterschied *zwei Aspekte der Analyse*, die er „*metodo risolutivo*" und „*metodo compositivo*" nannte. Im wissenschaftlichen Bereich fordert diese Methode die Zergliederung der Aussage, die eine erklärungsbedürftige Tatsache (das Explanandum) beschreibt, um die in ihr verwendeten Termini auf relativ einfache Begriffe zurückzuführen und mit deren Hilfe gesetzesartige Prinzipien zu formulieren, die die Ableitung von empirisch überprüfbaren Konsequenzen gestatten. Nicht nur die Begriffszergliederung, auch die Aufstellung von Gesetzeshypothesen gehört nach Galilei zum resolutiven Aspekt der analytischen Methode, während die Ableitung überprüfbarer Folgesätze dem kompositiven Aspekt zugeordnet wird.[10]

Bei der Formulierung des Explanandums muß eine Abstraktion vorgenommen werden, sofern von gewissen Zügen der Erscheinung abzusehen ist. So werden z. B. bei der Beschreibung des freien Falls von Körpern im Vakuum deren Form und Masse nicht berücksichtigt. Offensichtlich ist die Formulierung des Explanandums von theoretischen Voraussetzungen abhängig, die gegenüber der Beobachtung in gewissem Sinne *a priori* sind. Trotzdem war Galilei überzeugt, daß eine mit Hilfe der resolutiv-kompositiven Methode konzipierte und empirisch gestützte Theorie das Wesen der Wirklichkeit beschreibt, namentlich wenn sie mathematisch formuliert ist.

Ein klares Beispiel der Anwendung der analytischen Methode ist die Ableitung des Quadratgesetzes des freien Falls[11] in den „Discorsi". Ein anderes stellt Galileis Versuch dar, die Tatsache des Gezeitenwechsels im Rahmen der kopernikanischen Auffassung zu erklären. Der regelmäßige Wechsel von *Flut und Ebbe* läßt sich nach Galilei ebenso wie die scheinbaren Bewegungen der Gestirne mit Hilfe der Voraussetzung begreiflich machen, daß die Erde sich einerseits im Verlauf eines Jahres um die Sonne, andererseits im Verlauf von vierundzwanzig Stunden um ihre eigene Achse bewegt (Revolution und Rotation). Während aber die scheinbaren Bewegungen von Sonne, Mond und Sternen auch im Rahmen der ptolemäischen Theorie erklärbar sind, glaubte Galilei, daß die Gezeiten nur unter Voraussetzung der *heliozentrischen Konzeption* begriffen werden können. Er war daher überzeugt, mit Hilfe der Gezeitentheorie die geozentrische Annahme des ptolemäischen Systems falsifiziert und die heliozentrische Annahme des kopernikanischen Systems verifiziert zu haben. Im einzelnen verfuhr er so, daß er durch Resolution der Annahme der Doppelbewegung der Erde deutlich machte, daß jeder Punkt der Erdoberfläche (mit Ausnahme der Pole) eine zusammengesetzte Bewegung ausführt, deren Komponenten Bewegungen gemäß der Rotation und der Revolution sind.[12] Liegt der fragliche Punkt außerhalb der Umlaufbahn, die der Erdmittelpunkt beschreibt, addieren sich die Bewegungskomponenten, liegt er innerhalb der Bahn, so ist die eine von der andern zu subtrahieren. Infolgedessen ist die Geschwindigkeit des fraglichen Punktes bald eine größere, bald eine kleinere. Die bald positiven, bald negativen Beschleunigungen wirken auf die Wassermassen der Ozeane, die sich gemäß dem Trägheitsgesetz verhalten, so daß sich die Erscheinung der Gezeiten ergibt (so wie beim Wassertransport vom Festland nach Venedig das Wasser in den Behältern beim Abstoßen der Gondeln rückwärts, bei ihrem Anlegen vorwärts schwappte).

Vielleicht hat Galilei geahnt, daß sich eine Entscheidung zwischen der helio- und der geozentrischen Auffassung im Rahmen der Kinematik nicht herbeiführen läßt, und deshalb die Gezeitentheorie herangezogen, die prinzipiell dem Bereich der Dynamik angehört. Die grundlegenden Verhältnisse lassen sich der folgenden, von Galilei selbst stammenden Darstellung entnehmen. (Der Kreis mit dem Mittelpunkt A stellt die jährliche Bahn des Erdmittelpunkts B um die Sonne in Richtung auf C dar. Ein Punkt der Erdoberfläche D bewegt sich infolge der Rotation in der Richtung E, F, G.)[13]

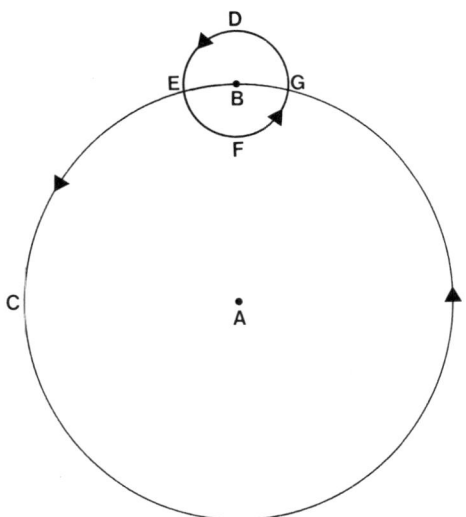

Galilei war überzeugt, daß die Annahmen, auf denen die Gezeitentheorie beruht, nicht nur hinreichende, sondern zugleich *notwendige Bedingungen* des Wechsels von Flut und Ebbe betreffen, d. h. daß die Tatsache der Gezeiten keine anderen als die in der Theorie angenommenen Ursachen haben kann. In diesem Sinne läßt er Salviati sagen: „Sollen jene Erscheinungen Folge der natürlichen Erdbewegungen sein, so dürfen sie nicht nur nicht zu einem Widerspruch oder zu etwas Anstößigem führen, sie müssen auch leicht und nicht nur leicht, sondern mit Notwendigkeit daraus folgen, derart, daß unmöglich der Vorgang ein anderer sein kann; das nämlich ist die charakteristische Eigentümlichkeit des Natürlichen und Wahren" (VII, 450). Galilei erhob also den Anspruch, daß nur unter der Voraussetzung seiner Theorie die Tatsache des Gezeitenwechsels erklärbar sei. Das trifft jedoch nicht zu. So scharfsinnig Galileis Theorie auch sein mag, sie ist nichtsdestoweniger unhaltbar. Insbesondere kann in ihrem Rahmen die sechsstündige Periode der Gezeitenbewegung, die Galilei nur für das Mittelmeer vermutete, nicht aber für größere Ozeane, nur mit Hilfe der zusätzlichen Annahme erklärt werden, daß es auf Grund der Störung des Gleichgewichtszustandes der Wassermassen zu Resonanzschwingungen kommt, deren Frequenz von der Größe der Ozeane abhängt (VII, 457). Noch verhängnisvoller für Galileis Theorie ist der Umstand, daß der sonst so gewissenhafte Forscher übersehen zu haben scheint, daß sich der Eintritt von Ebbe und Flut von einem Tag zum anderen um eine Zeit verzögert, die genau der täglichen Verschiebung der Mondkulmination entspricht. Die Annahme, daß diesem Zusammenhang eine Kausalverbindung zugrundeliegt, wäre mit dem folgenden, kausale Hypothesen betreffenden methodologischen Postulat Galileis durchaus in Einklang gestanden: „Wenn wirklich *einer* Wirkung nur *eine* ursprüngliche Ursache entspricht, wenn wirklich zwischen Ursache und Wirkung eine feste, beständige Verknüpfung besteht, so muß auch jeder festen, beständigen Abänderung der Wirkung, die man wahrnimmt, eine feste beständige Abänderung auf seiten der Ursachen entsprechen" (VII, 471.7–11). Der tiefere Grund für die Ablehnung der richtigen Erklärung der Gezeiten, die schon Kepler gefunden hatte, liegt in Galileis Überzeugung, daß die Berufung auf *qualitates occultae* illegitim und daß die Massenanziehung wie jede Fernwirkung als *qualitas occulta* anzusehen sei. Deshalb lehnte er die Annahme, daß Flut und Ebbe mit der Anziehung der Wassermassen von seiten des Mondes zusammenhängen, ohne weiteres ab (VII, 446).[14]

Selbst wenn Galileis Erklärungsversuch nicht gescheitert wäre, hätte er nicht zu einem notwendig wahren Ergebnis führen können, wie Galilei beanspruchte. Bemerkenswerterweise wird der Gedanke, die Gezeitentheorie müßte auch im Falle ihrer Haltbarkeit hypothetischen Charakter haben, im „Dialogo" vom Vertreter der traditionellen, von ihm bekämpften Position ausgesprochen: „Es läßt sich, glaube ich, nicht in Abrede stellen, daß die von Euch angestellte Erwägung sehr überzeugend ist, wenn man, wie wir sagen, *ex suppositione* argumentiert..." (VII, 462. 16–18). Galilei hat also die Prinzipien einer seiner Ansicht nach den Tatsachen gerecht werdenden Theorie für notwendig wahre Sätze gehalten und sich damit auf den Standpunkt einer ganz bestimmten Metaphysik gestellt.

3. Wissenschaftliche Methode und Metaphysik

Die Frage nach den metaphysischen Voraussetzungen der Galileischen Methodologie bzw. Wissenschaftstheorie ist in sehr unterschiedlicher Weise beantwortet worden. Zwei konträre Auffassungen stoßen hier hart aufeinander. Nach der einen soll Galilei insofern *Empirist* gewesen sein, als er auf Grund von Beobachtungen durch Generalisation zu Gesetzen zu gelangen suchte, also grundsätzlich in der von Bacon beschriebenen Weise verfuhr oder mindestens zu verfahren meinte.[15] Nach der anderen Auffassung soll er ein platonisierender *Rationalist* gewesen sein, der die Bedeutung von Beobachtung und Experiment gering veranschlagte, wenn er sie nicht gar (wie Descartes) für prinzipiell entbehrlich hielt.[16]

Die erste dieser Auffassungen wurde mit besonderem Nachdruck von E. Mach vertreten, der den empiristischen Charakter der Galileischen Wissenschaft betonte und bemerkte, Galilei habe sich auf die Frage nach dem „Wie" von Tatsachen beschränkt und bewußt auf die Frage nach dem „Warum" verzichtet. Diese Deutung trifft zu, wenn Warum-Fragen als Fragen nach unbeobachtbaren verursachenden Kräften verstanden werden. Obwohl aber Mach meinte, Galilei habe z. B. die Fallbewegung rein phänomenologisch untersucht, d. h. nicht nach ihren Ursachen gefragt, stellte er doch fest, daß in Galileis Denken, namentlich in der Theorienbildung, ein konstruktiv-spekulatives Element wirksam gewesen sei, wenn auch stets im Zusammenhang mit der Beobachtung konkreter Fälle. Damit scheint Mach sich bereits von der einseitig empiristischen Deutung der Galileischen Wissenschaftstheorie zu distanzieren und in die Richtung einer vermittelnden Interpretation zu weisen.

Eine zu dieser Auffassung entgegengesetzte Position nahm A. Koyré ein, der Galileis Denken als rationalistisch bzw. platonistisch charakterisierte. Koyré nahm im Anschluß an P. Tannery an, Galilei habe gemeint, die Erfahrung sei prinzipiell bei der Bildung wissenschaftlicher Theorien entbehrlich. Tatsächlich heißt es z. B. im „Dialogo", man könne unabhängig von der Erfahrung (senza esperienza) sicher sein, daß ein von der Mastspitze eines fahrenden Schiffes herabfallender Stein parallel zum Mast fallen werde (VII, 171. 7–10). Beachtet man jedoch den weiteren Kontext dieser Äußerung, so wird klar, daß Galilei keineswegs eine apriorische Physik im Auge hat, sondern daß er lediglich sagen wollte, der Satz über das Herabfallen des Steins auf dem fahrenden Schiff lasse sich ohne zusätzliche Erfahrungen aus allgemeinen physikalischen Sätzen ableiten, die ihrerseits aber nicht unabhängig von aller Erfahrung gewonnen werden.

Gegen diese extremen Deutungen setzt sich in der Gegenwart eine Auffassung durch,[17] derzufolge Galilei die Vernunft als ebenso notwendig für die wissenschaftliche Erkenntnis angesehen hat wie die Beobachtung (cf. VIII, 511; cf. VI, 277 sq.). Zugunsten dieser Interpretation kann auf Galileis Überzeugung

verwiesen werden, daß uns die Erfahrung nur des *Daß,* nicht aber des *Wie* von
Tatsachen vergewissere (XVIII, 208), d. h. daß auf Grund von Beobachtung
allein Erklärungen von Tatsachen nicht möglich sind. Theorien beruhen
m. a. W. auf rationaler Konstruktion, müssen aber gleichzeitig auf Beobachtungen bezogen sein.[18] Die rationalistische Komponente in Galileis Denken darf
daher nicht, wie es auch heute noch gelegentlich geschieht,[19] vernachlässigt
werden. Wenn Galilei an die Möglichkeit absolut wahrer wissenschaftlicher
Theorien glaubt und sogar gelegentlich mit der Deutung der Erkenntnis als
Wiedererinnerung (im Sinne der Platonischen Anamnesis-Theorie) sympathi-
siert (cf. VII, 183, 32–37),[20] so weist das deutlich auf seine Abhängigkeit vom
Rationalismus hin. Erkennen ist für ihn im Grunde Nachvollziehen der im
göttlichen Geist präexistierenden Wahrheit, die der Mensch allerdings nicht
intuitiv, sondern nur diskursiv zu erfassen vermag (VII, 129). Galileis Rationalismus äußert sich auch in seiner Deutung des Einfachheitsprinzips, das der
Entscheidung angesichts einer Mehrzahl möglicher Erklärungen zugrunde
liegt. Es soll, weit davon entfernt, ein bloßes Ökonomieprinzip zu sein, als
metaphysisches Prinzip aufgefaßt werden: Die jeweils einfachste Theorie ist
absolut wahr, weil in der Natur alles auf einfachste Weise vor sich geht. Mit Hilfe
dieses Prinzips glaubte Galilei z. B. die Richtigkeit der heliozentrischen Konzeption beweisen zu können (VII, 142–143). Es hinderte ihn aber auch, die von
Kepler gewonnene Einsicht zu akzeptieren, daß die Planetenbahnen nicht
Kreise, sondern Ellipsen sind.

Auch in der These, daß bei der Fallbewegung eine scheinbare von der „wahren
und wirklichen Bewegung" des fallenden Körpers zu unterscheiden sei (VII,
192. 16), äußert sich Galileis Rationalismus. Scheinbar bewegt sich nach Galilei
der fallende Körper geradlinig in Richtung auf den Erdmittelpunkt, in Wirklichkeit aber beschreibt er eine Bahn in Form des Segments eines Kreises, der durch
den Erdmittelpunkt geht. Nur die scheinbare Bewegung stellt sich uns als
gleichförmig beschleunigte Bewegung dar, während die „wahre" eine gleichför-
mige Bewegung sein soll. Die Frage, welches die Ursache der vermeintlichen
Beschleunigung beim freien Fall sei, entfällt somit unter Galileis Voraussetzungen.

Galilei vertrat somit eine *essentialistische Erkenntnismetaphysik,*[21] derzufolge es Wesensbeziehungen der Wirklichkeit gibt, die von Mathematik und
mathematischer Naturwissenschaft beschrieben werden. *Naturgesetze* sind
demnach Prinzipien der Natur selbst, die nur nachträglich in Form von allgemeingültigen Aussagen formuliert werden. Der Ausdruck „Naturgesetz" ist
somit wörtlich zu verstehen: Die Natur führt, wie Galilei sagte, die Anordnungen Gottes aus (V, 316. 26–27) bzw. sie kann die ihr auferlegten Gesetze nicht
verletzen (V, 316. 30–32; cf. V, 283. 4–5). So ist vor allem das Kausalitätsprinzip
streng allgemeingültig, d. h. es gibt grundsätzlich keine Ausnahmen von der
Regularität des Naturablaufs. Die wissenschaftliche (analytische) Methode
dient infolgedessen nicht der Formulierung hypothetischer Theorien, zu denen

es prinzipiell Alternativen geben kann, sondern der Erfassung der Struktur der Wirklichkeit, wie sie an sich ist.[22]

Galilei war nur *ein*, freilich ein höchst bedeutender, Vertreter der neuen wissenschaftlichen Methode, deren sich mit eindrucksvollem Erfolg auch Männer bedienten wie Chr. Huygens (1629–1695), der vor allem wegen seiner Theorie des Lichts bemerkenswert ist (1690 erschien sein „Traité de la lumière"), W. Harvey (1587–1657), der der modernen Physiologie entscheidende Impulse verlieh (vor allem durch seine „Exercitatio anatomica de motu cordis et sanguinis" von 1628), oder R. Boyle (1627–1691), der Bahnbrecher der Chemie. Sie regten nicht nur die zeitgenössischen Philosophen zur Auseinandersetzung mit ihren Theorien wie mit ihren methodologischen Prinzipien an, sondern sie waren selbst immer wieder bereit, den Schritt von der Wissenschaft zur Philosophie bzw. zur Methodologie zu tun. Dennoch sind sie vor allem durch ihre wissenschaftlichen, nicht so sehr durch ihre philosophischen Theorien bedeutungsvoll, weshalb es hier genügen muß, auf sie hingewiesen zu haben.

III. René Descartes

1. Leben und Werke

René Descartes, Seigneur du Perron, geboren am 31. März 1596 in La Haye, entstammte einer Familie des niederen Adels der Touraine.[1] Als einjähriges, kränkliches Kind verlor er seine Mutter. 1606 trat er in das angesehene Jesuiten-Kolleg von La Flèche ein und eignete sich dort eine umfassende Bildung im Sinne der damaligen Zeit an, die ihn aber wegen ihres seiner Ansicht nach unsystematischen und unfruchtbaren Charakters nicht befriedigte. Sein Wunsch, „eine klare und sichere Erkenntnis alles für das Leben Nützlichen" (VI, 4) zu gewinnen, blieb zunächst unerfüllt. Nachdem er frühestens 1612, wahrscheinlich aber erst 1614 La Flèche verlassen hatte, studierte er einige Jahre in Poitiers, wo er 1616 das Lizenziat der Jurisprudenz erwarb. Der Wunsch nach reicherer Lebenserfahrung und die Absicht, fremde Länder kennenzulernen, veranlaßten ihn 1618 als Freiwilliger in das Heer Moritz' von Nassau, eines der führenden Feldherren der damaligen Zeit, einzutreten. Während des Aufenthaltes in den Niederlanden kam es zu der für Descartes entscheidenden Begegnung mit Isaak Beeckman, der er die Idee der mathematischen Physik verdankte.[2] Von Descartes' damaligen Überlegungen wissen wir durch A. Baillet, den Verfasser der ersten großen Descartes-Biographie, und durch Foucher de Careil, der die später „Cogitationes privatae" genannten frühen Aufzeichnungen Descartes' noch vor Augen hatte,[3] sowie durch Beeckmans Tagebücher und die Korrespondenz zwischen diesem und Descartes (X, 151 sqq.).

1619 ging Descartes nach Süddeutschland, wo er sich dem Heer Maximilians von Bayern anschloß. Es gibt Anzeichen dafür, daß er nach Möglichkeiten suchte, mit Rosenkreuzern in Berührung zu kommen, deren vorgebliches Programm einer wissenschaftlich fundierten Praxis ihn faszinierte.[4] Den Winter 1619–1620 verbrachte er in oder bei Neuburg an der Donau. Unter dem Eindruck dreier Träume während einer einzigen Nacht (10./11. November), die er für Wahrträume hielt, faßte er den Entschluß, sein Leben der Wissenschaft und der Philosophie zu widmen. Nach Descartes' eigener Deutung hingen die Träume mit dem Enthusiasmus zusammen, den die Ahnung der Möglichkeit einer neuen Wissenschaft in ihm hervorgerufen hatte. Der erste Satz seiner Aufzeichnungen lautete: „Am 10. November 1619, als ich voll Enthusiasmus war und die Grundlagen einer [oder der] wunderbaren Wissenschaft fand [oder: zu finden im Begriffe war] ..."[5]

Die Bedeutung der Träume, in denen sich Descartes durch einen Wirbelwind in die Kirche eines Kollegs gedrängt sieht, die Erscheinung eines von Donner begleiteten Funkenregens hat und schließlich ein Gedicht mit dem Titel „Welchen Lebensweg werde ich einschlagen?" liest, ist unterschiedlich zu interpretieren gesucht worden.[6] Während eine befriedigende objektiv gesicherte Deutung nicht möglich zu sein scheint, steht fest, welche subjektive Bedeutung Descartes seinen Träumen beilegte: Er war überzeugt, daß sie das Herabsteigen des Geistes der Wahrheit anzeigen und ihn auf den Weg der Wissenschaft führen sollten. Descartes' Notizen aus dieser Zeit lassen erkennen, daß der angehende Philosoph damals noch an die Überlegenheit des dichterischen Enthusiasmus über die rationalen Erklärungen der Philosophie glaubte. Die „Samen der Erkenntnis" (semina scientiae), die in uns liegen, werden seiner Ansicht nach eher durch die Imagination als durch die Vernunft entwickelt. Er war überzeugt, daß in allen Dingen eine einzige aktive Kraft wirke, die „Liebe" oder „Harmonie" genannt werden kann. Diese noch halb mystischen, auf Renaissance-Spekulationen zurückweisenden Ideen der „Olympica" spielen in Descartes' entwickelter Metaphysik keine Rolle mehr.[7]

Mit der Entscheidung für ein der Wissenschaft gewidmetes Leben wurde das Ausscheiden aus dem Militärdienst über kurz oder lang unausweichlich.[8] Vermutlich hat Descartes schon vor der Schlacht am Weißen Berge bei Prag (8. 11. 1620), an der er nach den ältesten biographischen Berichten teilgenommen haben soll, das Heer verlassen. In den folgenden Jahren unternahm er ausgedehnte Reisen, die ihn zunächst nach Norddeutschland und Dänemark, dann zurück nach Frankreich und schließlich nach Italien führten. 1625 kehrte er nach Paris zurück, wo er Verbindung zu dem Kreis von Wissenschaftlern um P. Marin Mersenne aufnahm. Um sich seinen philosophischen und wissenschaftlichen Projekten ungestört widmen zu können, entschloß er sich 1628 zur Übersiedlung in die Niederlande, wo er in den folgenden Jahren an immer wechselnden Orten lebte, um gemäß seinem Motto „bene qui latuit vixit" seine persönliche Unabhängigkeit zu erhalten. Nachdem er bereits früh in einem verloren gegangenen Entwurf „Studium bonae mentis" methodologische Probleme in Angriff genommen hatte, entwickelte er die der Universalwissenschaft zugrundezulegende Methode in den um 1628 ausgearbeiteten, aber vermutlich auch Entwürfe früherer Jahre einschließenden „Regulae ad directionem ingenii".[9] Dieses Werk enthält außer methodologischen Regeln und Beispielen ihrer Anwendung im Bereich der Mathematik und der Wissenschaften auch eine Skizze von Descartes' Erkenntnistheorie und eine Reihe von metaphysischen Hinweisen, die jedoch gemäß dem Charakter des Werkes keine systematische Verbindung erkennen lassen. Ein kurz danach konzipierter metaphysischer Entwurf, nämlich der während der ersten Monate seines Aufenthaltes in den Niederlanden entstandene kurze Traktat über die Metaphysik, von dem in der Korrespondenz die Rede ist, ist nicht erhalten.[10]

Immerhin zeigt die Tatsache, daß Descartes die metaphysischen Voraussetzungen seiner Philosophie schon früh zu klären versuchte, daß er niemals ein reiner, d. h. von metaphysischen Fragen abstrahierender Wissenschaftler gewesen ist, wenn auch mathematische und wissenschaftliche Fragen zunächst im Vordergrund seiner Interessen standen.[11] In einem Brief an Mersenne vom 15. 4. 1630 hob der Philosoph die Bedeutung der Metaphysik im Hinblick auf die Physik hervor: „Nun meine ich, daß alle, denen Gott den Gebrauch der Vernunft verliehen hat, verpflichtet sind, sie in erster Linie auf die Aufgabe zu richten, ihn und sich selbst zu erkennen. Damit habe ich mich bemüht, meine Forschungen zu beginnen; und ich sage Ihnen, daß ich die Grundlagen der Physik nicht zu finden vermocht hätte, wenn ich sie nicht auf diesem Wege gesucht hätte" (I, 144).[12]

Die Ergebnisse von Descartes' naturwissenschaftlichen Bemühungen sind in der Abhandlung „Le Monde ou Traité de la Lumière", der sich der „Traité de l'Homme" anschließt, zusammengefaßt. Descartes entwickelte hier eine mechanistische Physik, innerhalb deren alle Erscheinungen auf Bewegungen von Materieteilchen zurückzuführen gesucht werden. Die Annahme von qualitativen Wesensprinzipien in der Art der substantiellen Formen wird damit hinfällig. Descartes lehnte die atomistische Theorie ab, da er annahm, daß die homogene Materie indefinit teilbar sei. Seine Theorie der Weltentstehung beruht auf der Annahme einer Wirbelbewegung der Materie, die dazu geführt haben soll, daß die ursprünglich diffuse Materie zu Himmelskörpern konzentriert wurde.

Unter dem Eindruck der Verurteilung Galileis stellte Descartes die Veröffentlichung von „Le Monde" zurück, da er in dieser Schrift die Lehre von der Bewegung der Erde um die Sonne vertrat und keine Möglichkeit sah, sie ohne Beeinträchtigung seiner Gesamtkonzeption fallenzulassen.[13] Um Konflikten mit den Theologen von vornherein auszuweichen, erklärte er ausdrücklich, er wolle die Zusammenhänge so darstellen, als hätte er die Absicht, eine Fabel zu erzählen (XI, 48). Erst 1637 entschloß er sich, einige besonders wichtige Teilergebnisse seiner mathematischen und wissenschaftlichen Bemühungen zu publizieren. Es handelt sich um die „Géometrie", der große Bedeutung für die Entwicklung der *analytischen Geometrie* zukommt, um die „Dioptrique", in der eine *Theorie der Lichtbrechung* entwickelt wird, und um die „Météores", in denen auf der Grundlage dieser Theorie eine Erklärung des Regenbogens geboten wird. Diesen Proben *(Essais, specimina)* seiner Forschungen schickte Descartes als Einleitung den „Discours de la Méthode" voraus, dessen fünfter Teil ebenfalls „Proben" wissenschaftlicher Erkennnisse enthält, nämlich die Umrisse der *Kosmogonie,* die in „Le Monde" entwickelt worden war, und eine mechanistische Erklärung des von W. Harvey entdeckten Blutkreislaufs.

Der „Discours de la Méthode" beginnt mit einer autobiographischen Skizze, die allerdings so stark stilisiert ist, daß sie die historischen Zusammenhänge nicht hinreichend erhellt. Der zweite Teil berichtet von Gedanken über die *Reform der Wissenschaften,* die Descartes im Winter 1619–1620 verfolgte. Eine planvolle Reform erfordert eine geeignete Methode, die nach Descartes nicht mit den Regeln der syllogistischen Logik oder mit der Lullischen Kunst identisch sein kann, sondern die nach dem Vorbild der Erfindungs- und

Beweismethode der Mathematik zu konzipieren ist.[14] Wie in den „Regulae"
wird auch im „Discours" gefordert, in der Wissenschaft nur Sätze zuzulassen,
die entweder evident oder aus evidenten Sätzen abgeleitet sind.

Anders als in
dem fragmentarischen Werk von 1629 spricht aber Descartes im zweiten Teil des
Werkes von 1637 von der Reduktion komplexer auf hinreichend einfache und
der sukzessiven Zusammensetzung komplexer aus einfachen Aussagen in so
allgemeinen Ausdrücken, daß die entsprechenden Regeln ohne weiteres auch in
der Metaphysik zur Geltung gebracht werden können (cf. VI, 18–19), obwohl
nicht zu übersehen ist, daß auch jetzt noch die mathematische Methode das
Vorbild darstellt, an dem sich Descartes orientierte.

Im dritten Teil des „Discours" grenzte Descartes sein Reformprogramm auf
den Bereich des wissenschaftlichen Erkennens ein, d. h. er nahm den praktischen
Bereich ausdrücklich von ihm aus. Die obersten *praktischen Ziele,* auf die seine
Bemühungen bezogen erscheinen, werden nicht in Frage gestellt und daher auch
nicht zu begründen gesucht. Es handelt sich in *subjektiver* Hinsicht um
Sicherheit (VI, 29. 4) und Zufriedenheit (VI, 25. 30; 27. 12–13; 27. 19; 28. 14), in
objektiver Hinsicht um den Nutzen nicht nur des Einzelnen, sondern der
Menschheit (VI, 61–62). Solange Descartes theoretische Sicherheit nur im
Interesse der genannten subjektiven Ziele suchte, sah er keinen Grund, die
Ergebnisse seines Nachdenkens zu veröffentlichen. Sobald ihm jedoch klar
geworden war, daß die Theorie in den Dienst der Beherrschung der Natur –
einschließlich der psychophysischen Natur des Menschen und ihrer Beeinflussung mit den Mitteln der Medizin – zu stellen (VI, 62. 8–31; cf. VI, 78) und dem
allgemeinen Wohl unterzuordnen sei, fühlte er sich zur Publikation seiner
Resultate verpflichtet.

Im vierten Teil des „Discours" suchte Descartes die Regeln seiner Methode
auf die zentralen Fragen der Metaphysik anzuwenden, wobei er erstmals den für
seine entwickelte Metaphysik charakteristischen Weg der Grundlegung der
fundamentalen Prinzipien durch Überwindung des methodischen Zweifels
einschlug (siehe Abschn. 5), ohne daß die Cartesianische Metaphysik hier schon
in ihrer endgültigen Gestalt vorläge. Während der vierte Teil des „Discours" nur
eine Skizze der Cartesianischen Metaphysik bietet, stellen die „Meditationes de
Prima Philosophia" deren systematische Ausführung dar. Das Werk erschien
ohne die von seinem Autor, der die Rolle eines offiziellen kirchlichen Philosophen spielen zu können hoffte, dringend gewünschte Approbation 1641 in
Paris, vermehrt um die von Mersenne veranlaßten Stellungnahmen („Objectiones") bekannter Theologen und Philosophen wie Caterus, Hobbes, Arnauld,
Gassendi und mit den Erwiderungen des Verfassers (siehe Kap. IV, Abschn. 1).

In den „Meditationen" legte Descartes das metaphysische Fundament eines
philosophisch-wissenschaftlichen Systems, das er in den „Principia Philosophiae" (1644; französische Ausgabe 1647), die die Naturphilosophie, Kosmologie und terrestrische Physik behandeln, in der „Description du Corps Humain", die die Physiologie zum Thema hat, und in seinem letzten, der Psycholo-

gie bzw. der Psychophysik gewidmeten Werk, den „Passions de l'Âme" (1649), in seinen Hauptteilen entwickelte. Das Verhältnis zwischen Metaphysik, Physik (als Lehre von der Materie und den allgemeinen Bewegungsgesetzen) und speziellen Naturwissenschaften, nämlich Mechanik, Anatomie, Physiologie, Psychologie und den entsprechenden angewandten Wissenschaften, nämlich Technik, Medizin, Moralphilosophie, hat Descartes durch den Vergleich zwischen dem System der Wissenschaften und einem Baume zu veranschaulichen gesucht, wobei der Wurzel des Baumes die Metaphysik, dem Stamm die Physik, den Ästen die speziellen Wissenschaften und den Früchten die angewandten Disziplinen zugeordnet sind. Die Pointe des Vergleichs drückte er folgendermaßen aus: „So wie man weder von den Wurzeln noch vom Stamm der Bäume die Früchte pflückt, sondern nur von ihren Zweigen, so hängt auch der behauptete Nutzen der Philosophie von denjenigen Teilen derselben ab, die man zuletzt begreift" (IX/2, 14). Die Technik als angewandte Mechanik, die Medizin als angewandte Physiologie bzw. Anatomie (sozusagen als Technik der Erhaltung des Organismus) und die Ethik als angewandte Psychologie (sozusagen als Technik der Affektkontrolle) sind jene Teile des Wissenschaftsbaumes, die unmittelbar praktisch relevant sind, indem sie die theoriegeleitete Beeinflussung der natürlichen Bedingungen gestatten, unter denen die Menschen leben. So besteht Aussicht, durch Nutzung der Naturkräfte den Energieaufwand bei der Arbeit zu verringern, mit den Mitteln der Medizin das physische Leiden, das mit Krankheiten verbunden ist, einzudämmen und mit Hilfe der Psychophysik die Wirksamkeit jener Affekte zu reduzieren, die rationale Entscheidungen erschweren.

Unter Descartes' Voraussetzungen kann die Metaphysik keine direkte Anwendung im praktischen Bereich haben, obwohl sie indirekt für die Praxis wesentlich ist, da sie das Fundament sowohl der Theorie als auch der theoriegeleiteten Praxis darstellt und damit die *sagesse* als „vollkommenes Wissen aller Dinge, die der Mensch erkennen kann, sowohl um eine Regel für das Leben zu haben, wie um seine Gesundheit zu erhalten, wie um alle Künste zu erfinden" (IX/2, 2),[15] überhaupt erst möglich macht.

1649 entschloß sich Descartes, der Einladung Königin Christines von Schweden nach Stockholm zu folgen, weil er sich von der philosophisch interessierten Monarchin materielle Unterstützung seiner Forschungen, die er ohne den kostspieligen Einsatz von Mitarbeitern nicht mehr entscheidend vorantreiben zu können meinte, erhoffte. Schon im „Discours de la Méthode" hatte er von der Notwendigkeit gesprochen, gewisse Forschungsvorhaben durch Koordination der Bemühungen vieler Wissenschaftler zu realisieren (cf. VI, 63; 65). In diesem Sinne entwarf er nun für Königin Christine den Plan einer „Assemblée de savants", einer Art Akademie der Wissenschaften. Descartes' Tod am 11. 2. 1650 verhinderte die Konkretisierung dieses Plans.[16]

Die Frage, welche Einflüsse der philosophischen Tradition in Descartes' Denken wirksam waren, läßt sich wegen der vom Philosophen vorgenommenen

Verschleierung seiner gedanklichen Ursprünge nur unzureichend beantworten. Mit großer Wahrscheinlichkeit nahm er durch seine Lehrer in La Flèche Elemente des Augustinismus und verschiedener Richtungen der Scholastik auf. Daß in der Cartesianischen Metaphysik Einflüsse der aristotelischen Ontologie wirksam waren, läßt sich ebensowenig bezweifeln wie die Tatsache, daß deren Prinzipien im Rahmen seiner Philosophie radikal umgedeutet wurden.[17] Obwohl die Übereinstimmungen zwischen Cartesianischer und scholastischer Philosophie gründlich untersucht worden sind,[18] darf aus Übereinstimmung im einzelnen nicht auf eine Abhängigkeit des Cartesianismus als gesamtphilosophischen Entwurfs von der Scholastik geschlossen werden. Der Versuch, Descartes als Fortsetzer der Scholastik darzustellen, scheitert vor allem darum, weil in seiner Philosophie das Verhältnis von Theorie und Praxis in einer der scholastischen Tradition fremden Weise bestimmt und der Mathematik und den mathematischen Naturwissenschaften eine Rolle zuerkannt wird, die ihnen von der Tradition nicht zugebilligt worden war.

Im Hinblick auf die Abkehr vom Ideal einer sich selbst genügenden Theorie liegt die Annahme einer Beeinflussung durch Bacon nahe.[19] Wenn Descartes den Menschen zum Meister und Herrn der Natur (VI, 62) machen will, folgt er offensichtlich Bacon, von dessen induktivistischer Erkenntnistheorie er sich aber gleichzeitig nachhaltig distanziert hat. Anders als Bacon hatte Descartes ein positives Verhältnis zur zeitgenössischen Mathematik und zur mathematischen Naturwissenschaft, und nicht zuletzt diesem Umstand ist es zuzuschreiben, daß seine Philosophie nicht mehr wie diejenige Bacons noch halb und halb der Renaissance, sondern eindeutig der modernen Philosophie zuzurechnen ist. Auch von Galilei dürfte Descartes beeinflußt gewesen sein, insbesondere von Galileis analytischer Methode, die er jedoch in selbständiger Weise interpretierte und nicht nur im Bereich der Wissenschaften, sondern auch im Bereich der Philosophie bzw. der Metaphysik zur Geltung brachte.[20]

2. Die provisorische Moral und die Idee einer definitiven Ethik

Die von Descartes geplante Reform der Wissenschaft im Sinne des rationalistischen Ideals absolut sicherer Erkenntnis macht den Umsturz aller bloß vermeintlichen Gewißheiten erforderlich, d. h. den Ausschluß aller nicht hinreichend begründeten Urteile, ausgenommen die Dogmen der Religion und solche praktischen Maximen, die die Bewältigung der unabweisbaren Aufgaben des Lebens ermöglichen. Da Descartes' Ideal einer *rationalen Praxis* nicht nur im Sinne zweckrationalen Handelns, sondern auch im Sinne der vorgeblichen Rationalität der Zielsetzungen – nach Descartes' intellektualistischer Ansicht ist moralisch richtiges Handeln eine notwendige Folge des richtigen Urteilens (cf. VI, 28) – die Existenz einer metaphysisch fundierten Wissenschaft voraussetzt, diese jedoch im dritten Teil des „Discours", wo Descartes erstmals von Maximen des moralischen Verhaltens spricht, noch nicht verfügbar ist, kann zunächst nur jenes Minimum an praktischer Rationalität gesichert werden, das in der Vermeidung des größtmöglichen Übels besteht. Die *Maximen der provisorischen Moral* sind die folgenden:

Erstens wird Anpassung an die in der Umgebung geltenden Gesetze und Sitten, einschließlich der religiösen Gebräuche, gefordert. Überall da, wo auf diese Weise eine eindeutige praktische Orientierung nicht möglich erscheint, ist es ratsam, den Auffassungen zu folgen, die die vernünftigsten Mitmenschen bekunden, und zwar nicht so sehr verbal, als vielmehr durch die Tat.

Zweitens soll bei Entscheidungen unter Risiko, die sich nicht aufschieben lassen, mit Entschlossenheit gehandelt und die einmal getroffene Entscheidung konsequent festgehalten werden, solange nicht neue Informationen eine Revision des ursprünglichen Entschlusses rechtfertigen. In diesem Sinne erklärte Descartes: „Meine zweite Maxime war, so fest und so entschlossen in meinen Handlungen zu sein, als ich nur konnte, und auch den zweifelhaftesten Ansichten nicht weniger beständig zu folgen, wenn ich mich einmal dafür bestimmt haben würde, wie wenn sie ganz sicher gewesen wären. Ich ahmte hierbei die Reisenden nach, die, wenn sie sich in einem Wald verirrt finden, nicht umherirren dürfen, indem sie sich bald nach der einen, bald nach der anderen Seite wenden, noch auch viel weniger an einer Stelle verharren dürfen, sondern stets so gerade wie nur möglich in einer und derselben Richtung schreiten müssen, die sie aus schwachen Gründen nicht abändern dürfen, wenngleich es vielleicht zu Beginn der Zufall gewesen ist, der sie bestimmt hat, eben diese zu wählen" (VI, 24).

Die von Descartes verglichenen Verhaltensweisen haben verschiedene Konsequenzen, die sich (wie es heute mit differenzierteren Methoden die Entscheidungstheorie tut) gegeneinander abwägen lassen:[21] Behält der Verirrte unentwegt eine bestimmte Richtung bei, so findet er auch im ungünstigsten Fall nach einer gewissen Zeit aus dem Walde heraus; ändert er dagegen immer wieder die Richtung, so läuft er Gefahr, verirrt zu bleiben. Selbst wenn man diesen letzteren Fall als sehr unwahrscheinlich annimmt, wäre sein Eintreten ein so großes Übel, daß die Verhaltensweise, die ihn zur Konsequenz haben kann, vernünftigerweise zu vermeiden ist.

Die *dritte Maxime* empfiehlt im Sinne der stoischen Moral[22] bereitwillige Unterwerfung unter die unaufhebbaren Bedingungen, unter denen wir handeln, ohne daß quietistische Konsequenzen gezogen werden sollen. Nur da, wo jeder Versuch zur Änderung der vorliegenden Bedingungen zum Scheitern verurteilt ist, soll die gegebene Situation hingenommen werden. Es liegt auf der Hand, daß durch die Befolgung dieser Maxime Energien eingespart werden, die für Ziele frei werden, die sinnvoll angestrebt werden können.

Mit dem konformistischen Zug der provisorischen Moral steht Descartes' Ablehnung revolutionärer Versuche, die sozialen und politischen Verhältnisse zu verändern, im Einklang (cf. VI, 15). Absolute soziale und politische Abstinenz darf dem Philosophen dennoch nicht unterstellt werden.[23] Wenn er auch die Revolution wegen der mit ihr verbundenen Risiken verurteilte, so glaubte er doch an die Möglichkeit indirekter, langfristiger sozialer Veränderung mit den Mitteln der wissenschaftlich-technischen Reform.

Descartes hat die Maximen der provisorischen Moral mit dem Vorbehalt späterer Revision formuliert (VI, 27). Trotzdem unterscheiden sich seine ethischen Auffassungen in den Jahren der Reifezeit inhaltlich in mancher Hinsicht kaum von den im „Discours" vertretenen.[24] Wohl aber besteht ein Unterschied der Form zwischen provisorischer und definitiver Moral, d. h. ein Unterschied des Geltungscharakters der ethischen Prinzipien, die im Rahmen der provisorischen Moral auf Grund ihrer Plausibilität als Mittel der Sicherung jenes Minimums an Rationalität akzeptiert werden, das in der Vermeidung des größtmöglichen Übels besteht, während sie im Rahmen der definitiven Moral mit dem Anspruch aufgestellt werden, durch die sichere Erkenntnis des moralisch Richtigen begründet zu sein. Nach der Auffassung, die sich den Briefen an Elisabeth von der Pfalz und der Abhandlung über die Affekte der Seele entnehmen läßt, heißt eine Handlung „gut", wenn sie der Erkenntnis des Besten folgt. Die Tugend wird demgemäß als Entschlossenheit bestimmt, das Beste zu verwirklichen, wobei das jeweils Beste durch reine Vernunft erkennbar sein soll (cf. IV, 267; cf. XI, 460).[25] Sobald durch die Grundlegung der Metaphysik die objektive Gültigkeit der evidenten Sätze der Wissenschaft gesichert ist, erhält in Descartes' endgültiger Moral die *Entschlossenheit,* die früher als Festhalten an Entscheidungen unter Risiko bestimmt worden war, den Charakter des konsequenten Verfolgens jener Entschlüsse, die auf vorgeblich evidenter Erkenntnis des Richtigen beruhen. Hier zeigt sich, daß die zunächst formale Differenz von provisorischer und definitiver Moral auch den Inhalt der ethischen Prinzipien tangiert. Das zeigt sich z. B. im Hinblick auf den Konformismus der provisorischen Moral. Obwohl Descartes auch später überzeugt blieb, daß es am besten sei, in den Fragen der Lebensgestaltung dem großen Weg zu folgen (IV, 357), wird der Konformismus doch durch die Forderung prinzipiell überwunden, praktische Entscheidungen nach Möglichkeit nur auf Grund rationaler Einsicht zu fällen. Demgemäß steht in Descartes' definitiver Ethik nicht mehr die blinde Entschlossenheit der provisorischen Moral an erster Stelle, sondern die Tugend der Entschlossenheit aus vernünftiger Einsicht und Freiheit, die *„générosité"* (XI, 446).[26]

Descartes konnte nicht übersehen, daß der Effekt von Handlungen von Randbedingungen abhängt, die sich niemals vollständig erfassen lassen. Daher ist bei Urteilen über Zusammenhänge von Zwecken und Mitteln stets ein Unsicherheitsfaktor zu berücksichtigen, d. h. es kann im Bereich des Handelns keine absolute Sicherheit geben. Sobald man aber alles getan hat, um die Mittel zu einem als richtig eingesehenen Zweck rational zu bestimmen, ist das Ausbleiben der beabsichtigten Wirkung kein vernünftiger Grund mehr zu Reue und Selbstvorwürfen.

Die *Ziele*, auf die zweckrationales Handeln bei Descartes bezogen erscheint, lassen sich weder psychologisch noch soziologisch restlos, sei es aus der Persönlichkeitsstruktur des Philosophen, sei es aus gesellschaftlichen Faktoren, ableiten. Ihre Zurückführung auf Descartes' Streben nach möglichst großer Sicherheit einerseits, auf gewisse soziale Bedingungen der Epoche, namentlich auf die durch die Religionskriege hervorgerufene wirtschaftliche Situation,[27] andererseits kann lediglich als plausibel gelten. So hat z. B. die Annahme eines Zusammenhangs zwischen der Konzentration auf Ziele, die mit technischen Mitteln erreicht werden können bzw. der Tendenz zur Rationalisierung der Praxis auf der einen und der Entwicklung des spätmittelalterlichen und frühneuzeitlichen Kapitalismus auf der anderen Seite manches für sich,[28] so wie es nicht abwegig ist, den Geist kapitalistischer Rechenhaftigkeit, von dem W. Sombart sprach,[29] bzw. den Geist möglichst effizienter Verwertung aller Dinge im Baconianisch-Cartesianischen Ideal einer zweckrationalen Praxis im Interesse humaner Ziele wirksam zu sehen. Die Ergiebigkeit einer solchen Erklärung der Cartesianischen Zielsetzungen wird aber durch den Umstand eingeschränkt, daß sich die Hochschätzung immanenter Zwecke auf Kosten der transzendenten, die in der mittelalterlichen Philosophie und Theologie im Vordergrund gestanden waren, nicht erst im 17. Jh. zeigt, sondern schon in der Zeit der Religionskriege festzustellen ist.

Gelegentlich wurde versucht, in Descartes' Philosophie Reflexe gewisser politischer Zustände zu finden. So wurde die Vermutung geäußert, der die ewigen Wahrheiten dekretierende Gott Descartes' sei nach dem Vorbild eines absoluten Monarchen gedacht.[30] Solche speziellen Parallelisierungen sind bedenklich. Das heißt aber nicht, daß nicht allgemeine Übereinstimmungen zwischen Descartes' zweckrationalem Denken und der Tendenz zur Rationalisierung in der Politik und Ökonomie der Epoche konstatiert werden könnten. Im Zeitalter Richelieus und Mazarins etablierte sich ein monarchistischer Zentralismus, der alle Bereiche des sozialen Lebens einer einzigen Autorität zu unterwerfen trachtete. Das gelang im politischen und ökonomischen Bereich mit Hilfe einer straff organisierten Verwaltung und der Unterordnung der wirtschaftlichen Mittel unter die politischen Ziele, wie es Richelieus Programm entsprach.[31] Frankreich war in der ersten Hälfte des 17. Jh. nur potentiell stark. Die Vorteile der zahlreichen Bevölkerung, der günstigen Bedingungen für die Landwirtschaft, der ausgezeichnet gelegenen Häfen und nicht zuletzt der politischen Einheit konnten nicht voll zur Geltung kommen, da eine rückständige Wirtschaftsordnung das verhinderte. Der Binnenhandel wurde durch ein unzweckmäßiges Zollsystem behindert, die Steuern wurden nicht nach der wirtschaftlichen Leistungsfähigkeit erhoben. Im Handwerk herrschte der Kleinbetrieb vor. Da es kaum neue Techniken gab, kam es in der Produktion nicht zu größeren Veränderungen. Um die Entwicklung zu beschleunigen, wurden eine Reihe von Maßnahmen ergriffen, die in ihrer Gesamtheit als *Merkantilsystem* bezeichnet werden, obwohl es sich streng genommen nicht um ein System handelte. Der Merkantilismus entfaltete sich erst etwa anderthalb Jahrzehnte später unter Colbert voll im Geiste „Cartesianischer" Zweckrationalität. Die Manufakturen wurden gefördert und einem staatlichen Kontrollsystem unterworfen, indem die Leitung der Zünfte Staatsbeamten übertragen wurde. Fabriken im modernen Sinne gab es jedoch kaum, da noch vielfach in Form der Heimindustrie produziert wurde. Durch die Förderung des Exports von Fertigwaren und die größtmögliche Beschränkung der Einfuhr auf Rohstoffe wurde die Handelsbilanz positiv zu machen gesucht. Die Gründung von Kolonien und die Errichtung von Kapitalgesellschaften sollten dem Handel weitere Vorteile verschaffen. Sicherlich war die diesem System zugrunde liegende Einstellung der von Descartes' Philosophie geförderten Zweckrationalität so eng verwandt, daß der Cartesianismus in dieser Hinsicht mit der beherrschenden politisch-sozialen Tendenz der Epoche parallelisiert werden kann. Bestimmte Thesen Descartes' als Reflexe sozialer Verhältnisse zu interpretieren, dürfte dagegen nicht überzeugend gelingen.

3. Erkenntnismetaphysische Voraussetzungen

Descartes' Denken war beherrscht von der *rationalistischen Wissenschaftskonzeption*, derzufolge „Wissenschaft" im strengen Wortsinn ein System von Sätzen bedeutet, die entweder eines Beweises nicht bedürftig bzw. nicht fähig sind und dann „Grundsätze" („Prinzipien", „Axiome") heißen, oder als Folgesätze bzw. Theoreme aus den Grundsätzen abgeleitet sind. Da von den Grundsätzen angenommen wird, daß sie auf Grund ihrer Evidenz eines Beweises nicht mehr bedürfen, verbindet sich mit der rationalistischen Wissenschaftskonzeption die Annahme eines prinzipiell unkorrigierbaren und in diesem Sinne perfekten Wissens. Darüber hinaus ist für die rationalistische Wissenschaftskonzeption die Annahme charakteristisch, daß alle wissenschaftlichen Disziplinen nur Teile einer einzigen, umfassenden Universalwissenschaft sind, aus deren Prinzipien die Grundsätze der Teilwissenschaften ableitbar sein sollen.

Als Wissenschaften im eigentlichen Wortsinn galten Descartes ursprünglich nur Arithmetik und Geometrie (X, 363; 364). Obwohl er die Beschränkung auf diese beiden Disziplinen später aufgab, blieben sie in seinen Augen doch exemplarische Wissenschaften. Wer Wahrheit sucht, darf sich nach Descartes nur mit Gegenständen beschäftigen, die mit derselben Gewißheit erkannt werden können, wie sie den mathematischen Demonstrationen zukommt (X, 366). Das ist der Fall bei allen Wissenschaften, die es mit Ordnung und Maß zu tun haben (X, 377–378), das heißt außer Arithmetik und Geometrie bei Astronomie, Akustik, Optik, Mechanik usw. Ordnung und Maß können ihrerseits zum Objekt einer Wissenschaft gemacht werden, die Descartes „*Mathesis universalis*" nannte.[32] Im autobiographischen Teil der Regel IV (X, 374–379) betonte Descartes, wie groß die Bedeutung dieser Universalmathematik für seine geistige Entwicklung gewesen sei. Vor allem lassen sich seiner Ansicht nach anhand der von der Universalmathematik untersuchten Zusammenhänge jene Regeln der Methode gewinnen, von deren Notwendigkeit Regel IV (X, 371–374) spricht.[33]

In den „Regulae ad directionem ingenii" wird deutlich, daß für Descartes' Konzeption der Wissenschaft die Forderung der Letztbegründung wesentlich ist, auf Grund deren alle bloß wahrscheinlichen Sätze aus der Wissenschaft auszuschließen sind. Hypothetische Theorien können somit nicht den Charakter der Wissenschaftlichkeit im vollen Sinne beanspruchen. Damit ist der Umfang des Wissens auf *vollkommenes* Wissen (X, 363: perfecta scientia) eingeschränkt, d. h. zur „Wissenschaft" kann nur gehören, was völlig klar und unbezweifelbar erkannt wird (Regel II). Das ist erstens der Fall bei Urteilen, die auf Grund von *Intuition* gefällt werden, und zweitens bei Urteilen, die aus Urteilen der ersten Art durch *Deduktion* abgeleitet sind. Intuition und Deduktion sind die einzigen Erkenntnisweisen (X, 368; 370). Erste Prinzipien und eventuell unmittelbar aus diesen folgende Sätze werden intuitiv eingesehen, entferntere Folgesätze aus den Prinzipien lassen sich nur durch Deduktion gewinnen. Die Methode besteht aus Anweisungen, komplexe Sätze so zu analysieren, daß ihre logische Abhängigkeit von intuitiv einsichtigen Prinzipien erkennbar wird; die Intuition selbst kann nicht methodisch reguliert werden, sondern stellt sich ohne weiteres ein, wenn mit Hilfe der Regeln der Methode oder auch auf Grund sozusagen eines logisch-mathematischen Fingerspitzengefühls die Reduktion komplexer auf hinreichend einfache Sätze gelungen ist.

Der Einfluß der rationalistischen Wissenschaftskonzeption zeigt sich deutlich in der ersten Methodenregel des zweiten Teils des „Discours de la Méthode", die vorschreibt, niemals etwas als wahr anzunehmen, was nicht als solches evident erkannt wird (VI, 18). Descartes leitete hieraus die Forderung ab, „nichts in meine Urteile aufzunehmen, als was sich so klar und so distinkt meinem Geist darbieten würde, daß ich keine Veranlassung hätte, es in Zweifel zu ziehen" (ib). Was sich bezweifeln läßt, kann somit kein Satz der „Wissenschaft" sein und schon gar nicht ein grundlegender Satz derselben. Damit ist offensichtlich bereits die Maxime des *methodischen Zweifels* formuliert, von dem in Abschnitt 4 die Rede sein wird.

Die Cartesianische Erkenntnistheorie beruht auf der stillschweigenden Annahme, daß „Erkennen" immer eine Art Abbilden bedeute.[34] Im Hinblick auf die Wahrnehmungserkenntnis nahm Descartes an, daß vom Objekt ausgehende Reize mechanischer Natur im Sinnesorgan bestimmte quantitative Eindrücke erzeugen, die dem (körperlichen) Gemeinsinn und der (ebenfalls körperlichen) Imagination übermittelt und schließlich von der rein geistigen Erkenntniskraft bewußt erfahren werden (X, 412 sqq.). Da auch die rein vernünftige Erkenntnis nach Descartes eine Art Abbilden ist, erklärte er von den Ideen im allgemeinen, sie seien „tanquam rerum imagines" (VII, 37). Das in der rein rationalen Einsicht

Abgebildete ist selbstverständlich nicht ein materielles Ding, sondern ein intelligibler Sachverhalt (eine „wahre und unveränderliche Natur"). Evidente Urteile sind nach Descartes deshalb unbezweifelbar wahr, weil sie Einsichten in intelligible Sachverhalte ausdrücken. Die subjektive Zustimmungsnötigung, die sich bei evidenten Ideen einstellt, ist Folge der Einsicht in jene Sachverhalte. Handelt es sich um einfache Sachverhalte, dann kann die rein vernünftige Einsicht (intuitus) nicht falsch sein, denn das Einfache wird nur entweder vollständig oder gar nicht erfaßt (cf. X, 420).

Mathematische Einsichten betreffen zunächst einfache Naturen (naturae simplices), sodann Naturen, die Komplexe einfacher Naturen sind. Die letzteren sind Gegenstand von Aussagen, die aus Aussagen über einfache Naturen gefolgert werden. Analoges gilt für Erkenntnisse im Bereich jener Wissenschaften, in denen eine der mathematischen vergleichbare Evidenz, d. i. Einsicht in einfache Naturen, möglich ist. Descartes' Methodologie dient ausschließlich der Isolation sei es einfacher, sei es zusammengesetzter Naturen von so geringer Komplexität, daß sie noch intuitiv eingesehen werden können, und der Zusammensetzung komplexer Naturen aus den ersteren in Form der Deduktion. Die Methode stellt sicher, daß wir im wissenschaftlichen bzw. philosophischen Denken der „Ordnung der Gründe", d. i. dem Zusammenhang der „Naturen", und nicht der Ordnung der Dinge (III, 266) folgen. Von „Erklärung" kann demnach nur gesprochen werden, wenn etwas in den Zusammenhang von Grund und Folge einbezogen wird. Eine bloß klassifikatorische Ordnung ermöglicht dagegen keine Erklärung.

Über die Zahl der einfachen Naturen hat sich Descartes in verschiedener Weise geäußert. Bald sprach er von einer Vielzahl derselben und teilte sie in mehrere Klassen (Regel XII), bald erklärte er, es gebe strenggenommen nur wenige (Regel VI; X, 383). In den Werken seiner Reifezeit ist schließlich von „einfachen Naturen" nicht mehr die Rede, woraus jedoch nicht geschlossen werden darf, daß er diesen Begriff habe fallenlassen. Vielmehr scheint er ihn auf zwei Naturen eingeschränkt zu haben, nämlich auf die natura corporea und auf die natura intellectualis. Die erstere ist die Materialität bzw. die Ausdehnung, deren Struktur durch die Axiome der euklidischen Geometrie beschrieben wird; die letztere ist das (endliche oder unendliche, d. i. göttliche) Bewußtsein, dessen Struktur die Metaphysik zu beschreiben hat. Ausdruck komplexer, nichtsdestoweniger aber ewiger und unveränderlicher Naturen ist z. B. der Satz über die Winkelsumme des Dreiecks oder der Satz „Wer zweifelt, kennt den Unterschied von Wahr und Falsch" (cf. X, 421). Beide Sätze folgen aus Einsichten in die Natur des Körpers bzw. des Geistes. Dasselbe gilt für die Sätze „Ich denke, also bin ich" und „Ich denke, also ist Gott" (X, 421).

Einsicht in die körperliche Natur gewinnen wir nach Descartes nur auf Grund einer anschaulichen Idee, die auf Grund der „Applikation" des reinen Intellekts auf das anschaulich Gegebene erfaßt wird (VII, 72). Mit der prinzipiellen Abhängigkeit der Idee der körperlichen Natur von der Imagination (VII, 73) hängt zusammen, daß es unter Descartes' Voraussetzungen keine schlechthin unanschauliche Mathematik geben kann.[35] In der Metaphysik gibt es dagegen prinzipiell unanschauliche Erkenntnis. So betonte Descartes schon in den „Regulae", daß wir die einfachen Naturen „Erkenntnis", „Zweifel", „Willen" u. ä. unabhängig von körperlichen Ideen erfassen (X, 419), so wie er in den „Meditationen" die Unanschaulichkeit der Idee der Seele (VII, 29) und der Gottesidee (VII, 69) betonte. Wegen der Anschauungsunabhängigkeit der Metaphysik meinte Descartes, daß die metaphysische Erkenntnis nicht nur denselben Grad der Gewißheit habe wie die mathematische, sondern einen höheren (IX, 6–7), offenbar weil sie ohne Mitwirkung der Imagination zustande kommen soll. Descartes folgte, indem er die rein rationale der anschaulichen Erkenntnis überordnete, einer Tradition, die über Augustinus bis Plato und Parmenides zurückreicht. In Übereinstimmung mit allen Vertretern dieser Tradition forderte er daher vom Metaphysiker die Loslösung des Intellekts von den Sinnen. Obwohl er wußte, wie schwer die vollständige Erfüllung dieser Forderung ist, hielt er an ihr fest, da seiner Ansicht nach der Einfluß der Imagination die entscheidende Quelle des Irrtums im Bereich der Metaphysik ist.

Zum platonistischen Hintergrund der Cartesianischen Erkenntnistheorie gehört ferner die Annahme eines keimhaft eingeborenen Wissens, sei es als Wissen methodischer Prinzipien (X, 373), sei es als Wissen von Wahrheiten (X, 376; cf. 374). Wenn Descartes von „ersten Samen" von Erkenntnissen spricht, die eingeboren sein sollen, so zeigt das, daß er nicht aktuale Erkenntnisse als eingeboren bezeichnen wollte, so wie er auch Ideen nur insofern „eingeboren" nannte, als der Intellekt imstande sein soll, sie prinzipiell unabhängig von der Erfahrung hervorzubringen (VIII/2, 357–358). Die eingeborenen Ideen sind mit anderen Worten nicht aktuell, sondern nur potentiell in der Seele (XII, 655). Der Innatismus hat bei Descartes wie bei allen Vertretern der fraglichen Tradition die Funktion, die Möglichkeit apriorischer Erkenntnis begreiflich zu machen bzw. die objektive Gültigkeit von Urteilen aus reiner Vernunft mit den Mitteln einer spekulativen Theorie zu sichern.

Wie alle rationalistischen Philosophen machte auch Descartes die Voraussetzung, daß die Gesamtwirklichkeit ein geordnetes Ganzes sei und daß es allgemeine Denkstrukturen gebe, die der Wesensstruktur der Wirklichkeit entsprechen, so daß prinzipiell die Möglichkeit apodiktischer Wirklichkeitserkenntnis besteht. Nichts könnte daher falscher sein, als Descartes' Erkenntnistheorie in subjektivistischem Sinne zu interpretieren. Mit der Annahme einer Korrespondenz von Wesens- und Erkenntnisstrukturen hängt die (ebenfalls im weitesten Wortsinn platonistische) These vom *Primat des Seins* im allgemeinen gegenüber dem Seienden bzw. des Unendlichen gegenüber dem endlichen Sein zusammen. Damit wird nicht die Priorität des Allgemeinen vor dem Besonderen behauptet, die Descartes ausdrücklich bestritten hat: Seiner Ansicht nach erkennen wir das Allgemeine immer nur im Besonderen, so daß die Formulierung universeller Grundsätze stets als sekundäre Explikation von Einsichten zu gelten hat, die in der Erkenntnis des partikulären Sachverhalts gewonnen wurden.

Die angedeuteten Voraussetzungen werden von Descartes nicht als Prämissen des Systems eingeführt, obwohl sie im Rahmen desselben eine wesentliche Funktion haben. Sie werden deshalb auch nicht zu begründen versucht, ja nicht einmal zum Objekt kritischer Reflexion gemacht. Neben solchen stillschweigenden Voraussetzungen gibt es natürlich in der Cartesianischen Philosophie auch explizite Annahmen, z. B. den Grundsatz „Das Nicht-Seiende kann keine Attribute haben" (bzw. „Was Attribute hat, ist ein Seiendes") oder das Kausalitätsprinzip. Die Natur derartiger „*Notiones communes*", an deren Vorhandensein Descartes mit den alten und den neueren Stoikern glaubte und die er in den „Regulae" als Verknüpfungsformen („vincula") charakterisierte, mit deren Hilfe einfache Naturen verbunden werden (X, 419), ist nicht leicht zu bestimmen. Sie sind mit Sicherheit als Teilklasse der eingeborenen Ideen zu erkennen, d. h. sie sind durch das natürliche Licht erfaßbar. Im Unterschied von anderen ewigen Wahrheiten, die ideale Sachverhalte betreffen, sind sie aber rein formal, wie z. B. der Grundsatz „Aus nichts wird nichts" oder „Dasselbe Ding kann nicht gleichzeitig sein und nicht sein" (cf. IX/2, 46). Ob sie eingeborene Prinzipien des Intellekts sind[36] oder ob sie Einsichten in das Wesen der Wirklichkeit ausdrücken,[37] ist strittig und auf Grund von Descartes' Äußerungen wohl nicht abschließend entscheidbar. Jedenfalls bedürfen sie, sobald sie mit dem Anspruch objektiver Gültigkeit verwendet werden, der kritischen Begründung und können daher nicht unabhängig von der metaphysischen Grundlegung der Erkenntnislehre als gültig vorausgesetzt werden, wenn nicht eine Petitio principii in Kauf genommen werden soll, wie sie Descartes in der Tat immer wieder vorgeworfen wurde. Die Frage, ob in der Cartesianischen Philosophie ungeachtet der behaupteten Universalität des Zweifels, mit dem sie beginnt, die Gültigkeit gewisser Prinzipien stillschweigend vorausgesetzt ist, dürfte zu bejahen sein. Descartes hat nicht in dem Sinne universal gezweifelt, daß er auch die *Notiones communes* dem Zweifel unterwarf. Sein Versuch einer Begründung der objektiven Gültigkeit von Urteilen auf Grund distinkter Begriffe ist mithin nicht voraussetzungsfrei, sondern beruht auf der Annahme, daß bestimmten Urteilen unabhängig von der mit ihrer Hilfe entwickelten metaphysischen Theorie objektive Gültigkeit zukomme.

Von den angedeuteten Voraussetzungen hängt Descartes' Auffassung des Wesens *mathematischer Begründungen* und wissenschaftlicher Erklärungen ab. Mathematische Sätze werden im Rahmen dieser Konzeption dadurch begründet, daß man sie auf hinreichend einfache Sätze zurückführt,[38] die in dem Sinne evident sind, daß in ihnen Einsichten in den Zusammenhang der „Naturen" (d. i. der zugrundeliegenden idealen Sachverhalte) zum Ausdruck kommen. „Evidenz" bedeutet demnach nicht primär ein subjektives Überzeugungsgefühl, sondern intuitive Erkenntnis objektiver Strukturen. Aus den intuitiv

gesicherten Voraussetzungen sind Folgesätze zu deduzieren. Da aber die
Deduktion nach Descartes nur dann unbezweifelbare Ergebnisse liefert, wenn
jeder Ableitungsschritt intuitiv als korrekt eingesehen wird, gilt die Deduktion
gegenüber der Intuition als sekundär.[39]

Die Struktur *wissenschaftlicher Erklärungen* hat Descartes dahingehend
charakterisiert, daß er feststellte, derartige Argumente hätten nicht die Funktion, Tatsachen mit Hilfe allgemeiner Prinzipien zu beweisen; ihre Aufgabe
bestehe vielmehr lediglich in deren Erklärung. Wohl aber dürfe die Übereinstimmung der aus den Erklärungsprinzipien abgeleiteten Konsequenzen mit
den Beobachtungstatsachen als Bestätigung (Descartes sagte irreführend: als
Beweis) der Prinzipien gelten (cf. VI, 76).[40] Von einzelwissenschaftlichen
Theorien hat Descartes gelegentlich erklärt, sie hätten hypothetischen Charakter (cf. VI, 42; XI, 48; VIII, 100 sq.) und würden auf Grund ihres Erklärungs-
bzw. Vorhersagewertes akzeptiert (VIII, 99). Solche Äußerungen mochten zum
Teil der Abschirmung seiner Theorien gegen weltanschaulich bedingte Kritik
dienen; als sein letztes Wort können sie jedoch nicht gelten. Im Sinne der
rationalistischen Wissenschaftskonzeption glaubte er den hypothetischen Charakter spezieller wissenschaftlicher Theorien dadurch überwinden zu können,
daß er ihre Prämissen aus einer Obertheorie abzuleiten suchte, deren Prinzipien
nicht mehr Hypothesen, sondern evidente Sätze sind. Als diese Obertheorie galt
ihm die Metaphysik. Folgerichtig neigte er zu der Ansicht, daß eine apriorische
Naturwissenschaft möglich sei und der Erfahrung daher nur eine untergeordnete Rolle zukomme.[41] Naturgesetze beschreiben seiner Ansicht nach den
Zusammenhang intuitiv erkennbarer „Naturen", auf die die beobachtbaren
Tatsachen zurückzuführen und damit zu erklären sind.[42] Die einfachsten dieser
„Naturen" sind im fraglichen Bereich „Ausdehnung" und „Bewegung", so daß
es die Naturwissenschaft mit Beziehungen zu tun hat, die mit den Mitteln der
analytischen Geometrie ausgedrückt werden können. Wenn Descartes von
„Naturkraft" spricht, meint er nichts anderes als „grundlegende Bewegungs-
verhältnisse, die als Ursache physikalischer Vorgänge in Betracht kommen".[43]
In einer Wissenschaft, die alles durch Reduktion auf „Naturkräfte" im angege-
benen Sinn zu erklären sucht, ist kein Platz für teleologische Deutungen.

Descartes' Metaphysik ist allerdings nicht nur letzte Obertheorie wissenschaftlicher Theorien, sondern zugleich auch Theorie der Erfahrung (und in
deren Zusammenhang Theorie des Verhältnisses von Ich und Gott). Die *Erste
Philosophie (Prima Philosophia)*, die in den „Meditationen" konzipiert und im
ersten Teil der „Prinzipien der Philosophie" resümiert wird, hat demnach auch
die Aufgabe, den für das alltägliche wie für das wissenschaftliche Bewußtsein
charakteristischen Anspruch objektiver Gültigkeit gewisser Urteile zu rechtfertigen. Indem sie dieses Rechtfertigungsziel durch den Nachweis, daß es eine
denkunabhängige materielle Außenwelt gibt und daß die Grundsätze der
Physik (als Kinematik) das Wesen der materiellen Wirklichkeit ausdrücken, zu
erreichen sucht, beantwortet sie die Frage nach den Bedingungen der Möglich-

keit (wissenschaftlicher) Wirklichkeitserkenntnis. Die Cartesianische Metaphysik ist also, ähnlich wie die Kantische, teils Theorie der (wissenschaftlichen) Erfahrung, teils Inbegriff der Anfangsgründe der Naturwissenschaft, teils aber auch noch spezielle Metaphysik. Es steht jedoch außer Zweifel, daß Descartes mit seiner, wenn auch noch nicht völlig konsequent vollzogenen Hinwendung zur Auffassung der Metaphysik als Erfahrungstheorie eine philosophiegeschichtliche Zäsur setzte, mag auch, was er initiierte, erst Jahrhunderte später zur vollen Entfaltung gelangt sein.

4. Der methodische Zweifel

Die Auseinandersetzung mit der Skepsis, die den Anfang von Descartes' Philosophie bildet, erfolgt offensichtlich unter dem Eindruck der oben angedeuteten rationalistischen Wissenschaftskonzeption. Wenn es Wissenschaft im vorausgesetzten strikten Wortsinn geben soll, dann muß es perfektes, unkorrigierbares Wissen geben, oder umgekehrt: Nichts kann als Wissen im geforderten Sinne gelten, was nicht absolut sicher, absolut immun gegen den Zweifel ist. Sätze, die den Charakter von Hypothesen haben, müssen daher, selbst wenn die Wahrscheinlichkeit ihres Zutreffens außerordentlich groß ist, beim Aufbau des wissenschaftlichen Systems unberücksichtigt bleiben.

Auf der Suche nach sicheren Grundlagen des Wissens mußte Descartes zunächst auf die skeptischen Bedenken gegen die Zuverlässigkeit der Wahrnehmung und des Urteils eingehen, wie sie in der Antike vorgetragen und im 16. und 17. Jahrhundert (von Montaigne, Charron, Sanchez, La Mothe le Vayer) wieder aufgenommen wurden. Er erkannte, daß diese Bedenken ausgeräumt werden müßten, wenn das Ziel einer Grundlegung der Wissenschaft im Sinne der rationalistischen Wissenschaftskonzeption erreicht werden sollte.[44]

Die Überwindung der Skepsis mit dem Mittel ihrer zum Umschlag führenden Radikalisierung ist jedoch nur *eine* Funktion des methodischen Zweifels. Darüber hinaus dient er der Ausschaltung des Einflusses von Vorurteilen, insbesondere von traditionsbedingten Vorurteilen (etwa entsprechend den *Idola fori* und *Idola theatri* Bacons) *(eliminative Funktion* des Zweifels) und der Korrektur vorurteilsbedingter Einstellungen durch das Einnehmen konträrer Positionen *(korrektive Funktion)*. Systematisch wesentlich ist aber nur der Zweifel an der objektiven Gültigkeit der Urteile über denkunabhängige Sachverhalte. Der Zweifel in diesem Sinne ist das Mittel der Grundlegung der Metaphysik und damit des philosophischen Systems, indem er die Formulierung des ersten Prinzips als eines absolut unbezweifelbaren, der Skepsis schlechthin entzogenen Satzes vorbereitet. Diese Funktion des Zweifels kann die *konstruktive* heißen.

Im Hinblick auf seine konstruktive Funktion betrifft der methodische Zweifel die im Alltag wie in der Wissenschaft sozusagen instinktiv gemachte Annahme, daß den Ideen gewisse von diesen unabhängige Objekte entsprechen bzw. daß diese Objekte durch Ideen korrekt repräsentiert werden, so daß wir imstande sind, die Objekte zutreffend zu beurteilen. Die von Descartes behauptete Universalität des methodischen Zweifels ist auf den in diesem Sinne bestimmten Zweifel zu beziehen, d. h. der Zweifel ist insofern universal, als er die Repräsentationsbeziehung zwischen Ideen und Gegenständen ausnahmslos in Frage stellt. Er ist nicht schlechthin universal, d. h. er betrifft nicht alle Voraussetzungen unseres Erkennens.[45] Deshalb ist es kein Widerspruch, wenn Descartes, ungeachtet der Forderung, allgemein zu zweifeln, gewisse Voraussetzungen des ersten Prinzips (wie den Satz „Um denken zu können, muß man sein") vom Zweifel ausgenommen hat (VIII 8; VI, 33). Sie unterliegen deshalb nicht dem Zweifel, weil sie nicht mit dem Anspruch objektiver Gültigkeit formuliert werden, d. h. nicht Urteile über einen Sachverhalt sind (während mathematische Sätze nach Descartes Sachverhalte betreffen und daher bezweifelt werden können).

Daß der methodische Zweifel unter systematischem Gesichtspunkt primär die zwischen Ideen und Dingen angenommene Repräsentationsbeziehung betrifft, geht deutlich aus einer Reihe von Bemerkungen in der II. Meditation hervor, wo Descartes z. B. erklärt: „Nun weiß ich aber bereits gewiß, daß ich bin, und zugleich, daß möglicherweise alle diese Bilder [der Imagination] ... nichts sind als Träume" (VII, 28). Daß ich denke, d. h. etwas einsehe, bezweifle, behaupte usw., ist ebenso offensichtlich wie daß ich bin. Wenn ich daher auch voraussetze, daß die vorgestellten Dinge nicht in Wirklichkeit sind, so muß doch die Vorstellungskraft (vis imaginandi) als Teil meines Bewußtseins wirklich sein (VII, 29). Mag also auch die Existenz von Dingen, auf die ich meine visuellen, auditiven usw. Vorstellungen beziehe, bezweifelt werden können, am Vorhandensein dieser Vorstellungen läßt sich nicht zweifeln (VII, 29).

Gehen wir mit Descartes davon aus, daß die Ideen entweder anschauliche Vorstellungen oder unanschauliche Begriffe sind und daß es möglich ist, das Vorhandensein von Objekten „hinter" den Ideen und die Korrespondenz der Struktur der Ideen und der Struktur des Objekts zu bezweifeln, dann lassen sich vier Phasen des Zweifels unterscheiden:

a) Es kann bezweifelt werden, daß anschauliche Vorstellungen ihre Objekte korrekt repräsentieren. Das Auftreten von Wahrnehmungstäuschungen läßt diesen Zweifel berechtigt erscheinen, denn da die Täuschung immer erst im nachhinein als solche erkannt werden kann, muß von jeder aktualen Wahrnehmung prinzipiell eingeräumt werden, daß sie sich als Täuschung erweisen könnte.

b) Es kann bezweifelt werden, daß anschaulichen Vorstellungen überhaupt ein Objekt korrespondiert. Das zu bezweifeln ist möglich, da es Halluzinationen gibt, die, wie die Illusionen, im Augenblick ihres Auftretens nicht als solche erkannt werden. Descartes' Hinweis, daß vielleicht alle unsere Erlebnisse von der Art von Traumerlebnissen sein könnten, besagt nicht mehr, als daß die Gegenstände, die wir als „wirklich" bezeichnen, möglicherweise nur Vorstellungsinhalte sind, denen denkunabhängige Objekte nicht entsprechen. Keineswegs wollte Descartes behaupten, daß wir möglicherweise ständig träumten.[46]

c) Es kann bezweifelt werden, daß Begriffe ihre Objekte korrekt repräsentieren. Um einen derartigen Zweifel als möglich erscheinen zu lassen, bedient sich Descartes der Hypothese, daß wir von einem Betrüger-Gott[47] immer dann getäuscht würden, wenn wir, auf Grund distinkter Begriffe urteilend, glaubten, völlig sicher sein zu können, bzw. wenn wir unter Urteilsnötigung stünden. Was Descartes hier meint, zeigen seine Beispiele: Selbst Sätze wie „Das Viereck hat vier Seiten" sollen mit Hilfe der genannten Hypothese in Zweifel gezogen werden können. Da der angeführte Satz auf Grund der Bedeutungspostulate, die die Verwendung der in ihnen vorkommenden Termini regeln, als wahr erkannt werden kann, scheint jemand, dem die Bedeutungspostulate geläufig sind, an diesem Satz nicht mehr zweifeln zu können (und dasselbe gilt für alle analytisch wahren Sätze). Wenn Descartes den Zweifel an Sätzen dieser Art für möglich hielt, dann muß er von Voraussetzungen ausgegangen sein, die von den heute gewöhnlich gemachten wesentlich verschieden sind. In der Tat nahm Descartes, wie schon oben dargelegt, an, daß allen klaren und distinkten Begriffen, also z. B. auch dem Begriff „Viereck", „wahre und unveränderliche Naturen" entsprechen. Der Zweifel auf Grund der Hypothese des *dieu trompeur* beruht auf der Möglichkeit einer solchen Einrichtung unseres Geistes, daß die Ordnung der Ideen von der Ordnung der „Naturen" trotz höchstgradiger subjektiver Evidenz der ersteren abweicht.

d) Es kann bezweifelt werden, daß Begriffen überhaupt eine objektive Ordnung entspricht. Auch hier muß die Möglichkeit des Zweifels auf die Hypothese eines bösen und allmächtigen Geistes gestützt werden, der bewirken kann, daß Urteile auf Grund der Einsicht in die Beziehungen zwischen klaren und distinkten Begriffen mit dem Anspruch objektiver Gültigkeit gefällt werden, ohne daß es intelligible Objekte gäbe, von denen sie gelten könnten.

5. Das erste Prinzip

Die Radikalisierung des Zweifels mit Hilfe von Annahmen wie der einer möglichen Täuschung durch einen Betrüger-Gott, die Descartes im weiteren Verlauf der Argumentation selbst als übertrieben, ja als lächerlich bezeichnete, dient dazu, die Reflexion aufs Subjekt unausweichlich zu machen. Wenn alle objektive Gewißheit aufgehoben wird und wenn allgemein gezweifelt werden soll, dann muß der Zweifel auch auf die subjektive Seite der Erfahrung ausgedehnt werden. Indem das geschieht, hebt sich aber der Zweifel selbst auf, d. h. im

Scheitern des Zweifels wird die erste unbezweifelbare Gewißheit gewonnen. Ausgehend von der (auch von den Vertretern eines konsequent phänomenalistischen Standpunktes anzuerkennenden) Unbezweifelbarkeit der Präsenz von Denkinhalten wird die Unbezweifelbarkeit der Existenz eines Subjekts, dem diese Inhalte präsent sind, aufgewiesen.

Descartes hat das erste Prinzip nicht immer mit denselben Worten formuliert.[48] Im „Discours de la Méthode" bediente er sich der Wendung *„Ich denke, also bin ich"* (VI, 32), während in den „Meditationen" als Resultat der Selbstaufhebung des Zweifels der Satz *„Ich bin, ich existiere"* auftritt, wobei jedoch das Raisonnement, das zu ihm führt, dem „Cogito ergo sum" äquivalent ist (cf. VII, 25). Die Formulierung des „Discours" kehrt in den „Prinzipien der Philosophie" wieder, wo der fragliche Satz als die allererste und gewisseste aller Erkenntnis bezeichnet wird, die sich jedem ordnungsgemäß Philosophierenden darbietet (VIII, 7). Die Annahme, daß jemand, der denkt, während er denkt, nicht existiert, wird als widerspruchsvoll charakterisiert, weshalb selbst im radikalen Zweifel nicht angenommen werden kann, daß der Zweifelnde nicht existiere. Schließlich wird in der Schrift „Die Erforschung der Wahrheit durch das natürliche Licht" davon ausgegangen, daß im Zweifel die Tatsache des Zweifelns nicht geleugnet werden könne. Da nicht zu zweifeln vermag, wer nicht existiert, ist die vom Zweifelnden aufgestellte Behauptung seiner eigenen Existenz unbezweifelbar wahr (X, 515).

Die Wortverbindung „Ich denke, also bin ich" scheint wegen des „also" im Sinne einer Folgerung aufgefaßt werden zu müssen. In diesem Falle wäre als weitere Prämisse ein Satz wie „Alles, was denkt, ist" oder „Wenn ich [etwas] denke, bin ich" zu ergänzen. Eine solche Deutung kann auf wiederholte Äußerungen des Philosophen gestützt werden, der aber gelegentlich ausdrücklich betonte, daß es zwar möglich sei, den im ersten Prinzip formulierten Gedanken als Schluß zu explizieren, jedoch hinzufügte, daß einer solchen Explikation eine Intuition zugrunde liege (V, 147). Es handelt sich um die Einsicht in die notwendige Verknüpfung (conjunctio necessaria; cf. X, 421) von „Ich denke [etwas]" und „Ich bin".[49]

Im *Cogito ergo sum* wird m. a. W. die Unaufhebbarkeit der Beziehung aller Vorstellungen auf ein Ich, auf ein Subjekt dieser Vorstellungen, zum Ausdruck gebracht. Diese Unaufhebbarkeit besteht auch unter Voraussetzung einer konsequent phänomenalistischen Position, d. h. unter den Bedingungen des mit Hilfe der Hypothese des *genius malignus* radikalisierten Zweifels. Auf keinen Fall kann bezweifelt werden, daß Bewußtseinsinhalte vorhanden, und zwar für ein Subjekt vorhanden sind. Auch unter der Voraussetzung, daß alle Vorstellungsinhalte (cogitationes) von mir selbst hervorgebracht werden – ja gerade unter dieser Voraussetzung – erweist sich die Existenz des Ich als unbezweifelbar (VII, 24). Wollte ich annehmen, daß es keine materielle Welt, mithin auch nicht den eigenen Körper, gibt, so müßte ich doch einräumen, daß ich, der ich dies annehme, existiere (VII, 25).

Das erste Prinzip drückt somit eine notwendige Bedingung der Möglichkeit von Erfahrung aus und ist somit ein *transzendentalphilosophisches Prinzip*. Es hat m. a. W. den Charakter eines Bestandteils der Theorie der Erfahrung, die der Begründung des mit gewissen Urteilen verbundenen Anspruchs objektiver Gültigkeit dient. Deshalb sind Kritiken dieses Satzes, die auf seine Ablehnung als Pseudo-Satz, der die Form einer Tatsachenaussage hat, ohne doch eine Tatsache auszudrücken, prinzipiell verfehlt. Das *Cogito ergo sum* gehört als Satz der Transzendentalphilosophie einer Ebene an, die von der Ebene der Tatsachenaussagen wesentlich verschieden ist. Umgekehrt ist E. Husserls Deutung dieses Satzes als eines transzendentalphilosophischen Prinzips grundsätzlich gerechtfertigt.[50] Descartes hat allerdings geglaubt, die Aufgabe der Rechtfertigung des Objektivitätsanspruchs der (wissenschaftlichen) Erfahrung nur dadurch bewältigen zu können, daß er nicht beim Satz „Ich denke, also bin ich" stehen blieb, sondern zu dem anderen Satz „Ich bin eine denkende Substanz" überging. Er scheint gemeint zu haben, daß auch dieser letztere einen Sachverhalt zum Ausdruck bringe, der Gegenstand der Intuition sei und der daher theoriefrei beschrieben werden könne.[51] Tatsächlich mußte Descartes, um das Ich als spirituelle, von Gott mit dem „natürlichen Licht" der Wahrheitsfähigkeit ausgestattete Substanz bestimmen zu können, die Grundvoraussetzungen der herkömmlichen Substanz-Ontologie akzeptieren.

Im ersten Prinzip wird nach Descartes nicht nur eine bestimmte Wahrheit ausgedrückt, sondern zugleich das *Kriterium der Wahrheit* im allgemeinen begründet. Obwohl die Definition der Wahrheit mit Hilfe der Merkmale der Klarheit und Deutlichkeit lange vor der Formulierung des ersten Prinzips feststand, erhält sie doch erst mit der Formulierung des ersten Prinzips ihren systematischen Ort. In diesem Sinne erklärte Descartes: „Da ich bemerkt hatte, daß in diesem ganzen Satze: *Ich denke, also bin ich* gar nichts anderes mich dessen versichert, daß ich die Wahrheit sage, als daß ich sehr klar sehe, daß man, um zu denken, sein muß, war ich überzeugt, als allgemeine Regel aufstellen zu können, daß die Dinge, die wir sehr klar und sehr distinkt erfassen, sämtlich wahr sind" (VI, 33).

Die Ausdrücke „*klar*" und „*distinkt*" verwendete Descartes zunächst undefiniert. Erst in den „Prinzipien der Philosophie" führte er die entsprechenden Definitionen ein, indem er eine Idee als „klar" bestimmte, wenn ihr Inhalt dem Denken unmittelbar gegenwärtig und offenbar ist, und als „distinkt", wenn alle Bestandteile ihrer Definition klare Ideen sind und sie daher von allen anderen Begriffen vollständig unterschieden ist (VIII, 22). Offensichtlich sind alle distinkten Ideen auch klar, während nicht alle klaren Ideen distinkt sein müssen.[52]

Die Einsicht, daß ich, als Denkender, bin, enthält außerdem die Voraussetzungen für die Bestimmung des denkenden Ich als ausschließlich bewußter, d. h. immaterieller Substanz, der als solcher kein Attribut zukommen kann, das sich körperlichen Dingen beilegen läßt.[53] Da Attribute materieller Dinge im distink-

ten Begriff der denkenden Substanz nicht enthalten sein können und da wir
somit das Ich unabhängig von Begriffen materieller Dinge begreifen müssen,
muß es, wie Descartes überzeugt war, vom Körper real verschieden sein.

6. Die Gottesbeweise

Descartes hat die Existenz Gottes bald *a posteriori*, ausgehend von Tatsachenaussagen und gestützt auf das Kausalitätsprinzip, bald *a priori*, durch Analyse
des Gottesbegriffs, zu beweisen gesucht. Da er das sogleich nach der Formulierung des ersten Prinzips tat, wurde gelegentlich bemerkt, die Eile, mit der er die
Skepsis des methodischen Zweifels beiseite schiebe, um sich der Existenz Gottes
zu vergewissern, sei befremdlich. Tatsächlich aber konnte Descartes nicht
anders vorgehen, wenn er den Schritt von der Selbstgewißheit zur Welterkennt-
nis tun wollte, da der Anspruch objektiver Gültigkeit von Urteilen über eine
vom Subjekt verschiedene Wirklichkeit nur erhoben werden kann, wenn die
spekulative Hypothese des *Genius malignus* durch einen Beweis des Daseins des
wahren, d. i. zugleich des wahrhaftigen Gottes eliminiert wird.

Die wichtigste Form der Gottesbeweise vom ersten Typ ist die folgende: Es ist
eine Tatsache, daß sich unter unseren Ideen die Idee Gottes, d. i. eines unendlich
vollkommenen Wesens, findet bzw. daß wir mindestens imstande sind, diese
Idee zu bilden. Da das Kausalprinzip unbezweifelbar ist, müssen wir schließen,
daß jene Idee eine Ursache hat, die nicht weniger „Realität" besitzt als diese. Da
das denkende Ich endlich bzw. beschränkt ist, wie sich im Zweifeln, das ein
Nichtwissen impliziert, und im Begehren, das ein Nichthaben voraussetzt,
zeigt, kommt das Ich nicht als Ursache einer Idee des unendlich Vollkommenen
in Betracht. Die Ursache dieser Idee muß vielmehr jene unendliche Vollkommenheit in Wirklichkeit besitzen, die in der Gottesidee als gedankliche Bestimmung („obiective"⁵⁴ bzw. „repraesentative") enthalten ist, d. h. nur Gott kann
die Ursache der Gottesidee sein, so wie ein endliches Wesen, das die Idee des
Unendlichen zu denken vermag, nur existieren kann, weil es von Gott erschaffen wurde bzw. erhalten wird. Diese zweite Variante des kausalen Gottesbeweises läßt eine Vereinfachung zu: Auf Grund der Voraussetzung, daß die Erhaltung endlicher Wesen kontinuierliche Neuschöpfung durch Gott ist, und auf
Grund der Tatsache, daß mindestens ein endliches Wesen – nämlich ich selbst –
existiert, kann gefolgert werden, daß es Gott als Urheber und Erhalter des
endlichen Seienden gibt.⁵⁵

Offensichtlich ist dieses Raisonnement in verschiedener Hinsicht anfechtbar.
So ließe sich einwenden, daß Descartes nicht berechtigt war, die objektive
Gültigkeit des Kausalprinzips vorauszusetzen, solange der hyperbolische
Zweifel in bezug auf universale Sätze nicht überwunden war. Ferner könnte die
Voraussetzung angegriffen werden, daß Vorstellungsinhalte wie Dinge zu
behandeln sind, auf die das Kausalprinzip anwendbar ist. Schließlich läßt sich

die Verwechslung der Idee eines unendlich vollkommenen Wesens mit einer unendlich vollkommenen Idee kritisieren, zumal „unendlich" hier ohne weiteres im Sinne des aktual Unendlichen verwendet wird. Descartes hat allerdings den Grundgedanken der Gottesbeweise der III. Meditation in seiner Zusammenfassung am Ende derselben unabhängig von den meisten dieser anfechtbaren Voraussetzungen formuliert, indem er erklärte, bei aufmerksamer Reflexion auf das Ich erkenne man die eigene Unvollkommenheit und Abhängigkeit und zugleich die unendliche Vollkommenheit jenes Wesens, von dem das Ich abhängt (VII, 51). Hier ist nicht mehr davon die Rede, daß die Idee (der Vorstellungsinhalt) „Gott" dem Kausalprinzip zu unterwerfen sei, obwohl der kausale Charakter des Arguments bestehen bleibt, wenn Descartes betont: „Die ganze Kraft des Arguments liegt darin, daß ich als unmöglich erkenne, als Wesen von einer solchen Natur zu existieren, wie ich es bin, nämlich mit der Idee Gottes in mir, wenn nicht Gott in Wirklichkeit existierte" (VII, 51–52). Trotzdem zeichnet sich hier schon ein nicht-kausales Argument ab. Nach Descartes können Begriffe endlicher Seiender nur dadurch gebildet werden, daß die Idee des unendlichen Seins determinierend eingeschränkt wird (cf. V, 356; VII, 365), wie auch Spinoza und noch später Hegel sagen sollten. Insbesondere vom Begriff meiner selbst als eines Vernunftwesens gilt, daß er nur durch Einschränkung der Idee der unendlichen *natura intellectualis* gebildet werden kann. Wenn ich mich also selbst als endliches und unvollkommenes Wesen erkenne, und sei es auch in inadäquater Weise, so ist das nur unter der Voraussetzung möglich, daß ich mindestens implicite über die Idee des Unendlichen und Vollkommenen verfüge. In diesem Sinn (und nicht in jenem psychologischem Sinne, den Locke in seiner Kritik zugrundelegte) ist es zu verstehen, wenn Descartes die Idee Gottes als „*eingeboren*" bezeichnete und von allen auf Grund von Beobachtung gebildeten oder im Denken erzeugten Begriffen prinzipiell unterschied. Sie heißt „eingeboren", sofern das Ich unabhängig von ihr weder begriffen werden noch sein kann, denn sie ist im Grunde vom Ich nicht verschieden, wie Descartes meint, wenn er jene Idee mit der Signatur vergleicht, durch die ein Künstler sein Werk als das seine kennzeichnet und die ebenfalls nichts vom Werke Verschiedenes ist (VII, 51).

In der V. Meditation hat Descartes diesem aposteriorischen einen *apriorischen Gottesbeweis* hinzugefügt, der die Existenz Gottes aus dessen Begriff in der Weise erschließt, daß „Gott" als „unendlich vollkommenes Wesen", d. h. als „Wesen mit allen Vollkommenheiten" definiert und „Existenz" als eine dieser Vollkommenheiten aufgefaßt wird. „Vollkommenheit" (perfectio) bedeutet hier keine moralische Qualität, sondern dasselbe wie „realitas" in der Verbindung „ens realissimum", nämlich „irreduzible positive Bestimmung". Der Gottesbegriff wird also von Descartes mit Hilfe des Inbegriffs derartiger Bestimmungen definiert, so daß „Existenz", als eine dieser Bestimmungen aufgefaßt, von Gott in einem analytisch wahren Urteil prädiziert werden kann.[56] Zweierlei ist hierbei problematisch: Erstens steht nicht fest, daß die zugrundegelegte Definition von „Gott" widerspruchsfrei ist, und zweitens ist fraglich, ob „Existenz" als eine „Vollkommenheit" im vorausgesetzten Sinne bestimmt werden darf. Schließlich liegt Descartes' apriorischem Gottesbeweis die platonistische Voraussetzung zugrunde, daß in klaren und distinkten Begriffen – und vom Gottesbegriff wird beansprucht, daß er ein solcher sei – eine „wahre und unveränderliche Natur" erfaßt werde. Zur „Natur" Gottes gehört nun, wie Descartes glaubte, die Verknüpfung von absoluter Vollkommenheit und Existenz ebenso wesentlich, wie es zur „Natur" des Dreiecks gehört, eine Winkelsumme von 180° zu haben.[57]

Wie beim aposteriorischen Gottesbeweis scheint aber auch beim apriorischen Gottesbeweis der V. Meditation eine Interpretation möglich zu sein, bei der diese problematischen Punkte umgangen werden. Wie oben gezeigt, betrifft der methodische Zweifel wesentlich die Voraussetzung, daß Ideen etwas von ihnen Verschiedenes repräsentieren. Offensichtlich ist es auf einem Standpunkt wie dem Cartesianischen sinnvoll möglich, von jeder beliebigen Idee eines Dings oder Sachverhalts zu bezweifeln, daß sie etwas Denkunabhängiges repräsentiere. Sofern aber das Zweifelsargument von der Voraussetzung abhängt, daß Ideen von der Art der Wahrnehmungsideen sowie von der Art der klaren und distinkten Begriffe der Mathematik, der Physik und der Metaphysik mit dem Anspruch erlebt werden, etwas zu repräsentieren, die Möglichkeit der Repräsentationsbeziehung als solcher aber nur angenommen werden kann, wenn es etwas Denkunabhängiges gibt, impliziert „dubito" nicht nur „sum", sondern auch „(aliquid) est". Für das Sein in diesem Sinne – l'être ou ce qui est (V, 356) – steht im apriorischen Gottesbeweis „ens perfectissimum". Descartes war überzeugt, daß man immer dann, wenn man das Sein ohne Beachtung des Unterschiedes von Endlichem und Unendlichem denke, das unendliche Sein erfasse. Sein apriorischer Gottesbeweis würde nach dieser Deutung die Unaufhebbarkeit des Seinshorizonts als Bedingung des nach seiner Ansicht mit gewissen Ideen wesentlich verbundenen Repräsentationsanspruchs und mithin auch des methodischen Zweifels in Form eines Raisonnements explizieren. Allerdings ersetzte Descartes die Idee des Seins sogleich durch die Idee eines Seienden, wenn auch des unendlich vollkommenen Seienden oder Gottes. Da seine Beweise der Existenz eines höchst vollkommenen Seienden, wie angedeutet, von unbewiesenen Voraussetzungen abhängen, konnten sie begreiflicherweise auf die Dauer nicht überzeugen.

7. Die metaphysische Wahrheitsgarantie und die Grundlegung der Physik

Beide Arten von Gottesbeweisen haben es – in Kantischer Wendung, aber doch in Cartesianischem Geist ausgedrückt – mit Bedingungen der Möglichkeit von Erfahrung bzw. Erkenntnis zu tun. Sie gehören daher nicht primär der rationalen Theologie, sondern der Metaphysik der Erfahrung bzw. der Erkenntnis an, sofern sie, komplementär zur Betonung der Unaufhebbarkeit der Beziehung aller Erfahrungs- bzw. Erkenntnisinhalte auf das denkende Subjekt im ersten Prinzip, die Unaufhebbarkeit der Beziehung jener Inhalte auf das Sein, d. h. auf etwas, das in denkunabhängiger Weise ist, deutlich machen sollen, und zwar zunächst im Hinblick auf die Idee Gottes, die nicht konzipiert werden könnte, wenn nicht das entsprechende Ideat, also Gott, existierte. Descartes wollte aber, über das unmittelbare Resultat der Gottesbeweise hinaus, beweisen, daß auch in bezug auf gewisse andere Ideen deren Korrespondenz mit einem Ideat angenommen werden darf bzw. angenommen werden muß. Das Mittel, mit dessen Hilfe er dieses Ziel erreichen zu können glaubte, ist der Begriff der *göttlichen Wahrhaftigkeit* (VII, 62), demzufolge Einsichten, die auf vollkommen klaren und distinkten Ideen beruhen, niemals „falsch", d. h. ungeachtet ihrer subjektiven Evidenz ohne objektive Gültigkeit sein können. Da vollkommen distinkt Eingesehenes absolut unkorrigierbar ist, liefe die Annahme, daß bei klaren und distinkten Begriffen Irrtümer möglich seien, auf die Aufhebung der Wahrheitsfähigkeit unseres Intellekts hinaus: Wir würden in diesem Falle infolge der Unkorrigierbarkeit unseres Urteils etwas Falsches für wahr halten müssen. Weil nach Descartes die Fähigkeit des menschlichen Geistes zur Unterscheidung von Wahr und Falsch prinzipiell anerkannt werden muß, ist die Möglichkeit unkorrigierbarer Irrtümer im Bereich klarer und distinkter Einsichten auszuschließen. Oder mit Hilfe von Descartes' theologischer Metapher ausgedrückt: Der absolut vollkommene Gott, dessen Existenz auf Grund der Gottesbeweise feststeht, kann mich nicht so geschaffen haben, daß ich ein Opfer unkorrigierbarer Irrtümer werde. Seine in der Vollkommenheit wurzelnde Wahrhaftigkeit garantiert die Wahrheit aller jener meiner Urteile, die ich auf Grund von klaren und distinkten Begriffen fälle. In diesem Sinne erklärt Descartes ausdrücklich von den „im höchsten Grade klaren und exakten Urteilen, die, wenn sie falsch wären, durch keine klareren und auch nicht mit Hilfe irgendeiner anderen natürlichen Fähigkeit korrigiert werden könnten", daß wir uns in ihnen nicht täuschen können (VII, 143–144).

Vergegenwärtigt man sich, in welchen Bereichen es unter den Cartesianischen Voraussetzungen klare und distinkte Begriffe gibt, so erkennt man, worauf es Descartes bei der Lehre von der göttlichen Wahrheitsgarantie ankam: Da neben den Grundbegriffen der Metaphysik in erster Linie die Ideen der Mathematik die Eigenschaft der Klarheit und Distinktheit haben sollen, dient diese Lehre dazu, den Anspruch objektiver Gültigkeit in bezug nicht nur auf die Mathematik, sondern auf alle jene Wissenschaften zu rechtfertigen, deren Grundsätze prinzipiell in mathematische Form gebracht werden können. Descartes wollte mit anderen Worten beweisen, daß die Prinzipien der exakten Wissenschaften das Wesen der materiellen Wirklichkeit zum Ausdruck bringen und in diesem Sinne wahr sind. Da die Cartesianische Physik im wesentlichen Kinematik ist, es also mit Ausdehnungsverhältnissen und deren Änderungen zu tun hat, die sich

mit den Mitteln der analytischen Geometrie, also klar und distinkt beschreiben
lassen, erweisen sich die Struktur des euklidischen Raumes, die in der Geometrie
zugrundegelegt wird, und die Struktur der Materie, die das Objekt der Physik
ist, als identisch: Die *Ausdehnung* ist das *Wesen materieller Körper*. Das hat die
Konsequenz, daß alle Aussagen über quantitative, auf Ausdehnungsverhältnisse abzubildende Beziehungen zwischen Körpern im Cartesianischen Sinne
objektiv gültig sein müssen.

Da die Grundsätze der Physik nur unter der Voraussetzung als objektiv gültig
gelten können, daß es überhaupt etwas Materielles gibt, mußte der letzte Schritt
in Descartes' metaphysischer Grundlegung der wissenschaftlichen Erkenntnis
in dem Nachweis bestehen, daß eine *denkunabhängige materielle Wirklichkeit*
existiert. Dieser Beweis wird auf die empirische Prämisse gestützt, daß wir
Empfindungen, d. h. Farb-, Geräusch-, Druck-, Temperatureindrücke usw.,
haben und uns in bezug auf diese rezeptiv verhalten, sie also nicht selbst
hervorbringen. Der Annahme einer unbewußten Produktion der Empfin-
dungseindrücke durch das Subjekt steht unter Descartes' Voraussetzungen
entgegen, daß das Subjekt als *res cogitans,* d. i. als Substanz, deren Wesen
ausschließlich im Denken bzw. im Bewußtsein besteht, von allen seinen Zuständen und Aktivitäten wissen muß. Gestützt auf die göttliche Wahrheitsgarantie
glaubte Descartes auch die Annahme ausschließen zu können, die Eindrücke
ausgedehnter Dinge würden von etwas Unausgedehntem verursacht. Die Ursache der Empfindungen muß also stets ein materielles Ding sein, das im Regelfall
nicht der Körper des Empfindenden ist, da die instinktive Neigung, die Empfindungen auf etwas vom eigenen Körper Verschiedenes zu beziehen, nicht immer
irreführen kann. Mag es auch im Einzelfall unter Umständen unmöglich sein, zu
entscheiden, ob eine Empfindung exogen oder endogen ist, so dürfen wir im
allgemeinen doch deren exogenen Charakter voraussetzen. Der wiederholte
Rekurs auf das Prinzip der göttlichen Wahrhaftigkeit wirkt in diesem Zusammenhang höchst befremdlich, da dieses Prinzip hier nicht mehr nur für klare und
distinkte Einsichten, sondern für instinktives Verhalten in Anspruch genommen wird. Die extensive Verwendung dieses Prinzips fällt um so mehr in die
Augen, als sie deutlich mit der methodischen Einstellung kontrastiert, die den
Beginn der „Meditationen" charakterisiert hatte.

Die Analyse der Empfindungen führt nicht zum Resultat, daß die materiellen
Dinge mit den Empfindungseindrücken qualitativ übereinstimmen, weil Übereinstimmung nur in bezug auf klare und distinkte Begriffe behauptet werden
darf, die Vorstellungen der Farbe, des Drucks, des Tons usw. aber verworren
sind. In bezug auf die Farbe darf daher nur festgestellt werden, „daß wir in den
Gegenständen etwas wahrnehmen, von dem wir zwar nicht wissen, was es ist,
das aber in uns eine sehr klare und bestimmte Empfindung bewirkt, welche die
Empfindung der Farbe genannt wird" (VIII, 34–35). Die Natur des Körpers
bzw. der Materie besteht nicht in Farbe, Härte, Gewicht oder dergleichen,
sondern ausschließlich in der Ausdehnung nach Länge, Breite und Tiefe (VIII,

42), weshalb die Prinzipien der Physik nur Aussagen über Ausdehnungsverhältnisse und deren Änderungen sein können. Von dieser Art sind die grundlegenden Sätze über die Unmöglichkeit des Vakuums und der Atome, über die Natur
der Bewegung als Transport eines Materieteils aus der Nachbarschaft gewisser
Materieteile in die Nachbarschaft anderer, über die (auf die Unveränderlichkeit
Gottes zurückgeführte) Erhaltung des Zustands (der Ruhe oder Bewegung)
eines Körpers, auf den keine äußeren Ursachen einwirken (VIII, 62), über die
Geradlinigkeit der unbeeinflußten Bewegung von Körpern (VIII, 63–64), über
die Erhaltung der Geschwindigkeit von bewegten Körpern beim Zusammenstoß mit anderen, bei dem nach Descartes lediglich die Bewegungsrichtung
geändert wird, und über die Erhaltung des Bewegungsquantums (VIII,
61–62).[58]
  Der Aufbau der Cartesianischen Physik interessiert hier nicht im einzelnen.
Zu beachten ist jedoch, daß die genannten Gesetze nach Descartes a priori gelten
und nicht durch empirische Verallgemeinerung gewonnen werden können, die
Grundlagen der Physik also formal erfahrungsunabhängig, d. h. nicht Hypothesen sind. Diese Auffassung hängt mit der oben erwähnten Abhängigkeit des
Philosophen vom rationalistischen Wissenschaftsideal zusammen; sie muß
heute ebenso wie dieses letztere als hinfällig gelten.

8. Kosmologie und Physiologie

Das *Universum* als Inbegriff aller Dinge ist unendlich, jedoch nicht in jenem
positiven Sinne der Unmöglichkeit von Einschränkungen oder Grenzen, in dem
wir den Ausdruck in bezug auf Gott gebrauchen, sondern im Sinne der
Unauffindbarkeit von Grenzen. Das Universum ist m. a. W. nicht infinit,
sondern *indefinit* (VIII, 14–15). So wie wir keine Grenze des Universums zu
finden vermögen, so können wir keine Untergrenze der Teilbarkeit der Materie
angeben, d. h. es gibt keine Atome. Descartes nahm zwar an, daß alle Dinge aus
Materiepartikeln bestehen, er hielt aber daran fest, daß keine dieser Partikel
prinzipiell unteilbar sei. Die Tatsache, daß innerhalb der homogenen Materie
Einzeldinge unterschieden sind, ist ebenso wie die Tatsache der Bewegung auf
Gott zurückzuführen. Mit der Erschaffung der Bewegung beginnt die *Kosmogonie*, die nach dem Augenblick des ersten Bewegungsanstoßes nach den von
Gott festgesetzten Bewegungsgesetzen verläuft, wobei die ursprünglich homogene Materie zu Teilen unterschiedlicher Größe, Figur und damit unterschiedlicher Beweglichkeit differenziert wird.[59] Da in besonderen Bereichen des Universums eine Wirbelbewegung entsteht, kommt es im Zentrum der Materiewir-
bel zur Konzentration der größeren Partikel, während die kleineren an die
Peripherie des Wirbels gedrängt werden. Dieselbe Differenzierung erfolgt in
den Teilwirbeln, die sich innerhalb des Gesamtwirbels ausbilden. Auf diese
Weise soll unser Sonnensystem entstanden sein, wobei die Sonne das Zentrum

des Hauptwirbels, die Planeten Zentren der Teilwirbel sind. In bezug auf unseren Planeten läßt sich mit Hilfe dieser Theorie erklären, daß die Erde von der Atmosphäre und diese vom Äther umgeben ist. Durch die Annahme, daß der Äther auf die Atmosphäre und diese auf alle terrestrischen Dinge einen Druck ausübt, glaubte Descartes die Tatsache der Schwere aller Körper auf der Erdoberfläche erklären zu können. (Im Rahmen der Cartesianischen Naturphilosophie kommt nur eine mechanistische Erklärung in Betracht, da auf Grund der vorausgesetzten Definition der Materie Wirkungen nur in Form von Druck und Stoß vorgestellt werden können.)

Während vom Standpunkt der Physik aus die Annahme eines Eingreifens Gottes in den gesetzmäßigen Ablauf des Naturgeschehens nach dem Augenblick der Schöpfung nicht nur überflüssig, sondern störend erscheint, muß vom metaphysischen Standpunkt aus angenommen werden, daß die Natur in jedem Augenblick von Gott abhängig ist. Da Descartes die Zeit als diskrete Aufeinanderfolge von Augenblicken[60] bzw. von Weltzuständen, die diesen Augenblicken entsprechen, dachte, und annahm, daß keiner dieser Weltzustände von einem vorausgehenden hervorgerufen sein könne,[61] hielt er die Konsequenz für unvermeidlich, daß die Welt und jedes Ding in der Welt in jedem Augenblick von Gott neu geschaffen werde (cf. VII, 49), weshalb „Erhaltung" sowohl in bezug auf die Welt wie in bezug auf Seiendes in der Welt als ständige Neuschöpfung zu verstehen sein soll.

Descartes' Zeitauffassung bereitet schon die okkasionalistische Lösung des Kausalproblems vor (s. Kap. IV). Wenn nämlich die Augenblicke und damit die Zustände der Welt in den aufeinanderfolgenden Augenblicken eine diskontinuierliche Reihe bilden, dann kann ein Weltzustand nicht den folgenden bewirken bzw. hervorrufen. Der Zusammenhang der sukzessiven Zustände kann seinen Grund nur in Gott haben, der die Regularität der Aufeinanderfolge von Tatsachen in sukzessiven Momenten ein für allemal festgesetzt hat, wobei die Neuschöpfung der Welt in jedem neuen Moment in Übereinstimmung mit den von Gott festgelegten Prinzipien der Regularität erfolgt. Die Physik hat die Aufgabe, die Prinzipien der Regularität der Aufeinanderfolge von Tatsachen in Form von Gesetzesaussagen auszudrücken.

Weil Descartes die Physiologie als angewandte Physik auffaßte, mußte er bestrebt sein, auch physiologische Tatsachen, wie z. B. Blutkreislauf und Herztätigkeit, im Rahmen der Kinematik zu erklären.[62] Selbst die Funktion der Nerven suchte er in dieser Weise zu deuten: Sowohl die Reizleitung von der Peripherie des Organismus zum Großhirn als auch die Übermittlung zentraler Impulse vom Gehirn zu den Muskeln erfolgt seiner Ansicht nach dadurch, daß Schwankungen des Drucks der sogenannten Spiritus animales vermittels der als dünne Schläuche vorgestellten Nervenbahnen fortgepflanzt werden. Die Spiritus animales sind selbstverständlich nicht Geister im metaphysischen Wortsinn, sondern materiell, wenn auch für uns nicht wahrnehmbar. Sie bestehen aus den feinsten und leichtesten Partikeln des Blutes, die durch die Wände der Blutgefäße in die Hohlräume und Windungen des Gehirns gelangen (XI, 129). Die Funktion der Nerven innerhalb der „Maschine" des Organismus läßt sich mit der Funktion der Röhren von Wasserspielen vergleichen (XI, 130;131), wobei die vernünftige Seele sozusagen die Rolle des Brunnenmeisters spielt, der den Wasserzufluß reguliert. Die Steuerung des menschlichen Organismus durch den Geist erfolgt durch die Zirbeldrüse, mit der einerseits die Seele in besonders enger Verbindung steht und um die sich andererseits die Spiritus animales konzentrieren. Indem die Seele der Zirbeldrüse Anstöße verleiht, kann sie die Richtung der Spiritus animales und durch deren Vermittlung die Muskeltätigkeit beeinflussen. Obwohl es Descartes bei dieser Erklärung sehr zustatten kommen mußte, daß er Richtungsänderungen bewegter Körper ohne Kraftaufwand für möglich hielt, konnte er auf Grund seiner dualistischen Auffassung des Verhältnisses von Materie und Geist prinzipiell nicht begreiflich machen, wie die immaterielle Seele auf einen Teil des Körpers, nämlich die Zirbeldrüse, einwirken können soll.

9. Die Psychologie

Die Psychologie, die einen Teil der Cartesianischen Philosophie bildet, ist einerseits deskriptive, andererseits erklärende Psychologie, und es ist schwer zu entscheiden, welche von beiden historisch die bedeutsamere ist.

Elemente einer *deskriptiven Psychologie* finden sich in den im engeren Sinne philosophischen Werken, also im „Discours de la Méthode", in den „Meditationen" und im 1. Teil der „Prinzipien der Philosophie". Descartes ging davon aus, daß die Bewußtseinsphänomene (die „cogitationes") in bestimmte Klassen eingeteilt werden können, und fand, daß es nicht angehe, Vorstellen und Urteilen zu einer einzigen Klasse zusammenzufassen, da sich die Urteile als Behauptungen von den Vorstellungen (Ideen), die als solche keine Existenzbehauptung enthalten, wesentlich unterscheiden.[63] Als dritte Klasse psychischer Phänomene betrachtete er die emotionalen und voluntativen Bewußtseinserscheinungen (affectus sive voluntates). Da er wichtige Übereinstimmungen zwischen Urteilen und Willensakten entdeckte – beide setzen das Vorhandensein von Vorstellungen voraus, beide sind eine Art Stellungnahmen und beide sind durch eine Polarität von Bejahen und Verneinen, Zustimmen und Ablehnen charakterisiert–, hielt er es für notwendig, die Dreiteilung der psychischen Phänomene, wie er sie in den „Meditationen" vorgenommen hatte, zugunsten einer Zweiteilung aufzugeben und nur die beiden Klassen der Vorstellungen (perceptiones) und der Willensakte (volitiones) anzunehmen, wobei in sehr bedenklicher Weise das Urteilen als eine Art Wollen aufgefaßt wird (VIII, 17).[64] Gestützt auf diese Auffassung des Urteils konnte er erklären, daß die urteilende Zustimmung angesichts verworrener und erst recht angesichts dunkler Ideen prinzipiell zurückgehalten werden müsse, so wie das Wollen angesichts unsittlicher Motive zu inhibieren sei. Hält man sich an diese Forderung und urteilt man nur auf Grund klarer und distinkter Einsichten, dann entgeht man mit Sicherheit der Gefahr von Irrtümern.

Die Ideen, die „gleichsam Abbilder von Dingen" sind, lassen sich vor allem unter zwei Gesichtspunkten einteilen. Einmal *nach ihrem Ursprung* (a) in Ideen, die auf Gegenstandswahrnehmung beruhen (ideae adventitiae), (b) in Ideen, die durch die Einbildungskraft erzeugt werden (ideae factitiae) und (c) in die sogenannten eingeborenen Ideen (ideae innatae), zu denen in erster Linie die Gottesidee gehört, wie oben ausgeführt wurde. Zum anderen können die Ideen in (a) dunkle, (b) klare, aber verworrene, und (c) distinkte Ideen eingeteilt werden.

Parallel zur Einteilung der Ideen muß auch die der Affekte, die Descartes in der Schrift „Les passions de l'âme" vornahm, als Bestandteil der deskriptiven Psychologie gelten. Nach dieser Einteilung ergeben sich sechs Arten von Affekten. Staunen, Liebe und Haß; Begierde, Freude und Trauer. *Staunen* ist jener emotionale Zustand, in dem wir uns angesichts einer noch unbekannten Sache befinden, von der wir noch nicht wissen, ob sie nützlich oder schädlich ist. Halten wir sie für nützlich, so reagieren wir mit *Liebe,* andernfalls mit *Haß.* Ist etwas Gegenstand der *Begierde,* dann reagieren wir mit *Freude,* sobald wir in den Besitz desselben gelangen, andernfalls mit *Trauer.*

Descartes hat sich jedoch weder in bezug auf die Ideen noch in bezug auf die Affekte mit einer bloßen Beschreibung begnügt; diese war vielmehr in seinen Augen nur der erste Schritt in Richtung auf eine *genetische Erklärung* dieser Phänomene. So nahm er im Falle der Wahrnehmungsideen an, daß sie auf Sinneseindrücken beruhen, die über den (körperlichen) Gemeinsinn und die (ebenfalls körperliche) Einbildungskraft (imaginatio) dem Verstand präsentiert werden. Dieser letztere kann aber im Zusammenwirken mit der Imagination auch in aktiver Weise Vorstellungsinhalte modifizieren bzw. kombinieren und so neue Ideen bilden (X, 412, 416). Die passiv aufgenommenen Ideen sind *Ideae adventitiae* im Sinne der oben erwähnten Einteilung, die von Imagination und Intellekt erzeugten *Ideae factitiae.* Die *Ideae innatae* als Inhalte des reinen Intellekts lassen sich selbstverständlich im Rahmen des angedeuteten Modells nicht genetisch erklären.

Ähnlich bemühte sich Descartes um eine *genetische Erklärung der Affekte,* die bei den emotionalen Bewußtseinsphänomenen deshalb besonders nahe liegt, weil diese ihrer Natur nach nicht auf den reinen Intellekt zu beziehen sind, sondern dem psychophysischen Bereich angehören. Affekte („passions") sind nach Descartes „Perzeptionen" bzw. „Empfindungen bzw. emotionale Akte der Seele, die man in erster Linie auf diese bezieht, die aber durch eine Bewegung der Lebensgeister hervorgerufen, unterhalten und verstärkt werden" (XI, 349). Descartes suchte die Entstehung der Affekte mit Hilfe der Annahme begreiflich zu machen, daß es verschiedene Arten von Bewegungen der *Spiritus animales* gibt, von denen die verschiedenen Arten der Affekte abhängen. So meinte er, daß der Affekt des Staunens über einen Gegenstand dann eintritt, wenn die vom Gegenstand ausgehenden Reize auf Gehirnpartien treffen, die normalerweise solchen Reizen nicht ausgesetzt und ihnen gegenüber daher besonders empfindlich, weil noch nicht durch häufige Eindrücke abgestumpft sind. Ein solcher Erklärungsversuch mutet wegen seines mechanistischen Charakters primitiv an, wie auch die Versuche mechanistischer Erklärung physiologischer Zusammenhänge unbefriedigend bleiben. Nichtsdestoweniger verdient Descartes' Programm einer Psychophysik Beachtung, da es als erster Schritt in Richtung auf die moderne Psychologie der Affekte gelten kann.

Die Cartesianische Psychologie ist prinzipiell wertfreie Wissenschaft, d. h. Descartes kam es nicht darauf an, psychische Phänomene im allgemeinen und Affekte im besonderen von moralischen Gesichtspunkten aus zu beurteilen. Wenn er von der *Güte* der Affekte spricht, will er keine moralische Wertung, sondern eine Kennzeichnung ihrer biologischen bzw. anthropologischen Funktion vornehmen (cf. XI, 430; IV, 538). Ein Zusammenhang zwischen Psychologie und Ethik besteht nur insofern, als die Cartesianische definitive Moral wesentlich angewandte Psychologie, näherhin eine Technik der Triebkontrolle im Interesse der Rationalisierung des Handelns sein soll. Da die Tugend (XI, 441) im vernunftbestimmten Verhalten, das von Trieben und Begierden unabhängig ist, bestehen soll, kommt es in der Ethik auf die Kontrolle der triebbedingten Begierden an, durch deren Vermittlung die Affekte im allgemeinen das Handeln beeinflussen (XI, 436). Diese Kontrolle läßt sich mit Hilfe eines Affekts eigener Art, der *générosité*, die sozusagen ein rationaler Affekt ist, verwirklichen. „Générosité" bedeutet die feste Entschlossenheit des freien Geistes, dem als richtig Erkannten zu folgen (XI, 446). Sie unterscheidet sich infolge des Bezugs auf die Einsicht in das Richtige von der Entschlossenheit der provisorischen Moral, die als Festhalten an unter undurchsichtigen Bedingungen getroffenen Entscheidungen charakterisiert war. Die konkrete Kontrolle der Affekte ist aber, wie Descartes deutlich sah, nur schwer durchzuführen. Da zwischen gewissen Vorstellungen und Affekten gewohnheitsbedingte Assoziationen bestehen, kann man mit Hilfe bestimmter Ideen bestimmte Affekte wecken bzw. andere unterdrücken. Durch Übung gelingt es außerdem gelegentlich, bestehende assoziative Verbindungen von Vorstellungen und Affekten aufzulösen bzw. durch andere zu ersetzen, die ein „vernünftigeres", d. h. im Hinblick auf vorgegebene, als „vernünftig" vorausgesetzte Ziele zweckrationales Verhalten fördern sollen.

So wie Descartes die Rationalität nicht konsequent im Sinne von „Zweckrationalität" auffaßte, sondern im Geiste des Rationalismus an die Kompetenz der Vernunft zur Setzung letzter Ziele glaubte, so vermochte er die Forderung der Wertfreiheit in der Psychologie nicht vollständig zu erfüllen. Abweichend von der These der Wertneutralität der Affekte nahm er nämlich letzten Endes doch eine wertende Differenzierung der Affekte auf Grund ihrer Konformität oder Nonkonformität mit der menschlichen Natur vor (XI, 399). Mag er aber auch

das Ideal einer wertfreien Psychologie nicht vollkommen zu realisieren vermocht haben, – es konzipiert zu haben, ist eine hinreichend große Leistung, um
ihm einen Platz in der Geschichte der wissenschaftlichen Psychologie zu
sichern.

IV. Reaktionen auf die
Cartesianische Herausforderung

1. Die Einwände gegen die „Meditationen"
und Descartes' Erwiderungen

Im 17. Jh. wurde, wie die Reaktionen auf den Cartesianismus erkennen lassen, Descartes' Versuch, auf dem Wege der Erfahrungsanalyse zu einer Grundlegung der Metaphysik und – mit Hilfe metaphysischer Grundsätze – zur Begründung einer prinzipiell aprioristischen Physik zu gelangen, als Herausforderung empfunden, weshalb mehrere Zeitgenossen bereitwillig auf den Vorschlag eingingen, in Form von Objektionen[1] zu Descartes' „Meditationen" Stellung zu nehmen und Descartes Gelegenheit zur Präzisierung seiner Auffassungen zu geben. Die Kritik konzentrierte sich zunächst auf die obersten Grundsätze der Cartesianischen *Ersten Philosophie*, nämlich auf das *Cogito* und den methodischen Zweifel, der zur Formulierung des *Cogito* führt, auf die Gottesbeweise, die die Aufstellung des Prinzips der *Veracitas divina* ermöglichen, auf den bei den Gottesbeweisen vorausgesetzten Innatismus sowie auf Descartes' Bestimmung des Verhältnisses von *Res cogitans* und *Res extensa* nebst deren Konsequenzen für das psychophysische Problem.

In den beiden ersten Gruppen von Einwänden, die von dem Alkmaarer Priester Caterus (Kater) und von Mersenne vorgetragen wurden, sind theologische Gesichtspunkte maßgeblich. So konzentrierte sich Caterus auf den Gottesbeweis der III. Meditation, auf den auch Mersenne Bezug nimmt, der sich außerdem mit dem Gottesbeweis der V. Meditation, mit dem Problem des Irrtums und der göttlichen Wahrheitsgarantie, also mit Fragen, deren Zusammenhang mit theologischen Vorstellungen unübersehbar ist, auseinandersetzte. Andere Punkte der Cartesianischen Metaphysik werden hier nur gestreift. Descartes ging auf die Überlegungen seiner theologischen Diskussionspartner, die nicht eigentlich als Einwände gelten können, bereitwillig ein und paßte sich darüber hinaus auch deren theologischer Terminologie bis zu einem gewissen Punkte an. Bekanntlich kam es ihm nicht nur darauf an, Konflikten mit den Theologen aus dem Wege zu gehen, sondern er trachtete nach einem positiven Verhältnis zur offiziellen Theologie, die er von ihren aristotelischen Grundlagen lösen und auf ein Cartesianisches Fundament stellen zu können hoffte.

Dieses Bemühen zeigt sich auch in der Diskussion mit A. Arnauld[2] (IV. Obj. und Resp.), in der „die Bedenken, die ein Theologe haben kann" (IX, 167–170), eine wichtige Rolle spielen. Arnauld ging es darum, den bloß methodischen

Charakter des Zweifels zu unterstreichen, um eine für den Glauben gefährliche Skepsis hintanzuhalten, so wie er allgemein Descartes' Ergebnisse, die er grundsätzlich billigte, ausdrücklich auf den theoretischen Bereich eingeschränkt und vom religiösen Bereich abgehoben wissen wollte, was Descartes mit Recht als bereits geleistet bezeichnete. In Verlegenheit konnte Descartes nur durch Arnaulds Bemerkung über die Untauglichkeit seiner Philosophie zur Erklärung der Transsubstantiation gebracht werden. Seine (auch in der Korrespondenz mit Pater Mesland erörterten) Versuche, die Vereinbarkeit der Transsubstantiationslehre und der Grundsätze seiner Naturphilosophie darzutun, werden nur verständlich, wenn man sich seine langfristigen Pläne einer Verbindung von Theologie und Cartesianischer Philosophie vergegenwärtigt.

Arnauld unterstrich in seinen alles andere als polemischen Einwänden die Augustinischen Elemente der Cartesianischen Metaphysik, an deren Vorhandensein in der Tat nicht gezweifelt werden kann. So billigte er namentlich die Unterscheidung von Anschauung und Verstand und erklärte sich mit Descartes' These von der höheren Gewißheit der Verstandeseinsicht völlig einverstanden (IX, 160). Er bezweifelte jedoch, daß Descartes die reale Verschiedenheit von Körper und Geist gezeigt, und erst recht, daß er die Unsterblichkeit der Seele bewiesen habe. Auch hinsichtlich der Gottesbeweise kritisierte Arnauld nur Einzelheiten der Argumentation, nicht den Beweisansatz und das Beweisziel. Vor allem konzentriert er sich auf die Gott beigelegte Bestimmung der Perseität in dem Sinne, daß Gott gewissermaßen in bezug auf sich selbst dieselbe Rolle spielt wie die wirkende Ursache mit Bezug auf die Wirkung (IX, 162), und bestreitet nachdrücklich, daß etwas Ursache seiner selbst sein könne, wogegen Descartes zu bedenken gibt, daß als „Ursache" bzw. „Prinzip" hier die Wesenheit Gottes anzusehen sei, von der sich die Existenz nicht unterscheiden lasse.

Der berühmteste von Arnaulds Einwänden besagt, daß Descartes' Argumentation *zirkulär* sei, sofern das Prinzip der objektiven Gültigkeit des klar und distinkt Erkannten die Erkenntnis Gottes voraussetzt, die ihrerseits auf jenem Prinzip beruht (IX, 166). Descartes suchte diesem ernsten Einwand dadurch zu entgehen, daß er die göttliche Wahrheitsgarantie nur für erinnerte, nicht für aktuell einsichtige Begründungen beanspruchen zu wollen erklärte (IX, 190; cf. IX, 110). Offensichtlich handelt es sich hier eher um eine Ausflucht als um eine Erwiderung. Das unter dem Namen des Cartesianischen Zirkels bekannte Problem ist auch heute noch nicht völlig aufgeklärt.

Trotz aller Gegensätze in bestimmten Fragen erfolgt die Auseinandersetzung zwischen Arnauld und Descartes auf einem gemeinsamen metaphysischen Boden, nämlich dem des Platonismus im weitesten Wortsinn. Beide Diskussionspartner waren sich auch der Nähe ihrer Positionen klar bewußt. Anders verhält es sich bei der dritten und fünften Gruppe von Einwänden, die von Th. Hobbes und P. Gassendi vorgetragen wurden. Beide argumentierten nicht nur mit einer gewissen Schärfe, die Descartes zu einer noch schärferen Entgegnung veranlaßte; sie standen auch zu Descartes in einem viel schrofferen sachlichen Gegensatz als die früher genannten Opponenten, – Hobbes als Nominalist, der in Descartes den Anhänger einer im weitesten Wortsinn platonistischen Begriffslehre bekämpft, Gassendi als Materialist, der die spiritualistische Grundkonzeption Descartes' für prinzipiell verfehlt hält. Hobbes machte gegen Descartes' erstes Prinzip geltend, daß der Satz „Ich denke, also bin ich" trivial wahr sei, da „Ich denke" soviel bedeutet wie „Ich bin ein Denkender", woraus folgt, daß ich bin (eine Kritik, die sich auch bei Spinoza finden wird). Deutet man aber das erste Prinzip so, daß es besagt „Ich denke, also bin ich Denken (cogitatio)", so ist der Schluß fehlerhaft, da er, wie auf Grund von Hobbes' Überlegungen über „Irrtum, Falschheit und Fehlschlüsse" in Teil I, Kap. 5 von „De corpore" zu erschließen ist, auf einer unzulässigen Verknüpfung sprachlicher Ausdrücke, d. h. auf einer Kategorienverwechslung, beruht. Hobbes' Bemerkung, ebensogut könne man schließen: „Ich gehe spazieren, also bin ich ein Spaziergang", ist allerdings fehl am Platze, da Descartes im vorliegenden Zusammenhang „Denken" nicht im Sinne von „Denkfähigkeit" versteht, wie er betont, sondern im Sinne von „denkendes Wesen". Vollends anfechtbar wird Hobbes' Argumentation, wenn er erklärt, jede Tätigkeit müsse notwendig auf ein körperliches Subjekt bezogen werden. Nur weil Hobbes voraussetzte, daß jedes Seiende materiell sei, konnte er erklären, das Denken lasse sich nicht von etwas Materiellem, das denkt, abtrennen.

Die Verschiedenartigkeit der von beiden Philosophen eingenommenen Positionen zeigt sich deutlich im Gebrauch des Ausdrucks „Idee". Da Hobbes, abweichend von Descartes, unter „Idee" ausschließlich eine anschauliche Vorstellung versteht, muß er die Möglichkeit einer Idee von Gott bestreiten, so wie er allgemein das Vorhandensein von angeborenen Ideen leugnet. A priori wahre Sätze können unter seinen Voraussetzungen nicht als Sätze über Wesensbeziehungen aufgefaßt werden, sondern sie gelten als wahr auf Grund der Beziehungen zwischen den in ihnen vorkommenden Ausdrücken. Der Cartesianische Essentialismus wird zurückgewiesen, da für den Nominalisten Hobbes eine Wesenheit ohne Existenz eine Fiktion ist (IX, 151).

Die fünfte Reihe von Einwänden stammt von P. Gassendi (siehe unten, Abschn. 5) der die in den Objektionen aufgenommene Auseinandersetzung mit Descartes in der „Disquisitio metaphysica seu dubitationes et instantiae adversus R. Cartesii metaphysicam et responsa" (1644) fortsetzte, worauf Descartes in einem Brief vom 12. 1. 1646 an Clerselier (IX, 202–217) reagierte.

Gassendi argumentierte, daß in den „Meditationen" die Immaterialität des Geistes nicht bewiesen werde und auch nicht bewiesen werden könne, da erstens Klarheit und Deutlichkeit nicht die objektive Gültigkeit eines Urteils verbürgten und zweitens die Erkenntnis, die wir vom Subjekt des Denkens haben können, alles andere als klar und distinkt sei. Im Rahmen der von Gassendi vertretenen sensualistischen Erkenntnistheorie, derzufolge nichts im Verstande sein kann, das nicht zuvor in der Sinneswahrnehmung gegeben war, läßt sich Descartes' prinzipielle Unterscheidung von Intellekt und Imagination natürlich nicht rechtfertigen. Unter „Ideen" versteht Gassendi immer anschauliche Vorstellungen (VIII, 279–280), die dadurch entstehen, daß vom Gegenstand Korpuskel ausgehen, die im Sensorium einen Reiz hervorrufen und über die *Spiritus* Eindrücke in der Seele bewirken. Die Möglichkeit unanschaulicher Begriffe, z. B. in der Mathematik, konnte er daher nicht anerkennen.[3] Folgerichtig leugnete er auch das Vorhandensein unmittelbarer Ideen von einem geistigen Subjekt oder von Gott. Substanzen lassen sich immer nur hypothetisch (coniiciendo) als Träger der beobachtbaren Eigenschaften von Dingen annehmen (VIII, 285 sq.).

Gegen den Gottesbeweis der III. Med. wendete Gassendi ein, daß es unstatthaft sei, von Graden der objektiven Realität zu sprechen (VIII, 284 sqq.), und daß eine unendliche Realität prinzipiell unerkennbar sei, da wir immer nur Endliches denken können. Es ist seiner Ansicht nach zwar möglich, eine Vorstellung von Gott durch Steigerung gewisser Attribute endlicher Dinge zu bilden, aber Descartes' grundlegende Voraussetzung, daß das Endliche als Einschränkung der Idee des Unendlichen zu denken und daher die letztere in jeder gegenständlichen Vorstellung implizit gegenwärtig sei, hat Gassendi offenbar überhaupt nicht bemerkt. Gegen jede Art kausalen Gottesbeweises gibt er zu bedenken, daß ein unendlicher kausaler Regreß nicht auszuschließen sei.

Descartes' Essentialismus lehnte Gassendi ebenso ab wie es Hobbes tat, wenn auch aus anderen Gründen. Gassendi war nicht Nominalist (auch Hobbes war das nicht in konsequenter Weise), sondern Konzeptualist, der allgemeine Begriffe als Ergebnis der Abstraktion anerkannte, jedoch die Annahme von Wesenheiten, die unabhängig von realen Gegenständen der fraglichen Art in gewisser Weise wirklich sein sollen, bekämpfte. Mit der Ablehnung subsistierender Wesenheiten wird für ihn auch der Gottesbeweis in der V. Med. hinfällig, da „Existenz" seiner Ansicht nach nicht eine „Vollkommenheit", d. h. ein Moment der Wesenheit *Gott,* sondern dasjenige bezeichnet, ohne welches es keine Vollkommenheit gibt (VIII, 322 sq.).

Die von Descartes behauptete Verbindung bzw. gar Vermischung von Geist und Körper hielt Gassendi für unerklärbar (VIII, 340 sq.). Behauptet man mit Descartes, der Geist sei unausgedehnt, dann kann die Verbindung mit dem Körper nur an einem mathematischen Punkt bestehen; ein mathematischer Punkt ist aber nichts Reales, so daß unter Descartes' eigenen Voraussetzungen die Annahme einer psychophysischen Wechselwirkung hinfällig wird.

Bei Gassendis Einwänden handelt es sich nicht, wie Descartes in seiner Entgegnung sagte, um rhetorische Kunstgriffe mit dem Ziel, den Kritisierten lächerlich zu machen und den Mangel echter Argumente zu verdecken, sondern um die – im einzelnen freilich nicht immer vollkommen gelungene – Darlegung einer Gegenposition zu Descartes' Standpunkt. Dem Cartesianischen Apriorismus wird von Gassendi eine bestimmte Form des Empirismus, seinem Essentialismus eine konzeptualistische Deutung des Allgemeinen und seinem dualistischen Spiritualismus ein tendentiell monistischer Materialismus entgegengesetzt. Die Divergenz der Voraussetzungen ist so groß, daß sie ein angemessenes Verständnis der Argumente der Gegenseite in den wesentlichen Punkten ausschließt, weshalb es nicht verwunderlich ist, daß die Kontroverse den Charakter einer gereizten Polemik annahm.

Von geringerer Bedeutung sind die sechste und siebente Gruppe von Einwänden gegen die „Meditationen". Lediglich historisches Interesse beanspruchen die von Juan Caramuel Lobkowicz (1606–1682) formulierten Objektionen,[4] in denen für die scholastische Philosophie und die vitalistische Betrachtungsweise der Renaissance plädiert und Descartes' Lehre von den eingeborenen Ideen ebenso abgelehnt wird wie dessen mechanistische Physik. Mit seiner Ablehnung der neuen Philosophie verband Caramuel jedoch eine gewisse Aufgeschlossenheit gegenüber der neuen Erfahrungswissenschaft, insbesondere der Astronomie.

Etwa ein halbes Jahrhundert nach dem Erscheinen der „Meditationen" gab es noch einen späten Nachhall der Debatte über Descartes' Hauptwerk: P. D. Huet (1630–1721), Bischof von Avranches und berühmt als Bearbeiter klassischer Texte für den Gebrauch des Dauphins (ad usum Delphini), suchte in der „Censura Philosophiae Cartesianae" (Paris 1689) und in den „Nouveaux Mémoires pour servir à l'histoire du Cartésianisme" die Auseinandersetzung mit den Hauptthesen der Cartesianischen Metaphysik. Im posthum veröffentlichten „Traité philosophique de la faiblesse de l'esprit humain" (London 1741) verallgemeinerte er seine Kritik in einer Weise, daß sie zu einem Angriff auf den Rationalismus überhaupt wurde, dessen Repräsentanten er in Descartes bekämpft hatte. Wegen der Beschränktheit der menschlichen Vernunft kann nach Huet der Weg zu Gott nicht von der rationalen Erkenntnis, sondern nur vom Glauben gewiesen werden.[5]

2. Descartes' Kontroverse mit Regius

Erhellend für die Entwicklung des Cartesianismus ist die Kontroverse, die Descartes mit seinem Anhänger Henri de Roy (Regius) wegen der von diesem vorgenommenen Modifikationen der Cartesianischen Philosophie führen mußte, um sich gegenüber den Ansichten seines ehemaligen Schülers abzugrenzen. Hatte sich Descartes schon von Regius' „Fundamenta Physica" distanziert, so führte die Publikation der „Erklärung des menschlichen Geistes oder der vernünftigen Seele, wobei gezeigt wird, was sie ist und was sie sein kann" in Form eines öffentlich plakatierten Programms (1647) zu einer scharfen Entgegnung Descartes' (1848). Daß ein ehemaliger Cartesianer die Möglichkeit verteidigte, den Geist entweder als körperlich oder als Modus einer materiellen

Substanz aufzufassen, mußte Descartes als Verrat an seiner Lehre erscheinen. Indem Regius die klare und distinkte Erkennbarkeit des Geistes bzw. der realen Distinktion von Geist und Körper bestritt und diese letztere lediglich als durch göttliche Offenbarung gewiß bezeichnete, bedeutete die Preisgabe des rationalen Charakters eines fundamentalen Satzes der Cartesianischen Philosophie. Auch die Gewißheit einer denkunabhängigen Außenwelt glaubte Regius nur auf die Offenbarung in der Bibel stützen zu können, die uns versichert, daß Gott Himmel und Erde erschaffen habe. Ebenso muß die Gottesidee auf Offenbarung beruhen, da sich ihre Deutung als eingeborener Idee im Rahmen der von Regius vertretenen empiristischen Theorie der Begriffsbildung nicht aufrecht erhalten läßt.

In der Erwiderung auf Regius' Thesen nahm Descartes eine bemerkenswerte Verschärfung der *innatistischen Position* vor, indem er auch die Wahrnehmungsideen für in gewisser Weise eingeboren erklärte, wenn sie auch durch Sinneseindrücke ausgelöst werden, die aber nur den *Anlaß (occasio)* ihrer Bildung darstellen (VIII/2, 359). Wahrnehmungsideen werden nicht von den Dingen durch die Sinnesorgane dem Geist übermittelt, da sie qualitative Bestimmungen aufweisen, die dem Ding nicht zugeschrieben werden können, sondern sie werden vom Geist aus Anlaß des Sinneseindrucks hervorgebracht und sind somit in gewisser Weise im Denkvermögen (potentiell) enthalten. Die Eigenschaften der Wahrnehmungsideen lassen sich m. a. W. nicht begreiflich machen, wenn man sie ausschließlich auf Reize im Sensorium als Ursachen bezieht, sondern sie müssen außerdem auch auf das Denkvermögen bezogen werden. In diesem Sinne betrachtete Descartes nicht nur die Ideen von Gestalten und Bewegungen, sondern auch die der Farben, Töne usw., als eingeboren. Er schlug damit ansatzweise jene Richtung ein, in die der Okkasionalismus (s. Kap. VI) seine Philosophie weiterentwickelte.

3. Marin Mersenne und sein Verhältnis zum Cartesianismus

M. Mersenne (1588–1648)[6] war wie Descartes Zögling der Jesuiten in La Flèche. Er trat 1611 in den Orden der Fratres Minimi ein und lehrte 1614–1619 in Nevers Philosophie und Theologie. Anschließend lebte er in Paris, wo er zum Mittelpunkt eines Kreises von Philosophen, Wissenschaftlern und Mathematikern wurde, innerhalb dessen die aktuellen Probleme dieser Wissenschaften teils mündlich, teils brieflich diskutiert wurden. Descartes stand mit Mersenne in den Jahren zwischen 1625 und 1628 in persönlicher, nach seiner Übersiedlung in die Niederlande bis zu Mersennes Tod in unausgesetzter brieflicher Verbindung. Mersenne hielt den Kontakt zwischen Descartes und den wichtigsten zeitgenössischen Wissenschaftlern, Mathematikern, Philosophen und Theologen aufrecht und sorgte dafür, daß die Diskussion über die Cartesianische Philosophie nicht abriß. Daneben war er ein selbständiger Forscher im Bereich der Mathematik[7] und der Physik, wo er sich vor allem der Akustik bzw. der Musiktheorie, aber auch der Ballistik und der Optik widmete.[8] In zwei Werken, „Les Mécaniques de Galilée" (1634) und „Les nouvelles pensées de Galilée" (1639), vermittelte er der französischen Leserschaft die Gedanken Galileis. Philosophisch interessant sind vor allem die „Quaestiones in Genesim" (1623), die nicht nur der Exegese gewidmet sind, sondern wissenschaftliche und philosophische Gedanken enthalten, ferner „L'impiété des Déistes" (1624), ein der Auseinandersetzung mit dem Gedanken der natürlichen Religion und mit dem Libertinismus, jener dem Naturalismus und der Skepsis, d. h. dem undogmatischen Denken, zugewandten säkularisierten Denkweise in Philosophie und Moral, gewidmetes Werk, sowie „La vérité des sciences contre les sceptiques ou Pyrrhoniens" (1625), wo der Skepsis mit dem Hinweis auf die Gewißheit evidenter Einsichten, vor allem im Bereich der Mathematik, entgegengetreten wird. Mersenne führte einen ausgedehnten Briefwechsel. Unter seinen Korrespondenzpartnern ragen neben Descartes Männer wie Gassendi, Hobbes, Fermat, Galilei und Christian Huygens hervor.[9]

Mersenne lehnte die pantheistische und panpsychistische Naturphilosophie der Renaissance ab und stellte gegen sie die Forderung einer klaren *Trennung von Körper und Geist* auf, um einerseits die These von der Immaterialität der Seele erhärten, andererseits alle psychischen und quasi-psychischen Bestimmungen aus dem Begriff der Materie eliminieren zu können.[10] Im naturwissenschaftlichen Bereich sollte demgemäß konsequent die *mechanistische Betrachtungsweise* zur Geltung gebracht werden, derzufolge alle Zusammenhänge auf Beziehungen von Druck und Stoß zurückzuführen sind.[11] Sein mechanistisches Programm verband ihn mit Descartes, ohne daß er Cartesianer geworden wäre. Wie Descartes verwarf er den Autoritätsbeweis und forderte die Beschränkung auf klare und evidente Urteile.[12] Wie jener setzte er voraus, daß der menschliche Intellekt wesentlich auf die Wahrheit gerichtet sei und daß die Wahrheitsfähigkeit unseres Geistes nicht ernsthaft bezweifelt werden kann; bezweifelt man sie, so kann doch an der Tatsache des Zweifelns nicht gezweifelt werden, so daß mindestens *eine* Wahrheit anerkannt werden muß.[13] Die radikale skeptische Position ist somit unhaltbar. Den Cartesianischen Weg über das *Cogito* zur Erkenntnis des Ich als spiritueller Substanz schlug er jedoch nicht ein, da er ihn mit Hobbes und Gassendi für ungangbar hielt. Seiner Ansicht nach ist das Wesen des Ich als spiritueller Substanz ebenso unerkennbar wie das Wesen von Substanzen im allgemeinen. In diesem Sinne schrieb er schon 1625: „Man darf nicht denken, daß wir die Natur der Individuen durchdringen können, noch das, was in deren Innerem vor sich geht, denn unsere Sinne, ohne die der Verstand nichts erkennen kann, sehen nur das Äußere".[14] Diese Bemerkung ist an der angeführten Stelle zwar gegen Bacon gerichtet,[15] läßt sich aber ebenso gegen Descartes wenden. Wie Galilei bezog er physikalische Aussagen auf die Phänomene, nicht auf das Wesen der Wirklichkeit: Das Wesen des Lichts, das Wesen der Schwere usw. ist uns unzugänglich.[16] Wissenschaftliche Theorien haben die

Aufgabe, „die Phänomene zu retten"; sie werden auf Grund ihres Erklärungswertes akzeptiert, ohne daß festgestellt werden könnte, ob sie im metaphysischen Sinne wahr sind.

Auf Grund dieser Einstellung ist es nicht verwunderlich, daß er in der Debatte
über Descartes' „Meditationen" eher auf der Seite Gassendis oder Hobbes' als
auf der Seite des Autors derselben stand, in dem er nichtsdestoweniger einen
wichtigen Bundesgenossen in seinem Kampf gegen den Libertinismus erblickte.
Die Cartesianische Metaphysik blieb ihm in ihrer Eigenart grundsätzlich fremd,
was sich z. B. darin zeigt, daß er nicht, wie Descartes, aus einem metaphysischen
Ansatzpunkt heraus Argumente zugunsten der Annahme des Daseins Gottes
entwickelte, sondern insgesamt sechsunddreißig Gottesbeweise eklektisch zu-
sammentrug. Auch im Hinblick auf das Ziel der metaphysischen Grundlegung
wich Mersenne, ungeachtet der Übereinstimmung in bezug auf die Grundlegung der mechanistischen Naturbetrachtung im Rahmen einer dualistischen
Konzeption von Materie und Geist, entscheidend von Descartes ab: Während
dieser die Grundsätze der mathematischen Physik als wahr im metaphysischen
Sinne erweisen wollte, betonte Mersenne, daß es in der Physik keine Beweise
von der Art der mathematischen gebe, da wir die Gründe der Erscheinungen
nicht mit Sicherheit zu erkennen vermögen. In dieser Hinsicht stand er der
Methode der zeitgenössischen Naturwissenschaft näher als Descartes, der doch
als systematischer Metaphysiker eine ungleich größere Wirkung ausübte und
auch die Methodendiskussion zunächst stärker beeinflußte, obwohl sein Standpunkt wie der Rationalismus im allgemeinen nicht auf die Dauer zur Philosophie der modernen Wissenschaft werden konnte.

4. Pierre Gassendi

a) Persönlichkeit und Werke

Gassendi wurde am 22. 1. 1592 in Champtercier bei Digne geboren. Nach
kurzer Lehrtätigkeit in Digne und Aix-en-Provence wurde er 1626 Probst der
Kathedrale von Digne und erhielt 1645 eine Professur für Mathematik in Paris,
wo er mehrere Jahre wirkte und am 24. 10. 1655 starb.[17]

Gassendi war ein humanistisch, philosophisch und wissenschaftlich gebilde-
ter Mann und verfügte außerdem über diplomatische Qualitäten, die er in der
Generalvertretung des französischen Klerus entfalten konnte. Im Gegensatz zu
Descartes war er kein systematischer Philosoph,[18] obwohl er nach einer umfassenden Darstellung des Gesamtbereichs der traditionellen Philosophie strebte.
Das „Syntagma philosophicum", sein metaphysisches Hauptwerk, ist jedoch
kein System im vollen Wortsinn, sondern, wie der Titel erkennen läßt, eine
Zusammenstellung der Hauptthemen der Metaphysik.[19] Indem er die *Philoso-
phie Epikurs* zu neuer Geltung zu bringen suchte, leistete er für die *Atomistik*,

was in der Renaissance bereits für den ursprünglichen Platonismus und Aristotelismus geleistet worden war. Die Erneuerung der materialistischen Atomistik war ein Unterfangen, das aus weltanschaulichen Gründen bedenklich erschien und das nur ein kompromißbereiter Mann wie Gassendi, den gleichzeitig seine geistliche Würde schützte, in Angriff nehmen konnte. Sein Interesse am Epikureismus entsprang nicht einer revolutionären Haltung; Gassendis Charakter war vielmehr überwiegend konservativ. Obwohl nicht frei von libertinistischen Einflüssen, darf er doch nicht als Libertiner angesehen werden.[20] Vielfach verfuhr er eklektisch und ging dabei so weit, daß er im Grund Inkompatibles, wie z. B. eine materialistische Grundüberzeugung und den Glauben an die Unsterblichkeit der Seele, zu vereinigen suchte. Aus dieser Tendenz resultiert jene Ambiguität seiner Philosophie in entscheidenden Punkten, die unten zu erörtern sein wird.

Gassendis Interesse an den Naturwissenschaften, vor allem der Astronomie, war groß. Er ließ sich nicht nur von Kopernikus, Brahe, Kepler und Galilei beeindrucken, sondern nahm selbst astronomische Beobachtungen vor. Die Mathematik, die er für unfruchtbar hielt, vernachlässigte er dagegen fast ganz. Gassendis Schriften lassen sich in vier Gruppen gliedern:

(1) *Polemische Schriften*[21] gegen den Aristotelismus („Exercitationes paradoxicae adversus Aristoteleos", 1624), gegen die mystische Naturphilosophie („Examen philosophiae Roberti Fluddi"; ursprünglich: „Exercitatio epistolica", 1630); gegen E. Herbert von Cherbury („De veritate", 1634) und gegen Descartes (die Objektionen gegen die „Meditationen" und die „Instantiae", zusammengefaßt in der „Disquisitio metaphysica" 1644);

(2) *Schriften zur Rekonstruktion des Epikureismus* („Animadversiones in decimum librum Diogenis Laertii", Lyon 1649 [nicht in den Opera omnia], und „De vita et moribus Epicuri"). (Gassendis Interesse galt auch den Biographien T. Brahes, Kopernikus' u. a.);[22]

(3) Systematisches *Hauptwerk* ist das „Syntagma philosophicum" (posthum in den Opera omnia, 1658, voll. I–II);

(4) *Naturwissenschaftliche Schriften* („Institutio astronomica", „Commentarii de rebus caelestibus", „De motu impresso a motore translato". In der letztgenannten Schrift, die in Galileis Todesjahr erschien, ist erstmals klar das Trägheitsprinzip in allgemeiner Form ausgesprochen[23]).

Gassendi begründete keine philosophische Schule im eigentlichen Sinne, obwohl er Schüler und Freunde hatte, die seine Gedanken verbreiteten.[24] Unter ihnen ragen hervor S. Sorbière, dessen „De vita et moribus Petri Gassendi" der von ihm veranstalteten Gesamtausgabe von 1658 vorangestellt ist, und Fr. Bernier (gest. 1688), der mit seinem „Abrégé de la Philosophie de Gassendi" (1674) den Gassendismus erst weiteren Kreisen zugänglich machte,[25] sind doch Gassendis große lateinische Werke alles andere als leicht lesbar. Die Entwicklung der atomistischen Naturphilosophie wurde durch Gassendis Philosophie zweifellos gefördert. Die Auseinandersetzung zwischen Gassendisten und Cartesianern über die Möglichkeit eines Vakuums wurde in Frankreich wie in England solange geführt, bis die Entwicklung über beide Positionen hinausgegangen war.

b) Die Kritik an der rationalistischen Wissenschaftskonzeption

In Gassendis Denken ist die polemische Tendenz stark ausgeprägt, da er bestrebt war, seine Auffassungen scharf gegenüber den wichtigsten Gegenpositionen abzugrenzen. Zunächst distanzierte er sich in den „Exercitationes paradoxicae" vom scholastischen Aristotelismus, dessen Autoritätsgläubigkeit gegenüber dem Stagiriten er kritisierte (III, 111a). Über diesen geläufigen Vorwurf hinausgehend, wendete er sich vor allem gegen das aristotelische Wissenschafts- und Erkenntnisideal, das der zeitgenössische Rationalismus übernahm. In diesem Punkte stand Gassendi dem Aristotelismus auch dann noch scharf ablehnend gegenüber, als er gelernt hatte, der Aristotelischen Philosophie in mancher Hinsicht mehr Verständnis entgegenzubringen.

Die *Ablehnung der rationalistischen Konzeption* der Wissenschaft (als System von Theoremen, die aus evidenten Prinzipien folgen) bestimmte die Tendenz von Gassendis Auseinandersetzung mit Descartes ebenso wie mit Aristoteles.[26] Wenn Gassendi Zweifel an der Annahme ewiger Wahrheiten bzw. eingeborener Ideen äußerte und die Möglichkeit einer als Inbegriff definitiver Wesenserkenntnisse verstandenen Metaphysik bestritt, so traf er damit Aristotelismus und Cartesianismus gleichzeitig. In beiden Positionen sah er den Ausdruck des Dogmatismus, den er nicht nur in seiner herkömmlichen Gestalt bekämpfen wollte, sondern dessen moderne Ausprägung im Rationalismus seiner Zeit zu widerlegen er sich berufen fühlte. Wenn er gegen die Bemühung, das wahre Wesen der Wirklichkeit in rein theoretischer Weise durch reine Vernunft zu bestimmen, die Forderung stellte, mit empirischen Mitteln nach nützlichem Wissen zu streben, bzw. wenn er sich von der „scientia demonstrative per causas" ab- und der *scientia experimentalis* zuwendete, so folgte er eher Bacon, als daß er die exakte Naturwissenschaft vor Augen gehabt hätte. Der Gedanke einer mathematischen Physik blieb ihm stets fremd.

Im Gegensatz zum Rationalismus betonte Gassendi, daß alle Prinzipien, sei es der Philosophie, sei es der Wissenschaft, *hypothetischen Charakter* hätten, so wie alle Systematisierungen immer nur provisorisch seien. Wenn er gelegentlich die astronomischen Hypothesen als lediglich wahrscheinliche Annahmen bezeichnete (I, 597), so exemplifiziert er nur, was seiner Ansicht nach für wissenschaftliche Erklärungen im allgemeinen gilt. Ausgangspunkt der astronomischen Hypothesenbildung ist die Beobachtung gewisser Eigentümlichkeiten der Gestirnbewegungen (z. B. der Rückläufigkeit der Planeten), die dazu Anlaß gaben, „Vermutungen aufzustellen, Annahmen zu formulieren und Hypothesen auszudenken, unter deren Voraussetzung die Phänomene solcher Bewegungen abgeleitet werden können. Eine Hypothese ist hier nämlich nichts anderes, als was wir bei der Erörterung der Welt ein System nannten, nämlich eine gewisse Disposition der Himmel und des gesamten mechanischen Weltzusammenhangs, unter deren Voraussetzung folgt, daß sich die Gestirne so bewegen, wie es bei der Beobachtung erscheint" (I, 597b). Astronomische wie wissenschaftliche Theorien im allgemeinen dienen somit der „Rettung der Phänomene". Anders als Galilei war Gassendi weit davon entfernt, an die Möglichkeit einer abschließenden Verifikation wissenschaftlicher Theorien zu glauben. Er betonte vielmehr im Hinblick auf die bereits entwickelten astronomischen Theorien, aber offenbar mit Geltung für wissenschaftliche Theorien überhaupt, daß nie eine der verschiedenen bisher formulierten Hypothesen als endgültig wahr erwiesen werden könne (I, 630b).

Diese kritische Haltung gegenüber dem rationalistischen Ideal der *Scientia* wurde gelegentlich als eine Form der Skepsis aufgefaßt. Gassendi kann aber nicht als Skeptiker gelten, wenn von „Skepsis" im üblichen Sinne die Rede ist, obwohl nicht zu leugnen ist, daß Charron und andere Vertreter der modernen Skepsis Einfluß auf sein Denken ausübten.[27] Zur Charakterisierung von Gassendis Position ist der Ausdruck „Probabilismus" geeigneter,[28] sofern sie durch die Ablehnung des Anspruchs absolut sicherer Wesenserkenntnis und die Beschränkung des Erkenntnisanspruchs auf wahrscheinliche Aussagen über die Gründe der beobachtbaren Tatsachen gekennzeichnet ist.

Gassendis Kritik an der Annahme einer Wesenserkenntnis als Schau der wahren Wirklichkeit hängt mit seiner Ablehnung des Apriorismus zusammen, von der oben (Abschn. 1) die Rede war. Mit Gassendis *Nominalismus* verband sich ein *Sensualismus,* demzufolge die Dinge nur so erfaßt werden können, wie sie uns die Sinne zeigen. Wir kennen demgemäß nur die „Außenseite", nicht „das Innere" der Wirklichkeit. Nichtsdestoweniger hielt es Gassendi nicht nur für möglich, sondern für notwendig, Annahmen über die den beobachtbaren Tatsachen zugrunde liegende Struktur der Dinge zu machen, mag auch der hypothetische Charakter dieser Annahmen unüberwindbar sein. Er war überzeugt, daß die empirischen Eigenschaften *Zeichen* des nicht direkt erfaßbaren Wesens der Dinge seien, so daß der Verstand, auf die Wahrnehmung gestützt, mit Wahrscheinlichkeit über die Struktur der Dinge urteilen kann. In diesem Sinne bezeichnete Gassendi nicht nur die Beobachtung, sondern auch das intellektuelle Begreifen als „Kriterium" der Wahrheit.

Offensichtlich ist Gassendis relativer *Agnostizismus* nicht Skepsis im gewöhnlichen Wortsinn, sofern er nicht auf die Behauptung absoluter Unerkennbarkeit des Wesens der Dinge hinausläuft, sollen doch die Phänomene die Struktur der Dinge „abbilden". Obwohl daher unsere Kenntnis der Dinge auf der einen Seite nur den Charakter naturgeschichtlicher Beschreibung hat, so vermittelt sie uns doch eine indirekte Erkenntnis des Wesens der Wirklichkeit. In diesem Sinne erklärte Gassendi, in der Physik müsse man sich mit dem Wahrscheinlichen begnügen und auf das (absolut) Wahre verzichten, da wir wegen der Schwäche unseres Verstandes nicht sozusagen die leibhaftige Wahrheit, sondern nur ihr Abbild oder vielmehr ihren Schatten schauen können (I, 79 b).

Gassendi entschied sich für eine (ausdrücklich als hypothetisch vorgetragene) Theorie der Wirklichkeit, in deren Rahmen alle Vorgänge und Zustände dadurch zu erklären sind, daß sie auf Verhältnisse zwischen Atomen, die sich im Vakuum bewegen, zurückgeführt werden. Da die Prinzipien dieser Theorie offensichtlich nicht mehr empirische Sätze sind, lassen sie sich mit Gassendis programmatischem Empirismus nicht vereinbaren. Gassendi hätte daher seinen empiristischen Standpunkt aufgeben müssen, da er doch auf Begriffe bzw. Antizipationen wie „Atom" oder „Vakuum" nicht verzichten konnte, die theoretische Begriffe sind und sich daher auf Wahrnehmungen nicht zurückführen lassen.[29] Hätte er die Unhaltbarkeit seines Empirismus bzw. Sensualismus eingesehen, dann hätte er auch Descartes' Begriff der Ausdehnung nicht als „imaginär" bzw. „fiktiv" ablehnen und die auf ihn begründete Physik nicht als irreale Konstruktion verwerfen können, wie er es tat. Auf einem anderen Blatt steht, daß die Cartesianische Physik infolge der Identifikation von „Ausdehnung" und „Materie" auf Schwierigkeiten stößt, die Gassendi nur dadurch überwinden zu können meinte, daß er die indefinite Teilbarkeit der Materie leugnete und die Existenz von Atomen annahm.

Hinsichtlich der Anerkennung des prinzipiell provisorischen Charakters von Theorien, deren Grundsätze als niemals abschließend verifizierbare Hypothese gelten, stimmt Gassendi mit der in der Gegenwart herrschenden wissenschaftstheoretischen Auffassung so deutlich überein, daß es begreiflich ist, daß seine Konzeption in den letzten Jahren mehr und mehr beachtet worden ist. Im allgemeinen scheint er der instrumentalistischen Auffassung zuzuneigen, daß Hypothesen nach ihrer prognostischen Brauchbarkeit zu bewerten sind (cf. I, 630 b). In diesem Sinne betonte er, daß Hypothesen immer nur als das betrachtet werden dürften, was sie sind, nämlich wahrscheinliche Erfindungen zum Zweck der Erklärung bzw. Vorausberechnung von Tatsachen (ib.). Er erklärte ausdrücklich, daß die Frage nach dem wahren Wesen der Dinge unter den angedeuteten Voraussetzungen dahingestellt bleiben müsse. Gelegentlich scheint er sich aber von der instrumentalistischen Auffassung zu entfernen und die Wahrscheinlichkeit als Wahrheitsähnlichkeit zu deuten, so vor allem dann, wenn er die Aufgabe der Wissenschaft im Sinne möglichst adäquater Abbildung der Struktur der Wirklichkeit bestimmt. Obwohl wir niemals sicher sein können, dieses Ziel erreicht zu haben, ist es doch sinnvoll zu fordern, sich ihm sukzessive durch Verbesserung der wissenschaftlichen Theorien anzunähern.

Gassendis Agnostizismus in bezug auf das Wesen der Dinge beruht auf der stillschweigenden Annahme, daß nur erklärbar ist, was sich verstehen läßt, wobei die Möglichkeit des Verstehens an die Bedingung geknüpft ist, daß die Entstehung des fraglichen Gegenstands nachvollziehbar sei. Wir verstehen demnach nur, was wir gemacht haben oder mindestens machen können. In diesem Sinne erklärte er, daß uns die Naturen der Dinge deshalb verborgen bleiben müßten, weil wir sie nicht geschaffen haben (III, 413 b). Nur Gott als Schöpfer der Wirklichkeit erkennt deren Wesen, denn: „die Struktur und die Beschaffenheit eines Werkes zu kennen, ist ausschließlich Sache des Werkmeisters" (ib.). Gott kommt also jenes Wissen zu, das Plato und Aristoteles fälschlich dem Menschen vindizierten, nämlich das Wissen auf Grund adäquater Erkenntnis der Gründe der beobachtbaren Tatsachen. Im Gegensatz zur platonisch-aristotelischen Ansicht betonte Gassendi, daß dem Menschen nur im Bereich der naturgeschichtlichen Beschreibung Sicherheit möglich sei (VI, 110 b; cf. I, 132 a),[30] während wir in bezug auf die Gründe der naturgeschichtlichen Tatsachen stets auf Vermutungen angewiesen blieben.

Folgerichtig mußte Gassendi auch die *Erkenntnistheorie,* in deren Rahmen das Verhältnis zwischen Wahrnehmung und Wesen des wahrgenommenen Dings zu bestimmen ist, als lediglich wahrscheinliche Hypothese charakterisieren, d. h. er konnte die Abbildbeziehung zwischen Vorstellung und Gegenstand nur hypothetisch annehmen, nicht apodiktisch behaupten, so wie er auch die atomistische Theorie der Materie nur als wahrscheinlich vortragen konnte (III, 376 b – 377 a). Er hielt jedoch die Annahme für höchst plausibel, daß die Erscheinungen den Charakter von „Zeichen" der nicht direkt erkennbaren Natur der Dinge hätten (I, 81), ohne daß er an eine Abbildung im Sinne qualitativer Ähnlichkeit gedacht hätte, glaubte er doch nicht mehr an *Eidola* als unmittelbare Ursache der Sinneswahrnehmung, sondern führte diese auf mechanische Reize zurück, die den Eigenschaften des Dings, von dem sie ausgehen, nicht ähnlich, sondern ihnen eindeutig zugeordnet sind, so daß der Wahrnehmungseindruck sich zum wahrgenommenen Ding wie der Ektypus zum Prototypus verhält.

Gassendis wissenschaftstheoretische Konzeption beschränkt zwar einerseits den Erkenntnisanspruch im Sinne des *Probabilismus,* sie eröffnet aber andererseits die Perspektive eines indefiniten Erkenntnisfortschritts, sofern die Kehrseite der Leugnung endgültiger Verifizierbarkeit von Theorien die Anerkennung der prinzipiellen Verbesserungsfähigkeit jeder Theorie ist. Es gibt unter seinen Voraussetzungen keine letzte Grenze des als Verbesserung und Erweiterung von Theorien verstandenen Erkenntnisfortschritts.[31] Die qualitative Beschränktheit der menschlichen Erkenntnis wird somit durch ihre quantitative Unbeschränktheit und die Verbesserungsfähigkeit jeder Theorie kompensiert.

c) Metaphysische Grundgedanken

Gassendis *Ontologie* beruht auf der Voraussetzung, daß es nur konkrete Individuen und keine Universalien wie „Röte" gibt. Universale Ausdrücke bezeichnen also nicht allgemeine Gegenstände bzw. Klassen von Gegenständen, sondern sind Appellativa, die sich von den Eigennamen, die jeweils nur ein Ding benennen, dadurch unterscheiden, daß sie mehrere Dinge bezeichnen (III, 159 a). Wenn Gassendi allerdings erklärt, der Nominalismus, wie er ihn vertrete, erkenne keine andere Allgemeinheit als die der Begriffe oder Namen (conceptuum aut nominum) an (ibid.), dann identifiziert er sich nicht mit dem Nominalismus im engeren Sinne, sondern neigt eher dem *Konzeptualismus* zu, d. h. er nimmt Universalia im Sinne von allgemeinen Begriffen an, die auf Grund von Ähnlichkeitsbeziehungen zwischen konkreten Individuen, von denen es niemals zwei gleiche gibt (I, 270b sq.), durch Abstraktion gebildet werden. Der Verstand gewinnt auf Grund der Ähnlichkeit zwischen singulären Dingen den Begriff (Conceptus) bzw. die Idee (Idea) bzw. die Form (Forma) einer gemeinsamen Natur, von der nicht abweichen darf, was unter diesen Begriff subsumiert wird.[32] Der Begriff ist dieser konzeptualistischen Auffassung zufolge nicht ein Abbild irgendeiner objektiven Wesenheit, sondern hat den Charakter einer *Regel.* So ist z. B. der Begriff „Dreieck" eine Regel, mit deren Hilfe festgestellt werden kann, ob ein geometrisches Gebilde als Dreieck bezeichnet zu werden verdient.[33] Gassendis Bekenntnis zum Nominalismus hat also primär den Sinn, die im Mittelalter als „realistisch" bezeichnete ontologische Deutung des „Allgemeinen" zurückzuweisen, derzufolge dieses unabhängig vom Denken existieren soll. Gassendi erkannte richtig, daß für den Universalienrealismus der Unterschied zwischen der platonistischen und der aristotelischen Variante dieser Position unerheblich ist; er lehnte beide strikt ab und meinte damit die essentialistische Theorie ewiger, auf intellektueller Anschauung objektiver Wesenheiten beruhender Wahrheiten aufgehoben zu haben, die unabhängig davon gelten sollen, ob die vorgeblich a priori eingesehenen Wesensbeziehungen aktualisiert sind oder nicht. Im Sinne dieser Theorie hatte Descartes betont, daß der Winkelsummen-Satz des Dreiecks wahr sei, ob es nun Dreiecke gebe oder nicht. Gassendi bestritt das, da seiner Ansicht nach von einer „Natur des Dreiecks nicht gesprochen werden kann, wenn kein Dreieck existiert". Demnach gilt z. B. der Satz „Der Mensch ist ein Lebewesen" nur unter der Voraussetzung, daß es Menschen gibt.[34] In Gassendis Sinne wäre daher zu formulieren: „Wenn es etwas gibt, das ein Mensch ist, dann ist es stets ein Lebewesen".

Mit dem Essentialismus fällt auch die (essentialistische) aristotelische Lehre von den Kategorien als Formen sowohl des Denkens als auch der Wirklichkeit. Alle unsere Begriffe sind Produkte der subjektiven Ordnung von Eindrücken, so daß es unstatthaft ist, in dogmatischer Weise eine Korrespondenz zwischen ihnen und Zusammenhängen der Wirklichkeit zu behaupten. Die herkömmliche Kategorienlehre erweist sich auch insofern als untauglich, als sie gewissen Begriffen nicht gerecht wird, von denen Gassendi annahm, daß sie für die Naturwissenschaft unentbehrlich sind. Das gilt z. B. für den Begriff des leeren Raumes, der weder etwas Substantielles noch etwas Akzidentelles bezeichnet und daher mit dem in der aristotelischen Kategorienlehre herrschenden Substanz-Akzidenz-Schema nicht vereinbar ist.

Obwohl Gassandi es auf der einen Seite ablehnte, die Existenz von Naturen (als Wesenheiten bzw. Formen) anzuerkennen, bzw. sich von der scholastischen Methode der Erklärung durch Rückgang auf Wesensformen distanzierte, nahm er auf der anderen Seite doch an, daß die wissenschaftlichen Hypothesen Naturen betreffen, wobei der Ausdruck „*Natur*" offenbar nicht dasselbe bedeutet wie „Wesenheit", sondern die atomare Struktur konkreter Dinge bezeichnet. Die atomistische Theorie der Materie stellt den Rahmen einer mechanistischen Physik dar, die alle Vorgänge als Wirkungen von Bewegungen begreiflich machen soll. Anders als Descartes, der die unbegrenzte Teilbarkeit der Materie lehrte, glaubte Gassendi an die absolute Solidität der *Atome*, denen er, wiederum im Gegensatz zu Descartes, einen inneren Bewegungsantrieb zuschrieb. Das dynamische Prinzip der Materie bezeichnete er in Anlehnung an die antike Atomistik irreführend als „Schwere". Jedes Atom behält seiner Ansicht nach den ihm verliehenen Bewegungsimpuls unverändert bei. Wie sich Gassendis mechanistische Konzeption im einzelnen auswirkt, zeigt deutlich sein Versuch einer Erklärung der Gravitation. Er nahm an, daß die Erde, die er als einen großen Magneten betrachtete, Teilchenstrahlen aussendet, die hinter den schweren Körpern gebündelt werden und daher auf diese einen Druck in Richtung auf die Erde ausüben. Gassendi begnügte sich auch nicht mit einer atomistischen Theorie der Materie, sondern er suchte seine atomistische Konzeption auch auf Raum und Zeit auszudehnen. Demgemäß nahm er nicht nur an, daß materielle Dinge diskontinuierliche Aggregate von Atomen sind, sondern er dachte sich auch die raum-zeitliche Erstreckung als diskontinuierliches Neben- und Nacheinander von Raum- bzw. Zeitatomen, wobei jeder atomare Raumteil in einer unteilbaren Zeit (man denke an die moderne Annahme von Chrononen) durchlaufen werden soll.[35]

Da Gassendi die Physik auf eine Formulierung des Kausalitätsprinzips, derzufolge das Prinzip des Wirkens (I, 334a: principium agendi) stets etwas Körperliches ist,[36] stützte, mußte er in der rationalen Psychologie die These vertreten, daß die menschliche Seele als Prinzip der Bewegung des Körpers materiell ist. Nichtsdestoweniger hat er in anderem Zusammenhang an der Annahme einer *spirituellen Seele* festgehalten, so wie er, ungeachtet des mechanistischen Charakters seiner atomistischen Konzeption, an der Annahme einer zweckmäßigen Naturordnung festhielt und diese auf einen Schöpfergott zurückführte. Die Behauptung, daß die spirituelle Seele Ursache von willkürlichen Körperbewegungen sein könne, steht mit der oben angedeuteten Formulierung des Kausalitätsprinzips offensichtlich im Widerspruch. Dieser Widerspruch verschwindet auch nicht dadurch, daß die Voraussetzungen der mechanistischen Naturphilosophie als Hypothesen bezeichnet werden, denn Hypothesen sind fallenzulassen, wenn sie Sätzen widersprechen, die als unumstößlich wahr akzeptiert wurden. Will man sowohl an den naturwissenschaftlichen Hypothesen wie an den metaphysischen Voraussetzungen festhalten, dann scheint es nur noch den durch die Lehre von der doppelten Wahrheit gewiesenen Ausweg zu geben. Da es jedoch schwer fällt, Gassendi diese Lehre zuzuschreiben,[37] und da sich die konkurrierenden Konzeptionen nicht ohne weiteres verschiedenen Phasen von Gassendis Denkentwicklung zuordnen lassen, sondern von Gassendi häufig gleichzeitig vertreten wurden,[38] wird man Gassendis Philosophie möglicherweise nicht völlig von dem Odium der Widersprüchlichkeit gewisser ihrer Elemente entlasten können. Eine materialistische Psychologie, in deren Rahmen „Seele" einen Inbegriff von Epiphänomenen materieller Vorgänge bezeichnet (flos materiae), kann mit einer spritualistischen Auffassung des Geistes als immaterieller Ursache körperlicher Vorgänge auch nicht mit Hilfe der Annahme der Zweiteilung der Seele in Einklang gebracht werden, zumal Gassendis Formulierung des Kausalitätsprinzips eine psychophysische Wechselwirkung ausgeschlossen erscheinen lassen mußte. Gassendi, der Descartes' Deutung des Verhältnisses von Geist und Körper so scharf kritisiert hatte, wußte keine andere Auskunft, als daß die gottgeschaffene immaterielle Seele Form des Körpers sei (II, 440a).

Gassendis entscheidendes Argument zugunsten der Immaterialität des Geistes (als Intellekt und als vernünftiger Wille) bzw. zugunsten der Annahme eines prinzipiellen Unterschiedes zwischen Geist und Einbildungskraft (imaginatio) besagt, daß kein materielles Wesen auf sich selbst wirken könne, während der Geist Selbstbewußtsein ist, d. h. auf sich selbst reflektiert. Der Wesensunterschied von Geist und Einbildungskraft kommt seiner Ansicht nach darin zum Ausdruck, daß auf der Grundlage der letzteren nur empirische Generalisation möglich ist, während der Geist echte Allgemeinbegriffe zu bilden vermag. Gassendi kam es allerdings nicht in erster Linie darauf an, das zentrale Problem der dualistischen Anthropologie mit philosophischen Mitteln zu bewältigen, sondern darauf, den Gedanken der Unsterblichkeit der Seele zu stützen: Wenn die Seele immateriell ist, mithin keine Teile hat, dann kann sie sich natürlicherweise auch nicht auflösen, d. h. in Teile zerfallen. Da wir keinen Grund zu der Annahme haben, daß Gott die Seele des Menschen vernichte, hat diese als unsterblich zu gelten.

Auch Gassendis rationale Theologie bewegt sich in den Bahnen des herkömmlichen Denkens. „Gott" bezeichnet nach Gassendi ein höchst vollkommenes Wesen, das die Welt geschaffen und zweckmäßig geordnet hat. Namentlich gilt Gott als Urheber der Bewegung der Atome. Die Existenz Gottes meinte Gassendi einerseits ausgehend vom allgemeinen Konsens in der Gottesfrage, andererseits ausgehend von der zweckmäßigen Natureinrichtung beweisen zu können. Der allgemeine Konsens beruht seiner Ansicht nach auf dem Vorhandensein eines nicht-empirischen, allerdings durch Beobachtungen zu aktualisierenden Begriffs (einer anticipatio) Gottes im Denken der Menschen. Diese Auffassung kommt nicht nur der von Gassendi in den V. Objektionen bzw. in der „Disquisitio" bekämpften Cartesianischen Konzeption sehr nahe, sondern Gassendi wies im „Syntagma philosophicum" sogar eine Reihe von Bedenken ausdrücklich zurück, die er früher selbst gegen Descartes' Gottesbeweise vorgebracht hatte, so den Einwand, daß es eine eingeborene Idee Gottes nicht geben könne, da sonst der Atheismus unmöglich wäre. Im „Syntagma" argumentierte er dagegen, daß die Auffassung des Atheisten von dem normalen

Denken abweiche und daher nicht ausschlaggebend sein könne (I, 290 b–291 a). Ähnlich erklärte er die Tatsache, daß es bei verschiedenen Menschen verschiedene Gottesvorstellungen gibt, gegenüber der angenommenen Übereinstimmung aller „Normaldenkenden" in bezug auf die *Existenz* Gottes für irrelevant (I, 291 a). Da er voraussetzte, daß die Welt zweckmäßig eingerichtet sei, konnte er sich auch des teleologischen Gottesbeweises bedienen, um auf eine erste, nach einem höchst weisen Plan wirkende Ursache der Weltordnung zu schließen (I, 287 b).[39]

Während Gassendi seine spiritualistische Metaphysik, deren Grundgedanken ansatzweise bereits vorhanden waren, erst in den Jahren 1642–1644 ausarbeitete,[40] verband sich in seinem Denken schon frühzeitig die Überzeugung von der Existenz Gottes mit der atomistischen Konzeption, die infolgedessen nicht konsequent materialistisch sein konnte. Wegen seiner Konzentration auf Naturphilosophie und Naturwissenschaft spielte die rationale Theologie vor 1641 in seinem Denken jedoch eine untergeordnete Rolle. Erst durch die Auseinandersetzung mit Descartes dürfte für ihn die Klärung der bisher nur geglaubten Voraussetzungen seiner spiritualistischen Metaphysik dringlich geworden sein. Trotzdem bleibt die antispiritualistische Polemik der gegen Descartes gerichteten V. Objektionen befremdlich, zumal Gassendi nicht nur die dogmatische Form der cartesianischen Metaphysik,[41] sondern ausdrücklich deren inhaltliche Thesen bekämpfte. Man wird zwar vermuten dürfen, daß der rationalistische Dogmatismus Descartes' den Anstoß zu der Polemik gab, man kann aber nicht leugnen, daß sich Gassendi nicht auf die Kritik dieser Form beschränkte, sondern der Cartesianischen eine inhaltlich konträre Position entgegenstellte.

Gassendi ist es nicht gelungen, ein kohärentes philosophisches System aufzubauen, wie auch sein umfassendstes philosophisches Werk schon durch seinen Titel (Syntagma Philosophicum) nicht als System, sondern als Zusammenstellung von Lehrmeinungen gekennzeichnet ist. Der unsystematische Charakter von Gassendis Philosophie darf wohl als der entscheidende Grund dafür gelten, daß Gassendi viel weniger nachhaltig wirkte als seine zeitgenössischen systematisch philosophierenden Gegner, allen voran Descartes, obwohl er zu einigen wissenschaftstheoretischen Auffassungen gelangte, die vom heutigen Standpunkt aus moderner wirken als die Konzeptionen der rationalistischen Dogmatiker des 17. Jahrhunderts. Das gilt namentlich von seiner Kennzeichnung aller wissenschaftlichen Sätze als Hypothesen. Paradoxerweise wurde Gassendi zu dieser Auffassung aber nicht durch ein tieferes Verständnis des Wesens der modernen mathematischen Naturwissenschaft, sondern durch die theologische Überzeugung von der Schwäche des menschlichen Intellekts geführt, der gesicherter Vernunfterkenntnis nicht fähig ist. Gassendi stellte nicht nur dem rationalistischen Dogmatismus eine Form des Empirismus gegenüber, die durch die Annahme der Hypothetizität aller wissenschaftlichen Prinzipien gekennzeichnet ist, sondern er hob auch die rationalistische Konzeption einer Einheitswissenschaft auf und machte damit die empirische Wissenschaft prinzipiell unabhängig von der spiritualistischen Metaphysik, an der er zwar festhielt, aus der er aber – anders als Descartes und die Rationalisten im allgemeinen – keine Folgerungen für die wissenschaftliche Erkenntnis abzuleiten suchte.[42] Wenn er hierdurch auch die wissenschaftliche Theorienbildung von Spekulationen über Gott oder die Seele weitgehend unabhängig machte (die Bewegung der Atome führte auch er, nicht anders als Descartes, auf Gott zurück: cf. I, 335 b sqq.), so konnte er doch das Projekt einer konsequent empiristischen Wissenschaftslehre nicht verwirklichen: Auch die von Gassendi konzipierte Wissenschaft bedarf metaphysischer Voraussetzungen, deren Funktion sich, wie oben angedeutet, im Rahmen eines programmatischen Empirismus nicht deuten läßt. Trotzdem ist anzumerken, daß der Protest gegen den rationalistischen Anspruch, wissenschaftliche Prinzipien aus metaphysischen Sätzen allein, d. h. ohne Heranziehung von Beobachtungsaussagen, ableiten zu können, vollkommen berechtigt war. Dasselbe gilt von der Ablehnung des Versuchs, praktische Prinzipien, sei es der Moral, sei es der Naturrechtslehre, aus reiner Vernunft zu gewinnen, wie es die Rationalisten seit der Stoa unternahmen. (assendi setzte dem praktischen Rationalismus eine hedonistisch-utilitaristische Ethik bzw. eine rechtspositivistische Konzeption entgegen, in deren Rahmen „gut" heißt, was Lust verschafft (II, 82 b; cf. II, 693 b), und „gerecht", was den Übereinkünften entspricht, durch die das soziale Leben geregelt wird (II, 190–b sqq.).

Gassendis philosophiehistorische Bedeutung liegt nach dem Gesagten nicht so sehr in dem, was er positiv gelehrt, als vielmehr in seiner kritischen Leistung, namentlich in seiner Polemik gegen den rationalistischen Dogmatismus. Daß er gleichzeitig auch die mathematische Naturwissenschaft ablehnen zu müssen meinte, nimmt seiner Polemik den Charakter einer in die Zukunft weisenden konstruktiven Kritik.

5. Joseph Glanvill

Wie Gassendi vertrat auch J. Glanvill, geboren in Plymouth 1636, Geistlicher und Mitglied der Royal Society, insofern eine *skeptische Auffassung*, als er den rationalistischen Dogmatismus ablehnte. Seine Kritik an der rationalistischen Wissenschaftskonzeption entwickelte er in seinem wichtigsten Werk, „The Vanity of Dogmatizing" (London 1661), das in zweiter Auflage mit einer Widmung an die Royal Society unter dem Titel „Scepsis Scientifica" (London 1665) erschien und dessen Inhalt in die „Essays on Several Important Subjects in Philosophy and Religion" (London 1676) einging.[43] Geistesgeschichtliche Zusammenhänge behandeln die Werke „Lux orientalis, or An Enquiry into the Opinion of the Eastern Sages, concerning the Praeexistence of Souls" (London 1662) und „Plus Ultra, or The Progress and Advancement of Knowledge since the Days of Aristotle" (London 1668). Vor allem als Theologe sprach Glanvill in der „Philosophia pia or A discourse of the Religious Temper and Tendencies of the Experimental Philosophy which is professed by the Royal Society" (London 1671) und in dem posthum erschienenen, aus mehreren Einzeldarstellungen hervorgegangenen Buch „Sadducismus Triumphatus, or A Full and plain Evidence Concerning Witches" (London 1681 u. ö.; 4. Aufl. 1726). Dem Nachweis der Vernünftigkeit der Religion dient das Werk „Logou Threskeia, or A Seasonable Recommendation and Defence of Reason in the Affairs of Religion" (London 1670). Glanvill war Anhänger des Cromwellschen Commonwealth, doch paßte er sich den geänderten Verhältnissen nach der Restauration an und wurde Hofkaplan Karls II. Er starb 1680 in Bath, wo er Rektor geworden war.[44]

Unter den Philosophen, von denen Glanvill beeinflußt war, sind Fr. Bacon, Gassendi, Descartes und H. More (siehe Kap. VII), dessen persönlicher Freund er war, die wichtigsten. In der Verteidigung der Philosophie, die den Schluß von „The Vanity of Dogmatizing" bildet, erklärte er ausdrücklich, daß alles von ihm über die wahre Philosophie Gesagte am ehesten von der Cartesianischen Lehre zutreffe,[45] und an anderer Stelle bezeichnete er den „wunderbaren" Descartes als „den großen Sekretär der Natur".[46] Seine allgemeine Einstellung ist jedoch nicht die Cartesianische, sondern eher derjenigen Gassendis verwandt, so daß sein Lob nicht so sehr dem Metaphysiker, als vielmehr dem Naturwissenschaftler Descartes gegolten haben dürfte. Glanvills Überzeugung, daß die Experimentalwissenschaft auf einem naturgeschichtlichen Fundament zu errichten sei, verrät ebenso den Einfluß Bacons wie seine Ansicht, daß der Fortschritt der Wissenschaft von der Gewinnung neuer Beobachtungsdaten abhänge.[47] Die Bedeutung der Royal Society erblickte er in erster Linie in ihrer experimentalwissenschaftlichen Einstellung, weshalb er sie als die Erfüllung von Bacons Programm einer wissenschaftlichen Akademie in der „Neu-Atlantis", d. h. als das Wirklichkeit gewordene Haus Salomonis, betrachten konnte.[48]

Nur oberflächlich ähnelt Glanvills „Skepsis" dem Sokratischen Wissen des Nichtwissens. Ungeachtet zahlreicher in diese Richtung weisender Äußerungen war das Ziel der in „The Vanity of Dogmatizing" vorgetragenen „skeptischen" Kritik die rationalistische Wissenschaftskonzeption, vor allem in ihrer aristotelischen Gestalt als absolut sicheres demonstratives Wissen aus unmittelbar einsichtigen Gründen. Daß nicht nur die aristotelische Position gemeint ist, geht deutlich aus der Tatsache hervor, daß Glanvill die rationalistische Annahme eines perfekten Wissens durch die Analyse *zeitgenössischer* Versuche, grundlegende philosophische Probleme zu lösen, widerlegt. So zeigte er, daß es keine überzeugende Lösung des psychophysischen Problems gibt und auch nicht geben kann, wenn angenommen wird, daß die Seele Wirkungen im Organismus nur auf Grund einer Einsicht in die zugrunde liegenden kausalen Zusammenhänge hervorbringen kann.[49] Da die Vorgänge im Nervensystem (oder in der Terminologie der Epoche: die Bewegungen der *Spiritus animales)* nicht erkannt werden können, ist es unter den Voraussetzungen der rationalistischen Philosophie ebenso unbegreiflich, wie die Seele das Nervensystem beeinflussen kann, wie es unvorstellbar ist, daß ein Blinder eine Partie Schach spielt.[50]

Wir müssen daher einräumen, daß alles, was den psychophysischen Zusammenhang anbelangt, jenseits der Reichweite unseres Intellekts liegt. Ähnlich unbegreiflich sind die Tatsachen des Gedächtnisses und der organischen Entwicklung. Die Annahme einer „plastischen Kraft" bzw. eines „Archeus" hilft nicht weiter, da mit Hilfe von Wörtern, die nichts über die Wirkung der mit ihnen bezeichneten vorgeblichen Kräfte aussagen, nichts erklärt wird.[51]

Der rationalistische Dogmatismus erhebt den Anspruch, das wahre Wesen der Wirklichkeit erkennen zu können. Da es eine unmittelbare Erkenntnis der Wirklichkeit nicht gibt, uns vielmehr immer nur deren Wirkungen auf unser Wahrnehmungsvermögen bekannt sind,[52] können wir nur von den Empfindungen als den Wirkungen der Natur der Dinge auf diese zurückschließen. Nun sind aber weder die Wahrnehmungen zuverlässig – Glanvill erörtert die verschiedenen Arten von Wahrnehmungstäuschungen und deren Ursachen ausführlich –, noch besteht die Möglichkeit eines gesicherten Rückschlusses von den Beobachtungsdaten auf die zugrunde liegende Wirklichkeit. Nicht nur sind wir hier immer auf Annahmen angewiesen, wir legen darüber hinaus diesen Annahmen auch Analogien zwischen den beobachtbaren und den nichtbeobachtbaren Zusammenhängen, die unsere Annahmen betreffen, zugrunde.[53]

Humes *Kausalitätskritik* vorwegnehmend, stellte Glanvill fest, daß wir nichts von einem Bewirktwerden eines Vorgangs durch eine Ursache wissen, sondern daß wir Kausalbeziehungen auf Grund regelmäßiger Zusammenhänge von Vorgängen annehmen.[54] Die Annahme, daß der Gleichzeitigkeit oder Sukzession von Vorgängen ein Kausalzusammenhang zugrunde liegt, ist aber nicht logisch zwingend („infallibly conclusive").[55] Bei wissenschaftlichen Argumenten kann es sich deshalb nicht um Demonstrationen handeln, weil eine Demonstration im Sihne des Rationalismus nur vorliegt, wo das Gegenteil unmöglich ist.[56] Da das bei wissenschaftlichen Theorien nicht der Fall ist, müssen deren Prämissen *Hypothesen* sein: „ ... die besten Prinzipien ... sind lediglich Hypothesen, in deren Umkreis wir vieles, vor Irrtum sicher, erschließen können. Aber auch die größte Sicherheit, die von Vermutungen ausgeht, ist immer nur *hypothetisch,* so daß wir feststellen können, die Dinge verhalten sich gemäß den angenommenen Prinzipien so und so, uns aber in befremdlicher Weise vergessen, wenn wir eine Notwendigkeit dafür beanspruchen, daß sie *in Wirklichkeit* so sind ...".[57]

Glanvill hat klar gesehen, daß Wissen im Sinne des rationalistischen Dogmatismus eigentlich göttliches Wissen ist.[58] Da wir nach Ansicht der Dogmatiker solange nichts wirklich wissen, als wir nicht alles wissen, setzt die von ihnen postulierte Erkenntnis Allwissenheit voraus. Eine allumfassende Wissenschaft, die alle Zusammenhänge der Wirklichkeit berücksichtigt und daher die Beziehungen einer Tatsache zu allen anderen bestimmen kann, ist dem Menschen versagt. Indem der rationalistische Dogmatiker sie dennoch als möglich bezeichnet, erweist er sich als Unwissender, und das sogar in potenziertem Sinne, da er nicht einmal erkennt, daß er ein Unwissender ist.[59] Der Dogmatismus ist somit ein Zeichen geistiger Armut und Enge.[60] Glanvill begnügte sich nicht mit der wissenschaftstheoretischen Kritik des dogmatischen Rationalismus, sondern er fragte auch nach den ihm zugrunde liegenden Motiven, die er in bestimmten Affekten erblicken zu können meinte, und suchte seine Wirkungen zu charakterisieren, indem er auf die Beeinträchtigung der inneren Ruhe des Dogmatikers selbst wie auch seiner Umgebung hinwies und bemerkte, um wie viel positiver sich die Neutralität des Skeptikers in dieser Hinsicht auswirke.[61]

Glanvill war genug Theologe, um die Frage nach dem Verhältnis von skeptischer Philosophie und Religion nicht auszuklammern. Seiner Ansicht nach ist nicht die Skepsis, sondern der Dogmatismus dem Glauben abträglich, wie er in der Apologie der Philosophie am Ende der „Vanity of Dogmatizing" erklärt. In der „Philosophia pia" bemühte er sich ausdrücklich um den Nachweis der Verträglichkeit von Naturphilosophie bzw. Naturwissenschaft und Religion und betonte, die Erkenntnis von Gottes Werken sei dem Zweck der Religion nur förderlich. Das gilt seiner Ansicht nach aber nur von der modernen, nicht von der peripatetischen Philosophie, die sich nicht so sehr mit der Natur, als vielmehr mit Worten beschäftigt. Der Nutzen der Philosophie und der Wissenschaft zeigt sich seiner Meinung nach vor allem darin, daß sie den Materialismus („Sadduzismus"), den Aberglauben und den Enthusiasmus widerlegt. In dieser Hinsicht glaubte er sich mit den bedeutendsten Vertretern der zeitgenössischen „freien Philosphie" im Einklang. Die Widerlegung des Materialismus („Sadduzismus") wollte er aber nicht nur mit den Mitteln der Naturphilosophie, sondern mindestens ebensosehr mit den Mitteln der Dämonologie, Parapsychologie u. ä. leisten. Diesem Versuch ist das Werk „Sadducismus triumphatus" gewidmet, in dessen erstem Teil die Möglichkeit, in dessen zweitem Teil die Wirklichkeit von Geistern, Hexen, Zauberern usw. bewiesen werden soll. Der zweite Teil mit seinen detaillierten Schilderungen von vermeintlichen Hexereien usw. ist ein erschütterndes kulturhistorisches Dokument. Philosophiegeschichtlich ist jedoch nicht der Dämonologe, sondern nur der „Skeptiker" Glanvill bedeutsam, der durch seine Kritik des Rationalismus der Humeschen „Skepsis" den Weg bereitete.

6. Pierre Bayle

Bayle (1647–1706),[62] in dessen Denken sich *skeptische* und *Cartesianische Einflüsse* überlagerten, war philosophisch wenig selbständig, regte jedoch die philosophische Diskussion außerordentlich an. Er lehrte von 1675 bis 1681 an der kalvinischen Akademie in Sedan und wurde nach deren Aufhebung Professor für Philosophie und Geschichte in Rotterdam, verlor aber seinen Lehrstuhl 1693, weil er als Anhänger der auf de Witt zurückgehenden Partei galt (siehe Kap. VIII, Abschn. 6). Von 1684 an hatte Bayle durch drei Jahre hindurch die „Nouvelles de la République des Lettres" herausgegeben und durch sie auf manche Auseinandersetzung im philosophischen, wissenschaftlichen und theologischen Bereich Einfluß genommen. (So bezog er im Vorwort zum ersten Band Stellung zur Debatte zwischen Arnauld und Malebranche: siehe Kap. V, Abschn. 4 b.) Noch größere Wirkung erzielte er jedoch durch das „Dictionnaire Historique et Critique", das er nach seiner Amtsenthebung 1695–1697 in erster Auflage und bereits 1702 in einer vermehrten zweiten Auflage herausgab und das ihn berühmt machte.[63] Bayle war, ähnlich wie Mersenne, Gravitationszentrum eines Kreises, innerhalb dessen lebhafte philosophische Diskussionen geführt wurden. Als Anhänger des Kalvinismus, der er ungeachtet seiner vorübergehenden Konversion zum Katholizismus war, setzte er sich für die religiösen Rechte der Hugenotten ein. Er glaubte, in der Trennung von Staat und Kirche das Mittel zur Entschärfung des religiösen Problems gefunden zu haben, ohne daß sich seine Auffassung durchzusetzen vermocht hätte. Ein großer Teil seiner Schriften ist religiösen Fragen im Zusammenhang mit der Lage der Kalviner im damaligen Frankreich gewidmet. Seine im engeren Sinne philosophischen Arbeiten sind von relativ geringer Bedeutung.

Bedeutsam ist Bayle vor allem durch seine Ablehnung jeglichen, auch des philosophischen Dogmatismus und durch sein Eintreten zugunsten einer toleranten Haltung, das sicherlich durch seine Lage als Kalviner nach der Unterdrückung der Hugenotten mit motiviert war. Obwohl überzeugter Christ, verteidigte er das Recht des irrenden Gewissens, einschließlich des Rechts, Atheist zu sein. Auch ein sogenannter Häretiker ist seiner Ansicht nach verpflichtet, für seine Überzeugungen einzutreten und sie z. B. seine Kinder zu lehren.[64] „Wenn die wahre Religion das Recht hat, etwas zu tun, dann hat es die falsche ebenfalls", wie Bayle erklärte (II, 218 b). Das ist seiner Ansicht nach eine Konsequenz des Fehlens eines sicheren Wahrheitskriteriums. Damit die Wahrheit respektiert werden kann, muß sie als solche erkannt sein; wo sie – wie im religiösen Bereich – verborgen ist, sind ihre Rechte suspendiert und eine Verpflichtung zur Zustimmung besteht nicht (II, 219 a). Daher können weder theologische noch metaphysische Dogmen Anspruch auf unbedingte Anerkennung erheben. Die Annahme einer dem Menschen zugänglichen absoluten Wahrheit wies der „Skeptiker" Bayle zurück.

In der Metaphysik verfuhr Bayle *eklektisch,* wobei Cartesianische Gedanken eine besonders große Rolle spielten (wie übrigens auch in der Naturphilosophie, in der er sich von dem Cartesianer Rohault beeinflussen ließ).[65] Mit Descartes, Clerselier, Rohault und Malebranche nahm Bayle an, daß das Wesen der Körper ausschließlich in der Ausdehnung bestehe. Gegen Spinoza sprach er sich zugunsten der Annahme einer Mehrheit von Substanzen aus. Mit den Okkasionalisten vertrat er die Auffassung, daß die beobachtbaren Bewegungen direkt von Gott hervorgerufen würden (IV, 138). Da das Wesen der materiellen Dinge gegenüber Ruhe und Bewegung indifferent ist, muß ihnen die Bewegung von Gott verliehen worden sein, der die materielle Wirklichkeit dadurch erhält, daß er sie in jedem Augenblick neu erschafft. Wie Descartes bestimmte er das Wesen des Geistes als aktuelles Denken bzw. Bewußtsein (IV, 141 sq.). Den Cartesianischen Gottesbeweis der III. Meditation fand er ausgezeichnet als philosphisches Argument, jedoch wenig geeignet, um philosophische Laien zu überzeugen (IV, 143). Den psychophysischen Zusammenhang glaubte er nicht mit Hilfe der Cartesianischen Wechselwirkungstheorie, sondern nur im Sinne des Okkasionalismus erklären zu können (IV, 143), wobei die von ihm gewählten Beispiele den Einfluß Malebranches zu verraten scheinen.

Weitgehend unoriginell ist Bayles „System der Philosophie",[66] das für die Vorlesungen in Sedan verfaßt worden war und dem Studiengang der Akademie angepaßt sein mußte.[67] Nur gelegentlich finden sich in ihm Gedanken, die auf Descartes, Gassendi oder Malebranche zurückweisen.

Von Descartes und den anderen zeitgenössischen Rationalisten unterschied ihn jedoch wesentlich seine undogmatische Einstellung, die den Anspruch auf absolute Geltung irgendwelcher theoretischer oder praktischer Prinzipien ausschloß. Indem Bayle die Autonomie des Einzelnen in seinen philosophischen Überzeugungen wie in seinen moralischen Entscheidungen betonte, bereitete er die undogmatische Haltung der liberalen Aufklärungsphilosophen vor. Rousseau, La Mettrie, Holbach ließen sich von ihm beeindrucken, Voltaire stand unter seinem Einfluß, besonders deutlich in seinem „Candide". Leibniz fühlte sich durch Bayles Behauptung der Unlösbarkeit des Problems des Übels bzw. des Bösen zu seiner „Theodizee" herausgefordert. Wenn auch, wie immer wieder festgestellt wurde, Bayle in gewissem Sinne schon der Aufklärung zuzurechnen ist, so darf nicht vergessen werden, daß das nicht zuletzt deshalb der Fall ist, weil er gewisse gedankliche Linien des Cartesianismus energisch verlängerte, so das Prinzip der Trennung von Glauben und Wissen, das bereits von Descartes aufgestellt, jedoch keineswegs von allen Zeitgenossen akzeptiert worden war; erst in der Aufklärung konnte es sich in der Philosophie allgemein durchsetzen, – nicht zuletzt dank Bayles Einsatz.[68]

V. Blaise Pascal und die Logik von Port-Royal

1. Pascals Leben und Werke

Blaise Pascal,[1] gebŏren 1623 in Clermont, wurde nach dem frühen Tod seiner Mutter von seinen Schwestern erzogen und von seinem Vater Étienne Pascal, einem mathematisch befähigten Beamten, unterrichtet. Nach der Übersiedlung der Familie nach Paris im Jahre 1631 lernte der frühreife Knabe das Leben der Hauptstadt und des Hofes kennen. Dem Zwölfjährigen gelang es, den zweiunddreißigsten Satz von Euklids „Elementen" (betreffend die Winkelsumme des Dreiecks) zu beweisen. Von 1639 an hatte er Verbindung zum Kreis um Pater Mersenne, von dem wichtige Anregungen auf ihn ausgingen. So verfaßte er unter dem Eindruck von G. Desargues' Abhandlung über die Kegelschnitte, die im Mersenne-Kreis diskutiert wurde, im Alter von etwa sechzehn Jahren einen kurzen „Essai pour les coniques" (1640) (I, 252–260).[2] Der große „Traité des coniques" ist verloren, doch wissen wir durch Leibniz und Tschirnhaus von seinem Inhalt.[3] Pascal baute Desargues' Ansatz einer projektiven Geometrie, dem er sich verpflichtet wußte, in eindrucksvoller Weise aus.[4]

1639 übersiedelte die Familie nach Rouen, wo Pascals Vater eine Beamtenstelle erhalten hatte. Um ihm die Arbeit des Rechnens zu erleichtern, erdachte Pascal eine Rechenmaschine (1640). Der Anlaß der Erfindung war nebensächlich; von prinzipieller Bedeutung ist dagegen Pascals Einsicht, daß arithmetische Operationen mechanisiérbar sind. Ein erstes Modell der Rechenmaschine wurde 1642 konstruiert.[5] Es handelte sich jedoch nicht, wie lange Zeit angenommen wurde, um eine Ersterfindung, da etwa zwanzig Jahre früher Wilhelm Schickard (gest. 1635) in Tübingen eine Maschine konstruiert hatte, mit deren Hilfe die vier Grundrechnungsarten bewältigt werden konnten.[6]

Im Jahre 1646 erfolgte eine erste Hinwendung Pascals zu einer vertieften Religiosität, die jedoch noch nicht zur Abwendung von allen weltlichen Interessen führte wie die entscheidende zweite Bekehrung, von der unten die Rede sein wird. Pascal stellte, auf Torricellis barometrischen Versuchen fußend,[7] Experimente mit dem Barometer an, die er in der Schrift „Expériences nouvelles touchant le vide" beschrieb. Seine Theorie, daß die Höhe der Quecksilbersäule des Barometers vom Luftdruck bzw. von der Höhe der Luftsäule abhänge und nichts mit dem *Horror vacui* zu tun habe, fand durch das berühmte Experiment am Puy de Dôme beł Clermont (19. Sept. 1648) eine Stütze. Es zeigte, daß die Quecksilbersäule des Barometers auf dem Gipfel des Berges kürzer war als an dessen Fuß. Gleichzeitig schienen die barometrischen Versuche zu zeigen, daß es ein Vakuum gebe. Zwar konnte Pascal nicht beweisen, daß der luftleere Raum des Barometers ein wirkliches Vakuum sei; er ließ aber den Einwand nicht gelten, daß es sich nur um ein scheinbares Vakuum handle, denn seiner Ansicht nach darf man so lange annehmen, daß es sich um einen von aller Materie freien Raum handelt, als nicht die Existenz einer diesen Raum erfüllenden Materie nachgewiesen wird (II, 55). Für Pascals wissenschaftliche Einstellung ist charakteristisch, daß er sich nicht auf jene metaphysischen Argumente einließ, mit deren Hilfe die Debatte über das Vakuum bisher geführt worden war, sondern daß er nur solche Annahmen in Betracht zu ziehen bereit war, die sich empirisch überprüfen lassen.

Ob der Plan des Experiments vom Puy de Dôme von Pascal unabhängig ersonnen worden ist oder ob er von Descartes ausging, läßt sich nicht mehr mit Sicherheit entscheiden. Descartes behauptete, den Versuch angeregt zu haben,[8] und wirklich war es im Herbst 1647 zu einer Begegnung zwischen Descartes und Pascal gekommen, bei der nachweislich über Probleme im Zusammenhang mit dem Vakuum gesprochen wurde. Hieraus folgt jedoch nicht, daß Descartes wirklich der Anreger des berühmten Experiments war, so wie auch Pascals Beteuerungen (cf. II, 475) nicht ausreichen, es als seine Leistung anzuerkennen.[9] Wichtiger als die Prioritätsfrage ist vom heutigen Standpunkt aus die Tatsache, daß Pascal im Anschluß an seine Versuche eine Reihe grundlegender Sätze der Hydrostatik formulierte, wobei er ebenfalls einen Vorläufer hatte, nämlich den niederländischen Mathematiker, Naturwissenschaftler und Techniker Simon Stevin (gest. 1620).[10] Pascal kommt jedoch das Verdienst zu, die von Torricelli, Stevin, Benedetti und Galilei gewonnenen Resultate im Rahmen einer Theorie verknüpft zu haben (cf. die Schriften aus den ersten fünfziger Jahren „Traité de l'équilibre des liqueurs" und „Traité de la pesanteur de la masse de l'air", posthum 1663).[11]

Wegen seiner angegriffenen Gesundheit war Pascal 1647 nach Paris zurückgekehrt, wo sich der Einfluß jansenistischer Ideen auf sein Denken verstärkte, vor allem weil ihn seine Schwester Jacqueline in immer engeren Kontakt zum Kloster Port-Royal brachte, in das sie einzutreten beabsichtigte und 1652 auch eintrat. Port-Royal war von der Äbtissin Angélique Arnauld, der Schwester Antoine Arnaulds (siehe Kap. V), im Geist des Bischofs Jansen(ius) reformiert und zum geistigen Mittelpunkt des auf der Augustinischen Gnadenlehre aufbauenden Jansenismus gemacht worden. Unter dem Eindruck der strengen religiösen Ideen, die ihn immer stärker erfaßten, schätzte Pascal sogar die Ergebnisse seiner Bemühungen um eine Grundlegung der Wahrscheinlichkeitsrechnung gering ein, obwohl sie zu seinen wichtigsten mathematischen Leistungen gehören. Er gewann sie gemeinsam mit P. Fermat (1601–1665),[12] mit dem er 1654 korrespondierte. Ausgangspunkt der Überlegungen war die Frage eines berufsmäßigen Glücksspielers nach den Chancen beim Spiel. Die Ergebnisse gingen weit über die beschränkte Fragestellung, die den Anstoß gegeben hatte, hinaus: Fermat und Pascal schufen eine neue mathematische Disziplin, deren theoretische und praktische Bedeutung nicht leicht überschätzt werden kann.

Im Zusammenhang mit Problemen der Kombinatorik bediente sich Pascal des (nach ihm benannten, jedoch schon früher bekannten) arithmetischen Dreiecks, das sich in der Binomialentwicklung, in der Auffindung der Kombinationszahlen und in der Wahrscheinlichkeitsrechnung anwenden läßt.[13] Letzteres ist der Fall bei der Beantwortung der Frage nach den Chancen beim Glücksspiel.[14]

In der Nacht des 23. November 1654 hatte Pascal ein Bekehrungserlebnis, das seine Einstellung zum Leben wie zur Wissenschaft und zur Mathematik grundlegend veränderte. In dieser „Feuer-Nacht"[15] wandte er sich vom „Gott der Philosophen und Gelehrten" ab und dem Gott Abrahams, Isaaks und Jakobs zu. 1655 zog er sich nach Port-Royal zurück. Von nun an hielt er wissenschaftliche Bemühungen im allgemeinen für eitel und erkannte nur noch als wichtig an, was dem Heil der Seele dient. Trotzdem kehrte er noch einmal zur Mathematik zurück, angeblich als er 1658 merkte, daß die Konzentration auf mathematische Überlegungen seine Zahnschmerzen linderte.[16] Der Gegenstand seiner Überlegungen war die Zykloide („roulette"), d. i. die Linie, die ein Punkt der Peripherie eines rollenden Rades beschreibt.[17] Pascal gelang es, in bezug auf diese von zeitgenössischen Mathematikern wiederholt analysierte Linie[18] eine Reihe von neuen Sätzen zu beweisen. In diesen wie in verschiedenen seiner anderen mathematischen Arbeiten berührte er Fragen der Infinitesimalrechnung, so daß er mit Descartes, Cavalieri, Roberval, Fermat u. a. zu den Wegbereitern dieser Disziplin gehört.[19]

Zur Verteidigung der in Port-Royal und namentlich von Arnauld vertretenen theologischen Ansichten veröffentlichte Pascal die sogenannten Provinzial-Briefe,[20] die 1656–1657 entstanden und in denen er anonym und mit aller Schärfe die jansenistische Auffassung der Gnade vor allem gegen die Jesuiten, deren Gnadenlehre er für die Ursache ihrer in seinen Augen laxen Moral hielt, verteidigte.[21] Etwa zur gleichen Zeit begann er mit der Vorbereitung eines großen Werkes, das den Titel „La vérité de la religion chrétienne" tragen sollte, jedoch nicht zum Abschluß kam. Der März 1657 scheint eine neue Zäsur in seiner Entwicklung darzustellen, sofern Pascal nun nicht mehr nur, wie nach der zweiten Bekehrung von 1654, die Natur dem Übernatürlichen unterordnete und seine Hoffnungen auf eine Erneuerung der Kirche setzte, wofür er in den Provinzial-Briefen gekämpft hatte, sondern sich den kirchlichen Autoritäten nur noch äußerlich unterwarf, ohne sie als wesentlich im Hinblick auf das Heil der Seele anzuerkennen.[22] Ausdruck dieser neugewonnenen Einstellung sind die Entwürfe zum geplanten Werk apologetischen Charakters, die posthum von einem Port-Royal verbundenen Editoren-Komitee als „Pensées de M. Pascal sur la religion et sur quelques autres sujets" (1670) publiziert wurden.[23] Pascal hat diese Entwürfe als todkranker Mann niedergeschrieben, der von inneren und äußeren Konflikten (er entfernte sich schließlich von Arnauld und Port-Royal) zerrissen war, seine furchtbaren Leiden aber nicht nur geduldig ertrug, sondern als gottgewollt bejahte. Am 19. August 1662 starb er im Hause seiner Schwester Gilberte in Paris.

Ein Urteil über Pascals komplexe Persönlichkeit ist schwer zu formulieren, da deren Struktur durch extreme Spannungen entgegengesetzter Kräfte gekennzeichnet ist: Einer außerordentlichen mathematischen und wissenschaftlichen Begabung steht eine ebenso außerordentliche Bereitschaft zum Opfer des Intellekts zugunsten des Glaubens gegenüber, so wie Pascals Unabhängigkeit von wissenschaftlichen und philosophischen Autoritäten in einem paradoxen Verhältnis zu seiner Bereitschaft zur Unterwerfung unter die Autorität des wörtlich genommenen Bibelwortes steht. Den Konflikt so schroff entgegengesetzter Tendenzen löste Pascal schließlich dadurch, daß er sich mit aller Entschiedenheit nach jener Seite wandte, in die ihn sein „Herz", nicht nach jener, in die ihn seine Vernunft drängte.

2. Logik und Methodologie

Pascals fragmentarische Abhandlungen „De l'esprit géométrique" und „De l'art de persuader",[24] die bereits in der „Logik von Port-Royal" (s. Abschn. 4) teilweise verwertet sind, die aber erst im 18. Jh. veröffentlicht wurden, dienen der Analyse der mathematischen Methode, wie sie auch Descartes im „Discours" vor Augen hatte. Die Probleme der inventiven Methode ausdrücklich ausklammernd (IX, 240), konzentriert sich Pascal in diesem kurzen Entwurf auf die Fragen der *Beweisbarkeit* von Sätzen und der *Definierbarkeit* von Ausdrücken im Rahmen von mathematischen bzw. allgemeiner: axiomatischen Theorien. Pascal teilte mit Descartes die Ansicht, daß sich jedes Beweisverfahren am Vorgehen der Mathematik zu orientieren habe, wogegen die herkömmliche Syllogistik als belanglos gelten müsse. Um die Aufgabe bewältigen zu können, die logische Form von Beweisen zu analysieren, ist es seiner Ansicht nach ausreichend, die Methode der Mathematik zu explizieren. Zwar darf man nach Pascal annehmen, daß sich die Regeln der „geometrischen" (d. i. mathematischen) Methode bereits in der herkömmlichen Logik finden; sie treten in dieser jedoch weder in ihrer Reinheit noch in ihrem systematischen Zusammenhang hervor.

Wie bereits Aristoteles betonte auch Pascal die Unmöglichkeit, alle Sätze einer Theorie zu beweisen (IX, 246). Während für alle dunklen oder auch nur teilweise dunklen Sätze gilt, daß sie mit Hilfe bereits bewiesener Sätze und letzten Endes mit Hilfe gewisser Axiome zu beweisen sind, kann diese Forderung in bezug auf die Axiome selbst nicht mehr sinnvoll erhoben werden (IX, 279 sq.). Jede mathematische Theorie muß also eine Reihe von unbewiesenen Grundsätzen oder Axiomen voraussetzen, die infolge ihrer höchstgradigen Evidenz eines Beweises weder fähig noch bedürftig sind. Analog gilt in bezug auf die in einer Theorie verwendeten Ausdrücke, daß alle, aber auch nur die Termini zu definieren sind, die mittels klarerer Termini definiert werden können, so daß in jeder axiomatischen Theorie eine Menge von undefinierten

Grundtermini vorausgesetzt werden muß. Jeder Terminus ist ausschließlich im Sinne seiner Definition zu verwenden, weil nur so Mehrdeutigkeiten vermieden werden können (IX, 247 sqq.). Die in bezug auf die Definition von Ausdrücken und auf die Demonstration von Sätzen aufgestellten Forderungen dienen der Sicherung der Folgerichtigkeit und Eindeutigkeit des Gedankengangs. Nur ein Räsonnement, das, wie die Begründungen der Geometrie, diesen Forderungen genügt, kann Überzeugung bewirken.[25]

Da Pascal die Notwendigkeit anerkannte, von undefinierten Grundtermini auszugehen, mußte er sich mit dem Bedenken auseinandersetzen, daß damit die Grundlagen der Theorie unsicher werden. Undefinierbarkeit der grundlegenden Ausdrücke wäre in der Tat ein gefährlicher Mangel, wenn er deren Vieldeutigkeit bzw. deren willkürliche Verwendbarkeit zur Folge hätte. Das ist jedoch nach Pascal nicht der Fall bei den Grundbegriffen der Mathematik, die, wie er überzeugt war, ihre Objekte so „natürlich" bezeichnen, daß jeder Definitionsversuch überflüssig, ja schädlich ist, da er nur dazu führt, daß die ursprüngliche Bedeutung der fraglichen Ausdrücke verdunkelt wird. Die Annahme, daß gewisse Termini eine natürliche Bedeutung haben, stützte Pascal mit Hilfe der metaphysischen Annahme, daß allen Menschen von Natur aus gewisse Ideen eigen sind, die die ihnen entsprechenden Ausdrücke eindeutig machen. In den „Pensées" hat Pascal jedoch betont, daß es keine notwendige Zuordnung von Ideen und Ausdrücken gebe (siehe den folgenden Abschnitt), so daß das Vertrauen in die innerhalb eines bestimmten Bereichs vermeintlich von Natur aus vorhandene Eindeutigkeit des Sprachgebrauchs erschüttert erscheint.

Ungeachtet der Relativierung des Definitions- und des Demonstrationspostulats, zu der Pascal gelangte, hielt er – und zwar im gleichen Textzusammenhang – am Ideal einer Wissenschaft fest, deren sämtliche Termini definiert und deren sämtliche Sätze demonstriert werden (IX, 242).[26] Ihm konnte nicht entgehen, daß dieses Ideal nicht zu verwirklichen ist, d. h. daß eine „ *Wissenschaft*" im Sinne der rationalistischen Wissenschaftskonzeption unmöglich bleibt. Das Festhalten am *Ideal der Letztbegründung* von Theorien bei gleichzeitiger Einsicht in seine Unrealisierbarkeit ist befremdlich, so daß sich die Frage nach seinen Motiven aufdrängt. Möglicherweise wollte Pascal durch die Aufstellung einer unerreichbaren Forderung den Gedanken der Beschränktheit des menschlichen Verstandes zu um so deutlicherem Bewußtsein bringen.[27] Zugunsten dieser Vermutung spricht, daß die Abhandlung über den geometrischen Geist um 1655, als Pascal unter den Einfluß von Port-Royal geriet, entstand und daher schon die Tendenz zur „Demütigung der Vernunft" erkennen lassen könnte, die für die „Pensées" charakteristisch ist. Es gibt allerdings eine, von Pascal jedoch nicht erkannte, Möglichkeit der Überwindung der oben angedeuteten Schwierigkeit, sofern sie durch die Forderung hervorgerufen wird, alle Termini einer Theorie zu definieren. Wenn man nämlich nicht, wie es Pascal tat, ein System inhaltlich interpretierter Ausdrücke, sondern einen uninterpretierten Kalkül zugrunde legt, wie es wenig später Leibniz tun sollte (siehe Band

VIII), dann besteht die Möglichkeit, alle Termini des Kalküls mit Hilfe impliziter Definitionen einzuführen. Obwohl Pascal der Schritt zur Idee eines formalen Kalküls noch nicht gelang, ist die Klarheit, mit der er den Charakter der mathematischen Methode erfaßte, ebenso eindrucksvoll wie die Deutlichkeit, mit der er die Grenzen ihrer Anwendung sah. Auf dem Wege von Descartes zu Leibniz stellt Pascals Reflexion auf den geometrischen Geist eine wichtige Etappe dar.

Für Pascals *Methodologie* ist die klare Trennung von wissenschaftlicher Argumentation und metaphysischer Spekulation charakteristisch. Das zeigt sich z. B. deutlich im Zusammenhang mit seinen Versuchen, die Annahme eines Vakuums zu erhärten. Anders als Descartes und andere glaubte er nicht an die Möglichkeit einer apriorischen Lösung des Problems, sondern bemühte sich um eine experimentelle Bestätigung seiner Auffassung. In seinen gelegentlichen Äußerungen zu Fragen der wissenschaftlichen Methodologie erweist er sich allerdings als abhängig vom rationalistischen Ideal eines definitiven Wissens, so wenn er z. B. drei Arten von Hypothesen – nämlich absolut wahre, aus deren Negation Absurdes folgt, absolut falsche, aus denen Absurdes folgt, und solche, deren Wahrheit oder Falschheit nicht feststeht – unterschied und nur Hypothesen der ersten Art anerkannte. Annahmen, die nicht als schlechthin wahr erwiesen werden können, müssen seiner Ansicht nach abgelehnt werden. Er verwarf somit die Hypothesen im eigentlichen Wortsinn und weigerte sich anzuerkennen, daß die Prinzipien der Naturwissenschaft derartige Hypothesen sind.[28] Seine Forschungspraxis entsprach jedoch seiner expliziten Methodologie keineswegs, da er faktisch mit Hypothesen operierte und durchaus bereit war, mit den seinigen konkurrierende Theorien in Betracht zu ziehen. Er war sich darüber im klaren, daß die Physik nicht die Aufgabe habe, die letzten Gründe der Wirklichkeit zu erforschen. Angesichts einer Mehrzahl konkurrierender Theorien ist die Entscheidung für eine von ihnen auf Grund des systematischen Zusammenhangs derselben mit anderen Theorien, auf Grund der besseren empirischen Bestätigung und auf Grund des (vermeintlich) größeren Erklärungswertes zu treffen. Nicht jede beliebige, zur Erklärung des jeweils erklärungsbedürftigen Sachverhalts hinreichende Theorie soll also akzeptiert werden. Obwohl sich Pascal gelegentlich so geäußert hat, als wollte er im wissenschaftlichen Bereich nur solche allgemeinen Aussagen gelten lassen, die durch Verallgemeinerung in Form von Enumeration zustande gekommen sind, und obwohl er die Bedeutung von Beobachtung und Experiment stark betonte, übersah er doch nicht die Rolle, die dem systematisierenden Denken zukommt.[29] Hierbei ist nicht nur und nicht primär an die Herstellung deduktiver Beziehungen zu denken; die Physik ist zwar axiomatisch darzustellen, aber die physikalischen Prinzipien werden nicht durch Deduktion gewonnen. Vielmehr erfordert der Aufbau eines wissenschaftlichen Systems ein kreatives Vermögen, das Pascal „*esprit de finesse*" nannte und als Vermögen des Entwerfens theoretischer Voraussetzungen charakterisierte. Damit ist allerdings nur eine Funktion des „esprit de finesse" gekennzeichnet; eine andere ist die intuitive Erfassung von Sachverhalten, die ohne Methode („sans art") und sozusagen völlig natürlich erfolgt (XII, 12).[30] Dem „esprit de finesse" steht der „esprit de géométrie" gegenüber, der als Vermögen der Begründung von Sätzen im Rahmen eines axiomatischen Systems charakterisiert wird. An anderer Stelle (XII, 15) wird, abweichend von diesen Bestimmungen, dem *„esprit de géométrie"*, mit dessen Hilfe sich eine Vielzahl von Prinzipien durchschauen läßt, wie in der Geometrie, der *„esprit de justesse"* gegenüber gestellt, mit dessen Hilfe sich nur wenige Prinzipien erfassen, jedoch zahlreiche Folgesätze aus denselben ableiten lassen. Die erste dieser Einteilungen der Denkweisen scheint die wichtigere zu sein; sie berührt sich mit einer von Pascal in den „Pensées" angedeuteten Unterscheidung von „Verstand" und „Herz" (siehe den nächsten Abschnitt).

3. Pascals Religionsphilosophie

Unter dem Eindruck der Einsicht in die Undurchführbarkeit des rationalistischen Programms wurde Pascal nicht nur in bezug auf die (Cartesianische) Wissenschaft, sondern in bezug auf den Wert der Wissenschaft überhaupt zum *Skeptiker,* ja er verzweifelte schließlich an der Fähigkeit der Vernunft, die Wahrheit zu erfassen. Gleichzeitig wendete er sich dem *Glauben* im Sinne der Offenbarungsreligion zu, von dem er nunmehr erhoffte, was ihm die Wissenschaft nicht geben konnte: die Überwindung des Gefühls der Einsamkeit und Verlassenheit angesichts des unendlichen Alls und die Befreiung von der Angst angesichts der Ungewißheit über das Schicksal der Seele nach dem Tode.

Die religiöse Wende von 1654 hat erschütternden Ausdruck in dem sogenannten „Mémorial" gefunden, einem auf Pergament geschriebenen kurzen Text in Form eines Gebets, den Pascal unter dem Futter seines Rockes ständig bei sich trug. In ihm wendet er sich an den Gott Abrahams, Isaaks und Jakobs, nicht mehr an den Gott der Philosophen. Um die Wahrheit des Glaubens an den Gott der Bibel zu stützen und gegen Einwände zu sichern, entwarf Pascal eine „Apologie der christlichen Religion", deren Fragmente unter dem Titel „Pensées" posthum veröffentlicht wurden,[31] wie oben erwähnt.

Pascal ist wie Descartes durch den Zweifel hindurchgegangen. Sein Zweifel war aber nicht methodischer Zweifel, der durch rationale Rechtfertigung des Erkenntnisanspruchs der Wissenschaft zu überwinden ist, sondern Verzweiflung angesichts des persönlich erfahrenen Scheiterns des Rationalismus. Demgemäß erfolgt die Überwindung des Zweifels bei Pascal mit den Mitteln nicht der Metaphysik, sondern des Glaubens. Wenn er gelegentlich erklärt: „Der Pyrrhonismus ist das Wahre" (432; XIII, 339), so bekennt er sich nicht schlechthin zur Skepsis, sondern nur im Sinne der Aufhebung des (rationalistischen) Dogmatismus. Die radikale Skepsis ist nach Pascal undurchführbar, weil sie der menschlichen Natur zuwiderläuft: „Die Natur kommt der ohnmächtigen Vernunft zu Hilfe" (434; XIII, 345), d. h. sie macht es uns unmöglich, an der Tatsache des Zweifelns und der Existenz des Zweifelnden zu zweifeln (ib.). Das erinnert formal an Descartes, so wie Pascal in einer an Descartes gemahnenden Weise fordert, „daß man bei sich anfange, bei seinem Urheber und seinem Endziel" (146; XIII, 72). Dennoch ist seine Intention von der Cartesianischen sehr verschieden.[32] Da er eine endgültige Entscheidung zwischen Dogmatismus und Skepsis (Pyrrhonismus) für unmöglich hielt[33] – er sah nicht einmal das Gottesproblem als rational entscheidbar an[34] –, erteilte er nicht nur dem Rationalismus, sondern der Rationalität selbst eine Absage: „Es ist gut, des sinnlosen Suchens nach der Wahrheit überdrüssig und müde, seine Arme nach dem Befreier auszustrecken" (422; XIII, 318).

Das im letzten Abschnitt angedeutete *Dilemma des Logikers* Pascal, der einerseits forderte, alle Termini zu definieren und alle Sätze zu beweisen, andererseits die Unerfüllbarkeit dieser Forderung sah und einräumte, findet in gewissen Äußerungen der „Pensées" ein Echo, so wenn es z. B. heißt: „Wir fühlen ein Bild der Wahrheit und besitzen nur die Lüge" (434; XIII, 347 sq.). Während Pascal in der Abhandlung über den geometrischen Geist voraussetzte, daß es eine natürliche Bedeutung von Wörtern gebe, erklärte er in den „Pensées" die Annahme für willkürlich, daß die sprachlichen Äußerungen allgemein in derselben Weise verstanden würden (392; XIII, 299 sq.).

Mit der Demütigung der Vernunft, auf die es Pascal ausdrücklich ankam, geht die Aufwertung des „Herzens" Hand in Hand.[35] Unter „*Herz*" verstand Pascal bald das Vermögen der Prinzipienerkenntnis, bald das Organ des Glaubens. Im ersten Sinne wird der Ausdruck „Herz" gebraucht, wenn Pascal betont, daß wir durch „das Herz" wissen, daß der Raum dreidimensional ist oder daß wir die Welt, in der wir leben, nicht bloß träumen. Vor allem gilt „das Herz" als Vermögen der evidenten Einsicht in die ersten Prinzipien eines axiomatischen Systems, deren Wahrheit „gefühlt" wird, während die Theoreme [vom Verstand] erschlossen werden (282; XIII, 203). Der Einsicht des Herzens kommt in dieser Funktion nach Pascal ebenso völlige Sicherheit zu wie dem Verstand (ib.; 204). Im zweiten Sinn ist von „Herz" die Rede, wenn die Ordnung des Herzens der Ordnung des Geistes gegenübergestellt und diese durch das Verhältnis von Prinzipien und beweisbaren Sätzen charakterisiert wird (283; XIII, 206).[36] Hier ist „das Herz" offensichtlich nicht mehr Vermögen der Prinzipienerkenntnis, die nunmehr dem Geist zugeordnet erscheint, sondern Vermögen einer von der durch Beziehungen von Grund und Folge, einschließlich der Einsicht in die Gründe, verschiedenen „gefühlten" Ordnung, wobei „Gefühl" nicht sinnliches Gefühl, sondern eine unmittelbare Gewißheit weder sinnlicher noch rationaler Art bedeutet. „Das Herz" in diesem Sinne bezeichnet bei Pascal vor allem das Organ der religiösen Gewißheit, sofern diese nicht auf Gründen, sondern auf Gnade beruht (185; XIII, 97). In diesem Sinne wird der Ausdruck „Herz" auch im Zusammenhang des berühmten, wegen des Doppelsinns von

„raison" nicht befriedigend ins Deutsche übersetzbaren Satzes zu verstehen
sein: „Le coeur a ses raisons, que la raison ne connaît pas" (227; XIII, 201).[37] Die
zweite Bedeutung von „Herz" ist die eigentlich Pascalsche, da sie mit dem für
die „Pensées" charakteristischen Mißtrauen nicht nur gegenüber dem rationalistischen, sondern dem rationalen Denken überhaupt zusammenhängt, das nach
Pascal unüberwindlichen skeptischen Bedenken ausgesetzt ist. Die erste Bedeutung von „Herz" hängt dagegen vermutlich mit der Lehre vom „intellectus
principiorum" bzw. mit dem Cartesianischen „intuitus" zusammen. Mit allen
diesen Ausdrücken ist ein Vermögen unmittelbarer Einsicht in die axiomatischen Voraussetzungen deduktiver Systeme gemeint, das dem diskursiven
Vermögen der Ableitung von Theoremen aus jenen Voraussetzungen gegenüber gestellt wird.

Indem „das Herz" zum Organ des Gottesglaubens erklärt wird,[38] verliert die
rationale Theologie ihre Daseinsberechtigung. Insbesondere werden alle Versuche, die Existenz Gottes zu beweisen, entwertet, sofern auf Grund der Zuordnung der Gottesgewißheit zum „Gefühl" des Herzens die Gottesbeweise zwar
nicht als formal fehlerhaft, wohl aber als inhaltlich unwirksam erscheinen. Gott
kann nur geglaubt werden, und der Glaube läßt sich nicht demonstrieren: „Der
Glaube ist verschieden vom Beweis. Dieser ist menschlich, jener ist ein Ge-
schenk Gottes" (248; XIII, 181). Die Überzeugung des „Herzens", daß ein
persönlicher Gott existiert, stellt sich also nicht unabhängig von Gottes Mitwirkung in der Gnade ein. Namentlich bedarf es der Vermittlung Christi, damit der
Mensch zum Glauben gelange (242; XIII, 176 sqq.; 543; XIII, 428). Infolgedessen mußte Pascal alle Bemühungen, Ungläubige mit Hilfe von Gottesbeweisen
zum Gottesglauben zu führen, für fruchtlos erklären. Selbst wenn jemand das
Resultat eines Gottesbeweises akzeptierte, würde er nur die Überzeugung von
der Existenz eines Philosophen-Gottes gewonnen haben. Der Glaube an den
„Gott Abrahams" kann dagegen durch kein Raisonnement begründet werden.
Berücksichtigt man, daß es Pascal nicht um „Gott" als „Causa sui" oder „Causa
prima" oder „Ens perfectissimum" ging, sondern um den Glauben an den Gott
der Bibel, dann ist seine Absage an die rationale Theologie konsequent.

Pascal begnügte sich nicht damit, das „Gefühl", auf das der Ausdruck „Herz"
hinweist, dem Intellekt überzuordnen und damit dem Vertrauen der zeitgenössischen Philosophie in die Rationalität ein Bekenntnis zur Bedeutung des
Irrationalen entgegenzusetzen, sondern er tat darüber hinaus entschieden den
Schritt zum *Anti-Rationalismus,* indem er im Interesse des religiösen Glaubens
bis zum Opfer des Intellekts zu gehen bereit war. Zwar bediente auch er sich der
Vernunft zu apologetischen Zwecken, indem er mit rationalen Mitteln zu zeigen
suchte, daß es vernünftige Gegengründe gegen die Religion nicht gebe, und
indem er zu beweisen bemüht war, daß zwischen Glauben und Vernunft kein
Widerspruch bestehe, da der Glaube nicht unvernünftig, sondern übervernünf-
tig sei (273; XIII, 199). Aber gleichzeitig wertete er doch die rationale Reflexion
auf religiöse Probleme radikal ab. In seinen Augen ist „glauben, ohne nachzu-

denken" (284; XIII, 207) eine durchaus positive Einstellung, die einerseits ein göttliches Gnadengeschenk, andererseits durch Gewöhnung erworben sein kann, und zwar durch Einübung in bestimmte zeremonielle Verhaltensweisen, die ohne den Glauben an Gott unsinnig sind, die aber eingenommen werden sollen, *als ob* es Gott gebe, weil sich dann eines Tages die Überzeugung einstellen wird, *daß* es Gott gibt. Durch ein derartiges Verhalten soll jene „Verdummung"[39] bewirkt werden, die Pascal offenbar für eine Bedingung des Glaubens gehalten hat. Die Hochschätzung der religiösen Gewohnheit rechtfertigte er mit dem Hinweis auf die Tatsache, daß es im geistigen Bereich im allgemeinen Automatismen gebe, die eine große Bedeutung besitzen.[40] So bewirkt seiner Ansicht nach die Gewöhnung an die quantifizierende Betrachtungsweise, daß man nichts mehr bemerkt, das nicht Ausdehnung oder Bewegung ist und zahlenmäßig ausgedrückt werden kann (89; XIII, 18).[41] Generell gilt nach Pascal, daß unsere natürlichen Prinzipien angewöhnte Prinzipien sind, so daß andere Gewohnheiten andere Prinzipien im Gefolge gehabt hätten (92; XIII, 19). Die Gewohnheit erzeugt eine zweite Natur, die die erste aufheben kann (93; XIII, 20). Wenn es sich allgemein so verhält, dann – dies scheint die Pointe dieser Überlegungen zu sein – wird auch im religiösen Bereich der Gewohnheit größte Bedeutung zukommen.

Die Abwertung der Vernunft zieht nicht nur die Abwertung der Wissenschaft, sondern auch die der Motive wissenschaftlicher Bemühungen nach sich. Nach Pascal wird die Wissenschaft wie z. B. der Sport aus Freude an außerordentlichen Leistungen betrieben (139; XIII, 62), und nicht etwa zur Befriedigung des Erkenntnisstrebens, da ihm alles, was die Wissenschaft über die Welt lehren kann, als bedeutungslos gilt. Bedeutung hat allein das Studium des Menschen (144; XIII, 71), das uns die Augen über unsere Nichtigkeit öffnen soll. In der Erfahrung unserer *Nichtigkeit* können wir die *Unendlichkeit* Gottes erfahren, die das Korrelat unserer Nichtigkeit ist. Das Gefühl der Nichtigkeit stellt sich mit aller Stärke ein, wenn wir unsere verschwindende Endlichkeit mit der Unendlichkeit Gottes und der Natur, die Beschränktheit unseres Erkennens mit der Unbeschränktheit des Reichs der Wahrheit konfrontieren (72; XII, 70 sqq.). So gibt es allein in der Geometrie unendlich viele wahre Sätze, die ein endlicher Intellekt niemals zu durchlaufen vermag (72; XII, 80), so wie sich die Unendlichkeit der Schöpfung nicht in Gedanken durchmessen läßt. Wie in der Natur ein absolut Kleinstes nicht gefunden werden kann, so kann auch in der Geometrie (bzw. in axiomatischen Wissenschaften im allgemeinen) kein absolut Erstes erreicht werden, d.h. die Axiome sind nur *relativ erste* Prinzipien. Während für uns die Unendlichkeit im Großen und die Unendlichkeit im Kleinen unerfaßbar sind, berühren sich diese Extreme in Gott (72; XII, 82). Der Mensch, in der Mitte zwischen beiden stehend, ist verschwindend klein, gemessen am Unendlichen, und groß, gemessen am Nichts. Das gilt auch für sein Erkennen, das an sich betrachtet die Größe des Menschen ausmacht, seinem Inhalt nach jedoch sein Elend zum Ausdruck bringt (365; XIII, 278). Pascal scheut nicht davor zurück, den Menschen für von Natur aus „verrückt" zu erklären (414; XIII, 313), weshalb es seiner Ansicht nach überhaupt keine Erkenntnis ohne Gnade, also ohne einen übernatürlichen Einfluß, geben kann (83; XIII, 14). *Die Gnade,* von der hier die Rede ist, kann ebensowenig wie die Gnade des Gottesglaubens durch Verdienste erworben werden. Im Geiste des Augustinismus, der im Jansenismus wirksam war, betonte Pascal, daß es nicht ungerecht sei, wenn Gott den einen etwas gebe, was er den anderen verweigere (430; XIII, 336).

Ungeachtet der prinzipiellen Abwertung von Wissenschaft und Philosophie finden sich in den „Pensées" gelegentlich interessante philosophische und wissenschaftliche Bemerkungen. Ein Beispiel einer im herkömmlichen Sinne philosophischen Überlegung ist Pascals Versuch, die Verträglichkeit der Annahme der göttlichen Geistigkeit (die die Feststellung der Unteilbarkeit Gottes impliziert) mit der Annahme der Allgegenwart Gottes zu zeigen, um nicht die von anderen Philosophen gezogene Konsequenz akzeptieren zu müssen, daß Gott Ausdehnung zuzuschreiben sei. Auch ein Punkt, der definitionsgemäß unausgedehnt und somit unteilbar ist, könnte, wie Pascal argumentiert, im Universum allgegenwärtig sein, wenn er sich mit unendlicher Geschwindigkeit so durch das All bewegte, daß er dabei alle Punkte in demselben berührte (231; XIII, 140). Die bemerkenswerteste Verwendung einer wissenschaftlichen Argumentation ist das berühmte *Argument der Wette,* durch das in Form einer Wahrscheinlichkeitsüberlegung gezeigt werden soll, daß es (im Sinne eines Utilitätskalküls) „vernünftig" ist, sich zum Glauben an Gott zu entschließen.[42] Unter der Voraussetzung, daß man bei der Entscheidung für Gott alles zu gewinnen hat, wenn Gott existiert, aber nichts zu verlieren, wenn er nicht existiert, während man bei der Entscheidung gegen Gott umgekehrt alles verliert, wenn Gott existiert, dagegen nichts, wenn er nicht existiert, ist es vernünftig, auf die Existenz Gottes zu setzen, so wie der Abschluß einer Wette vernünftig ist, wenn Gewinn- und Verlustchancen gleich sind und bei einem endlichen Einsatz ein unendlicher Gewinn möglich ist (233; XIII, 152).

Pascal hat in seiner Auseinandersetzung mit Einwänden gegen die (christliche) Religion eine beträchtliche dialektische Kunst entwickelt. Immer wieder bemühte er sich zu zeigen, daß Umstände, die *gegen* den Glauben zu sprechen scheinen, in Wirklichkeit *für* ihn sprechen. So erweist sich in seinen Augen die Tatsache, daß es so viele Feinde des Glaubens gibt, als Indiz der Richtigkeit desselben, da der Unglaube angesichts der nach Pascals Ansicht sehr starken Motive zugunsten des Glaubens nur als Folge einer *übernatürlichen,* also von Gott bewirkten, Betäubung des Geistes verstanden werden kann (194; XIII, 108 sq.). Eine wichtige Rolle spielt bei Pascal das Argument der erfüllten biblischen Prophezeiungen (706; XIV, 140; 710; XIV, 142 u. ö.), dessen Beweiskraft allerdings von der Voraussetzung abhängt, daß gewisse Bibelstellen tatsächlich Prophezeiungen jener Ereignisse sind, die als ihre Erfüllung betrachtet werden. Pascal hat so getan, als wäre diese Voraussetzung notwendig gegeben, während sie doch fragwürdig ist. Daher gilt von den Prophezeiungen, was von den Zeichen gesagt wird, die Gott den Menschen gegeben hat: Sie sind „sichtbar denen, die Ihn suchen, und nicht denen, die Ihn nicht suchen" (430; VIII, 337). Der angesichts der Prophezeiungen zum Ausdruck kommenden unkritischen Einstellung entspricht ein völliger Mangel an historischer Kritik im Hinblick auf die Bibel. Pascal lag die Frage nach der historischen Entstehung der Bibel, mit der sich etwa gleichzeitig Spinoza so intensiv auseinandersetzte (siehe Kap. VIII, Abschn. 7), völlig fern.

Mit Pascals religiöser Wende hören die großen Probleme, die die rationalistische Philosophie formuliert hatte, auf, für ihn eine Rolle zu spielen. Die Fragen nach der Existenz und dem Wesen Gottes, nach dem Verhältnis von Gott und Welt und nach dem Verhältnis von Leib und Seele dienen nur mehr dazu, die Grenzen der metaphysischen Erkenntnis aufzuzeigen, indem auf ihre Unbeantwortbarkeit hingewiesen wird. Der Schwerpunkt des Denkens verlagert sich beim späten Pascal so deutlich von der Wissenschaft und der Philosophie zur religiösen, ja mystischen Spekulation, daß der Verfasser der „Pensées" nicht so sehr der Philosophie- als vielmehr der Religionsgeschichte zuzuordnen ist.

4. Die Logik von Port-Royal

Pascals Forderungen an die Logik wirkten weiter in der von A. Arnauld und P. Nicole verfaßten sogenannten *Logik von Port-Royal*.[43] Die Verfasser waren unter Pascals Einfluß davon überzeugt, daß die formale Logik (wie andere Spezialwissenschaften) für sich selbst wertlos ist bzw. Bedeutung erst durch die Beziehung auf die Praxis erhält, sofern sie nämlich dem Ziel untergeordnet wird, der Vernunft und der Gerechtigkeit zum Durchbruch zu verhelfen.[44] Ihr Begriff der Logik ist demgemäß sehr weit.[45] Ihrer Ansicht nach gehört zu dieser Disziplin alles, was die Regulierung des Vernunftgebrauchs im Hinblick auf die Wirklichkeitserkenntnis und auf die Schlüssigkeit der Beweisführung betrifft, d. h. die Logik kann nicht als formale Logik scharf von Erkenntnistheorie und Methodologie abgegrenzt werden. Die Logik von Port-Royal hat weitgehend kompilatorischen Charakter, sofern sie außer Pascalschen Anregungen[46] auch Cartesianische Gedanken verwertet, gleichzeitig aber auch die herkömmliche syllogistische Logik berücksichtigt, der ein relativer Wert zuerkannt wird.[47] Unter dem Eindruck der von Descartes und anderen an der herkömmlichen Schlußlogik geübten Kritik betonten Arnauld und Nicole jedoch, daß Irrtümer in Philosophie und Wissenschaft in den meisten Fällen nicht so sehr durch fehlerhafte Ableitungen, als vielmehr durch die Verwendung fehlerhafter Prämissen entstehen.[48] Daher erscheint ihnen die ausschließliche Konzentration auf formallogische Beziehungen unter Absehung von der materialen Wahrheit der Erkenntnisvoraussetzungen als ungerechtfertigt.

Mit der Ablehnung der rein formalen Logik verbindet sich bei Arnauld und

Nicole eine Kritik am *Mos geometricus,* dessen Vorzüge zwar anerkannt werden, gegen den jedoch das Bedenken erhoben wird, daß er zur Überordnung der Gewißheit über die Evidenz, d. h. zur Überordnung der Schlüssigkeit von Argumenten über den Wahrheitsgehalt ihrer Prämissen, führe.[49] Während die formale Logik in ihrer modernen Gestalt seit Leibniz die Frage nach der Wahrheit der Prämissen von Beweisen ausklammert und nur nach dem Bestehen von Folgebeziehungen zwischen Prämissen und Konsequenzen fragt, sahen die Verfasser der Logik von Port-Royal in dieser Betrachtungsweise einen schweren Fehler der „geometrischen Methode". Ihrer Ansicht nach läßt eine nach dieser Methode aufgebaute Logik unseren Geist, der nach „wahrem Wissen" verlangt, unbefriedigt.[50] Daneben erörterten Arnauld und Nicole noch einige sekundäre Fehler der „geometrischen Methode". Wenn, wie sie meinten, die Evidenz das entscheidende Wahrheitskriterium ist, hinter das nicht zurückgegangen werden kann, dann muß es, wie schon Pascal festgestellt hatte, als schwerer Fehler gelten, daß von den Vertretern dieser Methode Sätze zu demonstrieren versucht werden, die sich evident als wahr erkennen lassen.[51] Fehlerhaft ist auch die für jene Methode charakteristische Verwendung des indirekten Beweises in Fällen, wo ein direkter Beweis möglich ist, da beim ersteren nicht auf Grund der Einsicht in den Sachverhalt, sondern lediglich auf Grund der Absurdität von Folgerungen aus Annahmen geurteilt wird.[52] Der schwerste Mangel der „geometrisch" verfahrenden Logik besteht nach der Logik von Port-Royal in der Vernachlässigung der *„wahren Ordnung der Natur",*[53] derzufolge im Beweis nicht von *irgendwelchen,* sondern stets von solchen Sätzen auszugehen ist, die ihrer Natur nach geeignet sind, als Prinzipien zu fungieren, d. h. von einfachen, allgemeinen und somit evidenten Sätzen.

In gewisser Hinsicht blieben Arnauld und Nicole jedoch der „geometrischen" Methode verpflichtet, sofern sie in der (gemäß den Pascalschen Regeln) axiomatisch aufgebauten Geometrie das nächste Modell deduktiver Systeme zu erkennen glaubten. Anhand der Struktur der Geometrie suchten sie gewisse Züge deduktiver Systeme im allgemeinen einsichtig zu machen, die nur schwer abstrakt darstellbar sind.

Angesichts der Frage, welchen Kriterien Axiome zu genügen hätten, zeigten die Verfasser der Logik von Port-Royal eine nicht ganz klare Einstellung. Einerseits äußerten sie sich gelegentlich so, als hielten sie die Forderung der Evidenz nur im Falle analytischer Sätze, bei denen das Prädikat im Subjektbegriff eingeschlossen (enfermé) ist, für erfüllt.[54] Hieraus folgt, daß Sätze, bei denen das Verhältnis von Subjekt- und Prädikatbegriff nicht ohne Zuhilfenahme vermittelnder Begriffe einsichtig zu machen ist, keine Axiome und daher beweisbedürftig sind. Andererseits wiesen sie (offenbar im Anschluß an Descartes) analytische Axiome wie namentlich das Widerspruchsprinzip mit der Begründung zurück, daß sie keine Erkenntnisse ausdrückten,[55] d. h. keine Information über die Wirklichkeit vermittelten. Als „nützliche" im Unterschied von den „unnützen" Axiomen von der Art des Widerspruchsprinzips

werden in der Logik von Port-Royal die folgenden Grundsätze genannt:[56]
(1) Was in der klaren und deutlichen Idee einer Sache enthalten ist, kann von der
Sache selbst mit Wahrheit ausgesagt werden; (2) Alles, was wir klar und deutlich
erkennen, enthält mindestens die mögliche Existenz des Erkannten; (3)–(7) Das
Kausalitätsprinzip in verschiedenen Formulierungen; (8) Was klar und evident
ist, darf nicht geleugnet werden; (9) Das Unendliche ist für einen endlichen
Geist unbegreiflich; (10) Das Prinzip der göttlichen Wahrhaftigkeit.

Offensichtlich handelt es sich bei diesen Grundsätzen um fundamentale
Prinzipien der (Cartesianischen) *Erkenntnismetaphysik* und nicht um Axiome
der Logik. Über Descartes hinausgehend wird auch die Forderung als Axiom
eingeführt, den *Consensus omnium* im Hinblick auf leicht zu beobachtende und
leicht zu beurteilende Sachverhalte als zuverlässiges Kriterium der Wahrheit
anzuerkennen.

Einer der wichtigsten Beiträge der Logik von Port-Royal zur Entwicklung
der Lehre vom Begriff besteht in der Unterscheidung von *Umfang* (extension)
und *Inhalt* (compréhension) von Begriffen.[57] Diese Unterscheidung war zwar
durch die mittelalterliche Suppositionstheorie vorbereitet, sie wurde jedoch
erstmals von Arnauld und Nicole deutlich formuliert. Anders als heute üblich,
verstanden sie unter „Umfang eines bestimmten Begriffs" nicht nur die Klasse
der unter den fraglichen Begriff fallenden Individuen, sondern auch die Arten,
die unter ihn als Gattungsbegriff subsumiert werden können.[58]

In enger Verbindung mit der Logik steht die *Grammatik von Port-Royal,* die
Arnauld zusammen mit Lancelot unter dem Titel „Grammaire générale et
raisonnée" (1660) herausgab.[59] So wie für die Logik Fragen des Ausdrucks
gedanklicher Beziehungen eine wichtige Rolle spielen, so ist die Grammatik von
Port-Royal durch das Bemühen charakterisiert, sprachliche Zusammenhänge
auf die ihnen zugrunde liegenden Urteile als logische Operationen des Verstandes zurückzuführen. Arnauld und Lancelot scheinen somit, ähnlich wie die
moderne generative Grammatik, den Unterschied der Oberflächen- und der
Tiefenstruktur von Sätzen, wenn auch noch vage, vor Augen gehabt zu haben.[60]
Ihre Intention war jedoch eine wesentlich andere als die der Vertreter der
generativen Grammatik, sofern sie nicht eine sprachliche Struktur auf eine
andere, sondern sprachliche Strukturen auf Operationen des Verstandes zurückführen wollten.[61]

VI. Die Okkasionalisten

1. Der Okkasionalismus als Weiterentwicklung des Cartesianismus

Descartes hatte mit seiner Theorie der psychophysischen Wechselwirkung und mit seiner Theorie der Kausalität im allgemeinen Probleme aufgeworfen, für die er keine überzeugenden Lösungen anzubieten hatte. Es konnte daher nicht ausbleiben, daß im Kreise der Cartesianer, die Descartes' Grundvoraussetzungen übernahmen, nach besseren Lösungen dieser Probleme gesucht wurde. Am auffallendsten war das Versagen des Cartesianismus in der *philosophischen Anthropologie*, wo die Unvereinbarkeit der Auffassung der Person als Interaktionseinheit von Leib und Seele mit dem Leib-Seele-Dualismus nicht zu übersehen war. Die als „Okkasionalisten" bezeichneten Philosophen – vor allem J. Clauberg, G. de Cordemoy, L. de La Forge, A. Geulincx und N. Malebranche – glaubten, am psychophysischen Dualismus festhalten und daher die mit diesem inkompatible Theorie der psychophysischen Wechselwirkung fallen lassen zu müssen. Um den unbestreitbaren Zusammenhang gewisser physiologischer Vorgänge im Bereich der Sinnesorgane, des Nervensystems und namentlich des Gehirns einerseits und gewisser Bewußtseinsvorgänge andererseits erklären zu können, nahmen sie ihre Zuflucht zu der Annahme, daß psychische und physische Vorgänge einander deshalb zugeordnet seien, weil Gott aus *Anlaß (occasio)*[1] der einen die jeweils anderen hervorrufe.

Ansätze dieser Theorie meinten sie bei Descartes selbst finden zu können, der z. B. im „Traité de l'Homme" erklärt hatte, die durch Sinneseindrücke und nervöse Vorgänge verursachten Veränderungen im Gehirn gäben *Anlaß (occasion)* zur Entstehung von Empfindungen.[2] In den „Notae in programma quoddam" hatte Descartes in ähnlicher Weise festgestellt, daß die Ideen materieller Dinge nicht von diesen durch Vermittelung der Sinnesorgane im Geist hervorgerufen, sondern vom Geist aus *Anlaß (occasio)* eines Reizes im Sensorium gebildet würden.[3] Obwohl solche Wendungen den Okkasionalisten als Anknüpfungspunkte dienen konnten, weisen sie doch nicht auf eine okkasionalistische Position hin, da Descartes an den angeführten Stellen „occasio" offensichtlich im herkömmlichen Sinne von „auslösende Ursache" verstanden hat, ohne die Möglichkeit der psychophysischen Wechselwirkung zu bestreiten.[4]

Nicht nur die Theorie der psychophysischen Wechselwirkung, sondern auch die allgemeinere *Theorie der Wirkursächlichkeit* im Bereich der materiellen Wirklichkeit erwies sich unter Descartes' Voraussetzungen als problematisch.

Wegen der Identifikation von „Materie" und „Ausdehnung" konnten, wie oben ausgeführt, materielle Dinge nur durch geometrische Beziehungen charakterisiert werden, während die Annahme von physikalischen Kräften ausgeschlossen erschien. Die Okkasionalisten zogen hieraus die Konsequenz, daß Kausalbeziehungen zwischen materiellen Dingen nicht als Kraftwirkungen zwischen ihnen gedeutet werden dürften. In den Dingen wirkt nur Gott, der sie erschuf und der sie erhält. Gott läßt dieser Ansicht nach aus Anlaß gewisser materieller Vorgänge gewisse andere eintreten, und zwar nicht willkürlich, sondern in streng gesetzmäßiger Weise, da er auf Grund seiner absoluten Vollkommenheit stets in gleicher Weise wirken muß.

Auch für die erweiterte okkasionalistische Theorie schien es Anknüpfungspunkte bei Descartes zu geben. Namentlich schien die Cartesianische Auffassung der Erhaltung der Welt als Neuschaffung derselben in jedem Zeitmoment (s. Kap. III, Abschn. 8) in die Richtung der okkasionalistischen Lösung zu weisen. Wenn die Welt in jedem neuen Augenblick neu ist, dann kann der Weltzustand in einem vorangehenden Zeitpunkt nicht die Ursache des Weltzustands im folgenden Zeitpunkt sein (oder sie enthalten). Als diese Ursache kommt vielmehr nur Gott selbst in Betracht, wie die Okkasionalisten nicht zögerten, ausdrücklich zu lehren.

Die der Leugnung der Wirkursächlichkeit zugrunde liegenden metaphysischen Motive wurden durch *religiöse Motive* verstärkt, die dem Augustinianismus der Okkasionalisten entsprangen, mochten sie nun dem katholischen oder dem protestantischen Lager angehören. Sie waren von der Überzeugung erfüllt, daß alles Endliche der göttlichen Allmacht gegenüber ohnmächtig sei, und glaubten daher, daß eine Theorie, die den Dingen eine eigene kausale Wirksamkeit zuschreibt, mit der Lehre von der Übermacht Gottes unverträglich sei. Der Zusammenhang mit der Gnadenlehre liegt hier offen zutage. Im ethischen Bereich neigten die Okkasionalisten dazu, von der Annahme der Ohnmacht alles Endlichen, also auch des Menschen, zu der moralischen Forderung des Verzichts auf autonomes Handeln überzugehen. Philosophiehistorisch wichtig wurde der Okkasionalismus aber vor allem dadurch, daß er die herkömmliche Auffassung der Kausalität als Wirkursächlichkeit destruierte und zu deren moderner Auffassung als eines invarianten Zusammenhangs von Vorgängen überleitete.

2. Clauberg, La Forge und Cordemoy

a) Johannes Clauberg

Clauberg (1622–1665),[5] der in Herborn und Duisburg Philosophie lehrte, nahm vor allem während eines Aufenthaltes in Leyden Cartesianische Gedanken auf und verteidigte sie fortan mit gewissen charakteristischen Modifikationen, namentlich solchen im Sinne des Okkasionalismus. In Anlehnung an Descartes wies er in der „Logica vetus et nova" (1656) der Logik die Aufgabe zu, einerseits gegebene Argumente *analytisch* aufzulösen, um Klarheit über ihre Struktur zu gewinnen, andererseits Begriffe, Urteile und Schlüsse *genetisch* zu betrachten, um Regeln für deren richtige Bildung aufstellen zu können. Daher ist die Methode, deren Erörterung im Anschluß an Descartes' „Discours de la Méthode" vor allem die „Defensio Cartesiana" (1652) gewidmet war, als Anweisung zur Bildung klarer und distinkter Perzeptionen und auf solche gestützter Urteile und Schlüsse ein wesentlicher Teil der Logik. In den „Exercitationes de Cognitione Dei et nostri" (1656) folgte Clauberg weitgehend Descartes, doch klingt gelegentlich schon der okkasionalistische Gedanke in bezug auf die Lösung des psychophysischen Problems an, so wenn festgestellt wird, daß die Verbindung von Geist und Körper zum Ganzen der menschlichen Person wegen der Wesensverschiedenheit von materieller und intellektueller Natur nicht, wie bei einem Kompositum aus materiellen Teilen, seinen Grund in der Affinität der Teile, sondern nur im Willen Gottes haben könne (752).[6] Clauberg räumte ein, daß eine Erklärung dieses Zusammenhangs schwierig sei; er meinte, daß man sich mit der Antwort begnügen müsse, Gott habe es gefallen, bestimmte Bewegungen [im Organismus] mit bestimmten Gedanken zu koppeln. Was wir „psychophysische Einheit" nennen, ist seiner Ansicht nach nichts anderes als die gottgewollte wechselseitige Zuordnung psychischer Vorgänge zu physischen und umgekehrt (753). Clauberg vergleicht diese auf keinerlei Wesensaffinität gestützte Zuordnung mit der konventionellen Zuordnung sprachlicher Zeichen zu Begriffen, der ebenfalls keine Ähnlichkeit zugrunde liegt (753), und betont, daß auch zwischen der Natur Gottes und der Natur der Dinge keine Wesensaffinität bestehe, obwohl die letztere von der ersteren abhänge (754). Offensichtlich wollte Clauberg klar machen, daß die Wesensverschiedenheit von Materie und Geist, deretwegen er eine psychophysische Wechselwirkung nicht annehmen zu können meinte, die Annahme gottgewollter invarianter Abhängigkeitsbeziehungen zwischen psychischen und physischen Vorgängen nicht ausschließe.

In der „Metaphysica de Ente" (1647), die als *Ontosophie* oder *Ontologie*[7] die allgemeinsten Attribute von Einzeldingen untersucht (281), kritisierte Clauberg die Auffassung der Kausalität als Wirkursächlichkeit in allgemeiner Weise, indem er die Annahme eines von der Ursache auf die Wirkung ausgehenden Einflusses (influxus effectus a causa) wegen der Unmöglichkeit des Übergehens eines (man weiß nicht welchen) substantiellen Etwas von der Ursache auf die Wirkung zurückwies (323). Er erkannte, daß die Ausdrücke, deren wir uns zur Kennzeichnung kausaler Beziehungen bedienen, metaphorischen Charakter haben, und wies darauf hin, daß sie in vielen Fällen ursprünglich Vorgänge im Bereich von Flüssigkeiten bezeichnen (so wenn wir von einem Einfluß der Ursache auf die Wirkung oder von einem Erfließen der Wirkung aus der Ursache reden). Auch wenn wir der Ursache eine Kraft bzw. ein Vermögen *(potentia)* zum Hervorbringen zuschreiben, handelt es sich nur um eine äußerliche Benennung *(denominatio externa)*, die allerdings ein reales Fundament in der Disposition hat, die ein Ding zu einer bestimmten Tätigkeit geeignet erscheinen läßt (323–324). Dieses Fundament ist der Wille Gottes, durch den festgelegt ist, daß, wenn dies oder jenes gesetzt wird, etwas anderes folgt (324). Wenn z. B. die Seele die Hand und mit dieser einen Gegenstand bewegen will, dann wird auf Grund göttlicher Einrichtung anläßlich des Willensaktes (ad nutum voluntatis nostrae) die Hand und anläßlich der Bewegung der Hand (ad nutum manus) der Gegenstand bewegt (ib.).

In Claubergs Ontologie kündigt sich eine Entwicklung an, die bei Geulincx zur Auflösung der herkömmlichen Ontologie als Lehre von den Bestimmungen des denkunabhängigen Seienden führte.[8] Clauberg unterschied nämlich zwischen absoluten und respektiven Attributen des Seienden und faßte nur noch die ersteren (wie „Existenz", „Essenz", „Eines" usw.) als Bestimmungen der denkunabhängigen Wirklichkeit auf, während er die respektiven Attribute als Ergebnisse des beziehenden Denkens deutete und nicht auf die Dinge selbst bezog (318). Die Unterscheidung von *relatio realis* und *relatio rationis*, wie sie die herkömmliche Ontologie getroffen hatte, konnte Clauberg nicht akzeptieren, da jede Relation in formaler Hinsicht ein *ens rationis*, ein Gedankending ist (319), mag sie auch, was Clauberg einräumte, ein Fundament in den Sachen selbst haben können. Der Schritt zu der radikaleren Auffassung, derzufolge *alle* ontologischen Kategorien Formen allein des Denkens bzw. Sprechens und nicht der Wirklichkeit selbst sind, ist von Claubergs Position aus nicht mehr groß: Er erweist sich als folgerichtig, wenn die Unterscheidung von absoluten und respektiven Attributen fallen gelassen und eingesehen wird, daß es keine Bestimmungen gibt, die nicht mit Bezug auf Anderes ausgesagt werden (z. B. „Substanz" im Hinblick auf wechselnde Eigenschaften, „Einheit" mit Bezug auf Vieles usw.). Diesen Schritt sollte Geulincx vollziehen. Für Clauberg, der als Ontologe noch weitgehend in den Bahnen der herkömmlichen allgemeinen Metaphysik dachte, war er offenbar noch zu groß.

b) Louis de La Forge

Der Arzt Louis de La Forge (1632–1666),[9] wahrscheinlich wie Descartes in La Flèche gebildet, gab 1664 zusammen mit Clerselier Descartes' „Traité de l'Homme" heraus, dem er eigene Bemerkungen hinzufügte.[10] 1666 erschien sein „Traité de l'Esprit de l'homme, de ses Facultés et Fonctions, et de son Union avec le corps", in dessen Vorrede er zu zeigen suchte, daß Descartes' Ansichten über die Seele mit den von Augustinus vertretenen übereinstimmen. Um seine eigene okkasionalistische Auffassung durch die Berufung auf den großen Kirchenvater zu rechtfertigen, betonte er, daß auch Augustinus die Möglichkeit der Einwirkung körperlicher Vorgänge auf die Seele im Erkenntnisprozeß geleugnet habe. Allgemein fällt bei La Forge die Tendenz auf, die Augustinischen Elemente des Cartesianismus stark hervorzuheben.

La Forge stimmt in seinen Grundgedanken so weitgehend mit Descartes überein, daß die Abhandlung über den menschlichen Geist zum größten Teil als Wiederholung und Erläuterung Cartesianischer Auffassungen erscheint. Die einzige wesentliche Ausnahme bildet die These, daß es *keine psychophysische Wechselwirkung* gibt, sondern daß psychische und physische Vorgänge einander nur in stets gleichbleibender Weise zugeordnet sind, so daß bestimmte Bewegungen der Spiritus animales bzw. der Zirbeldrüse von bestimmten Ideen, und zwar gleiche Bewegungen stets von gleichen Ideen, *begleitet werden,* so wie umgekehrt bestimmte Willensakte stets von bestimmten Nervenprozessen und schließlich von bestimmten Muskelbewegungen *begleitet werden* (225). Gestützt auf die Unterscheidung von Haupt- und Gelegenheitsursachen betonte La Forge, daß etwas Materielles niemals die Hauptursache *(cause principale)* von Bewußtseinsinhalten sein könne. Als diese kommt nur Gott in Betracht, der durch die Verbindung von Körper und Geist gewisse physiologische Vorgänge zu Gelegenheitsursachen *(causes occasionales)* der Hervorbringung von Ideen machte. Die Gesetze des psychophysischen Zusammenhangs stammen somit wie die Gesetze jedes Zusammenhangs von Seienden von Gott.

Die Union von Geist und Körper, die La Forge gelegentlich auch als „alliance" bezeichnet, kann seiner Ansicht nach nicht von etwas Materiellem verursacht sein. Daher kommt als deren Ursache nur etwas Geistiges in Betracht, und zwar ein geistiges Wesen, das im Unterschied vom menschlichen Geist unendlich ist. Der endliche Geist des Menschen ist nämlich viel zu schwach, als daß er Ursache der Leib-Seele-Union sein könnte. Das zeigt sich darin, daß viele physische Begleiterscheinungen psychischer Akte unabhängig von unserem Willen, ja gegen ihn, eintreten, also von unserem Geist nicht hervorgerufen sein können. Ferner wäre, wenn der individuelle Geist Ursache des psychophysischen Zusammenhangs wäre, damit zu rechnen, daß dieser in verschiedenen Individuen verschieden wäre. Da er aber im wesentlichen bei allen Menschen der gleiche ist, muß er auf eine überindividuelle, übermenschliche Ursache, nämlich auf Gott, zurückgeführt werden. „Gott ist somit die vollständige und nächste Ursache der Union jener Gedanken, die sich bei allen Menschen finden, mit denselben Bewegungen [des Körpers]" (227). Die individuellen Unterschiede des Verhältnisses von Psychischem und Physischem sind dagegen durch Berücksichtigung der besonderen Bedingungen des jeweiligen Individuums befriedigend zu erklären.

Der Körper kann auch nach La Forge nicht Ursache, sondern nur Anlaß *(occasion)* der Entstehung gewisser Bewußtseinsvorgänge sein, so wie der Geist nur Anlaß sein kann für die Hervorbringung gewisser Bewegungen im Organismus (224). La Forge hielt noch an Descartes' Annahme fest, daß die Zirbeldrüse Sitz der Seele sei, betonte aber, daß die Theorie der psychophysischen „alliance" (d. h. die okkasionalistische Theorie des psychophysischen Zusammenhangs) von dieser Hypothese unabhängig sei, also wahr sein könnte, auch wenn jene falsch wäre (234). Er beschränkte sich jedoch ebensowenig wie Cordemoy oder Clauberg auf die Erörterung des Leib-Seele-Problems, sondern verallgemeinerte die Problematik seines Ausgangspunktes, indem er nach der Möglichkeit von wirkursächlichen Beziehungen im allgemeinen fragte. So wie er eine psychophysische Wechselwirkung wegen ihrer Unbegreiflichkeit nicht annehmen zu können glaubte, so verwarf er die Annahme eines Bewirkens im Bereich der endlichen Seienden im allgemeinen. Da er von Descartes die Gleichsetzung von „Materie" und „Ausdehnung" übernommen hatte, sprach er den materiellen Dingen alle Bestimmungen ab, die nicht Ausdehnungsverhältnisse betrafen, namentlich die der Kraft.[11] Da aber seiner Ansicht nach jede Bewegung mindestens indirekt auf eine Kraft zurückgeführt werden muß, und da die Kraft nicht zu dem als Ausdehnung definierten Körper gehören kann, kann kein Körper von einem Körper bewegt werden noch sich selbst bewegen. Ursache der Bewegung ist daher ein geistiges Wesen, näherhin ein unendliches geistiges Wesen oder Gott, der die Bewegung nicht nur geschaffen hat, sondern sie auch erhält. Wegen der Unveränderlichkeit Gottes und seines Wirkens muß nach La Forge sowohl auf die Konstanz des Materiequantums wie auf die Konstanz der Bewegungsmenge im Universum geschlossen werden (241).

c) Gerauld de Cordemoy

Der mathematisch und philosophisch interessierte Pariser Jurist Gerauld de Cordemoy (1626–1684),[12] Mitglied und später Direktor der Académie française, gehörte ebenfalls zum weiteren Kreis der Cartesianer, setzte sich aber wegen mancher Abweichungen von Descartes' Lehre der Kritik der orthodoxen Vertreter des Cartesianismus aus. In seinem Hauptwerk „Discernement du Corps et de l'Ame" (1666), das in der vierten Auflage von 1704 unter dem Titel „Six Discours sur la Distinction et l'Union du Corps et de l'Ame" erschien, entwickelte er nicht nur die okkasionalistische Theorie der Kausalität, sondern entfernte sich von Descartes auch durch die Annahme von Atomen, die mit der Cartesianischen These der indefiniten Teilbarkeit der Materie unvereinbar war.

Abweichend von Descartes definierte Cordemoy *„Körper"* als „ausgedehnten, unteilbaren, unveränderlichen und undurchdringlichen Teil [partie] der Materie" (95 sqq.). Zu dieser Auffassung gelangte er, weil er den Cartesianischen Begriff der indefiniten Teilbarkeit der Materie bzw. der Ausdehnung für dunkel und daher für inakzeptabel hielt. Ihm scheint jedoch nicht bewußt geworden zu sein, daß die Behauptung der Solidität der Atome im Rahmen seiner Konzeption nicht nur unerklärt bleibt, sondern unerklärlich ist. Die Cartesianische Ansicht galt ihm als Folge einer Verwechslung von *„Körper"* und *„Materie"* (d.i. „Vereinigung [assemblage] von Körpern"): Nur die Materie ist teilbar, und zwar letzten Endes in die „Körper" (bzw. Atome), während diese absolut unteilbar sind. Dinge dürfen streng genommen nicht „Körper" genannt werden, da sie als Anteile [portions] der Materie *Mengen* [amas] von „Körpern" sind. Was ungenau „menschlicher Körper" heißt, ist demnach nicht Körper im strengen Wortsinn. Im Rahmen der atomistischen Konzeption, derzufolge alle Veränderungen im Bereich der materiellen Dinge durch Bewegungen der (atomaren) Körper zu erklären sind (106 sqq.), ist die Annahme der Möglichkeit eines Vakuums folgerichtig, die bei Cordemoy nicht, wie bei Descartes, durch die Identifikation von „Körper im allgemeinen", „Materie" und „Ausdehnung" ausgeschlossen wird.

Ungeachtet der durch die Hinwendung zur Atomistik gegebenen Differenz gegenüber dem orthodoxen Cartesianismus ist nach Cordemoy nicht anders als nach Descartes der Körper zwar beweglich, nicht aber aus sich selbst bewegt. Im Rahmen einer „geometrischen" Beweisführung aus Definitionen und Axiomen leitete Cordemoy ab, daß, da kein Körper sich selbst bewegen könne (weil die Bewegung nicht zu seinem Wesen gehöre) und da die Bewegung auf einen ersten Beweger zurückgehen müsse, der sich selbst bewegt, dieser ein geistiges Wesen sein müsse (135–136). Da dieses Wesen die Bewegung nicht nur in einem bestimmten Augenblick erschaffen hat, sondern sie in jedem Augenblick erhält, folgt, daß alle Bewegung auf einem geistigen Prinzip beruht. Die Meinung, daß bewegte Körper ihre Bewegung durch Druck und Stoß anderen Körpern mitteilen, ist daher unbegründet. Bewegung als Zustand eines Körpers kann nicht auf einen anderen Körper übergehen. Im Falle des Zusammenstoßes eines bewegten mit einem ruhenden Körper erfolgt also keine Bewegungsübertragung, sondern die Bewegung des ersten hört auf, während sich der zweite zu bewegen beginnt, und beides geschieht, weil Gott es so will.

Analog verhält es sich bei willkürlichen Bewegungen unseres Körpers. Auch sie werden nicht vom Willen verursacht, sondern Gott hat Körper und Geist so eingerichtet, daß der erstere aus Anlaß bestimmter Willensakte gewisse Bewegungen ausführt. Umgekehrt gehen im Bewußtsein anläßlich bestimmter Vorgänge im Nervensystem gewisse Veränderungen vor sich. In gewissem Sinne kann man zwar sagen, daß die Seele den Körper bewegt; aber es handelt sich um eine ungenaue, wenn auch bequeme, weil abkürzende Ausdrucksweise (142). Die Leib-Seele-Union, die Descartes als Wechselwirkung gedeutet hatte, besteht in der wechselseitigen Zuordnung psychischer und physischer Zustände, und unter „psychophysischer Einwirkung" ist nichts anderes zu verstehen als das Auftreten psychischer Vorgänge aus Anlaß physischer Vorgänge und umgekehrt (144). „Unser Wille ist Anlaß [occasion] für die Macht, die immer schon den Körper bewegt, die Bewegung nach einer bestimmten Richtung in Abhängigkeit von jenem psychischen Vorgang zu lenken" (151).

Im „Discours Physique de la Parole" (1668) suchte Cordemoy die Überlegungen zur Möglichkeit der Selbsterkenntnis, wie sie in der Abhandlung über „Unterschied und Einheit von Leib und Seele" angestellt worden waren, durch Betrachtungen über die Möglichkeit der Erkenntnis von *Fremdpsychischem* zu ergänzen, wobei er in der Sprache das entscheidende Zeichen der Beseeltheit von

Organismen erblickte (232 sqq.), deren Verhalten widerspruchsfrei rein mechanistisch gedeutet werden könnte, wenn man von der Sprache absähe. Die Sprache besteht aus Zeichen, die in konventioneller Weise bestimmten Gedanken zugeordnet sind und die auf Grund dieser Zuordnung Bedeutung haben. Wo sinnvolles Sprechen vorliegt, muß das Vorhandensein einer Seele angenommen werden, deren Ideen die Sprachzeichen zugeordnet sind, während die physische Seite der Sprache ausschließlich dem körperlichen Bereich angehört (234). Cordemoy übersieht nicht, daß bestimmte Wortfolgen auch von einem Tier hervorgebracht oder von einem Automaten erzeugt sein können. In diesem Falle handelt es sich aber um invariable Lautfolgen, während menschliches sinnvolles Sprechen durch die größte Variabilität charakterisiert ist: „Die Worte, die ich Körper hervorbringen höre, die ähnlich eingerichtet sind wie der meine, haben fast niemals dieselbe Reihenfolge" (203). Durch die Kreativität des Sprachgebrauchs äußert sich somit das spezifisch Menschliche, d.i. das Seelische.[13]

Die Erkenntnis des Psychischen ist jedoch nicht klar, nicht nur im Falle des Fremdpsychischen, sondern auch im Falle des eigenen Selbst: Wir erkennen die Substanz unseres Geistes nicht (253). Die Abhängigkeit menschlicher Geister voneinander ist nach Cordemoy ebenso im Rahmen der okkasionalistischen Theorie zu erklären wie die Abhängigkeit physischer von psychischen Vorgängen oder die Abhängigkeit physischer Vorgänge voneinander. In diesem Sinne betonte er: „So wie ich gezeigt habe, daß ein Körper niemals einem anderen Körper die Bewegung verleiht, sondern bei ihrem Zusammenstoß lediglich einen Anlaß für die göttliche Macht, die den einen bewegt, bildet, sich auf den anderen zu richten, so muß man es auch begreifen, daß, wenn eine Seele einer anderen zu erkennen geben will, was sie denkt, dies geschieht, weil Gott macht, daß die zweite gemäß dem Willen der ersten es erkennt" (254).

3. Arnold Geulincx

Geulincx wurde 1624 in Antwerpen geboren, studierte in Loewen, wo er mit dem Cartesianismus in Berührung kam, und wurde dort 1646 Professor für Philosophie. 1657 verlor er, vermutlich wegen seiner kritischen Einstellung gegenüber der Scholastik bzw. seiner Sympathie für den Jansenismus,[14] seine Stellung. Er übersiedelte in das Calvinische Leyden, wo er zum Calvinismus konvertierte, – ein Schritt, der insofern nicht allzu groß war, als Jansenismus und Calvinismus gleichermaßen auf augustinianischen Voraussetzungen beruhen. Geulincx erwarb 1658 einen medizinischen Grad an der Universität Leyden, wo er auch bald wieder Philosophie lehrte. 1669 starb er als Opfer der Pest.

Seine akademischen Reden und Gelegenheitsschriften sind nur selten von größerem philosophischen Interesse. Seine im engeren Sinne philosophischen Schriften sind teils logisch-methodologischer Natur, wie die „Logica suis fundamentis restituta" (1662) und der „Methodus inveniendi argumenta" (1663), teils metaphysischer und naturphilosophischer Art, wie sein Hauptwerk, die „Ethica" (1665), die „Metaphysica vera et Metaphysica ad mentem peripateticam" (1691, posthum) und die „Physica vera et Physica peripatetica" (1688, posthum) sowie die „Annotata praecurrentia ad Renati Descartes Principia" (1690, posthum) und die „Annotata majora in Principia Philosophiae Renati Descartes" (1691, posthum). Der erste Teil der „Ethica" ist Geulincx' einziges größeres von ihm selbst veröffentlichtes Werk. Es ist zugleich das einzige selbständige Werk zur Moralphilosophie aus dem Kreis des Okkasionalismus. Geulincx selbst übersetzte es 1667 ins Flämische. Die Teile II bis VI wurden nach Hörernachschriften posthum herausgegeben, ebenso wie Geulincx' wichtige Schriften zur Metaphysik und zur Physik.[15]

Geulincx sah in der *Metaphysik* nicht, wie Descartes, primär ein Instrument zur Rechtfertigung der Annahme, daß naturwissenschaftliche Sätze objektiv gültig seien; in seinen Augen hat die Metaphysik vielmehr in erster Linie die Aufgabe, die menschliche Natur zu erfassen und die Situation des Menschen in der Welt zu analysieren. Die Analyse der *condicio humana* ist bei Geulincx aber ebensowenig Selbstzweck wie die metaphysische Grundlegung bei Descartes; sie dient vielmehr wesentlich der ethischen Orientierung. Geulincx' *Ethik* ist, abweichend von Descartes' rationalistischer Moralphilosophie, eine religiös bestimmte Ethik, deren Basis die Anerkennung der menschlichen Ohnmacht und – damit verbunden – die Unterordnung des menschlichen Willens unter den Willen Gottes ist. Diese Haltung demütiger Unterwerfung unter den unbegreiflichen Ratschluß Gottes teilte Geulincx mit Jansenisten und Calvinern, die sich in dieser Hinsicht wie Geulincx auf Augustinus beriefen. Durch die Dominanz des ethisch-religiösen Interesses unterscheidet sich Geulincx' Philosophie deutlich von derjenigen Descartes'. In der Grundlegung der metaphysischen Prinzipien mit Hilfe des methodischen Zweifels, in der Auszeichnung des *Cogito,* in der Formulierung des Wahrheitskriteriums, in der Abhängigkeit von der rationalistischen Wissenschaftskonzeption blieb er jedoch Descartes verpflichtet, von dem er auch den Dualismus von Materie und Geist übernahm. Trotzdem wich Geulincx in der Erkenntnistheorie wie in der Methaphysik an entscheidenden Punkten von Descartes ab, da er kein konsequenter Rationalist war und daher auch kein konsequenter Cartesianer sein konnte. Indem er im Zentrum der Metaphysik das Mysterium des Verhältnisses von menschlichem Geist und Körper bzw. des Verhältnisses von Mensch und Gott als das Unbegreifliche und Unaussprechliche anerkannte, erweist er sich als selbständiger Denker und nicht als bloßer Epigone.[16]

a) Erkenntnistheoretische Grundgedanken

Wie bei Descartes ist auch bei Geulincx die Grundfrage der Erkenntnistheorie die nach dem Recht der für das zeitgenössische Denken charakteristischen

Annahme einer Repräsentation der Dinge selbst durch die Ideen. Während Descartes zu zeigen suchte, daß diese Annahme innerhalb gewisser Grenzen berechtigt ist, lehrte Geulincx die *Unerkennbarkeit der Dinge an sich (res in se)*.[17] Zu diesem Ergebnis gelangte er, weil er sich nicht mit einer Kritik des naiven Realismus, d. i. der Annahme, daß alle wahrgenommenen Eigenschaften den Dingen selbst zukommen, begnügte, sondern darüber hinaus eine Kritik jener Verstandesbegriffe in Angriff nahm, die für die herkömmliche realistische Ontologie zentral sind. Die aristotelisch-scholastische Naturphilosophie war seiner Ansicht nach in doppelter Hinsicht unkritisch: sie schrieb den Dingen zu, was Inhalt der Wahrnehmung *(species* resp. *imago sensus)* ist, und sie sah in Begriffen, die subjektive Denkformen *(modi intelligentiae nostrae)* sind, Bestimmungen der Wirklichkeit selbst (II, 199). Wahres Wissen, wie es die Metaphysik zu erreichen sucht, ist demgegenüber Einsicht in das Wesen der Dinge, wie sie an sich sind *(res ut sunt in se)*, unabhängig von den Formen unseres Denkens *(modi nostrarum cogitationum)* (ib.). Geulincx hat ein solches Wissen nicht für unmöglich gehalten, es jedoch an die Bedingung geknüpft, daß wir einsehen, wie der gewußte Gegenstand bewirkt wird. Diese Bedingung ist für Gott immer, für den Menschen dagegen nur innerhalb enger Grenzen erfüllt.[18]

Die Evidenz ist nach Geulincx nur *notwendige, nicht hinreichende* Bedingung der Wesenserkenntnis, weil die evidente Erkenntnis nur die Oberfläche, nicht die Essenz der Wirklichkeit betrifft (haeret in cortice: III, 6; cf. II, 192). Indem Geulincx die adäquate Erkenntnis des Wesens außer von der Evidenz auch von dem Vorhandensein der Einsicht in die Erzeugungsbedingungen des Erkannten abhängig macht, nimmt er (ähnlich wie Hobbes in gewissen seiner Überlegungen) das später von Vico ausdrücklich formulierte Prinzip „verum factum" vorweg.

Nach Geulincx sind vier Arten des Wissens zu unterscheiden:

1. Wissen auf Grund von Wahrnehmungen;
2. Wissen auf Grund von abstrakten Begriffen;
3. Wissen auf Grund evidenter Einsicht in die Natur der Ausdehnung und des Bewußtseins; und
4. Wissen auf Grund der Einsicht in die Bedingungen der Erzeugung des Erkannten.

Die ersten beiden Arten des Wissens sind als subjektive Erkenntnisweisen gekennzeichnet, und der Hauptfehler der von Geulincx kritisierten herkömmlichen (peripatetischen) Philosophie besteht in der realistischen Deutung der Wahrnehmungs- und der Verstandeserkenntnis. Daß die realistische Interpretation der wahrgenommenen Qualitäten fehlerhaft ist, ergibt sich unter den Voraussetzungen der „*Wahren Physik*" in zwingender Weise, da es unmöglich ist, den körperlichen Dingen andere als quantitative Bestimmungen zuzuschreiben, wenn die Natur des Körpers im allgemeinen *(natura corporea)* ausschließlich mit Hilfe von quantitativen Beziehungen definiert wird, nämlich mit Hilfe

der Bestimmungen der Ausdehnung und der Beweglichkeit (II, 201). Die
qualitativ bestimmten Wahrnehmungsgegenstände müssen daher als subjektive
Bilder bzw. Vorstellungsinhalte aufgefaßt werden. Geulincx stützte dieses
Ergebnis seiner metaphysischen Konstruktion durch den Hinweis auf Wahr-
nehmungstäuschungen (wie die bekannte Täuschung, bei der ein schräg ins
Wasser getauchtes Ruder geknickt erscheint). Die Wahrnehmung ist seiner
Ansicht nach aber nicht nur keine Abbildung des Dings, sie wird auch von den
Dingen nicht verursacht, da diesen keine wahrhafte Wirksamkeit (efficacitas
vera) zukommt. Der physikalische Reiz ist vielmehr nur Anlaß (occasio aliqua
instrumentalis) der Wahrnehmung (II, 205). Die Ablehnung der kausalen
Theorie der Wahrnehmung, deren Gründe unten zu erörtern sein werden, läßt
die Ablehnung der Abbildtheorie der Wahrnehmung als konsequent erscheinen.

Geulincx begnügte sich nicht mit der Zurückweisung der realistischen Deutung der wahrgenommenen Qualitäten, sondern er wendete sich auch gegen die
realistische Interpretation der *Verstandeskategorien*, wie sie für die herkömmliche Ontologie charakteristisch war. Während die realistische Illusion der Sinne
sozusagen natürlich ist, stellt sich die entsprechende Illusion in bezug auf die
ontologischen Kategorien nicht von selbst ein. Sie entsteht vielmehr einmal
unter dem Eindruck der realistischen Illusion der Wahrnehmung, sofern der
Verstand die Wahrnehmung „nachahmt" (II, 210: „nos intellectu sequi atque
imitari quodammodo, nescio qua corruptela, sensum et modum illum agendi
depravatum"); zum anderen ergibt sie sich auf Grund der Verwechslung
grammatikalischer Formen mit Formen der Wirklichkeit.

Im Sinne dieser Kritik argumentierte Geulincx, daß der oberste Begriff der
herkömmlichen Ontologie, nämlich „*Seiendes*" (ens), nur Ausdruck dafür sei,
daß etwas Satzgegenstand ist (nota subjecti). „A ist ein Seiendes" bedeutet daher
nur, daß wir A als Subjekt von Aussagen verwenden. Die Kategorie „ens" ist ein
Modus unseres Denkens (II, 213) bzw., in modernerer Terminologie, Sprechens, nicht eine Form der Wirklichkeit. Indem wir ein Etwas (aliquid, quid, id:
cf. II, 212), das Gegenstand einer Aussage ist, als „Seiendes" bezeichnen, sagen
wir ebensowenig über die Wirklichkeit aus, wie wenn wir Dinge, die wir von
unserem jeweiligen Standpunkt aus mit der rechten Hand erreichen können,
„rechts" nennen. Noch weniger bezeichnet die Kopula „*ist*" eine wirkliche
Beziehung; sie hat vielmehr lediglich die sprachliche Funktion der Begriffsver-
knüpfung im Urteil. Ähnlich läßt sich die Bedeutung der korrelativen Begriffe
„*Substanz*" und „*Akzidenz*" durch Rückgang auf die zugrunde liegenden
grammatikalischen Beziehungen aufklären. So wie nämlich „Seiendes" auf die
Subjektstellung von Begriffen hinweist, so auch „Substanz", und zwar mit
Bezug auf die „Akzidentien" genannten Bestimmungen, die im Prädikat des
Urteils ausgedrückt werden. Auch „*Wesenheit*" (essentia) läßt sich als grammati-
kalische Kategorie begreifen: Wir bezeichnen mit diesem Ausdruck jene
Prädikate, die vom Subjekt mit Notwendigkeit prädiziert werden.

Die herkömmliche Auffassung von „ens" als des höchsten Allgemeinbegriffs wies Geulincx als unhaltbar zurück. Versuchen wir, „Seiendes" durch Abstraktion ausgehend von „Geist" und „Körper" (welche Ausdrücke nach Geulincx keine Abstrakta sind) zu bilden, so abstrahieren wir von jeder Bestimmung und behalten daher ein Nichts zurück („cum nulla jam sit affectio in eo quod sic abstractum esse fingitur"). Nach Geulincx ist die Abstraktion niemals notwendig (II, 236), weil sie nicht durch objektive Wesensbeziehungen determiniert ist. Daher können seiner Ansicht nach abstrakte Art- und Gattungsbegriffe nicht als Beschreibungen der Wesensstruktur der Wirklichkeit, sondern nur als rein äußerliche Kennzeichnungen (extrinsecae denominationes) der Dinge gelten.

Ebensowenig wie „Seiendes" dürfen „*Ganzes*", „*Eines*", „*Vieles*" und „*Gleiches*" als Bestimmungen der Dinge an sich aufgefaßt werden. Jedes *totum* ist nämlich Ergebnis einer *totatio* (II, 59; 272–273), jedes *unum* Ergebnis einer *unio.* Ähnlich gibt es keine Identität außer als Resultat einer Identifikation, die der Verstand vornimmt und die daher unserer Sprechweise *(nostrum dicere),* nicht den Dingen selbst zuzuordnen ist.

Merkwürdigerweise hat Geulincx den Begriff der Kausalität nicht analysiert, obwohl er in seiner Metaphysik eine entscheidende Rolle spielt.[19]

Das Ergebnis seiner Kategorialanalysen zusammenfassend, erklärt Geulincx, wir dürften die Dinge weder so betrachten, wie sie wahrgenommen, noch so, wie sie vom diskursiven, abstrahierenden Verstand gedacht werden. Wie sie an sich sind, könnten wir sie aber nicht erfassen. Hierin äußere sich unsere große Unvollkommenheit. Es bleibe uns daher nur übrig, stets festzuhalten, daß die Wirklichkeit an sich nicht so ist, wie sie von uns aufgefaßt werde. Obwohl wir immer die Vorstellungen der Sinne und des Verstandes den Dingen selbst zuschrieben, sei doch etwas Göttliches in uns, das uns stets sage, daß es sich nicht so verhalte, und hierin allein bestehe, sofern wir Menschen seien, unsere Weisheit (II, 300–301). Folgerichtig lehnte es Geulincx ab, die Dinge an sich als „Dinge" im eigentlichen Wortsinn gelten zu lassen, da sie nicht vom Intellekt konstituiert sind (II, 215: „Itaque res in se non sunt res seu non habent modum illum intellectus nostri, quo constituuntur in ratione rerum").

Außer der Wahrnehmungs- und der Verstandeserkenntnis gibt es nach Geulincx auch Erkenntnis auf Grund *evidenter Einsicht* in das Wesen einer Sache, namentlich des Denkens und der Ausdehnung.[20] Auf der Intuition des Wesens der Ausdehnung beruht die Mathematik bzw. die Physik als Lehre vom Wesen des Körpers, deren Sätze aber keine Gültigkeit für die Wirklichkeit an sich beanspruchen können. Dagegen läßt sich die Gültigkeit der auf Intuition des Wesens des Denkens beruhenden Urteile in keiner Weise mehr bezweifeln. Urteile der letzteren Art bilden nach Geulincx die Basis der Metaphysik, die die Aufgabe hat, die *Condicio humana* zu bestimmen.

Wissenschaftliche und namentlich physikalische Theorien sind nach Geulincx Versuche, die Phänomene bzw. Erscheinungen, d. h. beobachtbare Teile der Welt, durch Beziehung auf ihre Ursachen zu erklären und so Beobachtung und rationale Betrachtungsweise zu versöhnen (II, 422). Diese Aufgabe läßt sich wegen der Kontingenz der Phänomene nicht mit Hilfe metaphysischer Theoreme allein bewältigen, da sich aus notwendigen Sätzen Aussagen über kontingente Phänomene nicht ableiten lassen, sondern sie erfordert die Einführung von *Hypothesen*. Die erste Bedingung, der Hypothesen genügen müssen, ist daher, daß sie kontingent sein müssen. Die zweite Bedingung besagt, daß wissenschaftliche Hypothesen Begriffe enthalten müssen, die nicht Begriffe von Erscheinungen (d. h. nicht empirische, sondern theoretische Begriffe) sind. Die dritte Bedingung fordert Klarheit der in Hypothesen auftretenden Begriffe, die vierte schränkt wissenschaftliche Hypothesen auf solche Annahmen ein, die zur Erklärung der jeweiligen Phänomene hinreichend sind (II, 422–423). Diese Charakterisierung wissenschaftlicher Hypothesen mutet durchaus modern an, wie es auch Ausdruck einer modernen Denkhaltung ist, wenn Geulincx, anders als Descartes, die Grundsätze der Bewegungslehre, ja selbst die Annahme, daß es Bewegung gibt, als Hypothesen auffaßte (II, 423 sqq.). Ebensowenig wie andere rationalistische Philosophen war er jedoch bereit, den hypothetischen Charakter metaphysischer Konstruktionen anzuerkennen.

Die einzigen sicheren Erkenntnisse, auf denen die Metaphysik beruht, betreffen unser Bewußtsein und dessen Abhängigkeit von etwas Bewußtseinstranszendentem, namentlich von Gott, ohne daß das *Wie* (Quomodo) dieser Abhängigkeit begriffen werden könnte. Geulincx' Erkenntnistheorie schränkt also den Bereich des Erkennbaren gegenüber der Cartesianischen Auffassung stark ein. Sie mündet in einen expliziten *Agnostizismus* in bezug auf die materielle Wirklichkeit, um deren wissenschaftliche Erkenntnis es Descartes in erster Linie gegangen war.

Der Beschränkung der Reichweite der Erkenntnis entspricht bei Geulincx die Beschränkung des Bereichs, innerhalb dessen kausale Wirksamkeit angenommen werden darf, gemäß dem Prinzip: *Quod nescis quomodo fiat id non facis.* Dieses Prinzip kehrt in Geulincx' Schriften in verschiedenen sprachlichen Varianten immer wieder.[21] Stets aber betonte Geulincx seine höchstgradige Evidenz, so wenn er z. B. erklärt, daß sich nichts Klareres denken lasse als der Satz „Ich mache das nicht, wovon ich nicht weiß, wie es geschieht" (III, 205). Unser Glaube, daß die Dinge der Natur etwas „machen", obwohl sie vom *Wie* dieses Machens nichts wissen (z. B. daß die Sonne Licht hervorbringe), beruht demgemäß auf einem Vorurteil.

Offensichtlich setzte Geulincx stillschweigend eine Auffassung der *Kausalität* voraus, derzufolge „verursachen" nicht nur, wie bei anderen Rationalisten, als „bewirken", sondern als „bewirken auf Grund eines Wissens der Art des Hervorbringens" verstanden wird. Es ist klar, daß infolge dieser außerordentlich starken Voraussetzung nicht davon die Rede sein kann, daß bewußtlose Dinge Ursachen seien.[22] Es ist außerdem überflüssig, die Naturdinge in den Rang von Wirkursachen zu erheben, da es zur *„Rettung der Phänomene"* genügt, sie als Instrumente einer auf Grund von Einsicht handelnden Wirkursache, nämlich Gottes, zu betrachten. Besonders groß ist die Versuchung, Kausalzusammenhänge innerhalb unseres eigenen Körpers anzunehmen, so z. B. zwischen Vorgängen im Gehirn, in den Nerven und in den Muskeln. Diese Annahme ist nichtsdestoweniger unhaltbar, da wir von derartigen Zusammenhängen kein Bewußtsein haben, sondern sie nur auf Grund von Beobachtungen, etwa der Beobachtung von Gelähmten, vermuten (III, 207; cf. III, 32). Die Annahme von Kausalzusammenhängen innerhalb unseres Körpers läßt sich sogar mit empirischen Gründen erschüttern: Wenn jemand während der Nacht von einer Lähmung befallen wird, so wird er beim Erwachen versuchen, wie sonst den gelähmten Körper zu bewegen. Sein Wollen ist wie sonst, aber die Wirkung bleibt aus. Das zeigt, daß wir lediglich die Aufeinanderfolge des Wollens einer bestimmten Bewegung und dieser Bewegung selbst empirisch kennen, nicht jedoch wissen, wie der Wille die fragliche Bewegung hervorbringt. Infolgedessen sind wir gezwungen, das Vorhandensein eines Kausalzusammenhanges zu leugnen (III, 209).[23]

b) Die Metaphysik

Bei der Grundlegung der Metaphysik bediente sich Geulincx ähnlich wie Descartes der *methodischen Skepsis,* um zu einer absolut ersten Erkenntnis vorzudringen, d. h. er forderte, alle Überzeugungen so anzusehen, als wären sie falsch (II, 140). Diese Forderung kann deshalb aufgestellt werden, weil auch die Evidenz so lange nicht die Wahrheit von Urteilen verbürgt, als nicht der Wahrheitsanspruch im allgemeinen gerechtfertigt ist, was nur im Rahmen der Metaphysik geschehen kann. Die erste unbezweifelbare Erkenntnis besteht nach Geulincx (wie nach Descartes) in der Einsicht, daß ich denke und infolgedessen bin, da ich unmöglich etwas denken könnte, wenn ich nicht wäre (II, 147–148). Von dieser ersten Erkenntnis *(prima scientia)* hängen weitere Erkenntnisse ab, so die Erkenntnis der Einfachheit des Denksubjekts in der Mannigfaltigkeit seiner Denkinhalte und die Erkenntnis der Abhängigkeit gewisser Gedanken von etwas außerhalb des Subjekts, das aber nichts Körperliches sein kann, da etwas Körperliches definitionsgemäß bewußtlos ist, nichts aber Ursache von etwas sein kann, ohne ein Bewußtsein der Art und Weise der Verursachung zu haben (II, 149–150). Aus diesem Grund kann etwas Körperliches nicht nur nicht Ursache von Gedanken, sondern nicht einmal Ursache von Bewegungen anderer Körper sein. Die Möglichkeit einer unbewußten Hervorbringung von Ideen hat Geulincx energisch bestritten, ohne allerdings den Einwand überzeugend entkräften zu können, daß wir vieles machten, ohne zu wissen, wie, und also vielleicht auch jene Ideen unbewußt erzeugten, die wir wegen der Unmöglichkeit, sie willentlich zu beeinflussen, für subjekt-unabhängig halten.

Konsequent hat Geulincx auch die Annahme einer über den psychischen Bereich hinausgehenden Wirksamkeit des Willens verworfen, da wegen der

Wesensverschiedenheit von Bewußtsein und Materie eine Wirksamkeit psychischer Vorgänge im außerpsychischen Bereich nicht angenommen werden kann. Da an der Zuordnung gewisser physischer Vorgänge zu psychischen nicht zu zweifeln ist, muß nach Geulincx eine nicht-kausale Erklärung derselben gesucht werden. Er fand sie mit Hilfe der *okkasionalistischen Hypothese*, derzufolge die dem psychophysischen Zusammenhang zugrunde liegende Ordnung auf Gott als der einzigen wahren Ursache beruht. Gott gilt darüber hinaus als Prinzip des Geschehens im materiellen Bereich, da unter Geulincx' Voraussetzungen alle Bewegung von einem von der Materie verschiedenen, somit immateriellen Grund, als der im Rahmen seiner Metaphysik nur Gott in Betracht kommt, hervorgerufen sein muß.[24] Hierbei wird Gott nicht nur als erster Beweger verstanden, der der Materie im Augenblick der Schöpfung ein bestimmtes Bewegungsquantum mitgeteilt hat, sondern als Beweger schlechthin, dessen Wirkung jede beliebige Bewegung ist (II, 189). Es gibt demnach nur *eine* wahre Wirksamkeit, nämlich die bewußte, freie (d. i. autonome) Wirksamkeit Gottes.

Infolge der Leugnung von Wirkzusammenhängen im Bereich endlicher Dinge mußte Geulincx auch die kausale Theorie der Wahrnehmung ablehnen. Wir sehen nach seiner Auffassung die Dinge nicht, weil ein von ihnen ausgehender Reiz im Bewußtsein zur Wirkung gelangte – dies ist wegen der Wesensverschiedenheit von materiellem Reiz und bewußtem Eindruck ausgeschlossen –, sondern weil Gott sie uns sehen läßt. Der Mensch hat daher, sofern er materielle Dinge wahrnimmt, als das größte unter allen Wundern Gottes zu gelten (III, 36). Gott kann jedoch die Bewußtseinsinhalte, die er aus Anlaß (occasio) physischer Reise entstehen läßt, nicht direkt hervorrufen, da er einfach ist, während die psychischen Phänomene mannigfaltig sind. Er muß sich vielmehr eines vermittelnden Instruments bedienen, das eine Mannigfaltigkeit von Teilen enthält, nämlich des Leibes. An sich ist zwar der Leib als etwas Materielles zur Hervorbringung von Gedanken untauglich, wie oben festgestellt; als Instrument des göttlichen Wirkens soll er hierzu aber in der Lage sein (II, 151 sq.). Dies ist natürlich keine überzeugende Lösung der Schwierigkeit, da unter Geulincx' Voraussetzungen *jedes* Ding Instrument Gottes ist und daher als geeignet zu gelten hätte, im Bewußtsein Vorstellungen hervorrufen. Geulincx selbst hat darauf verzichtet, die fraglichen Zusammenhänge begreiflich zu machen. Namentlich ist seiner Überzeugung nach der psychophysische Zusammenhang unbegreiflich und unaussprechlich (III, 211). Er hat sich aber bemüht, das Unaussprechliche wenigstens in Bildern faßbar zu machen, so wenn er das Verhältnis zwischen dem Wollen einer bestimmten Bewegung (z. B. einer Hand) und der Ausführung dieser Bewegung mit dem Verhältnis zwischen dem Wunsch des Säuglings, gewiegt zu werden, und den von der Mutter bewirkten Bewegungen der Wiege verglich (III, 211). In beiden Fällen ist nicht der Wille die Ursache der Bewegung. Dieser Vergleich ist insofern nicht völlig angemessen, als er die Deutung nahelegt, Gott greife anläßlich bestimmter Vorgänge fallweise in das Geschehen ein. Tatsächlich darf die okkasionalistische Theorie bei

Geulincx nicht in dieser Weise interpretiert werden. Das, was in alltäglicher Sprechweise „Kausalität" heißt, ist vielmehr als reguläre Verbindung von Tatsachen bzw. Vorgängen zu verstehen. Sie gehört der allgemeinen gottgeschaffenen Wirklichkeitsordnung an, wobei spezielle invariante Zusammenhänge dem Zusammenhang zweier Uhren zu vergleichen sind, die auf Grund der Einrichtung der Uhrwerke gleichzeitig schlagen, ohne daß die eine auf die andere einwirkte (III, 212). Der Wille hat in bezug auf den Leib sozusagen kausale Geltung, weil diese ihm von Gott verliehen wurde (III, 33), so wie eine Münze als Zahlungsmittel Geltung hat, wenn ihm diese vom Gesetzgeber zuerkannt wird.[25]

Obwohl die okkasionalistische Umdeutung von Kausalbeziehungen ursächliche Beziehungen im allgemeinen betrifft, ist sie im Hinblick auf den psychophysischen Zusammenhang von besonderer Wichtigkeit, weil sie einen Beitrag zum Verständnis der *condicio humana*, namentlich der menschlichen Unfähigkeit, Wirkungen außerhalb des Ich hervorzubringen, leistet und damit den Menschen zur Geringachtung seiner selbst veranlaßt: Die *inspectio sui* dient in diesem Sinne der *despectio sui*. Sie hat demnach eine ethische Funktion.

c) Die Ethik

Im Mittelpunkt von Geulincx' Ethik, die als rationale Moralphilosophie verstanden werden will, steht die Lehre von der Tugend als *„Liebe der rechten Vernunft"* (III, 9). Unter „Liebe" wird hierbei nicht die affektive, sondern die rationale Liebe verstanden, die als fester Vorsatz, zu tun, was die Vernunft vorschreibt, die Tugend konstituiert und die im Hinblick auf das moralische Handeln „effektive Liebe" heißt (III, 10). Die Tugend beruht nach Geulincx weder auf Selbstliebe noch auf Nächstenliebe noch auf Gottesliebe, sondern auf Vernunftliebe, die Gehorsamsliebe (III, 163: amor obedientiae) ist, sofern sie den Gehorsam gegenüber dem Vernunftgebot bewirkt. Sofern die allgemeine Vernunft, der die moralischen Normen entspringen sollen, ihren Grund in Gott hat, ist die Liebe zur Vernunft indirekt allerdings auch Liebe zu Gott. Demgemäß hat als oberstes praktisches Prinzip die Forderung zu gelten, Gott bzw. die Vernunft zu lieben und alles andere zu verachten (III, 15). Daneben stellte Geulincx ein moralisches Prinzip auf, das im Unterschied vom soeben genannten formal ist, sofern es die Form des sittlichen Wollens betrifft; es lautet: „Wo du nichts vermagst, da sollst du auch nichts wollen" (III, 155), oder auch „Nichts soll vergeblich getan werden" (III, 164). Die Formulierung dieses Prinzips setzt die Kenntnis der *condicio humana* voraus, weshalb nach Geulincx die Selbsterkenntnis Voraussetzung der Ethik ist.

Wenn Geulincx gelegentlich erklärt, die gesamte Ethik lasse sich aus der Selbsterkenntnis ableiten, so behauptet er Unmögliches, da sich aus Sätzen über die Natur des Menschen Imperative nicht deduzieren lassen. Die Ableitung spezieller ethischer Normen erfolgt nicht ausgehend von der Feststellung, daß wir außerhalb unseres Ich nichts wirksam wollen können, sondern ausgehend von der Forderung, daß wir in diesem Bereich nichts wollen *sollen*. Wenn von bestimmten Dingen erkannt wird, daß sie nicht wirksam gewollt werden können, dann *sollen* sie auch nicht gewollt werden, bzw. sie sind unter Geulincx' Voraussetzungen als moralisch verwerflich zu betrachten. Ein solches Ziel ist z. B. die willkürliche Auflösung der *condicio humana,* d. i. der Verbindung von Leib und Seele, durch den Suizid, der sich somit als unmoralisch erweist.[26] Wir sollen vielmehr alles für die Erhaltung des Lebens Nötige tun, also für unseren Lebensunterhalt sorgen, ohne jedoch unseren individuellen Bedürfnissen mehr Aufmerksamkeit zu schenken, als der Vernunft entspricht. Umgekehrt darf kein Widerstand geleistet werden, wenn uns Gott aus der *condicio humana* abberuft.

Diese Ableitung bzw. Begründung moralischer Imperative ist bedenklich. Da wir nach der zugrunde liegenden Theorie überhaupt nichts außerhalb des Ich wirksam wollen können, scheint jegliches auf bewußtseinstranszendente Ziele gerichtete Wollen als unmoralisch gelten zu müssen, auch das Wollen jener Mittel, die der – sittlich geforderten – Selbsterhaltung durch den Broterwerb dienen. Und umgekehrt: Wenn angenommen wird, daß der über das Ich hinauszielende Wille ohnmächtig ist, dann kann er auch höchstens unnütz sein und z. B. die Auflösung der *condicio humana* im Suizid[26] gar nicht bewirken. Man wird daher annehmen dürfen, daß die angedeuteten Begründungsversuche – und dasselbe gilt erst recht für die Rechtfertigung speziellerer Imperative, wie z. B. des Verbots, ohne triftigen Grund den Beruf zu wechseln – untaugliche Ansätze einer Begründung vorausgesetzter Normen sind. Im Hintergrund steht hierbei immer der nicht mehr gerechtfertigte Gedanke der Geringachtung seiner selbst bzw. der Auslieferung seiner selbst an Gott, dem der Mensch angehört (III, 37).

In diesem Zusammenhang erhalten jene Wendungen der wahren Metaphysik ihren vollen Sinn, in denen Geulincx die Abhängigkeit des Menschen von Gott in einer an die Schwelle des Pantheismus heranführenden Weise betont. Wir sind, wie er erklärt, aus Gott und gehören zu Gott. Wir sind, wie er in einem Bilde sagt, gleichsam Rinnsale aus jenem großen Ozean, der die Gottheit ist; daher ist unser Geist in bezug auf seine Wesenheit von Ewigkeit her, wie Gott selbst, weil er gleichsam ein Teilchen Gottes ist (II, 269). Solche Metaphern dienen dazu, die absolute Überlegenheit der göttlichen über die beschränkte menschliche Macht zu betonen, nicht dazu, eine pantheistische Konzeption nahezulegen.

Die Kardinaltugenden, die im ersten Traktat der „Ethik" erörtert werden, sind Bestimmungen der Tugend überhaupt (proprietates virtutis) (III, 17) bzw. Eigenschaften der sittlichen Handlung als solcher (III, 153). Wenn Geulincx *Fleiß* (diligentia), *Gehorsam* (obedientia), *Gerechtigkeit* (justitia) und *Demut* (humilitas) als Kardinaltugenden unterscheidet, dann ist der Zusammenhang mit dem Begriff der Tugend im allgemeinen, die als Vernunftliebe definiert ist, leicht zu erkennen. Wer nämlich die Vernunft liebt, hört eifrig auf sie, er gehorcht ihren Geboten, vermeidet jedes Zuviel und Zuwenig (was die Gerechtigkeit ausmacht) in den vernunftgebotenen Handlungen und achtet sich selbst aus Liebe zur Vernunft gering. Die Demut oder Geringachtung seiner selbst steht in dieser Aufzählung zwar an letzter Stelle; in Wirklichkeit ist sie aber Voraussetzung der ersten drei Kardinaltugenden. Streng genommen gibt es nur *eine* Tugend, und von Tugenden im Plural kann nur im Sinne von Tugendpflichten gesprochen werden, die entweder absolute oder von wechselnden konkreten Bedingungen abhängige relative Pflichten (denen partikuläre Tugenden entsprechen) sind (cf. III, 66). Zu den letzteren gehören Tapferkeit und Mäßigkeit, die also nicht mehr wie in der auf die Antike zurückgehenden ethischen Tradition als Kardinaltugenden gelten.

Wie die Kategorien des Verstandes nicht als Bestimmungen der Dinge an sich gelten können, so dürfen auch „*gut*" und „*schlecht*" nicht als Wesensbestimmungen von Gegenständen gelten, sondern nur als äußere Bezeichnungen, durch die nichts in der bezeichneten Sache gesetzt wird (III, 99). „Gut" heißt etwas, das geliebt, „schlecht", das abgelehnt wird. Unabhängig von unserem Lieben und Ablehnen gibt es somit nichts Gutes oder Schlechtes. „Sittlich gut" heißt etwas, das wir lieben, weil die Vernunft es gebietet (III, 102). Damit ist bereits gesagt, daß wir das sittlich Gute nicht um eines äußeren Lohnes willen erstreben. Die Freundschaft mit Gott und anderen moralisch guten Menschen (III, 121), die damit verbundene Glückseligkeit und der innere Friede, die Geulincx als Lohn der Tugend betrachtete, sind keine äußeren Belohnungen. Darum ist für ihn (wie für Spinoza) der Lohn der Tugend letztlich die Tugend selbst (III, 132).

Geulincx war ein origineller Denker, den man weder als bloßen Cartesianer begreifen noch zu einer Randfigur der zeitgenössischen Philosophie degradieren darf, wie es auch nicht angeht, ihn zugunsten des ihm zeitlich und räumlich nahen Spinoza, mit dem er im Hinblick auf das Verhältnis des Endlichen und des Unendlichen gelegentlich übereinzustimmen scheint, in den Hintergrund treten zu lassen.[27] Geulincx war auch nicht nur der Ideologe einer bestimmten religiösen Strömung, so sehr er von jansenistisch-kalvinistischen Ideen beeinflußt war. Verfehlt wäre es auch, ihn einseitig als Mystiker zu sehen, obwohl ihn mit der Mystik der Gedanke der Unbegreiflichkeit des Welt- wie des Seelengrundes verbindet. Mindestens ebenso wichtig wie seine okkasionalistische Theorie ist seine Kritik an der herkömmlichen aristotelisch-scholastischen Ontologie bzw. seine Umdeutung der Kategorien zu Formen des subjektiven Denkens und Sprechens. Sein philosophiegeschichtlicher Platz erscheint in erster Linie durch diese Kritik bestimmt, die auf jeden Fall bemerkenswert ist, man mag sie im übrigen vom aristotelischen Standpunkt aus als destruktiv oder vom transzendentalphilosophischen Standpunkt aus als konstruktiv bewerten, wie es im Zusammenhang der Debatte über seine Bedeutung geschehen ist.

4. Nicolas Malebranche

a) Leben und Werke

Malebranche, der nicht nur Philosoph, sondern gleichzeitig auch ein bedeutender Theologe war, wurde 1639 in Paris geboren.[28] Nachdem er seine erste Ausbildung wegen seiner schwachen Konstitution im Elternhaus erhalten hatte, begann er als Sechzehnjähriger mit dem Studium der Theologie und der Philosophie, die er zunächst in Form des Aristotelismus kennen lernte, ohne sich innerlich angesprochen zu fühlen. Der religiös gestimmte, zu einem Leben der Meditation neigende junge Mann trat 1660 in die Kongregation der Oratorianer ein und bereitete sich mit großem Ernst auf das Priestertum vor.[29] Obwohl verschiedene Mitglieder des Ordens philosophisch aufgeschlossen waren und obwohl Louis de La Forge (s. Abschn. 2) Beziehungen zum Oratorium unterhielt,[30] wurde Malebranche nicht durch Einflüsse seiner Umgebung, sondern durch Zufall zum Philosophen. Im Jahre 1664, in dem er zum Priester geweiht wurde, stieß er eines Tages auf Descartes' „Traité de l'Homme",[31] von dem er nachhaltig beeindruckt wurde. Wie manche andere zeitgenössische Theologen glaubte er zu erkennen, daß der Cartesianismus ein geeigneteres philosophisches Fundament der Theologie sei als der Aristotelismus. Um sich mit Descartes' Philosophie angemessen auseinandersetzen zu können, sah er sich gezwungen, seine philosophischen, mathematischen und wissenschaftlichen Kenntnisse zu erweitern, was ihn jahrelang in Anspruch nahm. Hierbei richtete sich seine Aufmerksamkeit vor allem auf jene Elemente der Cartesianischen Metaphysik, zu denen es Entsprechungen im Denken Augustins gab. Wie Clauberg, Cordemoy, La Forge und Geulincx, deren Werke er kannte, war auch er mit Descartes' Versuch einer Lösung des psychophysischen Problems nicht einverstanden, weshalb er wie diese die okkasionalistische Lösung wählte. Das erste Ergebnis seiner philosophischen Bemühungen war ein breit angelegtes Werk mit dem Titel „De la Recherche de la Vérité", dessen erster Band, an dem er 1669 zu arbeiten begonnen hatte, 1674 erschien.[32] Ein zweiter folgte 1675, ein dritter und letzter 1678. In diesem trat er in Form von Erläuterungen (Eclaircissements) einer Reihe von Einwänden entgegen, die inzwischen laut geworden waren, so wie er schon in der Einleitung zum zweiten Band auf gewisse Kritiken geantwortet hatte. (Er erlebte noch fünf weitere Auflagen, die letzte 1712.) In den folgenden Jahren erschienen (neben verschiedenen theologischen Schriften) in rascher Folge die „Conversations chrétiennes" (1676), der „Traité de la Nature et de la Grâce" (1680), die „Méditations chrétiennes" (1683), der „Traité de Morale" (1683), die „Entretiens sur la Métaphysique et sur la Religion" (1688) sowie verschiedene wissenschaftliche Abhandlungen, unter ihnen die „Reflexions sur la Lumière" (1699) und die Abhandlung „Des Loix de la Communication des Mouvements" (1682), die eine von Leibniz kritisierte und daher von Malebranche später modifizierte Theorie des Stoßes enthielt.[33]

Die in diesen Werken entwickelten Ansichten stießen auf Widerspruch von seiten der Theologen und der Philosophen, so daß sich Malebranche trotz seines irenischen Temperaments in langwierige Auseinandersetzungen verwickelte. Die größte Bedeutung kommt in diesem Zusammenhang der Kontroverse mit Arnauld zu, die Malebranche in mehreren Bänden zusammenfaßte und veröffentlichte.[34]

Malebranche kann, ungeachtet seiner cartesianischen Anfänge, nicht mehr als Cartesianer im engeren Sinne bezeichnet werden, und zwar nicht nur wegen mancher Differenzen im Detail – außer der von allen Okkasionalisten abgelehnten Theorie der psychophysischen Wechselwirkung bzw. der Cartesianischen Konzeption der Kausalität im allgemeinen verwarf Malebranche z. B. Descartes' Lehre von der Abhängigkeit der Wahrheiten vom Willen Gottes und die Annahme eingeborener Ideen –, sondern wegen seiner grundsätzlich andersartigen Orientierung des philosophischen Denkens im allgemeinen. Während Descartes der Metaphysik die Aufgabe der Rechtfertigung des realistischen Erkenntnisanspruchs (vor allem der mathematischen Naturwissenschaft) zugewiesen hatte, bediente sich Malebranche der Metaphysik zur Fundierung des religiösen Dogmas und der religiösen Moral. Dieser *Primat der Theologie* wurde in dem Maße deutlicher, in dem er die anfänglichen Cartesianischen Anstöße verarbeitete. Daher ist es nicht erstaunlich, daß seine Abhängigkeit von Descartes im Verlauf seiner weiteren gedanklichen Entwicklung sukzessive schwächer wurde. An die Stelle der Cartesianischen Erkenntnismetaphysik trat eine Erkenntnistheologie, in deren Rahmen Erkenntnis als Erleuchtung durch Gott, als Schau der Wahrheit in Gott und damit als Gottesschau gedeutet wird. Da Malebranche die Möglichkeit der Gottesschau nur unter der Voraussetzung der wesentlichen Vereinigung von endlichem und unendlichem Geist begreifen zu können meinte, mündete seine Spekulation in den mystischen Gedanken der Einheit allen Seins. Obwohl seine im engeren Sinne philosophischen Überlegungen und seine theologischen Spekulationen über den Grund der Weltschöpfung, über das Verhältnis der göttlichen Personen zueinander, über die Erbsünde u. ä. in seinem Denken eng zusammenhängen, sind diese letzteren nicht so sehr in einer Geschichte der Philosophie als vielmehr in einer Geschichte der Theologie zu erörtern. Das gilt auch für seine Auseinandersetzungen mit Fénelon, Bossuet und anderen zeitgenössischen Theologen.[35]

Im Bereich der Wissenschaftsgeschichte ist Malebranche einerseits als empirischer Psychologe, andererseits als Anreger im Bereich der Mathematik (namentlich im Hinblick auf die Infinitesimalrechnung, mit der er sich intensiv auseinandersetzte) und im Bereich der mathematischen Naturwissenschaft von Bedeutung. In der Académie française, deren Mitglied er wurde, entstand ein Malebranchistischer Kreis, der sich mit Problemen der zuletzt genannten Art auseinandersetzte.[36]

Malebranches Erkenntnismetaphysik wurde immer wieder mit den entsprechenden Auffassungen bei Spinoza und Berkeley verglichen. Der Philosoph selbst war, ungeachtet gewisser unübersehbarer Berührungspunkte, stets bemüht, seine Ansichten von denjenigen der Genannten abzugrenzen. Am 13. 10. 1715 starb Malebranche nach einem äußerlich undramatischen Leben im Hause seines Ordens in Paris.

b) Die Erkenntnislehre

Malebranche entwickelte auf der Grundlage der Cartesianischen Metaphysik und Physik – einschließlich der Physik des menschlichen Organismus – eine Erkenntnislehre, deren Abhängigkeit von Descartes deutlich zutage tritt. In seiner Wahrnehmungspsychologie und -physiologie gelangte er zu der klaren Einsicht in die Relativität aller auf Grund von Wahrnehmungsdaten gefällten Urteile (I, 94 sqq.) und entwickelte eine Theorie der Projektion von Wahrnehmungsvorstellungen in die Außenwelt, bei welcher die Annahme von „natürlichen", d.h. auf Grund unserer psychophysischen Konstitution unwillkürlich gefällten sogenannten Wahrnehmungsurteile (jugements des sens)[37] eine wesentliche Rolle spielt (I, 155 sqq). Die impliziten Wahrnehmungsurteile sind im Unterschied von freigefällten und somit prinzipiell hemmbaren Urteilen streng genommen weder wahr noch falsch. Sie können auch nicht zum Ausgangspunkt eines Beweises zugunsten des erkenntnistheoretischen Realismus gemacht werden, der nach Malebranche rational überhaupt nicht begründbar ist.

Wegen der grundsätzlichen Unsicherheit aller auf Wahrnehmung und Imagination gestützten Urteile besteht nur dann Aussicht auf irrtumsfreies Erkennen, wenn es gelingt, das Urteil von empirischen Einflüssen unabhängig zu machen und nicht nur den Einfluß von möglicherweise täuschenden Wahrnehmungen, sondern auch die Wirkung von Vorurteilen, Neigungen und Affekten auszuschalten. Selbst wenn dies gelingt, ist nur eine notwendige Bedingung der Erkenntnis erfüllt, da auch Urteile des reinen Verstandes irrig sein können. Wegen der Endlichkeit unseres Erkenntnisvermögens vermag der Verstand immer nur eine beschränkte Anzahl von Objekten zu überschauen und nur relativ einfache Zusammenhänge zu durchschauen. Urteilt der Verstand daher über einen zu weiten, nicht hinreichend analysierten Zusammenhang von Beziehungen, so entbehrt er der klaren Einsicht in das Beurteilte und ist daher der Gefahr des Irrtums ausgesetzt (I, 404 sqq.)

Wie Descartes nahm Malebranche an, daß die Erkenntnis materieller Gegenstände (allerdings nur dieser) durch Ideen vermittelt sei. Unter „*Idee*" verstand er aber abweichend von Descartes nur das unmittelbare Objekt des vorstellenden Bewußtseins (I, 414), nicht den Bewußtseinsakt bzw. die Modifikation des Bewußtseins, die er „Perzeption" nennt. Descartes' Einteilung der Ideen in *ideae adventitiae*, *ideae factitiae* und *ideae innatae* ist unter Malebranches Voraussetzungen unhaltbar. Ideen können nicht (z.B. durch *species*) von den Dingen hervorgerufen werden, da eine Erzeugung von Ideen durch etwas Materielles wegen der Heterogeneität des Geistigen und des Materiellen ausgeschlossen ist. Sie können auch nicht vom Subjekt hervorgebracht sein, da der Geist kein spontanes Vermögen ist, sondern sich gegenüber den Ideen rein rezeptiv verhält (I, 422 sqq.). (Auf den allgemeineren Grund dieser Auffassung, nämlich die Leugnung der Wirkursächlichkeit im endlichen Bereich, wird unten einzugehen sein.) Die Ideen können schließlich dem Subjekt nicht eingeboren sein, da die innatistische Theorie nicht ohne die Annahme unendlich vieler eingeborener Ideen auskommt und damit gegen das Einfachheitsprinzip verstößt, demzufolge alles auf möglichst einfache Art geschieht und daher auch in einfachster Weise zu erklären ist. Gott kann jene Erkenntnisse, die mit Hilfe der Annahme eingeborener Ideen erklärt werden sollen, auf einfachere Weise zustande bringen, indem er nämlich dem Subjekt nicht unendlich viele, sondern nur die jeweils benötigten Ideen zur Verfügung stellt. Gott läßt uns die Ideen schauen, die in ihm sind, wobei jedoch dem endlichen Geist nur endlich viele Ideen zugänglich sind. Auch nach Malebranches Auffassung muß eine Unendlichkeit von Ideen vorausgesetzt werden, um erklären zu können, daß wir z. B. beliebig viele verschiedene Dreiecke willkürlich denken können. Wir können nämlich nichts denken wollen, ohne es in bestimmter Weise schon zu kennen. Die unendliche Mannigfaltigkeit von Ideen braucht aber nicht dem endlichen Geist zugeschrieben zu werden, da es genügt, sie Gott zuzuschreiben. Später hat sich Malebranche, wie unten auszuführen, von der Annahme distanziert, daß jedes Ding und jeder Gedanke eines Dinges ein Paradigma in Gott haben müsse.[38]

Die angedeutete Einfachheitsüberlegung, derzufolge Gott stets auf die einfachste Weise wirkt, weshalb von allen Möglichkeiten, die Entstehung von Ideen zu erklären, die einfachste, nämlich die Theorie der *Schau der Ideen in Gott*, zu wählen ist, ist nicht evident, sondern nur wahrscheinlich (so wie die abgelehnten Auffassungen nicht als schlechthin falsch, sondern nur als unwahrscheinlich dargestellt werden): „Da ... Gott bloß dadurch die Seele alles sehen lassen kann, daß er will, sie sehe das, was in ihr selbst angetroffen wird, d. i. was sich in ihm selbst befindet und in Beziehung auf die Dinge steht, nämlich diese repräsentiert, so ist nicht die geringste Wahrscheinlichkeit vorhanden, daß er es auf eine andere Art tun werde ...“ (I, 438). Um seine Ansicht zu stützen, berief sich Malebranche auf eine Reihe von parallelen Äußerungen des hl. Augustinus (XII, 10 sqq.). Außerdem wies er in der für ihn charakteristischen Weise auf die praktisch-religiöse Bedeutung seiner Theorie hin, die er eben darum für die richtige hielt: Seiner Ansicht nach trägt die von ihm vorgeschlagene Erklärung besser als jede andere der Abhängigkeit der geschaffenen Geister von Gott Rechnung (I, 439). Sie fördert daher die durch den Glauben geforderte Unterordnung unter Gott, die dem Verhältnis von menschlicher Ohnmacht und göttlicher Allmacht entspricht.

Malebranches erkenntnismetaphysische Konstruktion hat aber zugleich einen *epistemologischen Zweck*: Sie dient der Begründung der Möglichkeit allgemeingültiger Erkenntnis, die nach rationalistischer Überzeugung ein denkunabhängiges Allgemeines voraussetzt. Deshalb betonte Malebranche die Selbständigkeit des gedachten Inhalts gegenüber dem Denkakt (des *Noema* gegenüber der *Noesis*, wie Husserl sagen sollte) und interpretierte den Denkinhalt als ewige und notwendige, im Wesen Gottes gründende und daher von dessen Willen unabhängige Idee, die das endliche Subjekt in Gott schaut. In diesem Sinne erklärte er z. B. von den mathematischen Beziehungen, man erkenne evident, daß ihre Natur unveränderlich, notwendig und ewig sei (III, 133). Andernfalls wären mathematische Sätze bloß konventionelle Wahrheiten und als solche nur relativ gültig, was mit der absoluten Geltung mathematischer Wahrheiten unvereinbar ist. Aus demselben Grund dürfen die Ideen, die unseren allgemeingültigen Urteilen zugrundeliegen, auch nicht als Bewußtseinsmodifikationen aufgefaßt werden, wie Malebranche gegen Arnauld argumentierte. Um dem Charakter mathematischer wie wissenschaftlicher Wahrheiten Rechnung zu tragen, muß eine ewige Ordnung der Wahrheit angenommen werden, d. h. eine objektive Vernunft, die allgemein und unendlich ist und mit der der endliche erkennende Geist in Verbindung steht (III, 133). Das hier von den mathematischen Ideen Gesagte gilt nach Malebranche von Ideen im allgemeinen: Sie sind streng genommen nicht *unsere,* sondern *Gottes Ideen* und daher nur in ihm zu schauen.

Malebranches Argumentation ist von Voraussetzungen abhängig, die alles andere als selbstverständlich sind. Zunächst ist festzustellen, daß seine Kritik an der Annahme eingeborener Ideen auf deren Deutung als *aktualer* Ideen beruht (cf. I, 431 sq.) und daher mindestens der von Descartes vertretenen Auffassung nicht gefährlich wird. Sodann ist die von Arnauld bemängelte Deutung der Idee als etwas zu berücksichtigen, das von uns gleichsam vorgefunden und angeschaut wird wie ein vom Bewußtsein prinzipiell unabhängiges Objekt. Die Idee wird hierbei, wie Arnauld bemerkte, zur Bedingung des Gegenstandsbewußtseins gemacht,[39] während sie doch in Wirklichkeit ein Moment des Bewußtseinsaktes ist.[40] Außerdem beruht Malebranches theoretische Konstruktion auf der Voraussetzung, daß dem Bewußtsein keinerlei Spontaneität zukomme. Wegen der angenommenen absoluten Ohnmacht des Subjekts muß das Erkennen als rein passiver Vorgang verstanden werden. Das Licht der Vernunft ist das göttliche Licht. Das Subjekt, das die Ideen weder enthält noch erzeugt, „sieht" sie nur, weil sie ihm von Gott „gezeigt" werden, wie Malebranche immer wieder betont hat.[41] Gott enthält die Ideen aller Dinge, da er die Dinge nicht hätte erschaffen können, wenn er deren Ideen nicht besäße. Gott als das Sein *(l'Etre universel)* enthält alle Seienden in intelligibler Weise. Schließlich hängt Malebranches Theorie der Erkenntnis als Schau der Ideen in Gott von der Annahme ab, daß zwischen dem erkennenden Subjekt und Gott eine Wesensverbindung besteht. So wie alle Dinge im Raum sind, so sind alle endlichen Geister im unendlichen göttlichen Geist; so wie der Raum der Ort der ausgedehnten Dinge ist, so ist Gott der *Ort der Geister (le lieu des esprits:* I, 437; cf. 447). Nur weil wir Gott kennen, der alle Dinge in der Einfachheit seines Seins enthält (I, 440 sq.), ist es uns möglich, unsere Aufmerksamkeit auf alles Beliebige zu richten. Begriffe endlicher Dinge zu bilden, ist uns nur dadurch möglich, daß wir den allgemeinen Begriff des Seins determinierend einschränken, von ihm sozusagen etwas abschneiden, wie Malebranche in wörtlicher Anlehnung an Descartes formulierte. Der Begriff des Seins ist also *früher* als die Begriffe endlicher Seiender (I, 441). Die besonderen Ideen sind Partizipationen an der allgemeinen Idee des Unendlichen (ib.). Aber obwohl wir in jeder besonderen Idee Gott erblicken, sehen wir die göttliche Substanz nicht absolut, sondern nur in bezug auf die Dinge, die an ihr teilhaben. Gott in der Einfachheit seines Seins ist für uns, die wir stets Seiendes im besonderen erkennen, unbegreiflich (I, 439).

Malebranche hat seine Theorie der Erfahrung auf so starke und anfechtbare Voraussetzungen gestützt wie kaum ein anderer Philosoph. Er hat zwar sein Erklärungsziel erreicht, aber um einen so hohen Preis, daß niemand sonst ihn zu entrichten bereit war. Als Erkenntnismetaphysiker fand Malebranche keine Nachfolger.[42]

c) Die intelligible Ausdehnung

Wenn der menschliche Geist, wie Malebranche annahm, nur erkennt, was er in Gott schaut, und wenn er (wie es offensichtlich der Fall ist) Ausgedehntes bzw. das Wesen der Ausdehnung erkennt, dann folgt, daß er auch die Ausdehnung als Gegenstand der Mathematik bzw. als Wesen der ausgedehnten Dinge (der Körper) in Gott erblickt. In der von Malebranche eingeschlagenen Richtung weiterdenkend, gelangt man also zu der Annahme, daß in Gott eine Idee der Ausdehnung als *Archetypus der Ausdehnung* endlicher Dinge vorhanden sein muß, und zwar als intelligible, unendliche Ausdehnung, da nichts in Gott sein kann, das nicht unendlich wäre. Die intelligible Ausdehnung gehört zum Wesen Gottes, ja sie ist in gewisser Hinsicht die Wesenheit Gottes und wird wie diese unmittelbar erfaßt (XV, 34). Wie die Idee des Seins ist nach Malebranche auch die Idee der Ausdehnung dem Geist unmittelbar gegenwärtig (XII, 42), und so wie wir Ideen von partikulären Seienden durch einschränkende Determination der Idee des Seins bilden, so bilden wir Ideen von bestimmten (geometrischen oder materiellen) ausgedehnten Gebilden, indem wir die Idee der Ausdehnung determinieren (XII, 42).

Malebranche unterschied scharf zwischen *intelligibler* und *materieller Ausdehnung* (X, 99). Die letztere ist geschaffen, sie hat einen Anfang und kann ein Ende haben; die intelligible Ausdehnung ist dagegen unendlich. Schreibt man der materiellen Ausdehnung Unendlichkeit zu, dann legt man ihr ein Attribut bei, das rechtens nur der intelligiblen Ausdehnung zukommt (X, 100). Hinsichtlich der Wesensstruktur muß zwar die materielle mit der intelligiblen Ausdehnung als ihrem Archetypus übereinstimmen, nicht jedoch hinsichtlich der Seinsweise; d.h. sie ist zwar teilbar, undurchdringlich und beweglich, nicht jedoch unendlich und ewig (X, 100)[43] wie die intelligible Ausdehnung, denn diese ist „die Unermeßlichkeit des göttlichen Wesens, an dem die körperliche Kreatur unendlich teilhaben kann" (X, 99). Die intelligible Ausdehnung ist die Substanz Gottes selbst, sofern sie die Materie repräsentiert bzw. sofern die Körper an ihr teilhaben können (XII, 24). Infolge ihrer Unendlichkeit kann die Idee der Ausdehnung nicht Modifikation des endlichen Geistes sein, den sie unendlich transzendiert (XII, 43), d. h. sie ist im Gegensatz zur Perzeption des Raumes vom Subjekt wesentlich unabhängig (XII, 45). Das gilt nicht nur für die Ausdehnung im allgemeinen, sondern auch für bestimmte Ausdehnungsverhältnisse, deren Ideen unendlich viele mögliche konkrete Fälle (z. B. konkrete Kreise) repräsentieren. In der Idee des Kreises denken wir also eine Unendlichkeit möglicher Kreise, obwohl wir immer nur endlich viele Kreise perzipieren können (XII, 57–58). So wie die Idee des Kreises unendlich viele mögliche Kreise repräsentiert, so repräsentiert die Idee der Ausdehnung unendlich viele mögliche Welten (X, 99; cf. V, 28). Gott hat diejenige von ihnen realisiert, die er mit Hilfe der einfachsten Bewegungsgesetze hervorbringen konnte bzw. erhalten kann und die in dieser Hinsicht die vollkommenste ist (V, 28). Mit der Lehre von der intelligiblen Ausdehnung, die erstmals im zehnten *Eclaircissement* zur „Recherche de la Vérité" entwickelt ist (1678),[44] wird die Annahme entbehrlich, daß für jedes ausgedehnte Gebilde ein Archetypus in Gott vorhanden sein müsse, wie Malebranche ursprünglich geglaubt hatte. Um die Allgemeingültigkeit und Notwendigkeit der die Struktur der Ausdehnung betreffenden Sätze zu begründen, ist es nach der modifizierten Auffassung nicht notwendig, eine unendliche Mannigfaltigkeit idealer Sachverhalte zu postulieren, sondern es genügt, die Objektivität der Struktur der Ausdehnung, die durch die Axiome der Geometrie beschrieben wird, vorauszusetzen, um die objektive Allgemeingültigkeit aller aus jenen Axiomen ableitbaren Sätze behaupten zu können.

Auch hier zeigt sich, wie hoch der Preis ist, den Malebranche entrichtet, um sein Begründungsziel zu erreichen. Da er annehmen zu müssen glaubte, daß die intelligible Ausdehnung wie jede intelligible Realität in Gott enthalten ist (XII, 45 sq.), sah er sich gezwungen, Gott als in gewissem Sinne ausgedehnt zu bezeichnen: „Die Ausdehnung . . . ist eine Realität, und im Unendlichen finden sich alle Realitäten. *Gott* ist somit *ausgedehnt*, ebenso wie die Körper, denn Gott besitzt alle absoluten Realitäten bzw. alle Vollkommenheiten. Aber Gott ist nicht in derselben Weise ausgedehnt wie die Körper" (XII, 182). Ungeachtet seiner „Ausgedehntheit" hat Gott nämlich nach Malebranches Ansicht keine Teile, während jeder materielle Körper aus Teilen besteht.

Obwohl Malebranche auf die Unterscheidung von Ausdehnung der Welt und „Ausdehnung" Gottes großen Nachdruck legte, sah er sich dem Vorwurf des Spinozismus ausgesetzt, den er nicht völlig zu entkräften vermochte, da es ihm nicht klarzumachen gelang, daß er Gott nicht wie Spinoza das Attribut der Ausdehnung zugeschrieben habe. Wenn er Gott als allgegenwärtig bezeichnet und dessen Ubiquität dahingehend erläutert, daß Gott nicht in der Welt als

seinem Werk, sondern diese in ihm enthalten sei, dann scheint er die Ausdehnung in der Tat als Attribut Gottes aufzufassen, zumal wenn er hinzufügt, Gott
sei nicht nur im Universum gegenwärtig, sondern auch jenseits desselben. Gott
ist, so betrachtet, der Ort der (materiellen) Geschöpfe (XII, 179), wie er in
anderer Hinsicht als Ort der Geister gilt. Die Versicherung, Gott sei nicht in
derselben Weise ausgedehnt wie die materiellen Dinge, konnte Kritiker wie
Arnauld und gewisse Angehörige des Jesuitenordens nicht zufriedenstellen, da
sie auch Spinoza zweifellos akzeptiert hätte. Auch durch die Betonung der
Unbegreiflichkeit der göttlichen Ausdehnung (XII, 180; cf. 184) erfolgt keine
wirksame Abgrenzung gegenüber dem Spinozismus. Die entscheidende Differenz gegenüber Spinoza liegt vielmehr in einer Glaubensüberzeugung: Nach
Malebranche ist die Welt und daher auch die Ausdehnung der Welt geschaffen,
während sie Spinoza für ebenso ewig erklärt hatte wie die göttliche Substanz
selbst.[45] Eine philosophische Abgrenzung gegenüber der Spinozanischen Auffassung hätte darin bestehen müssen, Gott das Attribut der Ausdehnung
abzusprechen. In diese Richtung scheint Malebranches Erklärung zu weisen,
Spinoza hätte geirrt, indem er die Dinge als Modifikationen der Ausdehnung
auffaßte. Tatsächlich seien aber nicht die Dinge, sondern nur die Ideen von
Dingen Modifikationen der intelligiblen Ausdehnung (XIX, 855; cf. 909), die
demnach selbst Idee sein zu müssen scheint, also nicht den Charakter eines
Attributs der göttlichen Substanz haben kann.

d) Ich, Gott, Welt

Hatte Descartes sein metaphysisches System auf die vorgeblich klaren und
distinkten Ideen des Ich und Gottes gegründet, so bestritt Malebranche, daß es
von Gott und vom Ich Ideen geben könne.[46] Eine Metaphysik als System von
Sätzen, die auf klaren Wesenseinsichten beruhen, ist unter seinen Voraussetzungen daher nicht möglich.[47] Folgerichtig betrachtete er das „Cogito ergo sum"
nicht mehr als erstes Prinzip. Seiner Ansicht nach kann es eine rationale
Erkenntnis des Ich wegen der Unmöglichkeit einer allgemeinen Idee „Ich"
nicht geben. Wir wissen von unserer Existenz auf Grund einer dunklen Empfindung *(sentiment)*, nicht auf Grund eines Begriffs, und schauen daher die Idee
unseres Selbst auch nicht in Gott. (Abweichend von dieser in der „Recherche"
vertretenen Auffassung hat Malebranche später doch Descartes' erstes Prinzip
in Form eines Schlusses mit dem Obersatz „Das Nichts hat keine Eigenschaften" akzeptiert. Cf. XII, 32.)
  So wie es vom Ich keine Idee gibt, so erfassen wir auch Gott nicht eigentlich
durch eine Idee, sondern wissen unmittelbar von ihm. Dieses *unmittelbare*
Wissen von Gott bedarf aber ebenso einer Explikation, wie der Glaube an ihn in
ein philosophisches Raisonnement zu übersetzen ist, gemäß Augustins
„Crede ut intelligas" oder Anselms „Fides quaerens intellectum".
  Wenn „Gott" als „Sein ohne Einschränkung" verstanden wird (z. B. XV, 4),

das Bedingung der Möglichkeit sowohl des Daseins als auch der Denkbarkeit von Seienden ist, dann muß der Seele, die immer denkt, das Sein unmittelbar gegenwärtig sein (I, 456). Wenn in jedem beliebigen Gedanken das Sein mitgedacht ist, bedarf es keines Beweises der Existenz Gottes oder des unendlichen Seins, sondern die Gottesbeweise haben nur die Funktion, die ursprüngliche unmittelbare Seinsgewißheit zu artikulieren und in einem Zusammenhang von Gründen und Folgen aussprechbar zu machen. Malebranche hat, indem er diese Auffassung vertrat, einen Gedanken aufgegriffen, der schon im Hintergrund der Cartesianischen Gottesbeweise stand, die Malebranche daher im wesentlichen billigen konnte.

Es fällt auf, daß Malebranche ungeachtet der angenommenen Unmittelbarkeit der Gottesgewißheit immer wieder von der Idee Gottes bzw. des Seins gesprochen hat,[48] allerdings, wie er betonte, immer nur im uneigentlichen Sinne, denn streng genommen wird das Sein nicht durch eine Idee repräsentiert (cf. I, 449). Gott als das Sein ist kein Seiendes, das wir uns durch Ideen zu vergegenwärtigen vermöchten. Seiende können sein oder nicht sein, Gott ist notwendig. Wenn das Unendliche nicht durch eine Idee repräsentiert wird, dann heißt das, daß es an sich geschaut wird, sobald wir es denken. Denken wir also an Gott, so existiert er (XII, 53). In gewissem Sinne entspricht diese Überlegung dem ontologischen Argument, wie Malebranche auch in der Tat erklärt, man könne die Wesenheit des Unendlichen nicht ohne seine Existenz, die Idee des Seins nicht ohne das Sein „sehen" (XII, 54); aber gegenüber den herkömmlichen Formen des ontologischen Gottesbeweises[49] besteht dennoch eine wichtige Eigentümlichkeit von Malebranches Überlegung in der Voraussetzung, daß sie nicht auf die Annahme einer Idee Gottes im eigentlichen Wortsinn gestützt werden könne.

Ähnlich wie Descartes hat auch Malebranche,[50] der weit davon entfernt war, alle Gottesbeweise auf einen einzigen zu reduzieren, argumentiert, das Unendliche, das der endliche Geist denkt, könne diesem eben wegen seiner Endlichkeit nicht angehören, müsse also unabhängig von ihm existieren (XV, 6–7). Besonderen Nachdruck legte er auf folgendes Argument: Da an der Tatsache der Wahrnehmung nicht gezweifelt werden kann und da der Gegenstand in der Wahrnehmung durch Ideen repräsentiert wird, die weder von den materiellen Dingen verursacht noch vom Subjekt hervorgebracht sein können (siehe Abs. b), ist auf Gott als ihren Urheber zurückzuschließen (XV, 9). Gott ruft die Ideen in uns hervor, indem er uns durch sein Wesen berührt, denn der menschliche Geist kann nur erfassen, womit er in Kontakt ist (XV, 19).

Die Voraussetzung der Subjektunabhängigkeit der Wahrnehmungen läßt sich mit psychologischen Gründen stützen: Die Wahrnehmungsideen entstehen nach bestimmten Gesetzmäßigkeiten, deren wir uns im Augenblick der Wahrnehmung nicht bewußt sind und die wir, selbst wenn wir sie vor Augen hätten, wegen ihrer Komplexität nicht in der kurzen Zeit des Zustandekommens einer Wahrnehmungsidee anwenden könnten. Wenn wir z. B. einen Kreis als

Kreis wahrnehmen, obwohl sein Netzhautbild aus Gründen der Perspektive elliptisch ist, so werden die Gesetze der Projektion berücksichtigt. Da das in unbewußter Weise und außerdem in allerkürzester Zeit geschieht, kann es sich, wie Malebranche meinte, nicht um eine Leistung des endlichen, sondern nur um eine solche des unendlichen Intellekts oder Gottes handeln (XV, 15). Er hielt es auf Grund solcher Überlegungen für erwiesen, daß auch die Wahrnehmungsideen nicht vom endlichen Subjekt, sondern immer von Gott hervorgebracht werden.

Eine Möglichkeit, die Existenz Gottes zu beweisen, ergibt sich unter Malebranches Voraussetzungen auch auf Grund der Tatsache, daß ungeachtet der Wesensverschiedenheit von Körper und Geist ein *psychophysischer Zusammenhang* vorliegt, der in einer gesetzmäßigen Verbindung von geistigen und körperlichen Vorgängen besteht. Diese Verbindung muß auf Gott zurückgeführt werden, der mithin existieren muß. Wo es Malebranche um leichte Faßlichkeit des Gedankengangs ging, trug er ihn nicht in abstrakter Form vor, sondern bezog sich auf konkrete psychophysische Zusammenhänge, so z. B. im ersten Gespräch der „Conversations chrétiennes" auf die Tatsache, daß wir in der Nähe eines Feuers, das wärmen oder verbrennen kann, angenehme oder Schmerzempfindungen erleben, deren Ursache weder das Feuer noch unser Geist, sondern nur Gott sein kann. Grundsätzlich kann jede Wirkung Gottes zum Ausgangspunkt eines Gottesbeweises *a posteriori* gemacht werden, und da Gott in allem Geschehen wirksam ist, gibt es zahllose solche Ausgangspunkte. Malebranche erkannte jedoch den aposteriorischen Beweisen nur untergeordnete Bedeutung zu; entscheidend ist in seinen Augen jener erfahrungsunabhängige Beweis, der, wie oben gesagt, nur die einfache Seinsgewißheit expliziert, die unaufhebbare Bedingung des Gegenstandsbewußtseins ist.

Während es daher eines Gottesbeweises prinzipiell nicht bedarf, ist ein philosophischer Beweis der *Existenz materieller Dinge* grundsätzlich unmöglich, wie Malebranche in paradoxer Umkehrung der gängigen Ansicht meinte. Die Welt existiert nur, weil Gott es so gewollt hat, und da das Prinzip des göttlichen Wollens nicht einsichtig ist, kann auch der Zusammenhang zwischen diesem Prinzip und der Existenz der Welt nicht als notwendig eingesehen werden. Ein zwingender Beweis der Existenz der Welt, der diese aus ihrem Prinzip ableitete, ist daher unmöglich (XII, 137). Die natürliche realistische Einstellung, von der der Cartesianische Beweis einer denkunabhängigen Außenwelt ausgegangen war, legt zwar die Annahme der Existenz materieller Dinge nahe, erlaubt aber nicht, sie zu demonstrieren (IV, 83). Ein Beweis im weiteren Sinne ist aber möglich, d. h. eine Argumentation, unter deren Prämissen auch Glaubenssätze vorkommen. Wir können m. a. W. von der Welt nur insofern wissen, als sie uns von Gott geoffenbart wird (XII, 37), sei es in der natürlichen, sei es in der biblischen Offenbarung. Die natürliche „Offenbarung" erfolgt durch die Empfindungen, die uns der Existenz einer Körperwelt vergewissern, nicht aber besondere Körper erkennen lassen. Von der Existenz der Erde mit allen ihren Lebewesen und der Existenz des Sternenhimmels wissen wir nur auf Grund der Bibel, die uns lehrt, daß Gott Himmel und Erde erschaffen habe. Ohne diesen „Beweis", der offensichtlich kein philosophisches, sondern ein theologisches Argument ist, bleibt die Annahme widerspruchsfrei möglich, daß wir in einer Welt von Ideen leben, die zwar Ideen von ausgedehnten, materiellen Dingen sind, ohne daß die Existenz solcher Dinge, die durch die Ideen repräsentiert würden, bewiesen werden könnte.[51] Von hier aus ist es nur noch ein Schritt zur Ansicht Berkeleys, der den Realismus nicht einmal mehr, wie es Malebranche tat, als hypothetische Theorie gelten lassen wollte, sondern die Existenz einer denkunabhängigen materiellen Welt kategorisch negierte.

Wenn ein stringenter Beweis zugunsten der Existenz materieller Dinge unmöglich ist, dann scheint auch die Ordnung der Dinge nicht a priori bestimmt werden zu können, sondern nur mit Hilfe von Erfahrungsdaten. Ein Versuch wie der von Descartes angestellte, die Stoßgesetze unabhängig von der Beobachtung abzuleiten, ist daher nach Malebranches Überzeugung zum Scheitern verurteilt. Malebranche konnte (wie vor ihm schon Huygens) zeigen, daß die Cartesianischen Stoßgesetze falsch sind, weil sie ohne Berücksichtigung der Stoßrichtung formuliert wurden. (Malebranche hat allerdings auch die Stoßgesetze in rein theoretischer Weise formuliert, da er keine Möglichkeit der empirischen Überprüfung hatte. Er hielt die von ihm aufgestellten Gesetze aber nicht für a priori wahr, wie sich darin zeigt, daß er sie unter dem Eindruck der Leibnizschen Kritik mehrfach umformulierte.) Auch vom Cartesianischen Satz der Erhaltung des Bewegungsquantums (m.v. = konst.), den er zunächst akzeptiert hatte, distanzierte er sich später und schloß sich Leibnizens Annahme der Konstanz der lebendigen Kraft an (m.v^2 = konst.).[52] Gegenüber Newtons Kraftbegriff, in dem er eine okkulte Qualität zu erkennen meinte, hegte er starke Vorbehalte. In der Farbenlehre nahm er den später von Newton vorgetragenen Gedanken vorweg, daß Unterschiede der Farben auf Unterschiede der Lichtfrequenz zurückzuführen seien.

Ich, Gott und *Welt* werden unter Malebranches Voraussetzung auf verschiedene Weise erfaßt: Von uns selbst wissen wir auf Grund von *Empfindung*, von Gott auf Grund von (unmittelbarer) *Einsicht* und von der Welt wissen wir in indirekter Weise auf Grund von *Einsicht und Empfindung*. Da die Erkenntnis der materiellen Wirklichkeit Beziehungen zwischen Ideen und Dingen voraussetzt, die niemals evident einsichtig sind, können die Sätze der Realwissenschaft niemals den Charakter der Evidenz haben, der nur Einsichten in Beziehungen zwischen Ideen zukommt, und daher nur im Bereich der Ideal-, nicht der Realwissenschaften anzutreffen ist.

e) Die okkasionalistische Hypothese

Malebranche übernahm von früheren Okkasionalisten wie Cordemoy (siehe Abschn. 1) die Modifikation der Cartesianischen Theorie der Kausalität, der zufolge nur in bezug auf Gott von Wirkursächlichkeit gesprochen werden kann, während alle Ursachen im endlichen Bereich nur Anlässe oder Gelegenheiten für das Wirken der ersten Ursache oder Gottes sein sollen. Ausgehend von dem schroffen Dualismus von Geist und Materie, den er von Descartes übernommen hatte, argumentierte Malebranche in Anlehnung an Geulincx, daß wir von Wechselwirkung nicht sprechen könnten, wo ein Zusammenhang nicht *begriffen* werden könne (cf. XII, 153). Wenn wir willkürlich eine körperliche Bewegung ausführen, wissen wir im allgemeinen nicht, welche physiologischen Prozesse hierbei ablaufen, wie umgekehrt ein Reiz im Sensorium eine Empfindung nach sich zieht, ohne daß der Empfindende von den Vorgängen im Nervensystem wüßte.

Nichtsdestoweniger ist am Leib-Seele-Zusammenhang nicht zu zweifeln. Wenn er nicht als Zusammenhang auf Grund von Wechselwirkungsbeziehungen aufzufassen ist, dann bleibt nach Malebranche nur die Möglichkeit, ihn als Zusammenhang auf Grund gesetzmäßiger Zuordnung von psychischen und physischen Vorgängen zu begreifen. Diese Zuordnung ist auf Gott zurückzuführen, der als der Gesetzgeber der Schöpfung auch die Gesetze des psychophysischen Zusammenhangs festgesetzt hat. Er wirkt demnach nicht in Form eines fallweisen Eingreifens, sondern auf Grund unveränderlicher Dekrete (XII, 96).

Die Lösung des psychophysischen Problems stellt bei Malebranche nur einen Anwendungsfall der allgemeinen *okkasionalistischen Theorie der Kausalität* dar, derzufolge kein Geschöpf eine ihm eigene Wirksamkeit ausübt, sondern nur Anlaß für das unverbrüchlichen Gesetzen unterworfene Wirken Gottes bietet. Die entgegengesetzte Auffassung galt Malebranche nicht nur als falsch, sondern geradezu als widerspruchsvoll. Wollte man z. B. annehmen, daß ein Körper, der ruht, weil Gott es so will, von einem anderen Körper in Bewegung gesetzt wird, dann würde man damit behaupten, daß er gegen den Willen Gottes einen anderen als den ihm zugewiesenen Ort einnehmen könnte. Das ist absurd, da es unmöglich ist, daß eine Kraft der göttlichen gleichkommt, geschweige denn, sie übertrifft (XII, 160). Da auch die Annahme der Selbstbewegung von Körpern wegen der Definition von „Körper" als „ausgedehntes Ding", die Bestimmungen wie „Kraft" ausschließt,[53] hinfällig ist, kann die Kraft, durch die ein Körper bewegt wird, nur als Wirkung des göttlichen Willens gedeutet werden: „Die Natur oder die Kraft eines Dinges ist nichts anderes als der Wille Gottes" (II, 312). Es gibt m. a. W. nur *eine* wahre Ursache, denn es gibt nur einen wahren Gott (ib.).

Streng genommen verhält es sich nach Malebranche nicht so, als transportierte Gott einen Körper von einem Ort an einen anderen. Vielmehr muß seiner Ansicht nach angenommen werden, daß Gott, der die Dinge erhält, indem er sie in jedem Augenblick neu schafft, einen Körper, den wir „bewegt" nennen, in aufeinanderfolgenden Momenten an benachbarten Raumstellen neu erschafft. Analoges gilt für die scheinbare Bewegungsübertragung beim Zusammenstoß von Körpern.

Das höchste und fruchtbarste Prinzip der Philosophie ist nach Malebranches Versicherung dasjenige, das besagt, Gott teile seine Macht den Geschöpfen nur mit, indem er deren Zustände zu Gelegenheitsursachen *(causes occasionelles)* der Wirkungen mache, die er selbst hervorbringt (XII, 160). Die Gelegenheitsursachen determinieren Gottes Wirken nach allgemeinen Gesetzen, die er sich selbst vorschreibt, um stets in gleicher Weise zu wirken, wie es der Vollkommenheit seines Wesens entspricht (XII, 160–161). Das *Naturgesetz* ist also für Malebranche *Gesetz* in der eigentlichen Wortbedeutung; es ist ein Dekret des göttlichen Gesetzgebers, der sich jedoch nicht in der Art eines absoluten Monarchen über das Gesetz stellt, sondern sich ihm ausnahmslos unterwirft. Auch im Falle eines Wunders hebt Gott seine Gesetze nicht auf. Was wir „Wunder" nennen, ist eine Wirkung, die Gott nach Gesetzen hervorbringt, die wir nicht kennen, so daß der Unterschied zwischen natürlichen und wunderbaren Vorgängen ausschließlich auf unserer Seite liegt.

Ein anderer Anwendungsfall der okkasionalistischen Theorie ist der gesellschaftliche Zusammenhang, der nach Malebranche ebenfalls nicht auf Wechselwirkungsbeziehungen beruhen kann, sondern auf Gott zurückgeführt werden muß: „Gott allein ist das Band unserer Gesellschaft" (XII, 167). Er kennt ihren Zweck, denn er ist ihr Prinzip. Er ist mitten unter uns, nicht als bloßer Betrachter unserer guten oder schlechten Handlungen, sondern als die Seele aller Beziehungen zwischen den Einzelnen (XII, 167).

Bei Malebranche wird besonders deutlich, daß der Okkasionalismus die Kausalität nicht leugnet, sondern eine neuartige *Theorie des Kausalzusammenhangs* darstellt, derzufolge Wirkursächlichkeit nur mehr der in allen endlichen Dingen sich manifestierenden Kraft Gottes zukommt, nicht aber den endlichen Tatsachen, die wir nur in dem Sinne als Ursachen und Wirkungen bezeichnen können, als zwischen ihnen gesetzmäßige Beziehungen der Simultaneität oder Sukzession bestehen. Wenn wir z. B. beobachten, daß beim Zusammenstoß einer bewegten mit einer ruhenden Kugel die erstere zum Stillstand kommt und die letztere sich zu bewegen beginnt, so darf der eine Vorgang nicht als Wirkursache des anderen aufgefaßt werden, sondern wir erklären den Zusammenhang dieser Tatsachen, indem wir ihn unter ein allgemeines Stoßgesetz subsumieren, ihn als Anwendungsfall dieses Gesetzes auffassen. Die Tatsache des Zusammenstoßes der bewegten mit der ruhenden Kugel bietet den Anlaß oder die Gelegenheit, das allgemeine Gesetz zur Anwendung zu bringen. Sie ist, wie Malebranche sagte, *Gelegenheitsursache (cause occasionelle)* für die auf Grund des allgemeinen Gesetzes erfolgende Bewegung der zweiten Kugel, ohne diese Bewegung zu bewirken. Diese Auffassung scheint nur durch einen, wenn auch folgenschweren, Schritt von der empiristischen Konzeption der Kausalität getrennt zu sein, derzufolge die Annahme einer in den Dingen wirkenden göttlichen Kraft fallen zu lassen und die Deutung der Natur-„gesetze" als göttlicher Dekrete zugunsten ihrer Auffassung als Hypothesen preiszugeben ist. Das eine kam für Malebranche ebensowenig in Betracht wie das andere. Die

Naturgesetze waren in seinen Augen Folgen des ewigen göttlichen Gesetzes bzw. der göttlichen Wesensordnung, an der alle Dinge teilhaben. Das Gesetz ist seiner Ansicht nach somit nicht nur in Gott, sondern es *ist Gott,* und wir erkennen es, sofern unser Geist mit Gott verbunden ist (XV, 25). Jedes Naturgesetz ist zwar insofern hypothetisch, als seine objektive Geltung von der Annahme einer denkunabhängigen Wirklichkeit abhängt; die in dem Gesetz behaupteten Beziehungen sind aber unter Malebranches Voraussetzungen von Gott dekretiert. Nichtsdestoweniger hätte wohl auch Malebranche nicht bestritten, daß wir die gottgeschaffene naturgesetzliche Ordnung im Einzelfall nicht immer adäquat erkennen können und daher gezwungen sind, gesetzmäßige Zusammenhänge hypothetisch anzunehmen und gegebenenfalls zu korrigieren, wozu er selbst, wie oben angedeutet, im Falle der Stoßgesetze gezwungen war.

Die Ablehnung der Konzeption der Kausalität als Wirkursächlichkeit erfolgte bei Malebranche letzten Endes nicht so sehr auf Grund erkenntnistheoretischer Überlegungen, als vielmehr infolge der religiösen Überzeugung von der Ohnmacht aller endlichen Wesen. Sowenig sich ein materielles Ding von sich aus bewegen kann, sowenig kann ein endliches geistiges Wesen etwas von sich aus bewirken (XII, 167 sq.). Entsprechend der religiösen Motivation hat die okkasionalistische Theorie in Malebranches Philosophie auch Konsequenzen im Bereich der religiös bestimmten Ethik, wie im nächsten Absatz zu zeigen sein wird.

Der Okkasionalismus ist historisch bedeutsam, weil er die Überwindung der rationalistischen Kausalitätskonzeption einleitete. Für den Rationalismus galt, daß Kausalbeziehungen einsichtige Beziehungen sein müßten. Indem die Okkasionalisten zeigten, daß diese Forderung mindestens im endlichen Bereich unerfüllbar ist, gelangten sie zu der Konsequenz, daß es Kausalität in dem vom Rationalismus vorausgesetzten Sinn als Wirkursächlichkeit mit Ausnahme der göttlichen Kausalität nicht geben könne. Ließ man diese Ausnahme nicht mehr gelten, war die rationalistische Kausalitätskonzeption überhaupt aufgehoben. Es sollte nur ein Menschenalter dauern, bis Hume diese letzte Konsequenz zog.[54]

f) Moral und Glaube

Die dem Okkasionalismus zugrunde liegende Überzeugung von der absoluten Ohnmacht des Endlichen, mithin auch des menschlichen Geistes, bestimmt auch Malebranches Ethik, für die die Ablehnung der sittlichen Autonomie zugunsten der Theonomie charakteristisch ist. Wenn wir als endliche Wesen nichts von uns allein aus bewirken können, dann dürfen wir von uns allein aus auch nichts wollen; denn weil unser Handeln die Wirksamkeit Gottes voraussetzt, muß unser Wollen, um moralisch zu sein, in Übereinstimmung mit dem göttlichen Wollen stehen und dessen Gesetze respektieren (XII, 168). Ein moralisch verwerfliches Wollen würde Gott zum Diener der Ungerechtigkeit machen, d. h. einen Mißbrauch seiner Macht darstellen. Daß diese Möglichkeit besteht, ist eine Folge der Sünde, durch die der ursprünglich harmonische Zusammenhang von Geist und Körper zu einer Abhängigkeit des ersteren vom letzteren gemacht wurde (XII, 101).

Die *Sünde* besteht nach Malebranche in einer Entscheidung zugunsten sinnlicher Güter auf Kosten des einzigen wahren Gutes, das Gott ist, d. h. in der Unterordnung der Liebe zu Gott unter die Liebe zu endlichen Dingen. Daß wir überhaupt in der Liebe zu etwas Endlichem eine Befriedigung finden können, die mit der Befriedigung in der Gottesliebe zu konkurrieren vermag, ist eine Folge der Verderbnis der menschlichen Natur durch die Erbsünde, wie z. B. im vierten Gespräch der „Conversations chrétiennes" (1677) ausgeführt wird, wo Malebranche (im fünften Gespräch) auch auf die Notwendigkeit der Überwindung dieser Verderbnis durch Christus als Wiederhersteller der Natur („réparateur de la nature") eingeht. Seiner Ansicht nach kann ein endliches Wesen die unendliche Beleidigung Gottes durch den Sündenfall nicht sühnen; deshalb muß die Versöhnung Gottes durch eine göttliche Person erfolgen, womit zugleich bewiesen sein soll, daß es eine Mehrzahl göttlicher Personen im Sinne der Trinitätslehre gibt.

Der *Wille*[55] ist wesentlich Glücksverlangen bzw. Bewegung in Richtung auf das Gute im allgemeinen, d. h. er ist Liebe zu Gott als dem Guten schlechthin, wie Malebranche ausdrücklich erklärt (cf. V, 118). Die Vereinigung der menschlichen Seele mit Gott, zu dessen Erkenntnis und Liebe sie geschaffen ist, kann aber gefestigt oder gelockert werden, je nachdem, ob wir uns von den sinnlichen Gütern ab- oder ihnen zuwenden. Die Bewegung des Willens auf das Gute hin ist nach Malebranche ebenso der strengen, von Gott dekretierten Gesetzmäßigkeit allen Geschehens unterworfen wie die Bewegung materieller Dinge. Gott als die universale Wirkursache ist auch die Ursache unserer Neigungen (I, 45). In diesem Sinne scheint es einen Gegensatz zwischen der Liebe zu Gott und der *Selbstliebe (amour propre)* nicht geben zu können. Die letztere hatte Malebranche in einer später gestrichenen Stelle der „Recherche" als die alles beherrschende universale Liebe aufgefaßt (cf. II, 215 sq. N.).[56] Da aber die Selbstliebe nicht in jeder Form gebilligt werden kann, nahm er später eine Differenzierung vor und unterschied zwischen ungeregelter und geregelter Selbstliebe. Die Norm, der die Selbstliebe (wie jede Liebe) zu unterwerfen ist, ist die göttliche Ordnung, deren Idee im Verlauf von Malebranches Denkentwicklung immer deutlicher zur zentralen ethischen Idee wird. Das Glücksverlangen als solches kann demnach nicht Fundament der Ethik sein, deren Grundlage vielmehr die vernünftige, somit nicht-affektive Liebe zur Ordnung ist. Obwohl die Moral mithin als Vernunftmoral bestimmt erscheint, wird die Rolle der Gefühle oder Empfindungen im moralischen Entscheidungsprozeß nicht übersehen: Während die Ordnung als solche rational eingesehen wird, lehrt uns im Einzelfall unter Umständen auch das *sentiment,* ob wir die Ordnung respektieren oder nicht, wie im „Traité de morale" (1684) festgestellt wird (XI, 68). Die Tugend als vernünftige (nicht instinktive) Liebe zur Ordnung (cf. XI, 154) ist scharf von allen Handlungen aus anderen als rationalen Motiven, wie z. B. aus Mitleid, unterschieden. Ein instinkt- oder neigungsbedingtes Verhalten kann niemals tugendhaft sein. Malebranches Ethik erweist sich somit als durch und durch rationalistisch: Ihr zufolge setzt die vollkommene Gerechtigkeit die exakte Erkenntnis aller Beziehungen voraus, die die menschlichen Wertungen normieren sollen (XII, 192). Nur in einem weiten Sinne kann „gerecht" genannt werden, wer auf Grund einer gerechte Handlungen nach sich ziehenden Disposition der Neigungen und Affekte (des „Herzens") handelt.

Die Ordnung, die im moralischen Handeln zu respektieren ist, muß, um diese Funktion haben zu können, eine normative Ordnung sein, wie Malebranche deutlich sah. Sie besteht seiner Ansicht nach in Beziehungen zwischen den göttlichen Attributen und ist daher eine Ordnung der Vollkommenheiten, die nicht nur *ist,* sondern auch *sein soll.* Gott „will notwendig, daß die unveränderliche Ordnung, die sein Naturgesetz ist, auch unser Gesetz sei" (XII, 195). Malebranche hat somit, parallel zu der Annahme einer objektiven, im Wesen Gottes gründenden Ordnung der Wahrheit, auch eine objektive Ordnung der Werte angenommen. Ebenso wie die Wahrheit rein vernünftig einsichtig sein soll, soll seiner Ansicht nach auch die Hierarchie der Werte rein rational erkannt werden können.

Infolge der Verderbnis der menschlichen Natur durch die Erbsünde ist nach Malebranche die Seele nicht mehr imstande, aus eigener Kraft die gottgewollte Ordnung zu befolgen oder sie herzustellen. Deshalb kann der Mensch sein sittliches Ziel, das das Ziel Gottes ist, nämlich die Ehre Gottes in allem, was ist und geschieht, nur erreichen, wenn ihm Gott durch die *Gnade* hilft. Gottes Gnadenwirkung darf nicht als partikuläres Handeln aufgefaßt werden, so wie das Wirken Gottes in der Natur nicht als fallweises Eingreifen in das Naturgeschehen zu begreifen ist. Auch die göttliche Gnadenwirkung erfolgt nach allgemeinen Gesetzen, die nicht auf den Einzelnen als solchen, sondern auf die Menschheit, ja auf die Schöpfung insgesamt, abgestimmt sind. Diese Konzeption hat Malebranche, der ursprünglich durchaus nicht abgeneigt war, auch eine individuelle Gnadenzuteilung in Betracht zu ziehen, sukzessive energischer zur Geltung gebracht, vermutlich um erklären zu können, warum ungeachtet der göttlichen Absicht, alle Menschen zu erretten, dennoch viele verdammt werden. Der hieraus ableitbare Einwand gegen die Güte Gottes entfällt, wenn man mit Malebranche annimmt, daß Gott nach Gesetzen wirkt, die nicht im Hinblick auf diesen oder jenen konkreten Fall, sondern im Hinblick auf eine überindividuelle Ordnung festgelegt wurden, weshalb sie vollkommen sein können, auch wenn sie sich im Einzelfall negativ auswirken. Diese negativen Folgen könnten zwar vermieden werden, aber nur um den Preis einer Komplikation der die Zuteilung der Gnade regulierenden Gesetze (V, 49–50). Da eine Ordnung um so vollkommener sein wird, je einfacher die sie bestimmenden Gesetze sind, wäre die

Hinzufügung von Gesetzen mit dem Zweck, mehr und mehr konkreten Fällen Rechnung zu tragen, ein Verlust an Vollkommenheit. Gott kann aber nur in der allervollkommensten Weise wirken. Nur scheinbar liegt der Errettung der einen und der Verdammnis der anderen eine Irregularität zugrunde. Auch aus der gelegentlichen Wirkungslosigkeit der Gnade darf nicht auf Planlosigkeit des göttlichen Wirkens geschlossen werden, da sie nicht Folge des göttlichen Gesetzes, sondern der Bedingungen seiner Anwendung ist (V, 51).

Das Prinzip des Besten, das Gottes Wirken nach Malebranches Auffassung zugrunde liegt, ist nicht auf das Resultat des göttlichen Schöpfungsaktes anzuwenden, sondern auf das Verhältnis zwischen diesem und den es hervor-bringenden Mitteln, d.i. den allgemeinen Gesetzen, die im Falle der materiellen Wirklichkeit die Naturgesetze sind. Indem Gott mit Hilfe von nur zwei Gesetzen, nämlich dem Trägheitsgesetz und dem Stoßgesetz (V, 30; cf. XII, 243), die materielle Welt erhält, hat er sich minimaler Mittel zur Erreichung eines maximalen Zwecks bedient. Gottes Wege sind demnach durch größtmögliche Einfachheit und zugleich Fruchtbarkeit gekennzeichnet (XII, 223). Da Gott, indem er den Dingen den ersten Bewegungsanstoß verlieh, alle seine Folgen vorhersah, erschöpfen die von ihm geschaffenen Gesetze seine Vorsehung im Hinblick auf die materielle Wirklichkeit. Die göttliche Vorsehung betrifft aber auch alle Folgen der den psychophysischen Zusammenhang regulierenden Gesetze sowie jener Gesetze, nach denen die Gnade wirkt. Gottes Wirken kann allerdings von uns während unserer irdischen Existenz nicht begriffen werden. Wir können aber einsehen, daß das Glück des Menschen nicht Gottes Haupt-zweck ist; dieser besteht vielmehr nur in Gottes Ehre und Ruhm: Gott ist sein eigener Zweck (XV, 31). Gott liebt sich bzw. seine Weisheit mehr als sein Werk, den Menschen.

Indem Gott die für die Rettung der Menschen im allgemeinen, nicht für die eines bestimmten Menschen, günstigste Ordnung geschaffen hat, bietet er allen die Möglichkeit des Heils, ohne ihnen die Freiheit der Entscheidung zu neh-men.[57] Die jansenistische Lehre von der Übermacht der Gnade über die Ohnmacht des menschlichen Willens lehnte Malebranche ab, was zu einer Entfremdung zwischen ihm und Port-Royal führte. An unserer Freiheit kann seiner Ansicht nach nicht gezweifelt werden, da wir uns ihrer durch ein unmittelbares Gefühl (sentiment) bewußt sind. Wir müssen sie aber auch als notwendige Voraussetzung des sittlichen Verdiensts und als Ursache der Sünde, die nur auf seiten des Menschen gesucht werden kann, anerkennen (IV, 9).

Malebranche glaubte an die Beweisbarkeit dieser und verschiedener anderer theologischer Lehren, die somit nicht im Sinne des Fideismus bloß zu glauben sind. In gewissem Sinne setzt der Glaube sogar die philosophische Erkenntnis voraus, da etwas auf die Autorität Gottes hin nur unter der Voraussetzung angenommen werden kann, daß Gott existiert, und es Aufgabe der Philosophie ist, uns der Existenz Gottes zu vergewissern. Nach Malebranche muß man daher ein guter Philosoph sein, um Zugang zum Verständnis der Glaubenswahrheiten zu finden (XII, 133). Allerdings war er Theologe genug, um nur das als „wahre" Philosophie gelten zu lassen, was mit der christlichen Religion vereinbar ist (cf. XII, 134). Glauben und philosophisches Erkennen sind daher bei Malebranche so eng verklammert, daß die Grenze zwischen Theologie und Philosophie fließend wird. Für Malebranche ist letzten Endes die Religion die wahre Philosophie (XI, 34: La Religion, c'est la vraie philosophie).

Der Versuch, die von Descartes grundgelegte moderne Metaphysik zu verchristlichen bzw. die christliche Theologie auf ein cartesianisches Fundament zu stützen, war nicht nur bei den Zeitgenossen umstritten, sondern wird auch in unserem Jahrhundert noch sehr unterschiedlich bewertet.[58] Sehen die einen[59] in dem Bemühen um Harmonisierung von moderner Philosophie und christlicher Religion eine positive Leistung, so deuten sie andere[60] als Ausdruck der Resignation und als eine Form der Reaktion auf die von Descartes eingeleitete philosophisch-wissenschaftliche Revolution. Besonders umstritten ist seit jeher die okkasionalistische Theorie, in der schon Leibniz, der sonst sehr positiv über Malebranche urteilte, die Annahme eines permanenten Wunders erkennen zu können meinte.[61] Der Grundfehler des Okkasionalismus besteht seiner Ansicht nach darin, daß er den Substanzen nicht nur, wie es Leibniz selbst tat, die transeunte, sondern auch die immanente Aktivität absprach.[62] Von Leibniz dürfte Kant beeinflußt gewesen sein, als er Malebranche vorwarf, er habe seine okkasionalistische Deutung der Kausalität auf die Annahme eines Deus ex machina gestützt.[63] Heute wirken solche Kritiken obsolet, da deutlich geworden ist, wie nahe Leibniz den Okkasionalisten stand und wie wichtig Malebranches Theorie der Gelegenheitsursachen als Mittelglied zwischen der herkömmlichen metaphysischen und der modernen Kausalitätskonzeption ist.

Besonderes Interesse zog die Frage auf sich, in welchem Verhältnis Malebranche zu Descartes stand. War er primär Anti-Cartesianer[64] oder kann von einem Cartesianismus Malebranches[65] gesprochen werden? Eine Analyse der Struktur von Descartes' und Malebranches System scheint eine Reihe wesentlicher Gegensätze hervortreten zu lassen:[66] Descartes' mathematischem Rationalismus der menschlichen Vernunft läßt sich Malebranches mystischer Rationalismus[67] der allgemeinen, im Grunde göttlichen Vernunft gegenüberstellen (wobei „Mystik" hier nicht im Sinne von „Ekstatik" zu verstehen ist). Descartes' Ziel der Herrschaft des Menschen über die Natur steht bei Malebranche das Ziel der Befreiung der Seele von den Einflüssen der Materie gegenüber, was es folgerichtig erscheinen läßt, daß die Metaphysik nicht mehr primär als Fundament der Physik, sondern der Moral verstanden wird, und zwar nicht einer allgemeinmenschlichen Moral wie bei Descartes, sondern der christlichen Moral. Angesichts dieser Unterschiede muß sich die Frage aufdrängen, wie sich Malebranche noch als Cartesianer fühlen konnte, wie er es stets tat.[68]

VII. Thomas Hobbes

1. Leben und Werke

Th. Hobbes, als Sohn eines wenig gebildeten Landgeistlichen 1588 in Westport bei Malmesbury geboren,[1] studierte nach dem vorbereitenden Unterricht an Schulen seiner engeren Heimat seit seinem 14. Lebensjahr an der Universität Oxford, wo er 1607 den Grad eines Bachelor of Arts erwarb. Nach Beendigung seiner Studien wurde er Erzieher im Hause des Barons Cavendish (seit 1613 Earl of Devonshire), mit dessen Sohn er 1610 für drei Jahre nach Frankreich und Italien reiste. Die Feststellung, daß seine an der Universität erworbenen philosophischen Kenntnisse in den maßgeblichen Kreisen nicht ernst genommen wurden, veranlaßte ihn, sich von der Philosophie ab- und dem Studium der alten Sprachen zuzuwenden. Eine Frucht dieser Bemühungen war die Übersetzung von Thukydides' Werk über den Peloponnesischen Krieg, die 1629 erschien. Einen gewissen Einfluß auf seine geistige Entwicklung übten während dieser Zeit Fr. Bacon, zu dessen Kreis er zeitweilig gehörte, dessen Empirismus er jedoch nicht übernahm, und Edward Herbert, Baron von Cherbury, aus, dessen Idee einer natürlichen Religion ihn beeindruckt zu haben scheint.

Wesentlich bedeutender war der Einfluß, der von dem Studium der Mathematik auf sein Denken ausging. Während seiner zweiten Festlandreise (1629–31) – nunmehr im Dienste der Familie Clinton – lernte er, angeblich zufällig, Euklids „Elemente der Geometrie" kennen, deren axiomatisch-deduktiver Aufbau ihm fortan als Realisation des Ideals einer streng demonstrativen Wissenschaft galt. 1631 in den Dienst der Familie Devonshire zurückgekehrt, führte ihn eine dritte Reise mit dem Sohn seines früheren Schutzbefohlenen nach Frankreich und Italien (1634–36), deren wichtigstes Ergebnis der Kontakt mit M. Mersenne und seinem Kreis, namentlich Gassendi und Descartes, war. Auch Galilei lernte er persönlich kennen. Beschäftigten ihn seit seinem zweiten Pariser Aufenthalt mathematische und insbesondere geometrische Probleme, so kam nunmehr das nicht weniger entscheidende Interesse an naturwissenschaftlichen bzw. naturphilosophischen Fragen hinzu. Mit dem an der Mathematik orientierten Wissenschaftsideal konkurrierte in Hobbes' Denken von nun an das Ideal einer nach dem Modell vor allem der exakten Physik konzipierten Wissenschaft. Hobbes' naturwissenschaftliche Interessen schlugen sich in dem vor 1637 entstandenen „Short Tract on First Principles" erstmals nieder. Unter dem Eindruck der politischen Situation wandte er sich aber bald auch Fragen der Politik bzw. der politischen Philosophie zu.

Angeblich ging der Anstoß zu seinen Bemühungen um eine mechanische

Deutung „moralischer" – d. h. insbesondere sozialer – Zusammenhänge von
Galilei aus.²Das ausschlaggebende Motiv für die Abfassung von Hobbes' erster
politischer Schrift war jedoch der Wunsch, angesichts der vorrevolutionären
Situation des Jahres 1640 die Souveränitätsrechte durch eine rechts- und
staatsphilosophische Analyse des Begriffs eines politischen Körpers zu stärken.
Hobbes, nunmehr persönlich unabhängig, ließ während der Sitzungsperiode
des sog. Kurzen Parlaments die „Elements of Law, Natural and Politic" in
handschriftlichen Kopien zirkulieren. Diese Schrift, die die erwartete Wirkung
nicht hatte, wurde ohne Zustimmung des Autors 1650 in zwei Teilen („Human
Nature or The Fundamental Elements of Politics" bzw. „De corpore politico")
publiziert.³ Sie enthält den Versuch, die für die Hobbessche politische Theorie
wesentliche Idee der Einheit der staatlichen Gewalt auf der Grundlage einer
mechanistischen Anthropologie mit den Mitteln der analytischen Methode
abzuleiten.

Der Beginn des Bürgerkrieges veranlaßte Hobbes, ein viertes Mal nach
Frankreich zu gehen und dort von 1640 bis 1651 zu bleiben. In die erste Zeit
seines Exils fällt die Auseinandersetzung mit Descartes' „Meditationen über die
Erste Philosophie", gegen die Hobbes eine Reihe von Einwänden („Objectiones tertiae") richtete. Als erweiterte Fassung der staatsphilosophischen Teile der
„Elements of Law" veröffentlichte er 1642 „De cive", obwohl dieses Werk als
dritter Teil eines geplanten systematischen Werks, der „Elemente der Philosophie", gedacht war, dessen erster und zweiter Teil noch nicht ausgearbeitet
waren. Die vorzeitige Publikation des abschließenden Teils erfolgte mit Rücksicht auf die prekäre politische Situation, die eine prinzipielle Klärung der
Grundlagen von Recht und Staat erforderlich erscheinen ließ. 1646 übernahm
Hobbes die Aufgabe, den ebenfalls nach Frankreich emigrierten Thronfolger,
den nachmaligen König Karl II., in Mathematik zu unterrichten. Seine naturwissenschaftlichen Studien fanden ihren Niederschlag in den Abhandlungen „A
Minute or First Draught of the Optiques", dem „Tractatus opticus" (in
Mersennes „Cogitata Physico-mathematica" von 1644) sowie in den von
Hobbes stammenden Teilen der Vorrede zu Mersennes „Ballistica". Von 1645
an läßt sich die allmähliche Entstehung von „De corpore" rekonstruieren.⁴ In
der zweiten Hälfte der vierziger Jahre nahm Hobbes nach einer durch schwere
Krankheit (1647) erzwungenen Unterbrechung die Arbeit an seiner Staatsphilosophie wieder auf, die jetzt ihre endgültige Gestalt erhielt. 1651 erschien in
London Hobbes' berühmtestes Werk „Leviathan or the Matter, Form and
Power of a Commonwealth Ecclesiastical and Civil", das sogleich Gegenstand
heftiger Auseinandersetzungen wurde. Hobbes' Remigration nach dem Erscheinen dieses Werkes trug ihm den Vorwurf ein, er habe dasselbe mit der
Absicht verfaßt, sich Cromwell als Ideologen seines Regimes zu empfehlen.

Nachdem Hobbes 1651 „De cive" ins Englische übersetzt hatte („Philosophical Rudiments Concerning Government and Society"), erschienen in rascher Folge die ausstehenden Teile der „Elemente der Philosophie", nämlich

„De corpore" (1655) und „De homine" (1658). Seit dem Erscheinen von „De corpore" verwickelte er sich auf Grund seines Anspruchs auf wissenschaftliche Kompetenz in Bereichen, in denen er nicht als Fachmann gelten konnte, in langdauernde Kontroversen mit dem Mathematiker J. Wallis, mit R. Boyle und Seth Ward.[5] Hobbes' Kritik der Universitätsgelehrsamkeit bzw. des etablierten Wissenschaftsbetriebs verschärfte diese Auseinandersetzungen.

Nicht minder heftig war die theologische Auseinandersetzung mit Bischof Bramhall über den Begriff der Freiheit. Ein Entwurf aus der Pariser Zeit („Of Liberty and Necessity"), der im Zusammenhang mit Diskussionen zwischen Hobbes und Bramhall entstanden war, wurde ohne Zustimmung des Philosophen 1654 in London publiziert. Bramhall replizierte, und Hobbes faßte die Dokumente der Kontroverse unter dem Titel „The Questions Concerning Liberty, Necessity and Chance, clearly stated and debated between Dr. Bramhall, Bishop of Derry, and Th. Hobbes of Malmesbury" (London 1656) zusammen. Auf Bramhalls „Castigations of Hobbes' His Last Animadversions" und „The Catching of the Leviathan or The Great Whale" (London 1658) folgte von Hobbes' Seite „An Answer to a Book Published by Dr Bramhall Called ‚The Catching of the Leviathan'" (verfaßt 1668, posthum publiziert London 1682). Die Debatte zeigt bereits die Vorherrschaft des religiös-weltanschaulichen Aspekts, die auch bei der späteren Beurteilung der Hobbesschen Philosophie durch Kritiker wie E. Hyde, Earl of Clarendon, oder R. Cumberland feststellbar ist (s. Abschnitt 9).[6]

Nach der Restauration der Monarchie (1660) gelang es Hobbes, die aus der Zeit des Exils stammenden Beziehungen zu Karl II. wieder anzuknüpfen und von ihm eine Pension von 100 Pfund jährlich zu erhalten. Sein Interesse an naturwissenschaftlichen Fragen blieb lebhaft (vgl. den „Dialogus Physicus" und die „Problemata Physica" von 1661 und 1662 sowie das „Decameron Physiologicum" von 1678). Mit Fragen des englischen Rechts beschäftigte er sich in „A Dialogue between a Philosopher and a Student of the Common Law of England" (1681, posthum). Der Erforschung der Ursachen des Bürgerkriegs war „Behemoth or the Long Parliament" (erste nicht autorisierte Ausgabe 1679 unter dem Titel „The History of the Civil Wars of England") gewidmet. Kirchengeschichtliche Untersuchungen enthielten die Schriften „An Historical Narration Concerning Heresy and the Punishment Thereof" (1680, posthum) und „Historia ecclesiastica carmine elegiaco concinnata" (1688, posthum). Mit einer Homer-Übersetzung in gereimten Jamben knüpfte Hobbes im hohen Alter an die klassischen Studien seiner Jugend an. In seine letzten Jahre fallen autobiographische Werke, darunter die in Distichen abgefaßte „Vita Tho. Hobbes, authore seipso". Neben der den Studien gewidmeten Muße schätzte er die Gesellschaft und liebte angemessene Zerstreuung. Dem Tod, der ihn in seinem einundneunzigsten Jahre hinwegnahm, sah er gelassen entgegen.

2. Die wirtschaftliche, soziale und politische Situation

Hobbes war sich der dringenden wirtschaftlichen, sozialen und politischen Probleme seiner Zeit klar bewußt. Als Beobachter eines keineswegs ohne Erschütterungen ablaufenden Prozesses der Ablösung einer ständisch orientierten durch eine *bürgerlich-kapitalistische Wirtschaftsform* konstatierte er nicht nur die bei diesem Prozeß auftretenden Spannungen, sondern sah auch die aus ihnen erwachsenden Gefahren, namentlich die Gefahr des Bürgerkrieges. Im Interesse der Überwindung dieser Gefahren und der Sicherung des sozialen Friedens hielt er die Etablierung einer Staatsmacht für nötig, die stark genug war, um in die sozialen und rechtlichen Verhältnisse regulierend einzugreifen. Um solche Eingriffe nicht als Unrechtsakte erscheinen zu lassen, mußte Hobbes, der auf der einen Seite die Rechte der Individuen auf persönliche und rechtliche, namentlich auch auf wirtschaftliche Selbstbehauptung durchaus anerkannte, auf der anderen Seite dem Staate die Möglichkeit sichern, die Rechte und Pflichten des Einzelnen zu definieren und unter Umständen zu modifizieren.

Die Spannungen, deren Abbau Hobbes für eine wesentliche Aufgabe des Staates hielt, resultierten aus einer wirtschaftlich-sozialen Entwicklung, die eng mit den religiösen Bewegungen der Zeit verbunden war.[7] Wenn Hobbes in seiner *Geschichte des Langen Parlaments* den radikalen Puritanern die Hauptverantwortung für den Bürgerkrieg gab,[8] weil sie gleichsam einen Staat im Staate bildeten und damit die Staatseinheit sprengten, so darf nicht übersehen werden, daß für das Verhalten der Puritaner nicht nur religiöse, sondern auch wirtschaftliche Motive entscheidend waren. Für die ökonomische Situation war vor allem das Vordringen kapitalistischer Prinzipien in der Landwirtschaft charakteristisch. Die landbesitzende *Gentry*, die zwischen den nicht-adeligen Bauern und Handwerkern und der Nobility (dem Hochadel) stand und die sich auf Landbesitz stützte, konnte ihre wirtschaftliche und damit zusammenhängend ihre politische Position beträchtlich ausbauen. Verstärkt durch kapitalkräftige bürgerliche Unternehmer, die ihr Vermögen in Landbesitz investierten, zerstörte sie die Ordnung der feudalen Landwirtschaft. Zum Teil ging Grund und Boden in den Besitz städtischer Unternehmergesellschaften über, die keine Rücksicht gegenüber den alten sozialen Formen und der Lage der in der Landwirtschaft tätigen Bauern und ärmeren Landadeligen kannten. In diesem Zusammenhang ist die Praxis des sogenannten *Enclosing* zu sehen, d. h. der Privatisierung der Allmende auf Kosten jener Bauern, die sie bisher nutzen konnten. Das *Enclosing* wurde zunächst vom Staate nur hingenommen, später aber durch Gesetz sanktioniert.[9]

Die moralische Rechtfertigung des ungehemmten Gewinnstrebens lieferte der Puritanismus,[10] der in England bald seine ursprünglichen kommunistischen Tendenzen (die während des Cromwellschen Commonwealth noch ein letztes Mal auflebten) abgestreift hatte. Während die Regierung in der ersten Stuart-

Periode (unter Strafford und Laud) die wirtschaftliche Entwicklung zum eigenen Nutzen zu regulieren suchte und gleichzeitig bestrebt war, das soziale Gleichgewicht dadurch aufrecht zu erhalten, daß sie die Bauern gegenüber den Gutsherren, die Handwerker gegenüber den Kaufleuten, die Verbraucher gegenüber den Zwischenhändlern verteidigte, forderten die puritanischen Geschäftsleute, die in den monopolistischen Tendenzen des Staates eine Gefahr erblickten, die Unabhängigkeit der Wirtschaft von der Politik und der herkömmlichen Moral, namentlich der Geschäftsmoral.[11]

Wegen des damit möglich gewordenen Mißbrauchs der individuellen Freiheit betonte Hobbes die Zuständigkeit des Staates, wobei er die Frage des Eigentumsrechts für entscheidend hielt. Er glaubte offenbar nicht an die Möglichkeit, die Institution der Allmende bewahren zu können, und forderte daher, um das eigenmächtige *Enclosing* zu verhindern, daß jeder [in der Landwirtschaft Tätige] eine eigene *enclosure* haben sollte. So erklärt er im Widmungsschreiben zu „De cive", er sei bei der Analyse des Begriffes „Gerechtigkeit" auch auf die Frage geführt worden, „zu welchem Zweck und infolge welcher Nötigung die Menschen gewollt haben, daß, da eigentlich alles allen gehöre, jeder eine besondere *enclosure* haben solle" (EW II, p. VI; weniger deutlich in der lateinischen Fassung: II, 139).

Die Zuteilung einer *enclosure* bzw. eines angemessenen Privateigentums im allgemeinen ist in Hobbes' Augen Bedingung des gesellschaftlichen Friedens. Demgemäß gehört neben der Verteidigung nach außen die Sicherung der individuellen Freiheit des Eigentumserwerbs zu den wesentlichen Aufgaben des Staates, sofern sie eine Bedingung der Aufrechterhaltung der inneren Ordnung ist. Hier kündigt sich schon deutlich die liberale Auffassung der Aufgaben des Staates an, wie es auch in folgender Äußerung des Philosophen zum Ausdruck kommt: „Denn die Herrscher können für das Glück innerhalb des Staates nicht mehr tun, als daß die Bürger vor äußeren und inneren Kriegen gesichert werden und dadurch ihr durch eigenen Fleiß erworbenes Vermögen in Ruhe genießen können" (II, 300). Hobbes' Auffassung unterscheidet sich jedoch vom späteren Liberalismus durch die stärkere Betonung der staatlichen Autorität als notwendiger Bedingung für das Funktionieren des Staates als Schutz- und Ordnungsmacht.

Hobbes nahm zu politischen Fragen immer als *politischer Philosoph,*[12] aber nicht nur als politischer Philosoph, sondern als umfassender systematischer Philosoph Stellung. Daher begnügte er sich nicht mit der Proklamierung bestimmter politischer Ziele und deren pragmatischer Rechtfertigung im Hinblick auf die zeitgenössische wirtschaftliche, soziale bzw. politische Situation, sondern er wollte seine Ideen einer stabilen rechtlichen bzw. staatlichen Ordnung, innerhalb deren die dringenden sozialen Probleme der Zeit lösbar sein sollten, im Rahmen eines philosophischen Systems so begründen, daß sie sich als Konsequenzen gewisser allgemeiner und, wie er meinte, unbezweifelbarer Prinzipien ergaben. Schon in den „Elements of Law" wird die Sozialphilosophie auf die Grundlage einer bestimmten Anthropologie gestellt. Der mechanistische Charakter dieser Anthropologie mußte zur Auseinandersetzung mit allgemeinen naturphilosophischen Problemen führen, und da Hobbes die Notwendigkeit einer metaphysischen Fundierung aller rationalen Disziplinen anerkannte, mußte er auch zur Idee einer systematischen Universalwissenschaft gelangen, zu deren Teil er auch die Sozialphilosophie (als philosophische Theorie des Rechts bzw. des Staates) machte. Da das Ideal eines umfassenden philosophisch-wissenschaftlichen Systems nur unter bestimmten Voraussetzungen realisierbar ist, lag es nahe, diese Voraussetzungen zu klären. Folgerichtig stellte Hobbes an den Anfang der Darstellung des Systems eine Erörterung der diesem zugrunde liegenden methodologischen und erkenntnistheoretischen Prinzipien.

3. Die Methode

Hobbes war ebenso wie Descartes nicht der zeitgenössischen Universitätsphilosophie verpflichtet, mögen auch gewisse Einflüsse der in Oxford herrschenden nominalistischen Spätscholastik in seinem frühen Denken spürbar sein. Der Charakter seiner Philosophie ist vor allem durch die Wirkung des wissenschaftlichen Methoden- und Erkenntnisideals geprägt, an dem er sich orientierte, obwohl er Zeit seines Lebens ein wissenschaftlicher Laie blieb. Das gilt in erhöhtem Maße für die Mathematik, deren Begründungsideal er auf die Philosophie übertrug, ohne je ein echtes Verständnis der zeitgenössischen Mathematik zu gewinnen.[13] Dennoch eröffnete er dem wissenschaftlichen – d. h. an der Methode der mathematischen Naturwissenschaft orientierten – Denken einen neuen Anwendungsbereich, indem er es unternahm, die Staatslehre zu einer Staats-„physik" zu machen. In dieser Hinsicht wurde er bahnbrechend. Seine Rechts- und Staatsphilosophie übte eine Wirkung aus, die bis in unser Jahrhundert reicht und die vermutlich größer ist als die jedes anderen modernen Rechts- und Staatsphilosophen. Indem er der Universalwissenschaft die Lehre vom Staat als integrierenden Teil einverleibte, schloß er jene Lücke des Cartesianischen Systems, als die das Fehlen einer wissenschaftlichen Rechts- und Staatslehre angesehen werden kann.

Die Ergebnisse der Wissenschaften erkannte Hobbes vorbehaltloser an als Descartes.[14] Eine Verschleierung seiner Überzeugungen, wie sie Descartes namentlich im Bereich der Astronomie geübt hatte, war ihm fremd. Wissenschaft ist, wie er erkannte, wesentlich mehr als Sammeln von Beobachtungen bzw. Verallgemeinern von Beobachtungsaussagen. Bacons empiristisches Programm entsprach somit nicht seiner Einstellung,[15] die schon durch die funktionalistische Auffassung der Naturgesetze, wie sie für die moderne Naturwissenschaft charakteristisch ist, geprägt war; vor allem aber war für sein Denken der Zug zum System mit den Mitteln der konstruktiven Methode bestimmend, und diesen Zug fand er in der Cartesianischen Philosophie, mit der er im übrigen keineswegs immer übereinstimmte.

Wie seine Zeitgenossen unterschied Hobbes zwischen *synthetischer* und *analytischer Methode,* wobei er wie üblich unter „*Analyse"* eine Methode wissenschaftlicher Erklärung von Sachverhalten mit Hilfe geeigneter Prinzipien verstand, aus denen sich die den Sachverhalt beschreibenden Aussagen ableiten lassen. Obwohl er sich zum Ideal eines nach *synthetischer Methode* aufgebauten philosophischen Systems bekannte und glaubte, daß die Analyse als inventive Methode für eine primär didaktischen Zwecken dienende Darstellung ungeeignet sei, läßt sich in seinen Ausführungen an entscheidenden Stellen die Wirksamkeit der analytischen Methode feststellen.

wichtig !

Hobbes nahm an, daß nicht die Dinge selbst, sondern immer nur Vorstellungen (phantasmata) der Dinge direktes Erfahrungsobjekt sind. Ausgangspunkt der Analyse können im Bereich der Philosophie daher nur Vorstellungsinhalte sein (I, 29). Die Methode schreibt zunächst die Auflösung komplexer Vorstellungsinhalte in relativ einfache Begriffe als Elemente vor, denen Namen zuzuordnen sind. Das geschieht in prinzipiell willkürlicher Weise, da Nominaldefinitionen konventionelle Regulierungen des Sprachgebrauchs im Interesse der Eindeutigkeit sprachlicher Zeichen sind. Die grundlegenden (Nominal-) Definitionen, deren Definiens nur noch irreduzible Termini enthält, fungieren nach Hobbes als allgemeine Prinzipien der Philosophie.

Der Hobbessche *Nominalismus* zieht eine konventionalistische Auffassung der Wahrheit nach sich, derzufolge ein affirmativer Satz „wahr" heißt, wenn die an der Stelle von Subjekt und Prädikat stehenden, durch die Kopula verbundenen Namen auf Grund ihrer definitorisch festgelegten Bedeutung ein und demselben Ding zukommen. Sätze heißen „notwendig wahr", wenn ihr Prädikat dem Subjekt oder einem Teil des Subjekts äquivalent ist. Die notwendige Wahrheit eines Satzes läßt sich unter diesen Voraussetzungen somit durch begriffliche Analyse seiner Termini feststellen. Folgerichtig lehnte Hobbes die Annahme „ewiger Wahrheiten" ab. „Wahrheiten", d. h. wahre Sätze, hängen seiner Ansicht nach ausschließlich von den vorausgesetzten Definitionen ab (I, 31–32), sofern durch ursprüngliche Nominaldefinitionen festgelegt ist, welche Namen von einem Ding zu prädizieren sind. Die den Dingen durch Nominaldefinition zugeordneten Namen sind einerseits *Merkzeichen* („*notae"* bzw.

153

„*marks")* der Vorstellungen, andererseits *Anzeichen* („*signa"* bzw. „*signs")* derselben zum Zweck der Verständigung (I, 12). Nach Hobbes gibt es zwar auch sprachloses Denken, das aber vage und flüchtig ist, weshalb für wissenschaftliche Raisonnements nur sprachliches, durch Merkzeichen fixiertes Denken in Betracht kommt.

Namen sind entweder singulär (d. h. Namen von Einzeldingen) oder universal (d. h. Namen von Klassen von Dingen). Außer Namen von Einzeldingen und von Klassen (Namen erster Intention) gibt es Namen von Namen (Namen zweiter Intention, d. h. metasprachliche Ausdrücke). Nicht alle Bestandteile der sinnvollen Rede sind jedoch Namen. Ausdrücke wie „alle", „einige" oder die Kopula „ist" sind Teile von Namen oder Sätzen, ohne selbst Namen zu sein (I, 19–20). Sinnvolles Reden dient entweder dem Ausdruck von Vorstellungen oder dem Ausdruck von Willensakten, Wünschen, Gemütsbewegungen. Im ersten Fall besteht die Rede aus deskriptiven Sätzen, im zweiten aus Befehlen, Bitten, Fragen usw. (I, 26). Die Funktion der sprachlichen Übermittlung von Befehlen ist eine der wichtigsten Funktionen der sinnvollen Rede, da sie die Gemeinschaftsbildung möglich macht (II, 91). Sinnloses Reden verfehlt den primären Zweck des Sprechens, da bei zusammenhangloser, d. h. gegen die Regeln der Syntax verstoßender Aneinanderreihung von Namen weder Gedanken noch Willensakte übermittelt werden können. Falsch gebildete und somit sinnlose Wortverbindungen – Hobbes spricht von falschen Sätzen, doch ist offenbar die stärkere Interpretation zulässig – entstehen, wenn an der Stelle von Satzsubjekt und -prädikat Namen stehen, die unvereinbaren Kategorien von Namen angehören. Hobbes unterschied Namen von Körpern, Namen von Akzidentien, Namen von Phantasmata und Namen von Namen (bzw. Namen von sprachlichen Ausdrücken im allgemeinen). „Der Körper ist Größe", „Ich bin Bewußtsein", „Die Wesenheit ist ein Seiendes" sind Beispiele sinnloser Wortverbindungen (I, 51 sqq.), weil „Körper" und „Größe", „Ich" und „Bewußtsein", „Wesenheit" und „Seiendes" kategorial disparat sind. Hobbes richtete seine Kritik ausdrücklich gegen den aristotelisch-scholastischen Essentialismus, den er für ein Instrument zur Aufrechterhaltung geistiger Abhängigkeit der an subsistierende Wesenheiten Glaubenden von der kirchlichen Autorität hielt (s. Abschn. 8). Die Hobbessche Sprachkritik stimmt, sofern sie als Mittel der Kritik an den Ansprüchen der Metaphysik dient, mit der Richtung der späteren sprachanalytischen Metaphysikkritik überein.

Wie Hobbes mit der Bestimmung des wahren Satzes die auf die Formel „praedicatum inest subiecto" zu bringende Leibnizsche Auffassung der Wahrheit vorwegnahm, so antizipierte er auch die Forderung Leibnizens, das Raisonnement in Wissenschaft und Philosophie zu einem *Rechnen mit Begriffen* zu machen, ohne daß er jedoch einen formalen Kalkül geschaffen hätte. Als eine Form des Rechnens mit Begriffen faßte er auch das syllogistische Schließen auf: Es besteht im Unterschied zum affirmativen Satz, in dem zwei Begriffe „addiert" werden, in der „Addition" dreier Begriffe (sofern beide Prämissen affirmativ sind). Die Bestimmung der *Vernunft* als Vermögen des Rechnens mit Begriffen liegt Hobbes' Definition der Philosophie als „vernünftige Erkenntis der Wirkungen oder Erscheinungen aus ihren bekannten Ursachen oder erzeugenden Gründen und umgekehrt der möglichen erzeugenden Gründe aus den bekannten Wirkungen" zugrunde (I, 2), sofern hier „vernünftige Erkenntnis" als Operieren mit Begriffen in Abhängigkeit von prinzipiell willkürlichen Definitionen verstanden wird. Unmittelbares Wissen oder bloß empirische Kenntnis sind nicht vernünftige Erkenntnis im hier vorausgesetzten Sinn.

Die Hobbessche Auffassung ist der platonistischen Konzeption der Vernunft

als Vermögen der Wesenseinsicht diametral entgegengesetzt. Daneben finden
sich aber bei Hobbes Ansätze einer andersartigen Anschauung, derzufolge die
Vernunft nicht nur die Fähigkeit des Rechnens mit konventionellen Zeichen,
sondern der Erfassung von Sachverhaltsstrukturen haben soll (Analoges gilt,
wie unten zu zeigen sein wird, für die Werterfassung).[16] Demgemäß steht in der
Hobbesschen Logik neben der Auffassung der Definition als willkürlicher
Bedeutungsfestlegung eine andere, derzufolge es Definitionen im Sinne der
Bestimmung von Begriffen durch Angabe der konstituierenden Universalien
gibt. Die Aufgabe der rationalen und mithin auch der philosophischen Erkenntnis besteht dieser zweiten Auffassung nach in der Auffindung der allgemeinen
Gründe eines Sachverhalts. Das soll durch Isolation der „Teile" (d. h. der
begrifflichen Elemente) eines Sachverhalts durch Analyse (Resolution) der Idee
desselben geschehen. Gegenüber der zu analysierenden Idee, die entweder
konkret oder abstrakt, jedoch stets weniger abstrakt als das Ergebnis der
Analyse ist, sind deren „Teile" von höherem Abstraktionsgrad bzw. von
größerer Allgemeinheit. Stets ist das weniger Universale das uns Bekanntere,
während das im höheren Grade Universale an sich fundamentaler ist (I, 60). Als
„Grund" bzw. „Ursache" aller Universalien galt Hobbes, wie schon Bacon, die
Bewegung; sie ist letzte „Ursache", d. h. letzter Grund aller Universalien.
Durch diese Auffassung erweist sich Hobbes' Philosophie als „Monismus der
Bewegung", wie treffend gesagt wurde, d. h. in ihrem Rahmen werden alle
Bestimmungen von Körpern (einschließlich sozialer „Körper") durch Zurück-
führung auf Sätze über Bewegungsverhältnisse im materiellen Bereich (über
„matter in motion") zu erklären gesucht.[17]
     Eine Definition, in der das Definiendum durch Angabe seiner begrifflichen
Erzeugung aus Universalien bestimmt wird, heißt „genetische Definition".
Definitionen dieser Art sind gemeint, wenn Hobbes erklärt: „Die Namen
...von Dingen, die als verursacht begriffen werden, müssen so definiert werden,
daß ihre Ursache bzw. die Art ihrer Erzeugung angegeben wird (I, 72). Für
Definitionen dieser Art gilt der Grundsatz der Definitionswillkür nicht.
     In der genetischen Definition wird das Definierte als erzeugt gedacht, indem
es aus seinen Gründen konstruiert wird. Hierbei ist nicht eine reale Erzeugung
gemeint. Wenn z. B. der Kreis genetisch durch die Bewegung eines Punktes mit
konstantem Abstand von einem gegebenen Punkt definiert wird, so bedeutet
das nicht, daß Kreise faktisch auf diese Weise entstehen müssen. Hobbes warnte
ausdrücklich vor der Annahme, die denkunabhängigen Dinge seien in derselben
Weise zusammengesetzt, wie wir sie zusammengesetzt denken (I, 22). Die
genetische Methode ist für die philosophische Erkenntnis so wesentlich, daß
Hobbes erklären kann, wo es keine Erzeugung und keine Eigenschaften gebe, da
lasse sich auch keine Philosophie denken (I, 9: „ubi ... generatio nulla aut nulla
proprietas, ibi nulla philosophia intelligitur"). Demgemäß kommen als Gegenstände der Philosophie vor allem solche Sachverhalte in Betracht, deren „Erzeugung" sich begreifen läßt, d. h. die genetisch erklärt werden können.

4. Erste Philosophie und allgemeine Bewegungslehre

Hobbes hat versucht, alle Teile des philosophischen Systems den angedeuteten methodischen Prinzipien zu unterwerfen. Das gilt auch für die *Erste Philosophie* als fundamentalen Teil des Systems. Wie die Aufgabe der Erkenntnis generell in der resolutiven Isolation der universalen Gründe von Erscheinungen besteht, so besteht die Aufgabe der Philosophie in der Isolation der im Begriff der Erfahrung enthaltenen Universalien. Da „Erfahrung überhaupt" bereits ein Universale ist, das in jeder singulären Gegenstandserfahrung realisiert ist, sind die gesuchten Gründe der Erfahrung Universalien höherer Allgemeinheitsstufe. Die *Erfahrungsanalyse*, von der die Erste Philosophie ihren Ausgang nimmt, wird von Hobbes gelegentlich in Form der Metapher einer fiktiven Weltvernichtung eingeführt, von der nur der Philosophierende ausgenommen zu denken ist (I, 81). Das erste Resultat der Erfahrungsanalyse besteht in der Bestimmung des direkten Erfahrungsobjekts als Idee. Dieses Ergebnis ist jedoch von der genannten Metapher prinzipiell unabhängig, denn „wenn wir genau betrachten, was wir tun, wenn wir denken und schließen, werden wir finden, daß auch dann, wenn alle Dinge in der Welt bestehen, wir doch immer nur unsere eigenen Phantasmen ins Auge fassen und vergleichen" (I, 82). Sodann führt die Resolution zur Unterscheidung zwischen dem Vorstellungsinhalt und dem Anspruch, daß dieser etwas Denkunabhängiges repräsentiere. Da dieser Anspruch zweifelhaft gemacht werden kann, ist die weitere Analyse auf den Bereich der Vorstellungsinhalte (der Phänomene) zu beschränken. Als einfachste Elemente bzw. Universalien des Erfahrbaren, die durch Resolution der Phänomene gewonnen werden, nennt Hobbes „Größe", „Bewegung" und die Sinnesqualitäten (wie Farben, Töne usw.), ferner „Raum" und „Zeit", „Ding" und „Akzidenz", „Ursache" und „Wirkung", „Gleichheit" und „Ungleichheit", „Wirklichkeit" und „Möglichkeit". Dazu kommt das Moment der Ordnung, das offensichtlich kein Universale nach Art der genannten ist, sondern die Form der Erfahrung betrifft. Diese Universalien bilden den Gegenstand der Ersten Philosophie, denn „dies sind die Dinge, die er [scil. der Philosoph] mit Namen belegen und gedanklich miteinander verbinden und voneinander trennen würde" (I, 82).

Die Definitionen der obersten Universalien sind die *allgemeinen Prinzipien*, mit deren Hilfe zunächst die Theorie der Bewegung und sodann, auf diese gestützt, Natur- und Staatsphilosophie aufgebaut werden sollen, wobei jedoch von vollständigen Reduktionen in den meisten Fällen kaum die Rede sein kann. Von besonderer Wichtigkeit sind die Definitionen des Raumes (I, 83), der Zeit (I, 84) und der Bewegung (I, 97). Mit ihrer Hilfe entwickelte Hobbes die allgemeine Bewegungslehre, die auch die Geometrie als Anwendungsfall umfaßt, sofern geometrische Gebilde genetisch durch Angabe der sie erzeugenden Bewegungen einfacher Elemente definiert werden können. Für die spezielleren

Theorien im Rahmen des Hobbesschen Systems, auf die unten eingegangen wird, erweisen sich als besonders wichtig der Begriff des *Conatus* als einer infinitesimalen Bewegung, der *Trägheitssatz* und der Satz über die *Gleichheit von Actio und Reactio*.

Gemäß der Forderung, alle zu erklärenden Phänomene zu zergliedern, um die in ihnen enthaltenen Universalien und letztlich das oberste Universale „Bewegung" aufzufinden, von dem die Erklärung („Komposition") der fraglichen Phänomene auszugehen hat, erhob Hobbes den Anspruch, Natur- und Staatsphilosophie als Teile des Systems aus Sätzen der Bewegungslehre ableiten zu können. Hierbei ist von allgemeiner Bedeutung, daß die Behauptung, das Universale „Bewegung" lasse sich zum Prinzip aller anderen Universalien machen, *erstens* die These der durchgängigen mechanistischen Erklärbarkeit beliebiger Tatsachen mit Hilfe der allgemeinen Bewegungsgesetze und *zweitens* die Forderung nach sich zieht, nur mechanistische Erklärungen als wissenschaftlich bzw. als philosophisch zuzulassen.

5. Naturphilosophie

Im Gegensatz zu der auf apriorischen Prinzipien beruhenden Bewegungslehre haben die Sätze der *Physik* nach Hobbes hypothetischen Charakter, sofern ihre Ableitung außer apriorischen auch erfahrungsabhängige Prämissen erfordert (I, 316). In der Physik wird nicht von a priori erkennbaren Gründen auf deren Folgen geschlossen, sondern von den zu erklärenden Tatsachen als angenommenen Folgen auf deren erzeugende Gründe zurückgegangen (I, 315–316), d. h. es werden zum Zweck der Erklärung geeignete Hypothesen formuliert. Das ist nach Hobbes jedoch nur möglich, sofern den hypothetisch angenommenen Beziehungen allgemeine a priori erkennbare Gesetzmäßigkeiten zugrunde liegen. (Das sogleich zu erwähnende Verhältnis zwischen dem Satz über die Gleichheit von Actio und Reactio einerseits und dem hypothetischen Satz über das Verhältnis von Reizwirkung und Gegenwirkung im Sensorium kann das Gesagte veranschaulichen.) Da es prinzipiell stets mehrere mögliche Erklärungen von Erscheinungen gibt, kann die Physik immer nur deren „*mögliche Erzeugung*" beschreiben. Ihre Aufgabe besteht m.a.W. darin, „die Art und Weise zu erforschen, wie sie [die Erscheinungen], ich behaupte nicht, erzeugt sind, sondern erzeugt werden könnten" (I, 316).

a) Die Erkenntnislehre

Die Erkenntnislehre ist nach Hobbes ein Teil der Physik. Das wesentliche in sie eingehende hypothetische Element ist die Annahme, daß gewissen Bewußtseinsphänomenen, den Phantasmata, denkunabhängige Dinge entsprechen, von denen angenommen wird, daß sie die Vorstellungen verursachen. Hobbes entwickelte eine mechanistische Theorie der *Entstehung von Phantasmata*, wobei er sich auf Sätze der Bewegungslehre, namentlich auf den Satz der Gleichheit von Actio und Reactio stützte. Nach diesem Satz muß die Aktion, als die der physikalische Reiz auf das Sinnesorgan aufzufassen ist, eine Reaktion der *„spiritus animales"*, d. i. jener nicht wahrnehmbaren subtilen Materie hervorrufen, die nach der Lehre der damaligen Physiologie die Reizbewegung dem Gehirn übermittelt. Die „Lebensgeister" haben eine Eigenbewegung, die durch den Anstoß des Sinnesreizes gemäß dem Satz von der Zusammensetzung von Teilbewegungen modifiziert wird. Die modifizierte Vitalbewegung bewirkt eine modifizierte Reaktion des Gehirns im Sinne einer infinitesimalen Bewegung (eines *Conatus*), die als Vorstellung erlebt wird, wenn die Bewegung zur Peripherie des Körpers gerichtet, und die als Begehren erfahren wird, wenn die Bewegung ins Innere des Organismus gerichtet ist. Der schwierigste Punkt dieser Theorie ist offensichtlich die Behauptung, daß irgendwelche Bewegungsvorgänge zu bewußten Erlebnissen führen. Die Bewußtheit gewisser Conatus erscheint im Rahmen einer strikt materialistischen Theorie des Vorstellens als unerklärlich und in diesem Sinne als Wunder.⁹

Gemäß dem Trägheitssatz verschwinden Empfindungen nicht zugleich mit dem sie hervorrufenden Reiz. Dieses Perseverieren der Empfindungen heißt *„Gedächtnis"*, es ist die Voraussetzung für das Vergleichen von erfahrenen Inhalten, d. h. für das *Urteilen*. Das Phantasma eines nicht mehr gegenwärtigen Objekts heißt *„Phantasievorstellung"* (Imagination). Wird das Zeitverhältnis zwischen gegenwärtiger Phantasievorstellung und nicht mehr gegenwärtigem Objekt berücksichtigt, liegt *Erinnerung* vor, und diese ist die Grundlage der Erfahrung. Auf *Erfahrung* beruht die Kenntnis von Regelmäßigkeiten des Ablaufs von Vorgängen und weiterhin die Möglichkeit der Vorhersage zukünftiger Ereignisabläufe, d. h. die *„Klugheit"* (prudence) (EW III, 37). Sofern Vorhersagen von empirischen Generalisationen abhängen, haben sie immer nur hypothetischen Charakter. Trotzdem kommt der Klugheit als Bedingung zweckrationalen Handelns größte praktische Bedeutung zu. Sofern sie nicht rationale Erkenntnis aus Ursachen, d. i. wissenschaftliche Erkenntnis (scientia bzw. knowledge) (II, 92), ist, sondern auf Vorstellungsassoziation und somit letztlich auf Spuren früherer Empfindungen beruht, muß sie vom vernünftigen Raisonnement scharf unterschieden werden. *Raisonnement* ist erst möglich, wenn eine Zuordnung von Vorstellungen und Zeichen (Namen) erfolgt, so daß mit letzteren „gerechnet" werden kann. „Denn Vernunft ... ist nichts anderes als *Rechnen*, das heißt Addieren und Subtrahieren, mit den Folgen aus den allgemeinen Namen, auf die man sich zum *Kennzeichnen* und *Anzeigen* unserer Gedanken geeinigt hat" (EW III, 30). Da die so verstandene Vernunft nicht eine überindividuelle Weltvernunft, sondern ein subjektives, gegen Irrtum nicht prinzipiell gesichertes Vermögen ist, gibt es von Natur aus keine *recta ratio* und a fortiori keine *recta ratio* als normkonstitutive universale Vernunft.

b) Die Lehre von den Wertungen

Die emotionalen bzw. voluntativen Bewußtseinsphänomene (*Lust* und *Unlust*, *Trieb*, *Begehren* und *Affekt*) suchte Hobbes ebenso wie die Phantasmata mechanistisch zu erklären. Folgerichtig gelangte er zu einer deterministischen Willenstheorie. Auch die emotionalen Bewußtseinsvorgänge sind als mechanische Reaktionen auf Reize zu begreifen. Da die Vitalbewegung wie alle Bewegungen dem Erhaltungssatz unterworfen ist, setzt sie allen ihr entgegengesetzten Bewegungen Widerstand entgegen. Das entsprechende bewußte Erlebnis ist die Unlust, und das die Hemmung der Vitalbewegung verursachende Objekt heißt „*Unwert*"; was dagegen die Vitalbewegung fördert, wird als lustbetont erlebt, das entsprechende Objekt wird notwendig erstrebt und heißt „*Wert*".
„Wert" oder „Güte" bezeichnen im Rahmen dieser Theorie nicht Bestimmungen von Objekten, sondern ein Verhältnis zwischen Objekten und subjektiven Reaktionen auf Reize, die von jenen ausgehen. Es ist klar, daß unter dieser Voraussetzung nur von subjektiven Wertungen die Rede sein kann und diese überdies auf das wertende Subjekt zu beziehen und mithin relativ sind. Von absoluten Werten zu reden, ist unter Hobbes' Voraussetzungen sinnlos (II, 96).
Das *Selbsterhaltungsstreben* ist oberstes Universale der Werterfahrung, sofern spezielle Inhalte nur durch ihre Beziehung auf die Erhaltung (bzw. Steigerung) der Vitalbewegung zu Werten werden (EW III, 38 sqq.; cf. II, 94 sqq.). Das oberste Prinzip der Bewegungslehre, demgemäß alle Naturvorgänge Bewegungsvorgänge sind, spezifiziert sich somit zum obersten Prinzip der Wertlehre: „Werterlebnisse sind Erlebnisse der Steigerung der Vitalbewegung." Umgekehrt sind Unlusterlebnisse Erlebnisse der Hemmung der Vitalbewegung. Die absolute Hemmung der Vitalbewegung, der Tod, ist demgemäß der größte Unwert, und die Todesfurcht ist nichts anderes als das Bewußtsein des Widerstandes gegen die Vernichtung der Vitalbewegung. Da für jeden Einzelnen die Erhaltung seiner selbst ausschließlicher Maßstab des Wertens ist, kann es im Rahmen der mechanistischen Wertlehre (als Teil der Naturphilosophie) keine überindividuellen Normen geben.[9]

c) Kosmologie und rationale Theologie

Die Hobbessche *Kosmologie* beruht auf den Annahmen der indefiniten Unendlichkeit der Welt als der Summe aller Körper, der Unmöglichkeit eines Vakuums, der Existenz von Atomen sowie eines Äthers. Alle Tatsachen im Bereich der Natur sollen sich auf Bewegungen materieller Partikel (matter in motion) zurückführen lassen, namentlich die sogenannten sekundären Qualitäten (also Farben, Töne, Temperaturen, Oberflächeneigenschaften usw.). Die Dinge selbst sind ausschließlich mit Hilfe von Prädikaten zu charakterisieren, die Ausdehnungsverhältnisse und deren Änderung betreffen.
Die *rationale Theologie* hängt insofern mit der Naturphilosophie zusammen,

als der Name „Gott" die Ursache der Welt bezeichnen soll. Anthropomorphismen sind vom Gottesbegriff fernzuhalten, da Gott nur die Prädikate des Seins und der Einzigkeit beigelegt werden dürfen. Alle anderen Prädikate Gottes (wie „Unendlichkeit", „Ewigkeit", „Allmacht") drücken keine Erkenntnis, sondern nur das Gott entgegengebrachte Gefühl der Verehrung aus. Die Unmöglichkeit inhaltlicher Gotteserkenntnis über die bloße Existenzfeststellung hinaus hat ihren Grund in der Tatsache, daß es keine Vorstellung (phantasma) Gottes geben kann, das Dasein Gottes vielmehr mit Hilfe des Kausalprinzips und des Grundsatzes, demzufolge es keinen unendlichen Regreß gibt, erschlossen wird. Die natürliche Vernunft (I, 340) erlaubt somit zwar die Erkenntnis des Daseins Gottes, nicht aber die Formulierung allgemeingültiger Regeln der Gottesverehrung. So wie es im Rahmen der Lehre von den Wertungen keinen überindividuellen Wertungsmaßstab gibt, so gibt es im Rahmen der rationalen Theologie keine allgemeingültigen, Dogmen und rituellen Vorschriften. Beides ist nach Hobbes nur auf Grund positiver rechtlicher Regelungen möglich.

Von Gott stammt die „Natur der Dinge", auf die sich physikalische Aussagen beziehen und im Hinblick auf welche die Prinzipien zu formulieren sind, mit deren Hilfe physikalische Theorien aufgestellt werden. So wie die „Natur der Dinge" überhaupt ist nach Hobbes auch die „Natur" des Menschen von Gott geschaffen und mit dieser das in ihr gründende „natürliche Recht". Folgerichtig hat Hobbes behauptet, die naturrechtlichen Normen koinzidierten mit den in der Bibel enthaltenen göttlichen Geboten (II, 199).

Die Frage, ob Hobbes' Äußerungen über Gott als Schöpfer der Natur der Dinge und des Menschen ernst gemeint oder lediglich Mittel weltanschaulicher Tarnung waren, ist kontrovers und vermutlich nicht mit Sicherheit beantwortbar. Man kann jedoch feststellen, daß die Annahme der Existenz eines Gottes im christlichen oder allgemeiner im theistischen Sinn innerhalb des Hobbesschen Systems entbehrlich ist. Sollte sie der Philosoph also gemacht haben, so geschah das nicht primär aus systematischen, sondern aus subjektiven Gründen, gleich welcher Art diese gewesen sein mögen.

6. Die Theorie der Normativität

Im Rahmen von Hobbes' *Lehre von den Wertungen* (als Teil der Anthropologie und damit der Naturphilosophie) kann lediglich versucht werden, das Zustandekommen von Wertungen zu erklären, d. h. es kann bestenfalls gezeigt werden, was faktisch positiv oder negativ gewertet wird. Eine normative Ethik ist unter ihren Voraussetzungen dagegen nicht möglich.[20] Auch wenn sich herausstellen sollte, daß tatsächlich alle Menschen gewisse Dinge in gleicher Weise erstreben und diese daher allgemein als „gut" bezeichnet werden, würde nicht folgen, daß sie allgemein erstrebt werden *sollen.* Von Verbindlichkeit oder Pflicht kann im Rahmen einer mechanistischen Wertlehre als deskriptiver Disziplin nicht ge-

Thomas Hobbes

sprochen werden, so daß man in derselben z.B. sagen kann: „Alle Menschen trachten immer, ihr Dasein zu erhalten", nicht jedoch: „Alle Menschen *sollen* immer trachten, ihr Dasein zu erhalten". Auch wenn man mit Hobbes annimmt, daß die Erhaltungstendenz als allgemeiner Zug der menschlichen Natur a priori erkannt werden könne, folgt hieraus nicht, daß es eine *Pflicht* der Selbsterhaltung im Sinne einer naturrechtlichen Verpflichtung gebe. Da es aber zweifellos Verpflichtungserlebnisse gibt, d.h. da wir uns faktisch gewissen Normen unterworfen sehen bzw. gewisse Gebote und Verbote als gültig anerkennen, muß diese Tatsache im Rahmen der praktischen Philosophie erklärt werden. Sofern Hobbes die Annahme objektiver Werte ausschloß, konnte er die Verbindlichkeit nur auf *positive Normen* zurückführen, die unter seinen Voraussetzungen nur Anordnungen einer übergeordneten Instanz sein können. Allgemeinverbindliche Normen sind demnach stets von einer allgemein anerkannten Autorität gesetzte Normen, und die Verbindlichkeit einer Norm reicht genauso weit, wie die Fähigkeit der jeweiligen normsetzenden Instanz zur Normdurchsetzung reicht. Hobbes erweist sich somit als Rechtspositivist, sofern nach seiner Auffassung dreierlei vorauszusetzen ist, damit eine Norm gültig sei:

1. der (promulgierte) Imperativ;
2. die Sanktion, d.h. die Androhung von Zwangsmaßnahmen für den Übertretungsfall;
3. eine Instanz, die dafür sorgt, daß wenigstens in einem hinreichend großen Teil der Fälle von Normverletzungen die Strafandrohung verwirklicht wird.

Gott kommt unter Hobbes' Voraussetzungen als oberster Imperator nicht in Betracht, obwohl gelegentlich von Gott als dem Urheber einer allgemeinen Verbindlichkeit die Rede ist. Hobbes sprach jedoch stets nur sehr vage von Gott, vermutlich um sich gegen weltanschauliche Verdächtigungen zu schützen, denn jeder Versuch einer Zurückführung von Rechtssätzen auf göttliche Anordnungen muß unter seinen Voraussetzungen scheitern, weil erstens die Erkenntnis Gottes als eines Gesetzgebers unmöglich ist und zweitens selbst unter der Voraussetzung eines göttlichen Gesetzgebers keine Möglichkeit besteht, den Inhalt der angenommenen göttlichen Gebote zu bestimmen. Die Berufung auf göttliche Offenbarung durch die Bibel wirft lediglich ein weiteres Problem auf, da die Offenbarungssätze, wie sie in der Bibel enthalten sind, keine eindeutigen Gebote ergeben. Deshalb bedarf es einer verbindlichen Interpretation der biblischen Texte. Wer aber soll hierfür kompetent sein? *(Quis interpretabitur?)* Wenn die Kompetenz der Auslegung jedem Einzelnen zukommt, dann ist mit subjektiven und relativen Ergebnissen zu rechnen, so daß die erstrebte Eindeutigkeit und Allgemeingültigkeit nicht erreicht wird. Wenn aber die Kompetenz der Interpretation einer den Individuen übergeordneten Instanz zukommt, dann ist letztlich diese entscheidend, und die Berufung auf den Willen bzw. die Anordnungen Gottes wird weitgehend leer. Auch die Rechtfertigung von Normen durch Berufung auf eine vorgebliche Vernunfteinsicht oder durch ihre

Zurückführung auf eine natürliche Wertordnung ist nach Hobbes ausgeschlossen, da er unter „Vernunft" nicht ein Vermögen der Wertschau, sondern lediglich des Kalkulierens mit sprachlichen Zeichen, und unter „Natur" keine werthafte Ordnung, sondern den Inbegriff der nach Gesetzen der Mechanik zusammenwirkenden Körper versteht.

Hobbes hat sich jedoch gelegentlich so geäußert, als glaubte er, daß die Vernunft zur Erkenntnis *natürlicher Gesetze* durch Einsicht in die Ordnung der Natur zu gelangen vermöchte, so wenn er z. B. erklärt: „Das natürliche und moralische Gesetz pflegt auch das göttliche Gesetz genannt zu werden, und nicht zu Unrecht. Denn die Vernunft, die selbst das Gesetz der Natur ist, hat ein jeder unmittelbar von Gott als Regel für seine Handlungen zugeteilt erhalten" (II, 199), oder wenn er feststellt, das oberste Ziel, auf das sich menschliches Handeln richte, sei unveränderlich, weil die Vernunft unveränderlich sei: „Die Vernunft bleibt ... dieselbe und wechselt weder ihr Ziel, ... noch die Mittel dazu" (II, 196). Er schränkte jedoch die Geltung der auf vernünftiger Einsicht in die Natur beruhenden Gebote auf den Bereich des Gewissens (das *forum internum*) ein und betonte, daß sie *in foro externo* keinen verpflichtenden Charakter hätten. Es handelt sich m. a. W. um ein subjektives Sollen, das nicht den Charakter rechtlicher Verpflichtung hat. [Man muß aber bedenken, daß Äußerungen wie die angeführten selten sind und daß sie bei weitem von jenen anderen überwogen werden, in denen die Möglichkeit einer auf Vernunfteinsicht beruhenden Normativität geleugnet wird. Daher ist es bedenklich, sie zur Grundlage einer Interpretation der Hobbesschen Normenlehre zu machen. Es dürfte sich bei ihnen um Reminiszenzen an einen damals bereits überwundenen Standpunkt handeln.]

Die Auffassung, Hobbes habe eine vernünftige, von positiven Normsetzungen unabhängige Verbindlichkeit gelehrt, vertrat zuerst ausdrücklich A. E. Taylor,[22] dem H. Warrender[23] und andere gefolgt sind. Der von den Genannten vertretenen Auffassung ist mit J. W. N. Watkins[?] entgegenzuhalten, daß die allgemeinverbindlichen natürlichen Gesetze, die Hobbes auf die Vernunft bezieht, den Vorschriften eines Arztes ähnlich sind; sie besagen nämlich nur: Wenn du das oder jenes erreichen willst, dann verhalte dich so oder so. Die Vernunft kann mit einem Worte lediglich die geeigneten Mittel zur Erreichung eines vorgegebenen Zieles feststellen; sie kann nicht letzte Ziele setzen.[24] Die Vernunftgebote haben somit den Charakter von hypothetischen Imperativen, d. h. es handelt sich eigentlich um Behauptungen über die Eignung von Mitteln im Hinblick auf einen gegebenen Zweck, nicht um normative Aussagen. Unter der Voraussetzung, daß eine Verpflichtung besteht, Y herbeizuführen, und unter der weiteren Voraussetzung, daß *nur* X geeignet ist, Y herbeizuführen, besteht allerdings auch eine mittelbare Verpflichtung, X zu tun. Dieser mittelbare Verpflichtungscharakter entstammt jedoch dem unmittelbaren Verpflichtungscharakter von Y, und dieser beruht nicht auf reiner Vernunfteinsicht.

Wenn sowohl die theologische wie die natur- bzw. vernunftrechtliche Erklärung der faktisch vorhandenen Verpflichtungserlebnisse scheitert, muß nach einer andersartigen Erklärung gesucht werden. Innerhalb des Hobbesschen Systems kommt nur eine Erklärung in Frage, die auf den allgemeingültigen, a priori wahren Grundsätzen der Ersten Philosophie und der Bewegungslehre beruht. Die Erklärung der Normativität muß mit anderen Worten den Begriff der bewegten Materie (matter in motion) bzw. die Gesetze, die die Bewegung der Materie beherrschen, zugrunde legen. [Das geschieht] im Rahmen einer Theorie des politischen Körpers, auf die im folgenden Abschnitt eingegangen wird.

[?]

7. Grundlegung der Rechts- und Staatsphilosophie

Die Hobbessche Lehre vom Staate kann als _Staats-„Physik"_ bezeichnet werden, sofern der Philosoph beanspruchte, ihre Sätze auf Sätze der mechanistischen Anthropologie und letzten Endes der Bewegungslehre zurückzuführen. Sie stellt sich in diesem Sinne als Seitenstück der Physik dar, da ihre Sätze ebenso wie die der Physik als Konsequenzen der Grundsätze der Kinematik verstanden werden. Als Physik des sozialen Körpers kann die Staatslehre nur deskriptive Sätze und Gesetze bzw. hypothetische Imperative enthalten. Sie dient der Erklärung der Tatsache, daß es verbindliche positive Normen gibt, nicht der Begründung normativer Grundsätze.

Die Relativität des egozentrischen Wertens der als soziale Atome aufgefaßten Individuen macht im Falle des Zusammenlebens zahlreicher Individuen Konflikte unausweichlich, da zwar die Selbsterhaltung, nicht aber die Erhaltung anderer natürlicherweise erstrebt wird.[25] In diesem Sinne gilt, daß sich die Menschen zueinander wie Raubtiere verhalten würden, wenn ihr Verhalten nicht rechtlich geregelt wäre _(Homo homini lupus)_. Den Konflikt der konkurrierenden egoistischen Individuen beschreibt Hobbes als _„Krieg aller gegen alle"_ und erklärt seine Entstehung in einer durch Abwesenheit jeglichen Rechts charakterisierten Situation für im höchsten Grade wahrscheinlich, weil das Streben nach größtmöglicher Sicherheit die Tendenz zur absoluten Beherrschung aller potentiellen Konkurrenten, d. h. ein unersättliches Machtstreben, erzeugen muß.[26] Doch auch der Mächtigste könnte das Ziel absoluter Daseinssicherung unter den angenommenen Bedingungen nicht erreichen, weil ihm unter Umständen selbst der Schwächste gefährlich werden kann. Hinsichtlich des Fehlens unbedingter Sicherheit sind somit alle einzelnen gleich (II, 162; EW III, 110), mindestens solange jeder einzelne auf der Grundlage des natürlichen Wertens über die Angemessenheit der Mittel zur Selbsterhaltung entscheidet, d. h. von seinem _„Naturrecht"_ bzw. von seinem _„Recht auf alles"_ Gebrauch macht (II, 164–165; zum Begriff des natürlichen Rechts cf. EW III, 116).[27]

Der durch die Abwesenheit jedes vom natürlichen verschiedenen Rechts charakterisierte hypothetische Zustand heißt _„Naturzustand"_. Da das Dasein in diesem Zustand in höchstem Grade prekär wäre, ist es vernünftig, die Bedingungen des Naturzustands zu beseitigen. Da die natürliche Wertungs-grundlage nicht geändert werden kann, ließe sich der Naturzustand nur durch Änderung der Art, in der über die Angemessenheit der Mittel zur Selbsterhal-tung geurteilt wird, überwinden, nämlich durch Verzicht auf das „Naturrecht" und seine Übertragung auf eine den einzelnen übergeordnete Instanz, der die Kompetenz zur Beurteilung der Angemessenheit der Mittel zur Daseinssiche-rung überantwortet wird. Der hierdurch vorgenommene Übergang vom natür-lichen zum staatlichen Zustand stellt sich als Ergebnis eines zweckrationalen Kalküls, d. h. einer Art des „Rechnens" mit Begriffen dar, demgemäß die Abtretung des Naturrechts zugunsten einer übergeordneten Instanz als das adäquate Mittel der Daseinssicherung erscheint (II, 170 sq.; EW III, 116 sqq.). Aus dem Begriff einer mit der genannten Kompetenz ausgestatteten Instanz folgt, daß diese entsprechende Machtbefugnisse haben muß, um Widerstre-bende durch Verhängung von Sanktionen zur Einhaltung der Bedingungen, unter denen die Abtretung des Naturrechts als sinnvoll erscheint, zu zwingen, da niemandem die Abtretung seiner ursprünglichen Kompetenz zugemutet werden kann, wenn nicht ein gleiches Verhalten aller gewährleistet ist.

Hobbes beschreibt die Einsetzung der übergeordneten Regulationsinstanz als „*Vertrag aller mit allen*" (II, 213 sq.; EW III, 158) zum Zweck der Errichtung einer allgemeinen souveränen Gewalt (EW III, 157). Die „Macht" des Souve-räns ist die durch den Abtretungsvertrag auf der Basis der Wechselseitigkeit herbeigeführte relative Ohnmacht aller einzelnen, wobei vor allem nach der reifen Fassung der Hobbesschen Staatsphilosophie im „Leviathan" (der in dieser Hinsicht die den älteren staatsphilosophischen Werken Hobbes' anhaf-tenden Schwierigkeiten überwindet) die Rechts-„Übertragung" darin besteht, daß alle mit Ausnahme des Inhabers der Souveränität beschließen, von ihrem natürlichen Recht keinen Gebrauch mehr zu machen[28]

Mit dem Verzicht auf die Ausübung des natürlichen Rechts zugunsten des (oder der) Inhaber der souveränen Gewalt entsteht der *Staat* als *politischer Körper*, der als juristische Person (persona ficta) zwar nicht in demselben Sinne „Körper" heißt wie physikalische Dinge, mit diesen jedoch unter Hobbes' Voraussetzungen insofern übereinstimmt, als er wie sie den allgemeinen Bewe-gungsgesetzen unterworfen ist. Mit Hilfe dieser Gesetze glaubte Hobbes, die Errichtung der souveränen staatlichen Gewalt und damit der staatlichen Rechts-ordnung begreiflich machen zu können, ohne daß er die tatsächliche Entstehung historisch vorhandener Staaten beschrieben und ohne daß er bestimmte Rechts-normen abgeleitet bzw. gerechtfertigt hätte. Die Theorie gestattet m. a. W. die Erklärung der Tatsache, daß es eine staatliche Rechtsordnung, der die Staatsan-gehörigen unterworfen sind, gibt; sie gestattet nicht die Begründung des Geltungsanspruchs bestimmter Verfassungen bzw. bestimmter Gesetze, wenn auch Hobbes meinte, die Notwendigkeit einer absoluten Souveränität bewiesen zu haben, da seiner Ansicht nach nur ein absoluter Souverän die Erreichung des mit dem Sozialkontrakt verfolgten Ziels der angemessenen Daseinssicherung garantieren kann, während jede Gewaltenteilung zur Etablierung eines Staats im Staate und damit potentiell zum Bürgerkrieg, d. i. zur Rückkehr in den Naturzustand mit der für diesen charakteristischen Gefährdung der Sicherheit, führt. Die Hobbessche Theorie läßt zwar die staatliche Rechtsordnung als bedingt notwendig erscheinen (nämlich im Hinblick auf das Ziel der Erhaltung der Individuen in größtmöglicher Sicherheit) und sie gestattet die Rechtfertigung der dem Souverän zugeschriebenen Kompetenz der inhaltlichen Ausfüllung der Rechtsordnung; wie das aber im besonderen geschieht, läßt sich im Rahmen der Theorie nicht ableiten. Welche Gesetze der Souverän erläßt, entscheidet er allein, freilich nicht willkürlich, sondern in Form eines zweckrationalen Kalküls im Hinblick auf das oberste Staatsziel des *Allgemeinwohls* (der *salus publica*). Die Entscheidung über den Inhalt der Gesetze ist m. a. W. nicht mehr Sache der Rechtsphilosophie, sondern der Rechtspolitik.

Neben die Ableitung der Sätze über die souveräne Gewalt mit Hilfe der synthetischen Methode (siehe oben Abschn. 3) tritt bei Hobbes, wenigstens im Ansatz, eine *analytische Rechtstheorie*, deren Aufgabe im Rückgang von der Tatsache der geltenden Rechtsordnung zu deren notwendigen Bedingungen als den Prinzipien von Recht und Staat besteht. Während die synthetische Staatslehre auf Hypothesen beruht, soll die analytische Rechtstheorie a priori gültig sein, „weil wir die Prinzipien für die Erkenntnis des Wesens der Gerechtigkeit und Billigkeit..., nämlich Gesetze und Abmachungen, selbst schaffen" (II, 94). Die Rechts- und Staatslehre wird somit hinsichtlich der Apriorität ihrer Grundsätze der Geometrie vergleichbar; sie muß, so verstanden, von der prinzipiell hypothetischen Physik unabhängig sein. Hobbes hat also einerseits die Ableitbarkeit der bürgerlichen Pflichten aus den Prinzipien der Philosophie und gewissen Annahmen behauptet, andererseits aber die Möglichkeit einer von naturphilosophischen Sätzen unabhängigen analytischen Rechtslehre angedeutet (I. 65–66).[29]

Die analytische Rechts- und Staatslehre beginnt mit der Analyse der „Materie" des Staates (II, 145), zu welchem Zweck man sich den Staat aufgelöst vorzustellen hat. Daß Hobbes unter der „Materie" des Staats Rechtsbeziehungen verstanden hat, zeigt die Bemerkung in der Widmung zu „De cive", er habe mit der Analyse des Begriffs „Gerechtigkeit" und insbesondere des Begriffs des Eigentumsrechts begonnen und sei zum Ergebnis gelangt, daß Rechtsbeziehungen nichts Naturgegebenes, sondern Resultat konventioneller Setzungen seien.

Durch die Analyse der „Materie" des Staats werden die Begriffe des Individuums als Rechtsperson, des Selbsterhaltungsrechts, der ursprünglichen Rechtsgleichheit und der Freiheit gewonnen, die Hobbes im Rahmen eines auf das Selbsterhaltungsrecht ausgerichteten Zweck-Mittel-Kalküls der Formulierung *natürlicher Gesetze* zugrunde legt, die er als *„dictamina rectae rationis"* deutet. Durch Gebote der richtigen Vernunft wird gefordert, daß nach Möglichkeit der Friede zu suchen sei, daß Verträge zu halten, Mitmenschen als gleich zu erachten

seien und daß Wechselseitigkeit von Rechten und Pflichten herrschen solle.
Während von einem natürlichen Recht und natürlichen Gesetzen im Rahmen
der mechanistischen Lehre vom sozialen Körper nur metaphorisch gesprochen
werden kann, ist die Verwendung dieser Begriffe innerhalb der analytischen
Rechts- und Staatslehre konsequent: Die „dictamina rectae rationis" erscheinen
in der letzteren als Bedingungen der Möglichkeit des durch die Einheit der
Rechtsordnung definierten Staatsbegriffs. Die Einheit des Staates selbst läßt sich
mit den Mitteln der Staats-„physik" nicht fassen; sie kann nur als Rechtsbegriff
verstanden werden: sie beruht darauf, daß der Souverän alle einzelnen repräsentiert. Indem sich alle so verhalten, *als ob* der Wille des Souveräns mit ihrem
Willen übereinstimmte, wird ein sozialer Körper geschaffen, der im Unterschied zu physikalischen Körpern nur kraft konventioneller Setzung besteht.

Der den Staat beherrschende Einheitswille ist die *Einheit der Rechtsordnung*
in ihrer Ausrichtung auf das optimal geregelte Zusammenleben aller. Es handelt
sich also nicht um einen Willen im psychologischen Sinne, wie auch von Staats-
„macht" nicht im Sinne physischer Macht die Rede sein kann. Denn „da ein
politischer Körper ein fingierter Körper ist, so sind auch dessen Macht und
Willen fingiert".[30] Deshalb kann der *Souverän* streng genommen kein natürli-
ches Individuum sein. Die souveräne Macht ist die Wirksamkeit der Rechtsordnung, weshalb aus ihrer Unteilbarkeit, die mit ihrem Begriff gegeben ist, nicht,
wie Hobbes es für möglich hielt, auf die Unmöglichkeit der Gewaltenteilung
bzw. auf die Legitimität des Absolutismus geschlossen werden kann. Hobbes
kam es jedoch wesentlich auf eine Rechtfertigung der Idee der absoluten
Souveränität des Inhabers der Staatsgewalt an, weshalb er argumentierte, dieser
gehe den Staatsangehörigen gegenüber im Sozialkontrakt keine vertragliche
Verpflichtung ein, wenn das volle natürliche Recht aller auf ihn „übertragen"
werde. Er ist daher den Staatsangehörigen in keiner Weise rechtlich verpflichtet.
Demgemäß gibt es kein Verhalten des Souveräns, das den Untertanen ihm
gegenüber ein Widerstandsrecht verleihen könnte, ausgenommen den Fall der
Bedrohung mit dem Tode, die dem Einzelnen das Recht auf Widerstand gibt, da
die Existenzsicherung wesentlicher Zweck des Sozialkontrakts ist und jeder
Vertrag hinfällig wird, wenn aus ihm abgeleitete Rechtsfolgen dem Vertrags-
zweck zuwiderlaufen. Überraschenderweise erkannte Hobbes auch dem Ver-
brecher, dem die Todesstrafe droht, das Recht auf Widerstand zu.[31]
Der *absolute Charakter* der *Souveränität*, der auf der Idee der Einheit der
staatlichen Rechtsordnung beruht, führt zur Absorption aller partikulären
[rechtlich geordneten Gemeinschaften]durch den Staat.[32] Es kann m. a. W. neben
der staatlichen Rechtsordnung keine mit dieser konkurrierende[Rechtsordnung]
geben, z. B. die einer Kirche, weil damit ein Staat im Staate etabliert, die Einheit
des Staates in Frage gestellt und hierdurch die Gefahr des Bürgerkriegs herauf-
beschworen würde, wie Hobbes auf Grund seiner historischen Erfahrungen
überzeugt war. Der Bürgerkrieg ist jene Gefährdung der Existenz, deretwegen
Hobbes die Forderung absoluter Souveränität aufstellen und legitimieren zu

müssen glaubte, weil nur durch die uneingeschränkte Unterwerfung aller unter die staatliche Autorität der zum Bürgerkrieg führende Verlust der Staatseinheit verhindert werden kann. Im Hinblick auf die zeitgenössische Situation wird begreiflich, daß Hobbes den absoluten Charakter der Souveränität so stark betonen zu müssen meinte: Je größer eine Bedrohung, um so stärkere Mittel sind zu ihrer Überwindung erforderlich. Wenn also die Gefahr des Bürgerkrieges extrem ist, dann muß auch in extremer Weise die Übermacht des Souveräns als Mittel der Überwindung der Bürgerkriegsgefahr betont werden.

Die Hobbessche Staatslehre hat somit einen politischen Aspekt, auf den abschließend ein Blick geworfen werden soll.

8. Ideologie und Weltanschauungsanalyse

Von der philosophischen Analyse des Staatsbegriffs bei Hobbes sind die im engeren Wortsinn *politischen, soziologischen, wirtschaftstheoretischen, kultur-* und *religionskritischen Elemente* seiner Staatslehre, die in jüngerer Zeit von der sozialgeschichtlich orientierten Forschung stark in den Vordergrund gerückt wurden, genau zu unterscheiden; sie lassen sich befriedigend als Reflexe der politischen, ökonomischen bzw. allgemein der sozialen Situation interpretieren, während sich die Zusammenhänge der zugrunde liegenden Theorie auf diese Weise nicht begreifen lassen. Ziel der philosophischen Theorie des Rechts bzw. des Staates war in Hobbes' Augen primär weder die Bewertung konkreter Staatsverfassungen, noch die Beurteilung bestimmter politischer Entwicklungen, um die es Hobbes als Ideologen ging, sondern dieses Ziel bestand in der Erkenntnis der „Natur" der staatlichen Rechtsordnung überhaupt im Rahmen einer analytischen Theorie. Hierüber darf aber nicht vergessen werden, daß Hobbes die Theorie auf praktische, näherhin politische Ziele bezogen sah: „Denn die bloße Überwindung von Schwierigkeiten oder die Entdeckung verborgener Wahrheiten sind nicht so großer Mühe, wie sie für die Philosophie nötig ist, wert; und vollends brauchte niemand seine Weisheit anderen mitzuteilen, sofern er damit weiter nichts zu erreichen hoffte. Wissenschaft dient nur der Macht! Die Theorie (die in der Geometrie der Weg der Forschung ist) dient nur der Konstruktion! Und alle Spekulation geht am Ende auf eine Handlung oder Leistung aus" (I, 6). Für die Staatsphilosophie ist das direkte praktische Ziel, auf das die theoretischen Analysen zu beziehen sind, die Vermeidung des Bürgerkriegs, d. h. die Friedenssicherung (I, 6 sqq.), und letztlich die Erhaltung des eigenen Daseins als höchstes Gutes (II, 98).

Die Vordringlichkeit des Ziels der Daseinssicherung unter friedlichen Bedingungen ergab sich für Hobbes wie oben angedeutet unter dem Eindruck der politischen Situation Englands in der ersten Hälfte des 17. Jhs. Im Hinblick auf dieses Ziel ist es plausibel anzunehmen, daß die Hobbessche Philosophie durch politische zeitgenössische Motive mit bedingt war. Ohne Anhänger einer bestimmten Partei zu sein, wendete sich Hobbes gegen jene Kräfte und Tendenzen der zeitgenössischen Wirtschaft, denen er die Verantwortung für den Bürgerkrieg zuschrieb, was jedoch nicht bedeutet, daß er die ökonomische und soziale Entwicklung der Epoche, die in die Richtung der Vorherrschaft des kapitalistischen Bürgertums ging, ablehnte. Er erkannte die Notwendigkeit einer die herkömmliche Wirtschaftsordnung sprengenden Entwicklung grundsätzlich an, lehnte jedoch die Überordnung der wirtschaftlichen über die politischen Interessen ab und bekämpfte die Tendenz, dem Konkurrenzprinzip gegenüber dem der Sicherheit den Vorrang einzuräumen. Die dem Calvinismus und namentlich dem Puritanismus innewohnende Tendenz zum Individualismus bedurfte eines Korrektivs im Sinne der Betonung der sozialen und politischen Einheit. Hobbes verfuhr hierbei nicht so, daß er die individuellen Interessen im Sinne des gesellschaftlichen Einheitsgedankens einschränkte, sondern so, daß er die Forderung der strikten gesellschaftlichen Einheit auf eine individualistische Anthropologie stützte.

Politische Gesichtspunkte sind auch für Hobbes' Erörterung des religiösen Problems, wie sie sich namentlich im dritten Teil des „Leviathan" *(Of a Christian Commonwealth)* findet, maßgeblich. Seine religionsphilosophischen Analysen dienen wesentlich dem Zweck, die theokratische Staatsauffassung, die den politischen Ansprüchen der Kirche zugrunde lag, zu destruieren. Es ging ihm insbesondere darum, die Forderung nach Unterordnung der Kirchen unter den(absoluten)Staat zu begründen. Zu diesem Zweck betrachtete er die Religion vom Gesichtspunkt ihrer affektiven Grundlagen aus und erklärte die „natürliche Frömmigkeit" als Reaktion der Individuen auf den Eindruck von Naturgewalten, die auf einen transzendenten Urheber der Welt bezogen werden. Auf diesen Urheber der Natur richten sich die Hoffnungen und Befürchtungen der Menschen, die den Kern der natürlichen Religiosität ausmachen (II, 106 sq.). Die natürliche Religion beruht somit auf zwei Arten von Motiven. Einerseits ist der Glaube an Gott als den Urheber alles Seins durch das natürliche Bedürfnis des Menschen nach Ursachenerkenntnis bzw. durch seine natürliche Neugier bedingt. Indem die Menschen von Ursache zu Ursache zurückfragen, gelangen sie zum Gedanken einer ersten Ursache, d. i. Gottes. Man kann sich nach Hobbes' Ansicht gar nicht mit der Untersuchung von Naturtatsachen im vertieften Sinne beschäftigen, ohne zum Glauben an Gott geneigt zu werden (EW III, 92 sq.). Andererseits wird der angenommene Urheber der Welt erst dadurch zum Gegenstand der Frömmigkeit, daß sich Hoffnungen und Befürchtungen auf ihn richten. Vor allem die Furcht vor dem Unsichtbaren ist der natürliche Samen der Religion (EW III, 95 sqq.). Neben der „natürlichen Frömmigkeit" gibt es eine andere Form der Frömmigkeit, die auf angeblicher Offenbarung beruht. Die *Offenbarungsreligion* wird im Rahmen einer organisierten Religionsgemeinschaft, einer Kirche, gelehrt und tradiert. Ihre Verkünder beanspruchen eine Autorität, die mit der staatlichen Autorität konkurriert und daher unter Hobbes' Voraussetzungen nicht geduldet werden darf. Eine

Kirche kommt m. a. W. nur als <u>Staatskirche</u> in Betracht. Das Prinzip der Gewissensfreiheit gilt für die Philosophie, nicht jedoch für die Offenbarungsreligion. „Religion ist nicht Philosophie, sondern Staatsgesetz; und darum ist sie nicht zu erörtern, sondern zu erfüllen" (II, 119–120).⁰ Religiöse und staatliche Autorität müssen identisch sein, das Commonwealth ist notwendig ein <u>christliches Commonwealth</u>. In diesem Sinne konnte er erklären, „daß ein Staat christlicher Menschen und eine Kirche durchaus ein und dasselbe ist, das nur ... zweifach benannt wird" (II, 397). Es kann kein religiöses Gebot geben, das nicht vom Staat als solches anerkannt würde, und da die religiösen Gebote auf die Offenbarung in der Bibel zurückgeführt werden, das Verständnis der Bibel aber, um eindeutig zu sein, der Interpretation bedarf, wird der Staat auch für die <u>Auslegung der Heiligen Schrift</u> zu sorgen haben.

Von hier ist es nur ein Schritt zu der von Hobbes mit aller Schärfe geübten Kritik an den kirchlich beeinflußten englischen <u>Universitäten</u>. Namentlich glaubte er in der aristotelisch-scholastischen Philosophie, wie sie an den Hochschulen vertreten wurde, ein Mittel zur weltanschaulichen Begründung des kirchlichen Herrschaftsanspruchs erblicken zu können. In seinem Kampf gegen die zeitgenössische Schulphilosophie zeigen sich schon Ansätze dessen, was in der Gegenwart „*Ideologiekritik*" genannt zu werden pflegt. Die aristotelisch-scholastische Philosophie begründet ihren Anspruch absoluter Wahrheit mit Hilfe der Annahme eines rational einsichtigen Wesens (Essence bzw. Entity) der Dinge. Diese Annahme ist nach Hobbes hinfällig, da der Ausdruck „essence" bedeutungslos ist. Er ist aus dem Hilfszeitwort „esse" abgeleitet, das Sein der Kopula aber bezeichnet nichts, wie auch die Tatsache zeigt, daß die Kopula in einer Reihe von Sprachen überhaupt nicht vorhanden ist, obwohl diese Sprachen die in der unseren durch das Hilfszeitwort „sein" ausgedrückten logischen Verhältnisse angemessen sprachlich artikulieren (EW III, 672 sqq.).

Die Hobbessche Weltanschauungskritik wird erst voll verständlich, wenn man ihr Ziel berücksichtigt, das wesentlich darin besteht, alle jene weltanschaulichen Motive auszuschalten, die geeignet sind, die Pflicht der Staatsbürger zum Gesetzesgehorsam einzuschränken. So wurde z. B. von der römischen Kirche, ausgehend von der Lehre von den Wesenheiten, eine Reihe von Dogmen formuliert, die die Forderung rechtfertigen sollen, Gott mehr zu gehorchen als den Menschen, d. i. dem Staat. Auch in der aristotelischen Staats- und Moralphilosophie fand Hobbes eine Reihe von Ansichten, die von seinem Standpunkt aus zurückzuweisen sind. So verwirft er die Auffassung, daß jede Regierung mit Ausnahme der Demokratie Tyrannei sei. Für gefährlich hielt er auch die Anwendung der aristotelischen Moralphilosophie auf den Staat, da ihr zufolge Gut und Böse auf Triebe der Individuen, anstatt auf die Gesetze zurückzuführen sind. Im Staate gibt sich der Einzelne nicht auf Grund individueller Triebe ein eigenes Gesetz, sondern er ist dem überindividuellen Gesetz im Sinne der staatlichen Rechtsordnung unterworfen (EW III, 669). Tönnies sprach im Zusammenhang mit Hobbes' Kampf gegen die von ihm als obskurantistisch gekennzeichneten Tendenzen seiner Zeit zutreffend von „Aufklärung". In der Tat hat eine bestimmte Richtung der Aufklärungsphilosophie mit Mitteln, die den von Hobbes angewandten ähnlich waren, für die Unabhängigkeit des philosophischen Denkens von außerphilosophischen Einflüssen gekämpft.[34]

9. Soziologische Fragen in der nachhobbesschen Philosophie des 17. Jahrhunderts

Obwohl in der Hobbesschen Philosophie ökonomische und soziologische Probleme nur eine untergeordnete Rolle spielten, beeinflußte sie doch die Bahnbrecher der *Volkswirtschaftslehre* und *Soziologie* in den Niederlanden und in England. In diesem Zusammenhang ist auf den Einfluß Hobbesscher Ideen bei den Brüdern van den Hove (de la Court) hinzuweisen, die sich in Übereinstimmung mit dem führenden holländischen Staatsmann der Epoche, J. de Witt,[35] für eine liberale Politik, vor allem für eine liberale Wirtschaftspolitik, einsetzten.[36]

In England wurde der Gedanke einer wissenschaftlichen Volkswirtschaftslehre mit Nachdruck von W. Petty (1623–1687)[37] zur Geltung gebracht, der in seinem Hauptwerk „Political Arithmetic" (1682, jedoch schon um die Mitte der siebziger Jahre verfaßt) forderte, in der politischen Ökonomie nur quantifizierbare und zahlenmäßig ausdrückbare Verhältnisse zu berücksichtigen. In Betracht kommen nach Petty die Größe der Bevölkerung, der wirtschaftlichen Erträge, des Steueraufkommens, der landwirtschaftlichen Nutzfläche, des verfügbaren Schiffsraums usw. Da psychische Faktoren, die im wirtschaftlichen Bereich eine Rolle spielen, nicht quantifizierbar sind und daher in der politischen Arithmetik nicht berücksichtigt werden können, stoßen Pettys Erklärungsversuche bald an eine Grenze, an der Petty seinen methodologischen Postulaten untreu werden mußte. Dennoch kommt der Konzeption einer politischen Arithemtik insofern große Bedeutung zu, als durch die Anwendung der Statistik bzw. der Wahrscheinlichkeitsrechnung auf wirtschaftliche und soziale Zusammenhänge der Staat in die Lage versetzt wird, die Volkswirtschaft sozusagen als kapitalistisches Unternehmen zu betrachten, wie es der Grundidee des Merkantilismus entspricht.[38] Dadurch erhalten auch die Einzelunternehmen starke Anstöße in Richtung auf eine kapitalistische Entwicklung.

Bemerkenswert sind die soziologischen Ansichten, die J. Harrington (1611–1677),[39] eines der prominentesten Opfer der Restauration der Stuart-Herrschaft nach dem Ende des Commonwealth, in seinem Hauptwerk „Oceana" (entstanden 1656) entwickelte. Der Grundgedanke dieses Werkes ist die Annahme, daß politische und soziale Verhältnisse von natürlichen Ursachen abhängen und mithin nicht willkürlich beeinflußt werden können.[40] Harrington formulierte die für seine Zeit außerordentlich kühne These, daß die Staatsform bzw. die Verfassung eines Landes durch die Eigentumsverteilung *(balance*

Harrington: „Oceana"

of property) bedingt sei, weshalb eine Verfassung, die den Eigentumsverhältnissen nicht angemessen ist, auf lange Sicht nicht aufrecht erhalten werden kann. So kann ein Commonwealth nicht Bestand haben, wenn das Eigentum und damit die Macht in den Händen weniger konzentriert ist, so wie eine Monarchie sich nicht behaupten kann, wenn eine einigermaßen gleichmäßige Eigentumsverteilung besteht.

Obwohl sich Harrington bei der Erklärung sozialer Zusammenhänge eines Organismusmodells der Gesellschaft bediente, das an das von Hobbes verwendete erinnert und das wie bei diesem zu mechanistischen Erklärungen gesellschaftlicher Vorgänge benützt wird, betonte er in erster Linie die Unterschiede zwischen seiner und der Hobbesschen Konzeption, die er als „geometrische" Konstruktion betrachtete und seiner empirischen Theorie gegenüberstellte.

Ähnlich motivierte W. Temple (1628–1699), neben Petty der bedeutendste Vertreter der „politischen Arithmetik", seine Ablehnung der Hobbesschen Theorie, deren konstruktiver Charakter seiner Ansicht nach besonders deutlich in der Theorie des Sozialkontrakts zutage tritt. In seinem „Essay upon the Original and Nature of Government" (1672)[41] ging es ihm nicht um die Konstruktion des Begriffs der staatlichen Autorität, sondern um deren sozialpsychologische Erklärung mit Hilfe der Annahme, daß Autorität wesentlich auf dem Autoritätsglauben beruht und dieser als Glaube an die überlegene Weisheit, Güte, Tapferkeit des Inhabers der Autorität zu bestimmen ist. Jemand gewinnt oder verliert in dem Maße Autorität, in dem die allgemeine Überzeugung, daß ihm autoritätsbegründende Eigenschaften (einschließlich vermeintlicher göttlicher Berufung) zukommen, zu- oder abnimmt. So deutlich sich Temple mit dieser Betrachtungsweise von den Vertretern der kontraktualistischen Staats- und Rechtstheorie unterscheidet, so deutlich nimmt er die entsprechende Überlegung vorweg, die im 18. Jh. D. Hume anstellte (siehe Bd. VIII). Temple fragt nicht nach den Rechtsgrundlagen der staatlichen Autorität, sondern nach den realen Ursachen der faktischen Anerkennung von Autoritätsansprüchen. Im Jahrhundert der englischen Revolution mußte es als wichtige Aufgabe der Sozialphilosophie erscheinen, Erklärungen für Autoritätsbegründung und Autoritätsverfall, für Revolution und Restauration zu liefern.

Ungeachtet der Ansätze einer wissenschaftlichen Sozialtheorie im 17. Jh. spielten im fraglichen Zeitraum *sozialtheologische* Argumente doch noch eine große Rolle, wie der von Robert Filmer (gest. 1653) um die Jahrhundertmitte in dem Werk „Patriarcha"⊕ unternommene Versuch zeigt, die monarchische Regierungsform durch Zurückführung auf die gottgewollte patriarchalische Gewalt Adams als einzig legitime zu erweisen. Wie ernst derartige Überlegungen in der damaligen Zeit genommen wurden, geht daraus hervor, daß sie Anlaß einer Kontroverse wurden, an der sich unter anderen J. Locke (siehe Band VIII) beteiligte. Filmer, eine Generation älter als Locke, trat für die absolutistischen Ansprüche des Hauses Stuart ein, die Locke bekämpfte. Er konnte hierbei an der von Algernon Sidney (1622–1683) an Filmer geübten Kritik anknüpfen, der gegen diesen die Unverzichtbarkeit des Grundrechts der Freiheit betont und die Unterwerfung der Regierenden unter die Interessen der Regierten gefordert hatte.[43] Er setzte in dieser Hinsicht die Tradition der Monarchomachen bzw. der Vertreter der Lehre von der Volkssouveränität fort. Nach Sidney behält das Volk das Recht, die von ihm beauftragten Inhaber der Regierungsgewalt zur Verantwortung zu ziehen und gegebenenfalls abzusetzen. Unter Umständen ist auch die Revolution als letztes Mittel gegen eine den Interessen des Volks zuwider handelnde Regierung gerechtfertigt. Das Ziel der staatlichen Ordnung, nämlich die Sicherung der Existenz und des Wohlergehens der Individuen, steht unverrückbar fest; die Mittel, die im Hinblick auf dieses Ziel einzusetzen sind, galten Sidney dagegen als variabel, da sie den wechselnden historischen Bedingungen anzupassen sind. Namentlich sind daher Verfassungen als veränderlich anzusehen, d. h. es gibt keine absolut richtige Verfassung, sondern nur mehr oder weniger zweckmäßige Verfassungen, wobei von jeder Verfassung zu fordern ist, daß sie auf Grund allgemeinen Konsenses in Geltung gesetzt sein muß.

Gegen Filmers theologische Art der Argumentation bekannte sich Sidney zum rationalen Charakter der Sozialtheorie. In der Auffassung seines Gegners sah er eine Rechtfertigungsideologie, die geeignet erscheint, jede beliebige etablierte Macht, auch die einer Tyrannis, zu legitimieren. Tatsächlich erweist sich als Grundgedanke von Filmers Theorie, sobald man sie der theologischen Einkleidung beraubt, die Annahme, daß Machtverhältnisse auf empirischen Faktoren beruhen, die als solche hinzunehmen sind. Demgegenüber machte sich Sidney zum Anwalt einer liberalen politischen Konzeption, die sich im Grunde als ethisch erweist: Die Freiheit ist Bedingung der Tugend, der Sicherheit, der Ordnung. Auch in dieser Hinsicht nahm er die spätere Lockesche Position vorweg. Anders als Locke hat aber Sidney seine politische Konzeption nicht philosophisch fundiert. Deshalb kommt ihr nicht dieselbe Bedeutung zu wie der Lockeschen Sozialtheorie.

VIII. Der Platonismus von Cambridge

1. Der Charakter des englischen Platonismus

Als Begründer der platonisierenden Richtung der englischen Philosophie im 17. Jh. galt schon den Zeitgenossen Benjamin Whichcote (1609–1683), der nicht so sehr durch das gedruckte als vielmehr durch das gesprochene Wort seiner Predigten wirkte.[1] Von ihm ausgehend entwickelte sich eine Strömung, die nicht ganz zu Unrecht als „Schule" bezeichnet zu werden pflegt. Ihr gemeinsames Charakteristikum kann in der Übereinstimmung in dem Ziel der *rationalen Begründung der religiösen Grundanschauungen* unter Berufung auf Einsichten der „rechten Vernunft" *(recta ratio)* erblickt werden. In diesem Sinne bedienten sich ihre Vertreter des (platonistischen) Apriorismus, um die Allgemeingültigkeit gewisser metaphysischer und moralischer Prinzipien behaupten zu können. In der Anwendung auf die Theologie führte die Voraussetzung von *notiones communes* bzw. von *eingeborenen Ideen* zur Konzeption einer die Differenzen religiöser Sekten sprengenden rationalen Religiosität im Sinne von E. Herberts Auffassung (siehe Bd. VI).

Whichcotes Einfluß blieb nicht auf Cambridge beschränkt. Verschiedene Vertreter der platonischen Richtung gingen aus der Universität Oxford hervor.[2] Im folgenden soll auf H. More und R. Cudworth als die wichtigsten Repräsentanten der platonisierenden, den Materialismus, vor allem in der Hobbesschen Variante, als Hauptfeind der wahren Philosophie, Moral und Religion energisch bekämpfenden Richtung der englischen Philosophie des 17. Jhs. ausführlicher eingegangen werden. Hierbei soll deutlich werden, daß bei ihnen wie beim englischen Platonismus des 17. Jhs. im allgemeinen die philosophischen Bemühungen theologisch motiviert waren.

Angesichts der sozialen und politischen Bedeutung, die der religiösen Frage im damaligen England zukam, mußte die theologische Diskussion, die sich vor allem auf das Verhältnis von Vernunft und Glauben bezog, eine über den kirchlichen Bereich hinausgehende Rolle spielen. Die mit der Ablehnung des Fideismus und des theologischen Determinismus verbundene Anerkennung der vernünftigen menschlichen Freiheit konnte daher eine in gewissem Sinne liberale Einstellung als allgemeine Haltung fördern. In diesem Sinne wurde der rationale Latitudinarismus der Platoniker von Cambridge mit jener politischen Partei in Verbindung gebracht, die sich in der Revolution von 1688 durchsetzte. Indem die Differenzen zwischen den Kirchen und Sekten überwunden wurden, ergab sich eine theologische Konzeption, die bereits den Deismus der Aufklärung vorbereitete. Gleichzeitig wurde die Entstehung einer pietistischen Frömmigkeit, auch innerhalb der Schule selbst, angeregt, da die Tendenz zur Versöhnung von Vernunft und Glauben auch im Kreise der Platoniker von Cambridge niemals zu einem einseitigen Rationalismus wurde.[3]

Die philosophische Basis für die beherrschende theologische Tendenz der Cambridger Richtung lieferte der Platonismus im weiten Sinne, d. h. nicht nur die Philosophie Platos selbst, sondern auch die des Neuplatonismus und verschiedener platonisierender philosophischer Strömungen. Daneben waren vor allem More und Cudworth auch gegenüber dem Cartesianismus aufgeschlossen und bemühten sich, die Vereinbarkeit von moderner Philosophie – namentlich Naturphilosophie – und Theologie darzutun, was ihnen den Vorwurf des Modernismus eintrug. Die Hinwendung zu Plato entsprang nicht nur dem Bedürfnis, eine der neuen Theologie angemessene philosophische Grundlage zu finden, sondern zum Teil auch dem Wunsch, den Einfluß des Aristotelismus zu brechen. Die Befreiung der Theologie von der peripatetischen Philosophie konnte in Cambridge leichter gelingen als in Oxford, wo der Aristotelismus eine viel stärkere Position hatte.[4] In Cambridge wurde die Aneignung platonischer, neuplatonischer, hermetischer und pythagoreischer Gedanken überdies durch den Umstand erleichtert, daß hier das klassische Griechisch eine Pflegestätte gefunden hatte. Die Hinwendung zu Plato hing schließlich mit der Abwehr des Hobbesschen Materialismus zusammen: Die platonistische Position bot sich den theologischen Kritikern der Hobbesschen Philosophie wegen ihres Gegensatzes zum Hobbesschen Nominalismus, Sensualismus und Wertsubjektivismus an. Namentlich die Lehre von der Wesensschau stellte die Grundlage einer spiritualistischen Metaphysik und einer rationalistischen Ethik dar, in deren Rahmen die „natürlichen Gesetze" auf die Erkenntnis der menschlichen Natur durch die *recta ratio* zurückgeführt und damit scheinbar begründet werden konnten.

Ungeachtet der positiven Bewertung der Vernunft auch im theologischen Bereich blieben die Vertreter der platonistischen Richtung in Cambridge (und Oxford) doch wesentlich Theologen und als solche einem Denken verpflichtet, dessen entscheidendes Wahrheitskriterium die Übereinstimmung mit der Offenbarung war. Sie gingen allerdings nicht nur so vor, daß sie ihre philosophischen Thesen durch den Aufweis ihrer Übereinstimmung mit biblischen Sätzen zu stützen suchten, sondern sie verfuhren auch umgekehrt, indem sie Bibelstellen in einem ihren philosophischen Anschauungen konformen Sinne interpretierten. Anders als für Spinoza war für sie nicht die menschliche Vernunft als solche die über die Richtigkeit der Schriftauslegung entscheidende Instanz, sondern die erleuchtete, durch die Liebe zu Gott mit diesem verbundene und daher an der göttlichen Wahrheit teilhabende Vernunft. In diesem Sinne beriefen sie sich auf den biblischen Vers „Des Menschen Geist ist das Licht des Herrn". H. Mores (auf einen Traum zurückgehendes) Motto lautete „Amor Dei, lux animae". In der Entwicklung der „Schule" trat der mystische Zug sukzessive deutlicher hervor. In Mores späterem Denken und bei P. Sterry

wurde er vorherrschend, während er bei Whichcote und Cudworth eine
geringere Rolle gespielt hatte.

2. Ralph Cudworth

Cudworth (1617–1688)[5] erhielt seine theologische und philosophische Bildung
am Emmanuel College in Cambridge, lehrte dort ab 1645 Hebräisch und wurde
außer von Plato nachhaltig von Descartes beeinflußt, dessen spiritualistische
Metaphysik er im allgemeinen übernahm, im einzelnen jedoch modifizierte und
kritisierte. So interpretierte er den Cartesianischen Dualismus von *res extensa*
und *res cogitans,* von dem er ausging, im Sinne einer Auffassung der Seele um,
derzufolge diese nicht nur als Selbstbewußtsein definiert, sondern auch durch
jene sensitiven Funktionen charakterisiert sein soll, die Descartes als rein
organische verstanden hatte. Überzeugt von der Notwendigkeit der Wahrheit
und der moralischen Normen, widersprach er auch dem Cartesianischen Krea-
tionismus, demzufolge Gott andere Wahrheiten und Werte hätte schaffen
können. Dem Cartesianischen Mechanismus der Natur trat er mit seiner Lehre
von der *plastischen Natur,* in der sich die göttlichen Zwecke der Schöpfung
realisieren, entgegen. Gestützt auf eine Auffassung der Erkenntnis als Teilhabe
am göttlichen Geist entwertete er das Cartesianische Kriterium der Evidenz und
distanzierte sich vom methodischen Zweifel als Weg der Grundlegung der
Metaphysik im „Cogito ergo sum". Vor allem aber trennte ihn von Descartes die
theologische Prägung seiner Philosophie. Hatte Descartes die Unterscheidung
von Glauben und Erkennen zu einem grundlegenden Postulat seiner Methode
gemacht, so ist die Philosophie bei Cudworth auf die Theologie bezogen, indem
sie zum Mittel *theologischer Apologie* wird.

Cudworth zeichnete sich durch eine erstaunliche historische Gelehrsamkeit
aus, die es ihm ermöglichte, seine Überlegungen zu aktuellen Problemen stets
vor deren geschichtlichem Hintergrund vorzutragen. Vor allem seine Kenntnis
der griechischen und römischen Philosophie ist eindrucksvoll. Allerdings
erschwert die Fülle des historischen Materials manchmal die Bestimmung von
Cudworths eigenen Thesen. Das dürfte einer der Gründe für den geringen
Erfolg seines Hauptwerkes „The True Intellectual System of the Universe"
gewesen sein, das 1678 erschien,[6] – fünfundzwanzig Jahre nach Cudworths
Promotion zum Doktor der Philosophie auf Grund einer Dissertation über die
ewigen und unveränderlichen Beziehungen im Bereich des Guten und Bösen.
Cudworth verzichtete auf die Ausarbeitung des zweiten und dritten Teils des
„System", die, parallel zur Kritik am mechanistischen Determinismus, der der
erste Teil gewidmet ist, der Widerlegung des pantheistischen und kalvinisti-
schen Determinismus dienen sollten. Als Cudworth 1688 starb, hinterließ er
einen (erst 1731 erschienenen) Entwurf mit dem Titel „A Treatise Concerning
Eternal and Immutable Morality", in dem er sich mit Hobbes' ethischem

Naturalismus auseinandersetzte, so wie er sich im „System" mit dessen mechanistischer Naturphilosophie befaßt hatte.[7*]

Mit der Welt der Politik kam Cudworth in Berührung, als er, unter dem Eindruck des Bürgerkriegs, in dem die religiösen Differenzen eine so große Rolle spielten, im Jahre 1647 in einer Predigt vor dem Unterhaus zur Überwindung der Parteiengegensätze und zur Herstellung einer christlichen Einheit mahnte, – ohne Erfolg, wie ja auch Hobbes' am Vorabend des Bürgerkriegs unternommener Versuch, den Ereignissen eine andere Richtung zu geben, fehlgeschlagen war (siehe Kap. VII, Abschn. 1).

Seine Hauptaufgabe erblickte Cudworth jedoch nicht in der Beeinflussung des politischen Geschehens, sondern in der *Kritik des Determinismus,* und zwar zunächst jenes Determinismus, der sich als Konsequenz des mechanistischen Materialismus ergab. Obwohl Hobbes als Objekt der Kritik auf Schritt und Tritt zu erkennen ist, wird er im „System" nicht namentlich genannt, sondern auf ihn mit Wendungen wie „ein moderner Schriftsteller", „ein moderner Philosoph", „unser Leukipp bzw. Demokrit" u. ä. angespielt. In seiner Auseinandersetzung mit der mechanistischen Naturphilosophie räumte Cudworth ein, daß sie den Vorzug habe, die Tatsachen der materiellen Wirklichkeit begreiflich zu machen, ohne auf substantielle Formen oder Qualitäten zu rekurrieren. Die Berufung auf substantielle Formen liefert immer nur eine Scheinerklärung und ist daher als ungewolltes Eingeständnis der Unfähigkeit, eine echte Erklärung zu bieten, anzusehen, wogegen mechanische Zusammenhänge klar verstanden werden können (48). Die mechanistische Betrachtungsweise ist aber einseitig, auch da, wo sie, wie im anorganischen Bereich, legitim ist, weil sie die Wirksamkeit geistiger Prinzipien außer acht läßt, die auch in der Physik zu berücksichtigen sind, wie Cudworth meinte. Naturphilosophie und Physik kommen nämlich seiner Ansicht nach nicht ohne den Begriff der Form aus, und „Form" bezeichnet etwas Geistiges, das als solches nicht mehr im Rahmen einer mechanistischen Theorie erklärt werden kann. Erst recht scheitert der Versuch mechanistischer Erklärung im Bereich des Lebendigen bzw. des Geistigen, wo Cudworth die Berücksichtigung finaler Ursachen für unvermeidlich hielt (149). In diesem Zusammenhang berief er sich auf Mores „Enchiridium metaphysicum", wo zugunsten der Unvermeidlichkeit der teleologischen Betrachtungsweise argumentiert wird (siehe den nächsten Abschn.).

Cudworths methodologische Einstellung ist durch die Voraussetzung bestimmt, daß die Aufgabe der Philosophie wesentlich in der Erklärung von Erfahrungstatsachen, d. h. in der *„Rettung der Phänomene",* bestehe. Die mechanistische Naturphilosophie ist insofern im Recht, als sie diese Aufgabe erkennt; sie ist dagegen verfehlt, sofern sie sie mit untauglichen Mitteln zu bewältigen sucht. Das zeigt sich nicht nur im Hinblick auf bestimmte Tatsachen, sondern vor allem im Hinblick auf das „Große Phänomen" der Ordnung bzw. *Harmonie des Kosmos,* das im Rahmen einer mechanistischen Theorie nicht „gerettet" werden kann, sondern nur unter der Voraussetzung, daß die Welt von Gott nach Zwecken geordnet wurde, begreiflich zu machen ist. Eine Philosophie, die die Teleologie ausklammern zu können glaubt, ist daher notwendig ungenügend. Die Wirkung Gottes soll allerdings nicht als eine unmittelbare begriffen werden (etwa in der Art einer Weltseele), sondern als eine durch die *„plastische Natur"* (plastic nature) als untergeordnetes Instrument vermittelte. Diese soll die gesetzmäßige Bewegung der Materie ebenso hervorbringen (150) wie die individuelle Seele die Bewegungen des Körpers, mit dem sie in lebendiger Einheit verbunden ist (668 sq.). Die plastische Natur im allgemeinen bzw. die partikulären plastischen Naturen in den Einzelwesen wirken zwar zweckmäßig, aber nicht absichtsvoll und willkürlich, da sie nur Gottes Einsicht und Absicht aktualisieren, selbst aber nicht bewußt handeln. Cudworth nannte eine Wirksamkeit der angenommenen Art „magisch" oder „sympathetisch", sofern sie zweckmäßig und bewußtlos auf Grund einer „Freundschaft" zwischen Dingen erfolgen soll (162).

Den naheliegenden Vorwurf, mit der Annahme plastischer Naturen einen Rekurs auf okkulte Qualitäten vorgenommen zu haben, wies Cudworth mit der Begründung zurück, die Annahme einer plastischen Natur sei die einzige, die geeignet ist, das größte aller Phänomene, nämlich das „geordnete, regelmäßige und kunstvolle Gebäude der Dinge im Universum" (154), begreiflich zu machen, so wie das Funktionieren und die Entwicklung des Organismus nur mit Hilfe der Annahme partikulärer plastischer Kräfte erklärt werden könne. Er wollte offenbar zum Ausdruck bringen, daß ein Begriff, dessen Einführung im Interesse der „Rettung von Phänomenen" unvermeidlich ist, auch dann nicht als „okkult" bezeichnet werden darf, wenn er sich im Rahmen einer mechanistischen Theorie nicht interpretieren läßt.

Nirgends zeigt sich Cudworths Nähe zu Descartes so deutlich wie bei seinen Versuchen, die *Existenz Gottes* zu beweisen. Während er Descartes' Ablehnung der Teleologie und namentlich das Fehlen der Annahme plastischer Kräfte in dessen Naturphilosophie bemängelte (175); während er den methodischen Zweifel als Mittel der Grundlegung der Metaphysik nicht einsetzte und sogar für gefährlich hielt, da seine Überwindung, wie er überzeugt war, nicht in zirkelfreier Weise gelingt (717); während das „Cogito ergo sum" in seiner Philosophie nicht als erstes Prinzip fungiert, war er mit Descartes im Hinblick auf die Möglichkeit, die Existenz Gottes ausgehend vom Begriff „Gott" zu beweisen, völlig einig. Der Begriff Gottes als eines absolut vollkommenen Wesens ist seiner Ansicht nach infolge seiner höchstgradigen Einfachheit widerspruchsfrei (652), und daher ist Gott möglich. Da überdies im Begriff Gottes die notwendige Existenz enthalten ist, existiert Gott wirklich. Wäre nämlich das vollkommene Wesen nicht wirklich, dann wäre es absolut unmöglich, da ein absolut vollkommenes Wesen nur entweder notwendig existiert oder notwendig nicht existiert. Da Gott aber wegen der Widerspruchsfreiheit seines Begriffs möglich, somit nicht notwendig inexistent ist, muß er wirklich sein.[8] Welch große Bedeutung er dieser Argumentation beilegte, geht aus der Tatsache hervor, daß er mehrere Varianten derselben entwickelte und sich die Widerlegung einer Reihe von Einwänden gegen sie angelegen sein ließ. So trat er dem Bedenken, „Gott" sei ein sinnloser Ausdruck, mit der Begründung entgegen, daß selbst der Atheist einen Begriff Gottes haben müsse, also dem Ausdruck „Gott" einen Sinn gebe, wenn er Gottes Existenz leugne (194). Auch der Einwand, daß das aktual Unendliche nicht denkbar sei, kann die Möglichkeit von Gottesbeweisen nach Art des angedeuteten nicht aufheben, da „unendlich" in bezug auf Gott, wie Cudworth meint, nicht dasselbe bedeutet wie in der Mathematik, sondern ein Synonym von „absolut vollkommen" ist (647). „Ein unendliches Wesen behaupten, ist nichts anderes, als ein absolut vollkommenes Wesen zu behaupten, das niemals nicht war ..., das alle möglichen und denkbaren Dinge hervorbringen konnte und von dem alle anderen Dinge abhängen müssen" (649). Der Begriff der Vollkommenheit ist aber nicht nur ein möglicher, sondern ein notwendiger Begriff, da er Bedingung für die Bildung von Begriffen endlicher, unvollkommener Seiender ist (648). Schließlich könnte gegen den angedeuteten Gottesbeweis eingewendet werden, Gott als absolut vollkommenes Wesen sei für den endlichen menschlichen Intellekt undenkbar. Hiergegen betonte Cudworth, daß Gott zwar unbegreiflich *(incomprehensible)* sei, d. h. von uns nicht adäquat erkannt werden könne, nicht jedoch undenkbar *(inconceivable)* (638). Gott kann in Form eines klaren Begriffs als vollkommen, allmächtig und allgütig gedacht werden, wenn auch seine Wesensfülle unbegriffen bleibt. Hieraus folgt aber um so weniger die Unmöglichkeit von Gottesbeweisen, als nicht nur Gottes Wesen, sondern auch das Wesen des Geistes als denkender Substanz, ja das Wesen jeder Substanz als unbegreiflich gelten muß: „Die Wahrheit ist größer als unser Geist" (639), wie Cudworth sagt.

Während Cudworth im Hinblick auf die apriorische Beweisbarkeit Gottes mit Descartes im wesentlichen und ungeachtet gewisser Vorbehalte übereinstimmte, sind die *aposteriorischen Gottesbeweise,* die er vortrug, für seine Philosophie typisch. Das gilt nicht nur für das Argument aus der Ordnung und Harmonie der Welt, sondern vor allem für jenen Gottesbeweis, den man den erkenntnistheoretischen nennen könnte, da in ihm auf Gott als Bedingung der Möglichkeit von Erfahrung zurückgeschlossen wird („from the nature of knowledge and understanding": 731). Gegen den Hobbesschen nominalistischen Sensualismus betonte Cudworth, daß es Erkenntnis ohne allgemeine, prinzipiell erfahrungsunabhängige Begriffe nicht geben könne (730 sqq.). Die strikte Allgemeingültigkeit logischer wie auch mathematischer Prinzipien läßt sich, wie er überzeugt war, nur mit Hilfe der Annahme von Universalien erklären, die dem erkennenden Subjekt einsichtig sind, ohne in der Weise der Sinneserfahrung subjektiv und relativ zu sein. Wegen ihrer Allgemeingültigkeit und Objektivität muß ihnen eine Art von Sein zuerkannt werden, das als Möglichkeit der Aktualisierung zu bestimmen ist. Von „Möglichkeit" kann aber nur unter Voraussetzung eines wirklichen Wesens gesprochen werden, in dem die Möglichkeiten ihren Grund haben. Dieses Wesen kann nur Gott sein, da die ewigen Wahrheiten nur in einem ewigen Wesen begründet sein können.[9] Die Annahme Gottes als des Inbegriffs der Archetypen alles Seienden ist, kurz gesagt, notwendig, um die Tatsache der Erkenntnis im allgemeinen und der Erkenntnis im logisch-mathematischen Bereich im besonderen begreiflich zu machen.

Parallel zu der Annahme ewiger, im Wesen Gottes gründender, ungeschaffener Wahrheiten nahm Cudworth ewige, in Gottes Wesen fundierte normative Beziehungen an. Während die ersteren primär auf Gottes Weisheit bezogen sind, sind die letzteren relativ auf Gottes Güte. Da aber in Gott Wahrheit und Güte nicht getrennt sind, können wir nach Cudworth nichts erkennen, ohne es zugleich unter Wertgesichtspunkten zu beurteilen. So wie „The True Intellectual System of the Universe" der Widerlegung des Sensualismus durch den Nachweis seiner Untauglichkeit zur Erklärung der Möglichkeit allgemeingültiger Urteile diente, so soll der „Treatise Concerning Eternal and Immutable Morality" den naturalistischen Wertsubjektivismus und -relativismus, wie ihn Hobbes vertrat, durch den Aufweis der intersubjektiven *Allgemeingültigkeit moralischer Normen* und durch deren Verankerung in Gott überwinden. Wie in der Erkenntnistheorie wird also in der Ethik dem Hobbesschen Subjektivismus ein platonisierender Objektivismus entgegengesetzt. Folgerichtig lehnte Cudworth die Auffassung ab, daß moralische Normen erst durch staatliche Sanktion allgemeinverbindlich würden; sie sind seiner Ansicht nach vielmehr ebenso wie die Grundlehren der Religion von der staatlichen Ordnung unabhängig, die ebenfalls nicht von der Willkür eines Gesetzgebers abhängig gemacht werden dürfen (650 sq.). Sie beruhen auf objektiver Einsicht und sind daher weder aufhebbar noch variabel. Hobbes' psychologische Erklärung der natürlichen Religion ist daher zurückzuweisen. Mindestens ebenso gefährlich wie der Subjektivismus ist der Determinismus, sei es in seiner mechanistischen Variante (bei Hobbes), sei es in seiner religiösen Variante als Prädestinationslehre. Gegen beide Auffassungen stellte Cudworth sein Bekenntnis zur prinzipiellen Freiheit des menschlichen Willens.

3. Henry More

H. More (1614–1687)[10] trat 1631 in Christ's College in Cambridge ein, dessen Fellow er 1639 wurde. Dort lebte er mit einer kurzen Unterbrechung bis zu seinem Tode und widmete sich der Lehre sowie der Abfassung seiner zahlreichen theologischen und philosophischen Schriften. Schon in den dreißiger Jahren kam er mit dem Platonismus in Berührung, von dem er sich sogleich stark angezogen fühlte. Später ließ er sich vom Cartesianismus beeinflussen, dessen Grundgedanken er zunächst begeistert zustimmte. Er wechselte in den Jahren 1648 und 1649 mehrere Briefe mit Descartes, in denen jedoch bereits wichtige Differenzen seiner Anschauuungen gegenüber dem Cartesianismus zutage

treten, insbesondere in der Bestimmung der Begriffe „Materie" und „Geist".
More war mit den antiken Atomisten überzeugt, daß es einen unendlichen
leeren Raum gebe, der nicht mit der Marterie identisch ist (wie Descartes
annahm), sondern in dem sich die Materie befindet bzw. bewegt. Seinen
spiritualistischen Überzeugungen gab er 1642 in der „Psychodia Platonica, or a
Platonical Song of the Soul" in dichterischer Form Ausdruck. 1646, nunmehr
bereits unter dem Eindruck der Cartesianischen „Prinzipien der Philosophie",
veröffentlichte er ein Gedicht mit dem Titel „Democritus Platonissans",[11] in
dessen Einleitung er sich zu dem Glauben an die Unendlichkeit der Welten (oder
der Welt) bekannte und diesen mit Descartes' These von der indefiniten
Ausdehnung des Universums in Verbindung brachte. Vor allem klingt hier
schon der Gedanke des mit Gott koextensiven absoluten Raumes an. Wie wenig
dieser Gedanke mit den Prinzipien der Cartesianischen Philosophie vereinbar
war und wie wenig die Synthese von Atomistik und Platonismus, die der Titel
des zuletzt angeführten Gedichtes andeutet, Descartes' Grundhaltung entsprach, wurde More erst nach und nach klar. Er distanzierte sich immer mehr
vom Cartesianismus, was 1660 zu einer klaren Absage an diesen führte. In
seinem „Enchiridium metaphysicum" von 1667 denunzierte er die von ihm
früher so enthusiastisch anerkannte Philosophie, zu deren Verbreitung in
England er wesentlich beigetragen hatte, als religionsgefährdend. Je älter er
wurde, desto stärker setzten sich seine theologischen bzw. mystischen Interessen auf Kosten der philosophischen durch. Er fühlte sich zur Kabbalistik
hingezogen und nahm Berichte über vermeintlich übersinnliche Erscheinungen
als Bestätigungen seiner spiritualistischen Überzeugungen bereitwillig auf, wie
er auch J. Glanvills „Sadducismus Triumphatus" (siehe Kap. IV, Abschn. 5)
begrüßte und durch eigene Beiträge vermehrte.[12] Diese Aufgeschlossenheit
gegenüber Hexen- und Gespenstererzählungen zeigte allerdings schon die
während seiner „Cartesianischen" Phase entstandene Schrift „An Antidote
against Atheism" (1652).[13]

Mores *Platonismus* zeigt sich deutlich in seiner Annahme eingeborener Ideen
bzw. Gemeinbegriffe *(notiones communes),* von denen er annimmt, daß die
Seele sie vor der Verkörperung im Leibe geschaut habe. Der Geist darf daher
nicht mit einer unbeschriebenen Tafel verglichen werden, auch wenn er noch
keine aktualen Erkenntnisse besitzt (II/2, 33). Er bedarf zwar des Anstoßes
durch äußere Reize, die Erkenntnis ist aber nicht das Ergebnis der Reizeinwir-
kung, sondern der Aktivität des Geistes selbst.[14] Zu den Gemeinbegriffen
gehören nach More teils formale Relationen wie die von Ursache und Wirkung,
Gleichheit und Ungleichheit, Teil und Ganzem, teils inhaltliche Begriffe der
Wissenschaft und der Moral. Weil die Vernunft als Vermögen der Aktualisierung objektiver Begriffe bestimmt ist, ist es nach More gerechtfertigt, den Ver-
nunfteinsichten zu vertrauen (II/2, 36), – nicht nur im Bereich der Wissenschaft,
sondern auch im ethischen und religiösen Bereich. Die Vernunft ist m.a.W. nicht
die subjektive Vernunft der Individuen, sondern *objektive Vernunft,* Teilhabe

an der göttlichen Weisheit, die der Inbegriff der Ideen als der Archetypen aller Dinge und ihres Zusammenhangs ist. Die menschliche Vernunft erfaßt sukzessive (als *ratio mobilis*) das, was in Gott (als *ratio stabilis*) simultan präsent ist (II/ 2, 468).

Die Erkenntnistheorie steht jedoch nicht im Mittelpunkt von Mores Philosophie, deren Zentrum die *Metaphysik* ist, allerdings nicht im Sinne der Ontologie – die Erörterung des Seienden als solchen und seiner allgemeinsten Attribute ist Aufgabe der Logik (II/1, 143) –, sondern im Sinne der Lehre vom Übersinnlichen bzw. Übernatürlichen. Die so verstandene Metaphysik ist „Kunst der richtigen Erfassung unkörperlicher Dinge, sofern sie auf Grund des natürlichen Lichts unserem Erkenntnisvermögen zugänglich sind" (II/1, 141).

Den Zugang zur Übernatur suchte More nicht so sehr auf dem Wege des ontologischen Arguments (cf. II/2, 37), auch nicht primär auf dem Wege des Beweises der Existenz Gottes auf Grund des Bewußtseins der Abhängigkeit des Menschen von einer souveränen Macht oder des Gottes-„beweises" aus dem allgemeinen Konsens (II/2, 46), als vielmehr auf dem Wege der Naturphilosophie. Er ging von gewissen Begriffen der Naturwissenschaften wie „Schwere", „Adhäsion", „Magnetismus" aus und suchte zu zeigen, daß sie sich im Rahmen einer mechanistischen Theorie nicht erklären ließen, mithin die Annahme eines geistigen Prinzips unausweichlich machten. Da er die Alternative von mechanistischer Erklärung und spiritualistischer Erklärung offenbar für vollständig hielt, glaubte er aus dem Scheitern einer mechanistischen Erklärung auf die Notwendigkeit einer Erklärung mit Hilfe der Annahme geistiger Prinzipien schließen zu können (was natürlich nicht gerechtfertigt ist). Am Wert der „Experimentalphilosophie", d.i. der Erfahrungswissenschaft, zweifelte er nicht, bestimmte ihn aber nicht nur, wie es der Baconianischen Tradition entsprach, im Sinne des praktischen Nutzens, sondern im Sinne der Brauchbarkeit für die Anbahnung metaphysischer Spekulationen.[15]

Wie Cudworth bekämpfte auch More die mechanistische Naturphilosophie namentlich in der von Hobbes vertretenen Variante.[16] Gegen Hobbes betonte er das Scheitern jeden Versuchs, das Bewußtsein materialistisch zu erklären (II/2, 49 sq.), es sei denn – und mit dieser Konzession wich er von Cudworth ab –, man schriebe der Materie geistige Eigenschaften zu (II/2, 327). Die Materie als Summe physischer Einheiten (Monaden), die aus sich allein weder existieren, noch zusammenhängen, noch bewegt sein können, enthält nicht einmal das Prinzip der Bewegung und des Zusammenhangs materieller Teilchen innerhalb der Körper (II/1, 173 sqq.), also erst recht nicht das Prinzip des animalischen und geistigen Lebens.

More bekannte sich zu einer atomistischen Physik, da er die Annahme der unendlichen Teilbarkeit der Materie wegen deren Konsequenzen ablehnen zu müssen meinte. Insbesondere bemerkte er, daß die Grenze der unendlichen Teilung der Ausdehnung die Punkt sei, ausgedehnte Dinge aber nicht als Aggregate nulldimensionaler Punkte begriffen werden könnten. Die Atome haben seiner Ansicht nach keine Gestalt, da das unendlich Kleine ebenso wie das unendlich Große nicht gestaltet sein kann (II/2, 280).

„*Materie*" und „*Raum*" dürfen nach More nicht, wie Descartes es vorge-schlagen hatte, identifiziert werden, da die Materie als undurchdringlich, teilbar und beweglich zu denken ist, der Raum dagegen als durchdringlich, unteilbar und unbeweglich. Wegen der Verschiedenheit der beiden Begriffe bedeutet die Anerkennung des Raumes bzw. der Ausdehnung schon die Anerkennung von etwas Immateriellem (II/1, 158 sq.). More hielt die Annahme eines unbewegli-chen Raumes für notwendig, um die Bewegung materieller Dinge erklären zu können, da diese etwas voraussetzt, in welchem sie erfolgt. „Raum" kann seiner Ansicht nach kein Relationsbegriff sein, da die Ausdehnung nicht von der Existenz ausgedehnter Dinge abhängt; von dieser kann abstrahiert werden, ohne daß vom Raum abstrahiert werden müßte. Der Raum ist somit *absoluter Raum* in dem Sinne, daß „Räumlichkeit" nicht eine Art von Relation zwischen materiellen Relata ist.[17] Er ist aber auch keine bloße Anschauungsform oder gar ein Gedankending, denn er hat Bestimmungen und muß somit ein Seiendes sein, wie More unter Berufung auf den Grundsatz „Das Nicht-Seiende hat keine Bestimmungen" erklärte. Der Raum ist *einfach, unendlich* und *ewig*, da sich ein Anfang oder eine Grenze des Raumes als solchen nicht denken lassen. Auf Grund dieser Attribute kann der Raum als etwas Göttliches aufgefaßt werden, und tatsächlich bestimmte ihn More als die konfuse Repräsentation des göttli-chen Wesens: Er ist die Allgegenwärtigkeit Gottes (II/1, 169). More zog damit jene Konsequenz, vor der Malebranche (Kap. VI, Abschn. 4/c) zurückge-schreckt war: Er machte den Raum zu einem *Attribut Gottes*, d. h. er dachte Gott in gewissem, aber nicht im gewöhnlichen Sinne (II/2, 241; cf. 243) als ausge-dehnt,[18] so wie er die Geister im allgemeinen als ausgedehnt bestimmte, ohne ihnen jedoch Größe, Teilbarkeit und Undurchdringlichkeit (Solidität) zuzu-schreiben. Er sah sich zu dieser Konsequenz genötigt, da er einem unausgedehn-ten göttlichen Geist nicht Allgegenwart zuschreiben zu können meinte, so wie er eine unausgedehnte Seele nicht als im ganzen Körper gegenwärtig begreifen konnte (II/2, 234). Die Annahme, die Seele sei *ganz* im ganzen Körper, scheitert wegen der Unmöglichkeit, etwas „ganz" zu nennen, das, wie die Seele, keine Teile hat. Aus demselben Grund ist die Vorstellung unhaltbar, Gott sei als Weltseele *ganz* in der ganzen Welt und in jedem ihrer Teile. Dieser Auffassung der „Holenmerianer" (von „holenmeres" = „ganz im Teile [enthalten]") steht die ebenso verfehlte Ansicht der „Nullibisten" diametral gegenüber, die – wie Descartes – die Unräumlichkeit geistiger Substanzen behaupten und ihnen damit jeden Ort und jede Möglichkeit eines Zusammenhangs mit lokalisierten Seienden absprechen. Wenn die Geister nirgendwo („nullibi") sind, dann können sie auch keine Wirkungen im Bereich der räumlichen Dinge ausüben (cf. II/1, 307).

Die Überzeugung, daß „Raum" ein weiterer Begriff ist als „Materie", war nicht erst in Mores Korrespondenz mit Descartes entwickelt worden,[19] sondern sie läßt sich schon im „Democritus Platonissans" feststellen. Sie hat verhindert, daß More je wirklich Cartesianer wurde, so begeistert er eine Zeitlang vom Cartesianismus war. Wenn nicht nur die Körper, sondern auch die Geister ausgedehnt sind, dann muß die Differenz von „Körper" und „Geist" in einem von der Ausdehnung verschiedenen Merkmal gesucht werden. More schlug schon in seinem ersten Brief an Descartes vor, die Körper als undurchdringliche von den Geistern als durchdringlichen Seienden zu unterscheiden (II/2, 235). Alle für sich existierenden Seienden sollen demnach durch die Ausdehnung (II/ 2, 234), die Körper aber darüber hinaus durch die Undurchdringlichkeit und, hiervon abhängig, durch die Wahrnehmbarkeit (z. B. Tastbarkeit) gekennzeichnet sein, wie später auch Locke annehmen sollte.

Der Raum wurde von More (wie man in moderner Sprechweise sagen könnte) als *Kraftfeld* bestimmt. Er ist seiner Ansicht nach von *„plastischen Kräften"* durchdrungen,[20] die dem *Naturgeist* (spiritus naturae) angehören und die alle Vorgänge der Natur hervorrufen. Diese Vorgänge können daher nicht in rein mechanistischer Weise erklärt werden, wie More nicht anders als Cudworth annahm. Wie dieser mußte auch er sich gegen den Vorwurf zur Wehr setzen, er habe mit dem Naturgeist bzw. den plastischen Kräften okkulte Prinzipien in Anspruch genommen und damit den Fortschritt der Wissenschaften gehemmt. Wie Cudworth betonte er, daß die fraglichen Prinzipien keineswegs obskur seien und daß ihre Einführung lediglich die Grenzen der mechanistischen Betrachtungsweise deutlich mache (II/2, 286). (Am Rande sei angemerkt, daß More die aposteriorischen Gottesbeweise nicht für zwingend, sondern nur für höchst wahrscheinlich hielt: Die Annahme, daß die Welt nicht von Gott geschaffen sei, ist nicht absurd, wenn auch extrem unwahrscheinlich; cf. II/2, 28–29.)

Die *Ethik* galt More als Kunst, gut und glücklich zu leben (II/1, 11), wobei „gut" und „glücklich" nicht im subjektiven Sinne verstanden, sondern durch die Übereinstimmung mit objektiven, durch reine Vernunft erkennbaren absoluten Werten definiert werden. Die These, daß es absolute Werte (und Unwerte) gebe, deren wir uns durch Einsicht der *recta ratio* vergewissern (II/1, 24), wird der Hobbesschen Behauptung der Subjektivität und Relativität aller Wertungen entgegengestellt; mit ihrer Hilfe läßt sich gegen Hobbes die Annahme eines allgemeingültigen, alle Vernunftwesen verpflichtenden Gesetzes („aeterna atque immutabilis lex, Deo hominibusque quodammodo communis") (II/1, 49) begründen, auf dem der verpflichtende Charakter auch der speziellen, variablen Gesetze z. B. des Staates beruht (ib.). Wenn die Begriffe des Guten und Schlechten ebenso wie die Begriffe der Mathematik nicht der Erfahrung entstammen, sondern eingeboren sind, dann kann die Moralphilosophie keine empirische Wissenschaft sein, obwohl in der Ehtik auch davon die Rede sein muß, wie das Wollen durch die Einsicht in objektive Wertverhältnisse motiviert wird. More nahm an, daß wir das eingesehene Gute notwendig positiv bewerten, weil unsere Natur wesentlich auf das absolute Gute, d. i. Gott, gerichtet ist. Ein der Wertordnung angemessenes Handeln bzw. Verhalten ist Bedingung der Glückseligkeit (beatitudo) als der Lust (voluptas), die mit dem Bewußtsein der moralischen Richtigkeit des Handelns bzw. Verhaltens verbunden ist. Triebe und Affekte sind dann nur dann negativ zu bewerten, wenn sie mit der vernünftigen Werteinsicht nicht im Einklang stehen; an sich sind sie gut, da auch in der untervernünftigen Natur die göttliche Zweckmäßigkeit herrscht, so daß wir unseren natürlichen Neigungen folgen können und sollen. Mit dieser Bewertung der emotionalen Sphäre milderte More den intellektualistischen Charakter seiner Ehtik, die jedoch im Hinblick auf ihre Begründung eindeutig als rationalistisch gekennzeichnet ist.

Mores Konzeption des Raumes dürfte Newton beeinflußt haben; seine Auffassung der ethischen Prinzipien als intelligibler Sachverhalte, die mit einer der mathematischen vergleichbaren Evidenz eingesehen werden können, kehrt bei Locke wieder. Man kann seiner Philosophie daher eine gewisse Wirksamkeit nicht absprechen, wenn auch nicht übersehen werden darf, daß seine mystisch-spekulative Einstellung, wie sie vor allem in seinen kabbalistischen Schriften zum Ausdruck kommt,[21] in der späteren englischen Philosophie kaum mehr vertreten wurde bzw. da, wo sie vorhanden war, keinen Einfluß auf die wissenschaftlichen und philosophischen Theorien erlangte.

Hier war nur von dem Philosophen More die Rede; die Bedeutung des Theologen More war hier ebensowenig zu würdigen wie der Einfluß der Moreschen Theologie auf das theologische Denken im England der Folgezeit.[22]

IX. Benedikt de Spinoza

1. Persönlichkeit und Werke

Spinoza entstammte einer jüdischen Familie, die wegen der Unterdrückung der Juden auf der Pyrenäenhalbinsel Portugal verlassen und in den Niederlanden Zuflucht gefunden hatte. Als Sohn des Kaufmanns Michael de Spinoza wurde der Philosoph am 24. 11. 1632 in Amsterdam geboren.[1] Er erhielt eine Ausbildung, die auf den Beruf eines Rabbiners angelegt war. Unbefriedigt von dem Wissen, das ihm seine Lehrer vermittelten, strebte er jedoch nach einer Erweiterung seines geistigen Horizonts durch Aneignung der nicht-jüdischen Philosophie und Wissenschaft seiner Zeit. Gleichzeitig knüpfte er Kontakte mit den sogenannten Kollegianten an, einer mennonitischen Gruppe, die großes Interesse an der zeitgenössischen Philosophie an den Tag legte. Außerdem lernte er das Schleifen optischer Gläser, vermutlich nicht so sehr, um sich seinen Lebensunterhalt durch Arbeit verdienen zu können, als vielmehr aus wissenschaftlichem Interesse. Der Synagoge, deren Dogmatismus ihn abstieß, entfremdete er sich bald. Nach dem Tode seines Vaters wich er dem offenen Bruch mit seiner Religionsgemeinschaft nicht mehr aus, und im Jahre 1656 erfolgte seine Exkommunikation. Spinoza zog sich zunächst nach Ouderkerk und später zu den Kollegianten nach Rijnsburg unweit Amsterdams zurück. Sein philosophisches System begann in dieser Zeit bereits Gestalt anzunehmen: Noch in den fünfziger Jahren entstand die „Kurze Abhandlung von Gott, dem Menschen und dessen Glückseligkeit", in den ersten sechziger Jahren der fragmentarische „Traktat über die Verbesserung des Intellekts". Beide Schriften blieben zu Lebzeiten des Philosophen unveröffentlicht. Der „Tractatus de intellectus emendatione" erschien in den Opera posthuma, die „Kurze Abhandlung" wurde in holländischer Übersetzung erst Mitte des 19. Jhs. wieder aufgefunden. Spinozas erste Veröffentlichung war ein weitgehend unselbständiges Werk, nämlich eine Darstellung von Descartes' „Prinzipien der Philosophie" (1663) in „geometrischer Weise", d.h. nach Art der axiomatischen Methode der Euklidischen Geometrie.[2]

Obwohl Spinoza in Rijnsburg persönlichen und brieflichen Kontakt zu Gelehrten des In- und Auslandes unterhielt, dürften ihm die Rijnsburger Verhältnisse zu eng erschienen sein. Er übersiedelte 1663 nach Voorburg (damals ein Vorort von Den Haag), später nach Den Haag selbst. Dort trat er in Verbindung mit dem Ratspensionär Jan de Witt, der damals die politischen Geschicke der Niederlande wesentlich bestimmte, und zu dem Kreis von Historikern und Staatstheoretikern, den de Witt um sich versammelt hatte.

Spinoza, alles andere als ein welt- und wirklichkeitsfremder Stubengelehrter, griff in die Auseinandersetzung um de Witts Politik ein, indem er dessen liberale Auffassungen, namentlich auch im Bereich der Religionspolitik, in seinem „Theologisch-politischen Traktat" (anonym 1670) zu stützen suchte. Das Werk, dessen Autor bald bekannt wurde, löste eine erregte Debatte aus. Nach de Witts Sturz und Ermordung wurde der „Tractatus theologico-politicus" verboten, was den Philosophen veranlaßte, sein Hauptwerk, die aus dem „Kurzen Traktat" durch ständige Aus- und Umarbeitung hervorgegangene „Ethica ordine geometrico demonstrata", zurückzuhalten.[3] Während seiner letzten Lebenszeit schrieb Spinoza an einem „Politischen Traktat", der aber Fragment blieb. Die „Ethica" erschien, zusammen mit dem „Tractatus de intellectus emendatione", den Briefen und einigen kleineren Schriften, erst nach Spinozas Tod (21. 2. 1677) in den Opera posthuma (Amsterdam 1677) unter den Verfasser-Initialen „B. d. S.".

Umstritten ist in der Spinoza-Forschung der Umfang von Spinozas Abhängigkeit von früheren Philosophen und philosophischen Richtungen. Hierbei geht es vor allem um den Einfluß, den die jüdische Philosophie des Mittelalters und der Cartesianismus auf Spinoza hatten,[4] während andere Einflüsse anerkanntermaßen als gering zu veranschlagen sind (so derjenige der zeitgenössischen Spätscholastik oder derjenige Giordano Brunos, der früher gelegentlich für bedeutend gehalten worden war).[5] Es darf als sicher gelten, daß Spinoza von der jüdischen Tradition nicht unabhängig war. Durch sie nahm er Elemente des neuplatonischen Denkens auf, die in seiner Erkenntnis- und Gotteslehre eine Rolle spielen. Insbesondere dürfte die Annahme einer Erkenntnisart, die als Identifikation des Erkennenden mit dem Erkannten bestimmt sein soll, auf solche Einflüsse zurückgehen (s. Abschn. 2, Ende).

2. Erkenntnistheoretische Voraussetzungen

Spinozas erkenntnistheoretische Prinzipien kommen bereits in der Auseinandersetzung mit Descartes zum Ausdruck. Das gilt in erster Linie im Hinblick auf die Bestimmung des Wahrheitskriteriums. Spinoza warf Descartes in der Einleitung zu den „Prinzipien der Cartesianischen Philosophie" vor, einerseits ein explizit formuliertes Wahrheitskriterium gefordert, andererseits ein solches Kriterium erst auf dem Umweg über die Gottesbeweise eingeführt zu haben, die doch das Wahrheitskriterium bereits voraussetzten, so daß sein Gedankengang zirkulär wurde. Spinoza war zwar wie Descartes überzeugt, daß ohne die distinkte Idee Gottes vollkommene Gewißheit unmöglich wäre; er bestritt jedoch, daß Urteile auf Grund distinkter Begriffe erst als gewiß gelten dürften, wenn die Möglichkeit einer Täuschung durch einen Betrüger-Gott ausgeschlossen wäre. Seiner Ansicht nach verbürgt die objektive Evidenz der Gottesidee als solche die Wahrheit der Gotteserkenntnis in einer Weise, die die Überwindung

der Hypothese eines *genius malignus* als überflüssig erscheinen läßt (I,
147–149).

Auf Grund dieser Überzeugung konnte Spinoza in der „geometrischen"
Darstellung der Cartesianischen Prinzipien der Philosophie den Grundsatz der
objektiven Gültigkeit aller auf Grund distinkter Begriffe gefällten Urteile als
Axiom einführen (I, 150 sq.). An der Auffassung, daß die Evidenz distinkt
eingesehener begrifflicher Beziehungen die Wahrheit des entsprechenden Urteils hinreichend verbürgt, hielt er auch in der Folge fest (cf. II, 15). Die Wahrheit
ist ihr eigener Maßstab *(veritas est norma sui et falsi)*, d. h. es gibt kein von der
Einsicht in den beurteilten Sachverhalt verschiedenes Wahrheitskriterium.
Diese Auffassung ist von größter Bedeutung für die Methode der Metaphysik.
Um ein sicheres Fundament metaphysischer Erkenntnis zu gewinnen, bedarf es
keiner Methode, die dem Erkennen voranginge und dieses erst möglich machte,
sondern es genügt, wahre Ideen zu haben und deren Charakter zu bestimmen.
Es kommt mit anderen Worten darauf an, zu erkennen, was eine wahre Idee ist
(II, 15). Das geschieht dadurch, daß die Idee der Idee (II, 16)[6] gebildet, d. h. auf
die (wahre) Idee reflektiert wird. Deshalb konnte Spinoza erklären, die Methode
bestehe in der reflexiven Erkenntnis selbst (II, 15 sq., cf. 38). Es handelt sich
allerdings nicht um Reflexion im Sinne eines Wissens des Wissens *als Akt*, da
dann auch auf den Akt des Reflektierens in einem neuen Reflexionsakt zu
reflektieren wäre usw. ohne Ende (II, 15). Die Reflexion, in der Spinoza das
Wesen der Methode erblickte, ist nicht reflektierende Vergegenwärtigung von
Vorstellungsakten, sondern von Begriffsinhalten, näherhin der Form von Begriffsinhalten, und zwar nicht als isolierter, sondern als logisch verknüpfter
Begriffsinhalte. Die Form der wahren Idee ist nämlich, wie unten ausgeführt
werden wird, durch ihre Zugehörigkeit zum System aller wahren Ideen bzw.
durch ihre Abhängigkeit vom Grund dieses Systems, d. i. von der schlechthin
wahren Idee Gottes, bestimmt. Weil jede besondere wahre Idee, auf deren Form
reflektiert werden kann, die schlechthin wahre Idee Gottes voraussetzt, ist diese
letztere die von uns nicht zu schaffende, sondern einfach hinzunehmende
Bedingung des Wissens überhaupt. Im Hinblick hierauf betonte Spinoza, die
Wahrheit offenbare sich selbst (II, 17). Jemand der, wie die Skeptiker, behauptet
zu zweifeln, ob es überhaupt Wissen gebe, bringt damit zum Ausdruck, daß er
seiner selbst nicht gewahr wird (II, 18).

Die Bestimmung der Form der wahren Idee erfolgt bei Spinoza durch Angabe
ihrer inneren Merkmale, die sich aus der Natur des Intellekts ableiten lassen
sollen.[7]

Jede wahre Idee gehört einem System von Begriffen an, dessen logische
Struktur der Wesensstruktur der Wirklichkeit entsprechen und somit wahr sein
soll. Die Begriffe eines solchen Systems können daher nicht willkürliche
Erzeugnisse des Denkens, bloße *entia rationis*, sein, deren Bedeutung durch
Nominaldefinitionen festzulegen wäre, sondern sie müssen Wesensbegriffe
sein, deren Bedeutung durch Realdefinitionen bestimmt wird (II, 34 sq.).

Realdefinitionen geschaffener Dinge sind nach Spinoza genetisch,[8] d.h. sie bestehen in der Angabe der Bedingungen der Erzeugung des fraglichen Begriffs. So wird z.B. der Begriff „Kreis" definiert, indem man den Kreis durch die Bewegung eines Punktes erzeugt denkt, dessen Abstand von einem gegebenen Punkt konstant ist. Realdefinitionen von Unerschaffenem können dagegen nicht genetisch sein, da der Begriff des Unerschaffenen jede Erzeugung, d.h. jede Abhängigkeit von einem außerhalb des Definierten liegenden Grund, ausschließt. Das Unerschaffene ist demnach aus sich zu begreifen, d.h, sein Begriff ist ohne Zuhilfenahme anderer Begriffe zu bilden, – so wie Spinoza es später vom Begriff der Substanz forderte (siehe Abschn. 3 a). Daß der Begriff des Unerschaffenen mit dem Substanzbegriff zusammenfällt, ergibt sich auch daraus, daß mit der Definition von Unerschaffenem zugleich über dessen Existenz entschieden sein soll (II, 35), d.h. daß das Unerschaffene *Causa sui* ist bzw. daß die Existenz zu seinem Wesen gehört.

Die Grundlage der Bildung von Begriffen, die logisch von allen anderen unabhängig sind, ist nach Spinoza das Vermögen des Intellekts, Ideen in absoluter Weise zu konzipieren. So gebildete Ideen drücken (wie z.B. die Idee der Ausdehnung, die nicht als beschränkt gedacht werden kann) eine Unendlichkeit aus; sie sind nicht Ideen von Dingen, die in numerischer Mannigfaltigkeit existieren und eine bestimmte Dauer haben können (II, 39) wie die Modifikationen der Ausdehnung (etwa die Kugel, die, als nähere Determination der Ausdehnung im allgemeinen durch Drehung eines Halbkreises um seinen Durchmesser erzeugt, in numerischer und zeitlicher Bestimmtheit existieren kann). Absolut gebildete Ideen sind Ideen des reinen Intellekts und als solche unanschaulich. Unter ihnen steht die Idee Gottes an erster Stelle. Die anderen absolut zu bildenden Ideen – die der Ausdehnung und die des Bewußtseins – betreffen Wesensbestimmungen jener Idee, d.h. (in der Sprache der „Ethica") Attribute Gottes (s. Abschn. 3 a).

Die durch Realdefinitionen eingeführten Ideen sind nach Spinoza Begriffe von *realen Seienden,* und ihr logischer (im Sinne der Begriffsinklusion aufgefaßter) Zusammenhang entspricht dem Wesenszusammenhang der Wirklichkeit. Daß die „realen Seienden", von denen hier die Rede ist, nicht beobachtbare Dinge sind, geht daraus hervor, daß sie Spinoza auch als „feste und unveränderliche Dinge" (res fixae aeternaeque) bezeichnet, die nur erkannt werden können, wenn von der „zufälligen" Existenz konkreter Einzeldinge und deren raumzeitlichen Bedingungen abgesehen und die Wirklichkeit in ihrem zeitlosen Wesen, *sub specie aeternitatis,* betrachtet wird. Die kontingenten raum-zeitlichen Dinge bleiben in Spinozas Philosophie prinzipiell außer Betracht, weshalb es in ihrem Rahmen keine Methodologie der Erfahrenserkenntnis geben kann. Die Spinozanische Methode ist im Sinne des konsequenten Rationalismus immer Methode der apriorischen Erkenntnis unter Vernachlässigung der Methode hypothetischer Erklärungen im erfahrungswissenschaftlichen Bereich.

Da auch die Annahme einer Verursachung gewisser Ideen durch Dinge

„jenseits" derselben zunächst nur eine Hypothese sein kann, darf, wie Spinoza
überzeugt war, die Wahrheit als Übereinstimmung von Idee und Ideat nicht auf
eine kausale Theorie des Zustandekommens von gegenständlichen Ideen gestützt werden. Die Wahrheit von Ideen läßt sich vielmehr nur indirekt, nämlich
als deren durch Gott vermittelte Beziehung auf Gegenstände, konstatieren. Da
die Ideen Gottes notwendig ihren Ideaten korrespondieren (II, 116) und in
diesem Sinne wahr sind (II, 47), kann von unseren Ideen Übereinstimmung mit
ihrem Ideat nur unter der Bedingung ausgesagt werden, daß sie mit entsprechenden Ideen Gottes übereinstimmen. Um die Wahrheit einer Idee festzustellen, ist
es daher nötig, sie auf die Idee Gottes als Grund aller Ideen zurückzuführen.
Gelingt das, dann steht fest, daß es sich um adäquate Ideen handelt. So wie die
Idee Gottes „Ursache" (d. i. Grund) der Ideen im Geist des Menschen ist, so ist
Gott Ursache aller Dinge (II, 36; cf. 88), weshalb alle aus der Idee Gottes
ableitbaren Ideen wahre, d. h. mit ihren Ideaten übereinstimmende Ideen sind.
Der Grund der Korrespondenz adäquater Ideen mit ihren Ideaten ist die
Abhängigkeit beider von Gott (cf. II, 90). Nur unter Voraussetzung der Idee
Gottes können Ideen so geordnet werden, daß ihre Ordnung und die Wesensordnung der Wirklichkeit isomorph wird, d. h. daß der Zusammenhang der
Natur mit der Form unseres Denkens übereinstimmt. Daher setzt die Konzeption der Idee der Idee *(idea ideae)* nicht nur eine beliebige wahre Idee, sondern
letzten Endes die schlechthin wahre Idee Gottes voraus.[9] „Ableitung aller
besonderen Ideen aus der Idee Gottes" bedeutet vermutlich, daß alle besonde-
ren Ideen, ihrem Inhalt nach betrachtet, Elemente jenes Inbegriffs von Ideen
sind, als der der göttliche Intellekt dargestellt wird. In der axiomatisierten
Metaphysik der „Ethica" werden nicht Ideen „abgeleitet", sondern Sätze aus
Sätzen über die Substanz und ihr Verhältnis zu den Modi. Die axiomatische
Darstellung entspricht der skizzierten Auffassung, derzufolge das Problem der
Wahrheit vom Problem der systematischen Ordnung der metaphysischen
Begriffe bzw. Sätze nicht zu trennen ist,[10] weil nur so die Ansicht, daß sie a priori
gelten und gleichzeitig das Wesen der Wirklichkeit betreffen, aufrecht erhalten
werden kann.[11]

Da es unter Spinozas Voraussetzungen unmöglich ist, die Wahrheit als
Übereinstimmung von Idee und Ideat direkt festzustellen, kann auch von
Falschheit zunächst nicht im Sinne der Nichtübereinstimmung gesprochen
werden. Wir erkennen sie vielmehr auf Grund der Unmöglichkeit, einen Begriff
in den systematischen Zusammenhang der Ideen, dessen letzter Grund die
Gottesidee ist, einzubeziehen. Dies dürfte der Sinn von Spinozas Charakterisie-
rung der falschen Ideen als „verstümmelter" Vorstellungen sein (II, 28). Ob-
gleich die Möglichkeit, einen Begriff dem systematischen Zusammenhang der
Ideen einzufügen, seine Wahrheit verbürgt, heißt das nicht, daß Spinoza
„Wahrheit" im Sinne der Kohärenzkonzeption zu definieren beabsichtigt
hätte.[12] Grundlegend blieb für ihn vielmehr die Auffassung der Wahrheit als
Übereinstimmung von Idee und Ideat; die Kohärenz ist lediglich jenes Moment,

das die Feststellung der Wahrheit im Sinne der Korrespondenz ermöglicht. In einem anderen Sinne ist wahr, was nicht falsch, nämlich abstrakt und mithin verworren, gedacht werden kann (II 29), nämlich die Idee der Gesamtwirklichkeit oder der Natur, die nicht durch generalisierende Abstraktion ausgehend von einer Mehrheit vergleichbarer Dinge gebildet werden kann, weil die Natur als Gesamtheit des Seins (II, 28: omne esse) notwendig einzig ist. Die Idee der Natur kann keine Fiktion (idea ficta) sein, da Fiktionen nur möglich sind, wo ein zusammengesetzter Gegenstand partiell erkannt und partiell verkannt wird, was beim Inbegriff der Wirklichkeit wegen dessen Einheit nach Spinozas Überzeugung ausgeschlossen ist.

Wenn die Idee der Gesamtwirklichkeit bzw. der (göttlichen) Natur weder auf Abstraktion als Leistung des Verstandes noch (was selbstverständlich ist) auf Beobachtung beruht, dann muß sie einem Erkenntnisvermögen eigener Art zugeordnet werden, das bei Spinoza „Vernunft" heißt. Demgemäß werden drei Erkenntnisarten unterschieden: (1) Erfahrungserkenntnis; (2) diskursive Erkenntnis durch den Verstand *(ratio);* und (3) intuitive Wesenserkenntnis durch die Vernunft *(intellectus)* (cf. I, 54 sq.; II, 122). Im „Traktat über die Emendation des Intellekts" wird als weitere Erkenntnisart die Erkenntnis auf Grund fremden Zeugnisses *(ex auditu)* hinzugefügt (II, 10).[13]

Da die Erfahrungserkenntnis immer Besonderes bzw. Zufälliges betrifft, kann durch empirische Generalisation niemals notwendige Erkenntnis zustande kommen, weshalb der empirischen Erkenntnis nach Spinoza nur untergeordnete Bedeutung zukommt. Den Charakter der Notwendigkeit besitzt seiner Ansicht nach die Verstandeserkenntnis, in der Tatsachen durch Unterordnung unter allgemeine Prinzipien begriffen werden. Da diese Prinzipien (notiones communes) notwendig sind, muß auch die mit ihrer Hilfe gewonnene Erkenntnis notwendig sein. Nicht mehr besondere Tatsachen als solche, sondern das Wesen der Wirklichkeit selbst bzw. das Besondere als deren Moment betrifft die Vernunfterkenntnis, die als intuitives Wissen *(scientia intuitiva)* ebenfalls den Charakter der Notwendigkeit hat.

Spinoza hat das Verhältnis von Verstandes- und Vernunfterkenntnis anhand eines Beispiels aus der Mathematik zu erläutern gesucht, indem er erklärte, bei der Proportion a : b = c : x lasse sich x rational auf Grund der allgemeinen Grundsätze der Proportionenlehre bestimmen, im Falle kleiner Zahlen a, b und c dagegen intuitiv erfassen. Hierdurch wird der Unterschied von diskursiver und intuitiver Erkenntnis jedoch weniger geklärt, als vielmehr relativiert, da die Fähigkeit, x „intuitiv" zu erfassen, offenbar von der Übung abhängt.[14] Anders stellt sich das Verhältnis dieser beiden Erkenntnisarten im metaphysischen Bereich dar, in bezug auf den Spinoza die Verstandeserkenntnis als mittelbare Einsicht in das Wesen einer Sache auf Grund der Einsicht in andere Wesenheiten bestimmt (so wenn z. B. das Wesen der Bewegung mit Hilfe der Einsicht in das Wesen der Ausdehnung begriffen wird), während er die Vernunfterkenntnis als unabhängige Einsicht einer Wesenheit charakterisiert. Hier wird klar, daß nur solche Wesenheiten intuitiv erkannt werden können, deren Begriffe „absolut" gebildet werden können, d.h. (wie oben festgestellt) in erster Linie *Gott,* in zweiter *Ausdehnung* und *Bewußtsein.* Die Ansicht, Spinoza habe lediglich das Ideal intuitiven Wissens aufgestellt, ohne auf Realisationen desselben hinweisen zu können,[15] dürfte sich daher nicht aufrecht erhalten lassen, da die Grundlegung des Spinozanischen Systems ohne die Annahme der *scientia intuitiva* unmöglich wäre.[16]

Der wesentliche Unterschied von Verstandes- und Vernunfterkenntnis kommt allerdings nur gelegentlich zum Ausdruck. Am deutlichsten tritt er in der „Kurzen Abhandlung" zutage, wo die intuitive Einsicht im Gegensatz zum diskursiven Erkennen als *Teilhabe des Erkennenden am Erkannten* bestimmt wird. Offensichtlich kann es aber nur *ein* Wissen geben, das diese Bedingung erfüllt, nämlich die Erkenntnis der absolut unendlichen Substanz oder Gottes. Wer das Absolute erkennt, der erkennt zugleich, daß er, wie alles Besondere, nur im Absoluten sein kann.[17] Die absolut unendliche Substanz erkennen und sich ihr angehörig erkennen, ist daher ein und dasselbe. Die vernünftige Gotteserkenntnis ist liebendes Einswerden mit Gott, *amor Dei intellectualis.* Hier handelt es sich nicht mehr um jenen rationalen „Glauben", den Spinoza als „kräftige Überzeugung durch Gründe" charakterisierte, sondern um jenes Wissen, das „unmittelbare Vereinigung mit der Sache selbst" sein soll (I, 59 N.).[18] Darüber hinaus unterscheiden sich diskursive und intuitive Erkenntnis auch mit Bezug auf die ethischen Konsequenzen (II, 294 sqq.). Die intuitive Erkenntnis ist in praktischer Hinsicht „mächtiger" als die rationale Erkenntnis auf Grund von Allgemeinbegriffen (II, 303), und zwar weil sie Vereinigung des Subjekts mit dem Objekt ist. Die praktische Auszeichnung des intuitiven Wissens beruht somit auf dessen Eigenart. Es verhält sich nicht so, daß nur im Hinblick auf die Ethik die Möglichkeit intuitiven Wissens postuliert würde, von der im erkenntnistheoretischen bzw. erkenntnismetaphysischen Zusammenhang gar nicht die Rede sein müßte. Die Annahme eines intuitiven Wissens ist vielmehr eine Konsequenz der rationalistischen Erkenntnis- und Wissenschaftskonzeption, derzufolge es perfektes Wissen geben soll.

3. Die Grundlagen der Metaphysik

a) Grundbegriffe und Grundsätze

Nach dem Vorbild der axiomatisierten Geometrie stellte Spinoza an die Spitze seines metaphysischen Systems eine Reihe von Definitionen[19] und Axiomen,[20] wobei die oben erwähnte Unterscheidung von Definitionen geschaffener Dinge und Definitonen des Ungeschaffenen stillschweigend vorausgesetzt ist. Da Spinoza hinsichtlich der Definitionen von Unerschaffenem forderte, daß sie die

Existenz als Definitionsmerkmal enthalten müßten, kann im Hinblick auf sie die
Existenzfrage nur affirmativ beantwortet werden. Die erste Definition der
„Ethica" stellt sich als Erfüllung dieser Forderung dar, sofern sie „Ursache
seiner selbst" (causa sui) als dasjenige bestimmt, dessen Wesen das Dasein
einschließt, oder dessen Natur nicht anders denn als daseiend begriffen werden
kann (II, 45).²¹
    Auch die Definition des Begriffs der Substanz genügt einem methodologi-
schen Erfordernis, nämlich dem der Unabhängigkeit „absolut" zu bildender
Ideen (s. oben). „Substanz" wird nämlich als Begriff bestimmt, der nicht mit
Hilfe anderer Begriffe definiert werden kann, d. h. er bedeutet etwas, das nicht
nur seinem Sein nach nicht von anderem abhängt, sondern das auch unabhängig
von der Erkenntnis anderer Dinge erkannt werden kann. In diesem Sinne erklärt
Spinoza: „Unter Substanz verstehe ich dasjenige, das in sich ist und durch sich
begriffen wird" (II, 45). Korrelativ zum Begriff der Substanz wird der Begriff
des Modus als „Affektion der Substanz" bestimmt (II, 45).²² Während die
Substanz durch Inseität charakterisiert ist, ist der Modus durch die Bestimmung des esse in alio gekennzeichnet; und während die Substanz nur auf Grund
ihres eigenen Wesens begriffen werden kann, muß ein Modus aus einem
Anderen – nämlich aus dem Wesen der Substanz, deren Modus er ist – begriffen
werden. Eine technische, Spinozas Terminologie eigentümliche Bedeutung hat
der Ausdruck „Attribut", der dasjenige bezeichnet, das der Verstand von der
Substanz als deren Wesen konstituierend erkennt (II, 45). Dieser Ausdruck wird
hier im engeren Wortsinn von „Wesensbestimmung", nicht von „Bestimmung
im allgemeinen" eingeführt. Unter Zugrundelegung dieser engeren Bedeutung
hatte schon Descartes „Ausdehnung" und „Bewußtsein" als „Attribute" bezeichnet und von den modalen Bestimmungen unterschieden.²³ Modi im Sinne
Spinozas sind Determinationen des Wesens der Substanz, d. h. ihrer Attribute.
„Determination" bedeutet „Einschränkung", gemäß dem Grundsatz „deter-
minatio negatio est" (IV, 240). Dieses erkenntnistheoretische Prinzip beruht
offenbar auf der ontologischen Voraussetzung, daß konkrete Seiende Besonde-
rungen des Wesens der Ausdehnung bzw. des Wesens des Bewußtseins sind und
ihre Begriffe daher durch einschränkende Bestimmung der Ideen „Ausdehnung" und „Bewußtsein" zu bilden sind.
    Wenn Spinoza „Gott" als Substanz definiert, die unendlich viele Attribute hat
(II, 45), so liegt offenbar folgende Überlegung zugrunde: Attribute konstituieren das Wesen einer Substanz; ist dieses Wesen, wie bei Gott, unendlich, so
muß es durch unendlich viele Attribute konstituiert sein, auch wenn wir nur
zwei derselben, nämlich Ausdehnung und Denken, kennen. Die Unendlichkeit
Gottes ist nach Spinoza absolute Unendlichkeit, d. i. die Abwesenheit jeglicher
Negation bzw. Einschränkung. Als solche ist sie von der spezifischen Unendlichkeit der Attribute genau zu unterscheiden: Die letztere besteht in der
Unmöglichkeit, von etwas Gleichartigem eingeschränkt zu werden. Umgekehrt ist etwas in seiner Art endlich, wenn es von gleichartigen Dingen einge-

schränkt werden kann (II, 45). So sind ausgedehnte Dinge endlich, da sie durch andere ausgedehnte Dinge begrenzt werden; die Ausdehnung selbst kann dagegen nicht durch Anderes ihr Gleichartiges beschränkt sein und ist daher in ihrer Art unendlich.

Aus der Reihe der Axiome seien nur die besonders wichtigen Grundsätze herausgegriffen, die die *Kausalität* betreffen (II, 46). Axiom 4 besagt, daß die Erkenntnis der Wirkung von der Erkenntnis der Ursache abhängt und diese einschließt. Nach Axiom 5 können Dinge, die nichts miteinander gemein haben, nicht auseinander erkannt werden bzw. der Begriff des einen schließt den des anderen nicht ein. Hieraus folgt, daß eine Kausalbeziehung hinsichtlich zweier Dinge A, B nur dann angenommen werden kann, wenn der Begriff von A den Begriff B einschließt. Auf Grund dieser Auffassung konnte Spinoza „Ursache" und „Grund" als Synonyma gebrauchen bzw. das Kausalverhältnis zwischen Tatsachen auf das logische Verhältnis des Enthaltenseins eines Begriffes in einem anderen zurückführen.

Die Definitionen und Axiome des ersten Teils der „Ethica" tragen nicht das gesamte metaphysische System Spinozas, sondern werden ergänzt durch die Definitionen und Axiome der folgenden Teile des Werkes, wozu noch Lemmata aus dem Bereich der Physik und Postulate, die den Charakter von Erfahrungssätzen haben, kommen. Die späteren Teile der Ethica enthalten sukzessive speziellere Axiome, Teil V nur noch zwei Axiome und keine Definitionen mehr.[24]

b) Dasein und Wesen Gottes

Der für Spinozas Metaphysik fundamentale Satz „Gott oder die aus unendlichen Attributen bestehende Substanz, von denen ein jedes die ewige und unendliche Wesenheit ausdrückt, existiert notwendig" (II, 52), wird im ersten Teil der „Ethica" mit Hilfe der (oben erwähnten) Voraussetzung bewiesen, daß der Begriff „Substanz" die Bestimmung „Existenz" enthalten und daher jede Substanz *causa sui* im Sinne der Definition dieses Terminus sein muß. Eine Substanz kann nicht von einer anderen verursacht sein, da als Ursache nur entweder eine Substanz mit anderen oder eine Substanz mit denselben Attributen wie die erste in Betracht kommt. Eine Verursachung durch eine Substanz mit anderen Attributen ist ausgeschlossen, da nach Spinoza nur Dinge mit gleicher Natur in kausalen Beziehungen stehen können; von einer Verursachung durch etwas von derselben Natur zu reden, ist aber unmöglich, weil es zwei oder mehr gleichartige Substanzen nicht geben kann. Hier gilt das später von Leibniz explizit formulierte Prinzip der Identität des (wesensmäßig) Ununterscheidbaren. Modale Unterschiede, die den Unterschied konkreter Seiender von gleicher Art konstituieren, kommen auf der Ebene der Wesensbegriffe nicht in Betracht. Da also eine Verursachung einer Substanz durch eine andere undenkbar ist, muß jede Substanz als „Ursache ihrer selbst" aufgefaßt werden. Auf Grund der

Definition von „Causa sui" bedeutet das, daß jede Substanz als existent anzusehen ist.

Dieses Ergebnis stellt nur ein Zwischenresultat dar, da Spinoza nicht zu zeigen hatte, daß es Substanzen (im Plural) gibt, sondern daß genau eine (d. h. mindestens und höchstens eine) Substanz existiert. Daß es höchstens eine Substanz gibt, zeigte Spinoza, indem er argumentierte, daß der Begriff der absolut unendlichen Substanz die Annahme einer Mehrheit von Substanzen ausschließt. Da „absolut unendliche Substanz" soviel heißt wie „Substanz, deren Wesen durch unendlich viele in ihrer Art unendliche Attribute konstituiert ist", könnte eine von der absolut unendlichen verschiedene Substanz nur entweder dieselben Attribute haben wie diese, und dann wäre sie von ihr nicht verschieden; oder die Menge ihrer Attribute wäre eine Teilmenge der Menge der Attribute der absolut unendlichen Substanz, und dann könnte ihr Begriff nur unter Voraussetzung des Begriffs der absolut unendlichen Substanz (nämlich durch dessen einschränkende Determination) gebildet werden, d. h. es handelte sich nicht um den Begriff einer Substanz, die definitionsgemäß unabhängig von den Begriffen anderer Substanzen zu begreifen ist. Mithin ist eine von der absolut unendlichen verschiedene Substanz unter allen Umständen undenkbar, d. h. es kann nicht mehr als eine Substanz – nämlich die absolut unendliche – geben. (Das angedeutete Argument hat die für Spinozas Methode der Beweisführung charakteristische Form einer *Reductio ad absurdum:* Die Annahme einer Mehrheit von Substanzen wird dadurch ausgeschaltet, daß aus ihr absurde Konsequenzen abgeleitet werden.)

Schwieriger ist zu beweisen, daß es *mindestens* eine Substanz gibt. Spinoza nahm an, daß alles das notwendig existiert, für dessen Inexistenz es keinen Grund gibt (II, 53). Wenn sich also weder in Gott noch außerhalb Gottes ein Grund für die Annahme, daß Gott nicht existiert, finden läßt, dann existiert Gott notwendig. In Gott kann ein solcher Grund nicht liegen, da kein Wesen den Grund seiner Inexistenz enthält; außerhalb Gottes kann es einen solchen Grund ebenfalls nicht geben, da es etwas von Gott Verschiedenes, wie bereits festgestellt, nicht gibt. Spinoza hat sich nicht damit begnügt, von den Wesenheiten zu konstatieren, daß sie keine Gründe des Nichtseins enthalten (d. h. daß jede Wesenheit möglicherweise aktualisiert sein kann), sondern er hat darüber hinaus den Wesenheiten eine Aktualisierungstendenz zugeschrieben, die um so stärker sein soll, je mehr Realität bzw. Vollkommenheit[25] die Wesenheit enthält. Da die *potentia existendi* eines absolut unendlichen Wesens unendlich sein muß, folgt seiner Ansicht nach, daß ein solches Wesen, d. i. Gott, existiert (II, 54).[26] Die neuplatonische Färbung des Spinozanischen Begriffs der Wesenheit ist unübersehbar.

Mit Hilfe der angedeuteten Sätze formulierte Spinoza eine Reihe von Folgerungen in bezug auf das Wesen Gottes und das Verhältnis von Gott und Welt. Gott gilt ihm als Ursache aller (materiellen oder spirituellen) Seienden, und zwar als immanente Ursache, da nichts außer Gott sein oder unabhängig von der Idee

Gottes begriffen werden kann. Deshalb kann Gott keiner Notwendigkeit unterworfen sein, die ihren Grund in etwas von ihm Verschiedenem hätte, sondern er wirkt nach einer in seinem eigenen Wesen begründeten Notwendigkeit, d. h. er ist im Sinne von Spinozas Definition dieses Begriffs „frei", nämlich autonom (II, 46).[27] Aus der göttlichen Natur folgt Unendliches auf unendliche Weise, und zwar so, daß den Ideen, die Gottes Wesenheit einschließt, notwendig Modi der Ausdehnung korrespondieren, so daß die Ordnung und Verknüpfung der Ideen der Ordnung und Verknüpfung der Dinge entspricht (II, 89). Jeder Idee als Modus der Substanz unter dem Attribut des Denkens korrespondiert mithin ein materielles Ding als Modus der Substanz unter dem Attribut der Ausdehnung. Gott denkt die gesamte Wirklichkeit, sofern er sein Wesen und dessen Implikationen denkt, bzw. in Gott gibt es eine Idee seiner Wesenheit und alles dessen, was aus ihr folgt (II, 87).[28] Die Korrespondenz zwischen Ideen und Dingen ist auch für die Ideen des menschlichen Bewußtseins in Anspruch zu nehmen, sofern sie adäquat sind, da sie dann mit den Ideen Gottes übereinstimmen. Durch die Beziehung auf das Wesen Gottes werden die Modi des Bewußtseins (die Ideen) und der Ausdehnung (die Dinge) aber nicht nur parallelisiert, sondern identifiziert, so daß zum Beispiel ein Kreis, der in der Natur existiert, und die adäquate Idee des Kreises, die auch in Gott ist, ein und dasselbe, unter verschiedenen Attributen ausgedrückt, sind.

Die Beziehung aller Modi, d. h. aller Ideen und Dinge, auf Gott erlaubt nicht die Erklärung *bestimmter* psychischer oder physikalischer Tatsachen mit Hilfe des Gottesbegriffs bzw. der Sätze über das Wesen Gottes. Spezielle Erklärungen erfolgen vielmehr durch Einbeziehung der Tatsachen in den gesetzmäßigen Zusammenhang der Wirklichkeit, der seinerseits in Gott begründet ist. Da rationale Erklärungen von Tatsachen deren Subsumtion unter (vermeintlich notwendige) Gesetze jeweils eines *bestimmten* Attributs erfolgen, scheint unter Spinozas Voraussetzungen sichergestellt zu sein, daß weder in den Naturwissenschaften Begriffe der Psychologie noch in der Psychologie naturwissenschaftliche Begriffe zu verwenden sind; gleichzeitig sind beide Wissenschaften gegen das Eindringen theologischer Begriffe gesichert; sie sind also strikt autonom.

Besonders nachdrücklich warnte Spinoza vor der Verwendung teleologischer Begriffe, die nicht nur mit den grundlegenden Voraussetzungen seiner Metaphysik inkompatibel sind, sondern die er auch durch den Nachweis ihres anthropomorphen Charakters bekämpfte (II, 77 sqq.). Die teleologische Naturbetrachtung beruht seiner Ansicht nach auf der ungerechtfertigten Übertragung von Handlungsstrukturen, für die die Zweck-Mittel-Relation wesentlich ist, auf die Wirklichkeit insgesamt bzw. auf Gott als den Grund der Wirklichkeit, dem im Rahmen der kritisierten Denkweise ein Handeln nach Zwecken zugeschrieben wird. Spinozas Analyse der teleologischen Naturkonzeption kann als frühe Form der Ideologiekritik angesehen werden. Es ist aber zu beachten, daß die ideologiekritische Analyse der Motive des teleologischen Weltbildes nicht die direkte systematische Argumentation ersetzen, sondern nur ihr Ergebnis von einer anderen Seite zusätzlich stützen soll.

So wie der Begriff „Zweckmäßigkeit" kein reales Verhältnis im Bereich der Natur bezeichnet, so sind auch „gut", „geordnet" und „schön" (nebst ihren Negationen) nicht Begriffe von Beziehungen im Bereich der Wirklichkeit. Sie drücken lediglich die Art aus, in der wir die Wirklichkeit in der Imagination erfassen (II, 81 sqq.). Damit entfällt für Spinoza das Theodizeeproblem: Wenn es Böses, Häßliches, Ungerechtes in der Natur selbst nicht gibt, dann kann auch nicht von einer Beeinträchtigung der Vollkommenheit der Natur und ihres Grundes, d. i. Gottes, durch wertwidrige Verhältnisse innerhalb der Wirklichkeit gesprochen werden. Das Theodizeeproblem kann auch deshalb nicht sinnvoll₂ formuliert werden, weil Gott nicht anders wirken konnte, als er tatsächlich wirkte, bzw. weil die Natur nicht anders sein kann, als sie ist. Gott handelt, wie Spinoza zeigt, nach den Gesetzen seiner Natur (II, 61), d.h. er handelt mit Notwendigkeit. Die Annahme, daß Gott zwischen Möglichkeiten wähle, zerstört geradezu den Gottesbegriff, da sie zum Eingeständnis zwingt, Gott könne nur einen Teil des Möglichen realisieren. Die hiermit gegebene Einschränkung der göttlichen Allmacht ist mit der von den Vertretern der Gegenposition anerkannten göttlichen Allmacht unvereinbar (II, 62).

Selbstverständlich kann unter Spinozas Voraussetzungen nicht ernsthaft davon die Rede sein, daß Gott die Welt erschaffen habe,[29] da alles, was existiert, in Gott ist, so wie Gott in allem ist, und weil, was möglich ist, auch wirklich sein muß. Damit entfallen die Bedingungen, unter denen von einer Erschaffung der Welt durch den freien Akt eines Schöpfergottes gesprochen werden könnte.

Durch die metaphysische Begründung eines strikt deterministischen Weltbildes kam Spinoza einer wichtigen Tendenz des zeitgenössischen naturwissenschaftlichen Denkens entgegen, dessen Anspruch, Zusammenhänge der (physikalischen und psychischen) Wirklichkeit angemessen zu erfassen, er sowohl zu rechtfertigen wie zu relativieren suchte. Wissenschaftlichen Erklärungen entsprechen Zusammenhänge von Ursachen und Wirkungen im Sinne transeunter Kausalität, weshalb es gerechtfertigt ist, wissenschaftliche Theorien realistisch zu interpretieren. Da aber die Wirkursächlichkeit nur *eine* Art von Kausalität ist, kann die Wissenschaft die Wirklichkeit nicht umfassend begreifen, solange sie nicht die metaphysische Auffassung der Tatsachen als „Wirkungen" von Wesensprinzipien und letzten Endes des Wesens der Substanz berücksichtigt, die in den Tatsachen im Sinne immanenter Kausalität wirksam sein soll.

c) Das psychophysische Problem

Im Rahmen von Spinozas Metaphysik kann das menschliche Selbst nicht als Substanz aufgefaßt werden, da es nur eine einzige, notwendig existierende Substanz gibt. Das menschliche Individuum ist durch Modifikationen der Attribute der Substanz konstituiert, d.h. so wie sein Körper ein Modus der

Substanz unter dem Attribut der Ausdehnung ist, so ist sein Bewußtsein Modus der Substanz unter dem Attribut des Denkens. Gemäß dem universellen Parallelismus von Ideen und körperlichen Dingen muß auch zwischen den beiden Arten von Modi, die das menschliche Individuum konstituieren, Parallelität bestehen, so daß jedem bestimmten körperlichen Zustand oder Vorgang eine bestimmte Idee zugeordnet ist. Der Geist ist nach Spinoza nichts anderes als Idee des Körpers, d. h. sein Sein besteht in nichts anderem als im Bewußtsein körperlicher Vorgänge.[30] Während die letzteren mechanischen Gesetzen unterworfen sind, die zunächst in bezug auf Massenpunkte (corpora simplicissima) formuliert werden, aus denen die Individuen aufgebaut sind, gilt für die Ideen bzw. die auf Ideen basierenden übrigen psychischen Phänomene das Gesetz der Assoziation, das sozusagen das psychische Korrelat der physikalischen Bewegungsgesetze ist. Selbstbewußtsein ist im Rahmen dieser Konzeption ohne physischen Reiz bzw. ohne das mit dem physischen Reiz verbundene gegenständliche Bewußtsein nicht möglich. Gegenstände der Außenwelt erfassen wir nur insofern, als von ihnen Reize auf den Organismus ausgehen, Änderungen seines Zustandes hervorrufen und damit entsprechende Vorstellungen bedingen.[31] Diese Zusammenhänge können, wie Spinoza überzeugt war, nicht im Sinne von Kausalbeziehungen interpretiert werden; sondern sie beruhen darauf, daß physische und psychische Zustände als Modi der Substanz in gleicher Weise, wenn auch unter verschiedenen Attributen, vom Ursprung der Gesamtwirklichkeit abhängen und daher einander zugeordnet sind. Spinoza konnte daher sagen, „daß die Idee des Körpers und der Körper, d. h. (...) der Geist und der Körper, ein und dasselbe Individuum sind, welches bald unter dem Attribut des Denkens, bald unter dem der Ausdehnung begriffen wird" (II, 109).

Damit entfallen die Schwierigkeiten, die die Cartesianische Theorie der psychophysischen Wechselwirkung belasteten. Spinozas Lösungsvorschlag beruht auf der Annahme, daß Kausalbeziehungen zwischen psychischen und physischen Zuständen bzw. Zustandsänderungen unmöglich sind, daß es aber eine universale immanente Kausalität der Substanz gebe, so daß alle bestimmten Zustände als Zustände der Substanz deren Wesensnotwendigkeit ausdrücken. Spinoza hat Descartes' Hypothese einer psychophysischen Vermittlerrolle der Zirbeldrüse mit Schärfe kritisiert, – mit Recht, sofern mit ihrer Hilfe die Schwierigkeiten der Wechselwirkungstheorie nicht überwunden werden konnten. Sie bestehen in bezug auf das Verhältnis von Bewußtsein und Zirbeldrüse prinzipiell in derselben Weise wie in bezug auf das Verhältnis von Bewußtsein und Gesamtorganismus. Offensichtlich beruht aber auch Spinozas Lösungsvorschlag auf unbewiesenen metaphysischen Voraussetzungen, die alles andere als evident sind.

4. Die Theorie der Affekte

a) *Wesen und Arten der Affekte*

Mit dem psychophysischen Problem hängt die Lehre von den Affekten eng zusammen,[32] da Spinoza „*Affekt*" als „von Bewußtsein begleitete Zustandsänderung (affectio) des Körpers" versteht, „durch die das Vermögen des Körpers, Wirksamkeit auszuüben, entweder vermehrt oder vermindert wird" (cf. II, 139; II 203). Der Affekt drückt das Verhältnis einer Affektion zum Wesen des Menschen aus, das, wie jede Wesenheit, durch die *Tendenz der Selbsterhaltung* (conatus in suo esse perseverandi) und der Selbstverwirklichung im Handeln (agendi potentia) charakterisiert ist. Das auf Körper und Geist zugleich bezogene Selbsterhaltungsstreben heißt „*Trieb*" (appetitus), das auf den Geist allein bezogene dagegen „*Wille*" (voluntas). Den von Bewußtsein begleiteten Trieb nannte Spinoza „*Begierde*" (cupiditas) und bestimmte ihn als „die Wesenheit des Menschen selbst, sofern sie als durch eine gegebene Affektion zur Tätigkeit determiniert begriffen wird" (II, 190). Je nachdem, ob eine Affektion die psychophysische Aktivität steigert oder reduziert, ist sie positiv oder negativ charakterisiert. Im ersten Falle wird sie als lustbetont erfahren und der entsprechende Gegenstand geliebt, im zweiten ist sie unlustbetont und der entsprechende Gegenstand wird abgelehnt bzw. gehaßt. Unlusterleben begleitet den Übergang von einem höheren zu einem niedrigeren Vollkommenheitsniveau, Lusterleben ist Indiz des umgekehrten Prozesses. Hierbei ist zu beachten, daß „Vollkommenheit" wertfrei gebraucht wird, sofern dieser Ausdruck im Sinne der Rationalität des Denkens definiert ist: Je geringer der Anteil der inadäquaten bzw. je höher der Anteil der adäquaten Ideen des Geistes ist, um so vollkommener ist dieser im Sinne der zugrunde gelegten Wortbedeutung. Da unter Spinozas Voraussetzungen der adäquat erkennende Geist aktiv, der nur inadäquat erkennende dagegen passiv ist, heißt der Zustand eines Geistes, der das Zustandekommen seiner Affekte nicht durchschaut, „*Leidenschaft*" (passio). Dieser Ausdruck wird im Sinne seiner Etymologie verstanden: Der seine Affektionen nicht begreifende Geist verhält sich ihnen gegenüber passiv, er erleidet sie, während der die kausalen Zusammenhänge der Affektionen durchschauende Geist in allen Tatsachen dieselbe gesetzmäßige Ordnung der Natur erkennt, deren Teil er selbst ist. Indem er erkennt, daß er nicht nur Objekt, sondern zugleich in gewissem Sinne auch Subjekt des Geschehens ist, überwindet er die Passivität der „Leiden-schaft". Die Leidenschaft läßt sich somit dadurch überwinden, daß inadäquate Ideen durch adäquate ersetzt werden, d. h. daß wir das Geschehen, in das wir verwickelt sind, nicht einfach hinnehmen, sondern zu erklären suchen. Da nach Spinoza jede Erklärung im Rahmen von Theorien erfolgt, deren letzte Obertheorie der Komplex der aus den Annahmen über die absolut unendliche Substanz ableitbaren Sätze ist, setzt der Sieg über die

Leidenschaft bzw. die Überwindung der Knechtschaft auf Grund der Übermacht der Affekte oder die Verwirklichung der menschlichen Freiheit die
Erkenntnis Gottes voraus, von der daher in der „Ethica" mit Recht ausgegangen
wird.

Nach Spinoza gibt es nicht nur Lust auf Grund des Verhältnisses unseres
Bewußtseins zu diesem oder jenem Gegenstand, sondern auch Lust auf Grund
der Reflexion auf den aktiven Zustand des Geistes selbst, d. h. auf dessen
Vollkommenheit. Diese Lust ist um so größer, je deutlicher der Geist sein
Wirkvermögen denkt. Es handelt sich dabei um eine Art Lust, die, weil
ausschließlich auf die Aktivität des menschlichen Wesens bezogen, nicht von
der Art der Leidenschaften sein kann. Die Affekte des aktiven, d. i. des adäquat
erkennenden Geistes sind notwendig lustbetont. Die aus ihnen folgenden
Handlungen faßte Spinoza unter dem Namen „fortitudo" zusammen und teilte
sie in Handlungen rein vernünftiger Selbsterhaltung und rein vernünftiger
Hilfsbereitschaft bzw. Freundschaft ein (II, 188). Wenn auch im Falle der
Fortitudo das Handeln nur insofern durch den Affekt determiniert ist, als dieser
auf den erkennenden Geist bezogen wird, so hört der Affekt dadurch doch nicht
auf, einen physischen Aspekt zu haben, da die (selbstverständlich nicht-kausale)
Beziehung auf körperliche Zustände zur Natur der Affekte gehört. Bei der
Fortitudo besteht aber die Möglichkeit, nur die psychische Seite des Affekts als
Handlungsdeterminante wirksam werden zu lassen. Es liegt nahe, Affekte der
hier in Frage stehenden Art im Rahmen der Ethik gegenüber jenen Affekten, die
im Sinne Spinozas Leidenschaften sind, in besonderer Weise auszuzeichnen.
Damit kündigt sich eine wertmäßige Differenzierung an, d. h. es ist der Punkt
erreicht, an dem von der Theorie der Affekte zur Moralphilosophie überzugehen ist.[33]

b) Die Lehre von den Wertungen

„*Gut*" heißt nach Spinoza etwas, von dem wir sicher wissen, daß es uns nützlich
ist (II, 209), „*schlecht*" etwas, von dem wir sicher wissen, daß es uns hindert,
eines Guten teilhaftig zu werden (ib.). Diese Definitionen verweisen auf eine
utilitaristische Konzeption. Es wird sich jedoch zeigen, daß es sich hier nicht um
jenen Utilitarismus handelt, der von den Vertretern des neuzeitlichen Empirismus verfochten wurde, sondern um einen sozusagen metaphysischen Utilitarismus, sofern Spinoza „Nutzen" nicht primär im empirischen, sondern im
spekulativ-metaphysischen Sinne verstanden hat. Als nützlich (und damit als
gut) gilt unter seinen Voraussetzungen, was der Verwirklichung des Ideals
adäquater Erkenntnis bzw. vollkommener Gottesliebe dient. Das Streben nach
dem eigenen Nutzen ist keinesfalls im Sinne des emotionalen Egoismus zu
interpretieren; es ist, wie Spinoza betonte, kein „gottloses Prinzip" (II, 223),
sondern im Gegenteil Prinzip einer Ethik, deren zentrale Idee der *Amor Dei* ist.

Oben wurde bereits bemerkt, daß „gut" und „schlecht" unter Spinozas

Voraussetzungen nicht als Bestimmungen realer Dinge aufgefaßt werden können; diese Ausdrücke bezeichnen vielmehr Modi des Bewußtseins (II, 208).
Werturteile betreffen m. a. W. nicht an sich seiende Werte, sondern das Verhältnis zwischen Affektionen bzw. deren Ideen einerseits und dem menschlichen
Wirkungsvermögen *(agendi potentia)* andererseits. Die Steigerung des letzteren
gilt als Annäherung an das Ideal der menschlichen Natur und infolgedessen als
gut.[34] Der Zusammenhang zwischen dem Ideal des Menschen und seinen
Handlungen läßt sich in Form von Gesetzen ausdrücken, die Spinoza „Vernunftgebote" *(rationis dictamina* bzw. *praecepta;* cf. II, 222) nannte, ohne mit
diesem Ausdruck dasselbe zu meinen wie die Vertreter der herkömmlichen
Vernunftmoral, die der Ratio die Fähigkeit zugeschrieben hatten, eine objektive
Wertordnung zu erfassen und deren Wesen in Form von Normen zu artikulieren. Nach Spinoza betreffen die Vernunftgebote das Handeln unter der Leitung
der Vernunft zum Zweck der Selbsterhaltung und der Selbstverwirklichung (II,
226). Sofern jemand in vernünftiger Weise strebt, sein Dasein zu erhalten,
handelt er mit dem höchsten natürlichen Recht (summo naturae jure), da das
Selbsterhaltungsstreben *(conatus sese conservandi)* die jeder Wesenheit eigentümliche Aktualisierungstendenz und daher in gewissem Sinne diese Wesenheit
selbst ist (II, 146).

Die Frage, wie unter diesen Bedingungen eine moralisch differenzierende
Beurteilung von Handlungen und Verhaltensweisen und namentlich die Auszeichnung des „freien", „vernünftigen", d. i. adäquat (wissenschaftlich und
metaphysisch) erkennenden Menschen vor dem unfreien, weil unvernünftigen,
möglich sein soll, hat Spinoza nicht gestellt. Da von moralisch richtigen und
verfehlten Handlungen nur unter der Voraussetzung von Normen gesprochen
werden kann, Spinoza aber wegen seiner Leugnung eines objektiven Sollens
Natur- oder Vernunftgesetze im normativen Sinne für unmöglich erklärte, muß
die von ihm vorgenommene wertende Differenzierung auf stillschweigend
akzeptierten Normen beruhen. Tatsächlich hat Spinoza in den Begriff der
menschlichen Natur das Moment der Normativität aufgenommen, indem er ihn
als etwas auffaßte, das verwirklicht werden *soll.* Nur unter dieser Voraussetzung
ist es sinnvoll, von einem *Ideal* (exemplar) der menschlichen Natur zu reden und
es im Sinne größtmöglicher Rationalität und damit Freiheit zu charakterisieren.[35]

Sofern das Ideal der menschlichen Natur *(exemplar humanae naturae),* in
bezug auf das wir Handlungen bewerten, in der Idee eines durch adäquate
Erkenntnis bestimmten Geistes besteht und sofern die höchste Erkenntnis die
intuitive Erkenntnis Gottes ist (II, 267), kann „gut" auch definiert werden als
„der Vervollkommnung des Verstandes bzw. der Vernunft dienend" oder als
„den Genuß des geistigen Lebens befördernd" oder als „der Glückseligkeit (in
der Gotteserkenntnis) dienend". *Tugend, Glück* und *Gotteserkenntnis* (bzw.
Liebe zu Gott) sind unter Spinozas Voraussetzungen Synonyma, da die Tugend
in der Selbsterhaltung des vernünftigen Wesens besteht, dieses aber seine

höchste Vervollkommnung und damit seine Glückseligkeit in der Gotteserkenntnis findet.[36] In ihr als dem höchsten Gute konvergiert das vernünftige
Streben aller freien Menschen, so daß sie eine Gemeinschaft bilden, die nicht auf
Leidenschaften (wie der Hoffnung auf Vorteile oder der Angst vor Nachteilen)
beruht, sondern ausschließlich auf vernünftiger Einsicht, und die sich daher
wesentlich vom Staate als der zwangsrechtlichen Gemeinschaft leidenschafts-
unterworfener Individuen unterscheidet (siehe hierzu Abschn. 6).

5. Die Freiheitslehre

Die Gemeinschaft freier, d. i. vollkommen vernünftiger Menschen kann solange
nicht an die Stelle des Staates treten, als die Menschen in ihrer Mehrheit Sklaven
der Leidenschaft bleiben und somit unfrei sind. „Frei" heißt nach Spinoza ein
Wesen, wenn es in seinem Wirken nur der Notwendigkeit seiner eigenen Natur
folgt (II, 46). Sofern endliche Wesen nicht nur solchen Veränderungen unterworfen sind, deren adäquate Ursache sie selber sind (II, 212), kann der Mensch
als endliches Wesen nicht schlechthin frei sein. Dennoch kann er eine relative
Freiheit erringen, und zwar auf zwei Wegen: einmal durch Überwindung des
Einflusses der Leidenschaften, zum anderen durch spekulative Überwindung
seiner individuellen Besonderheit.[37]

Affektkontrolle als Mittel des ersten Weges ist nach Spinoza nur durch
Verdrängung von Affekten, in denen wir uns überwiegend leidend verhalten,
durch andere Affekte möglich, in denen wir überwiegend aktiv sind. Die
letzteren sind Affekte, die auf „wahrer" (d. i. klarer und distinkter) Erkenntnis
unseres Nutzens beruhen. Affekte hören nämlich (wie in Abschn. 4 a gesagt) auf,
Leidenschaften zu sein, wenn ihre Idee zu einer distinkten wird (II, 282), d. h.
wenn wir die ihnen zugrunde liegenden Affektionen wissenschaftlich begreifen
(II, 283).

Auf diesem Weg kann aber immer nur die relative Freiheit des Menschen
gegenüber der Natur erweitert werden. Die absolute Freiheit, die Gott zukommt, kann der Mensch nicht erreichen, sofern er nur Teil des Ganzen, nie das
Ganze ist, und daher von etwas ihm Gegenüberstehendem abhängig bleibt.
Dieser Situation kann der Mensch nicht wirklich entgehen, sofern er ein
besonderes Individuum ist. Da aber nach Spinoza alle besonderen Seienden,
mithin auch der Mensch, nicht selbständig existieren, d. h. nicht den Charakter
von Substanzen haben, sondern nur sind, sofern sie in Gott sind, ist der Mensch
im Grunde, d. i. vom Standpunkt der Substanz aus betrachtet, von der übrigen
Natur nicht getrennt, sondern mit ihr in der Einheit der Substanz verbunden. Da
durch diese Einsicht der Gedanke einer dem Menschen fremden Natur, von der
er etwas erleidet, hinfällig wird, gibt es für jemand, der sich zu ihr erhebt,
prinzipiell keine Affekte mehr, die den Charakter von Leidenschaften hätten.
Die auf diesem zweiten Wege gewonnene Freiheit von den Leidenschaften wird

durch spekulative Erhebung über die empirische Ebene erreicht: Indem die Dinge *sub specie aeterni,* d. i. vom Standpunkt der Substanz aus betrachtet werden, verlieren sie ihre scheinbare Selbständigkeit, so wie ihre zeitliche Dauer zu etwas Unwesentlichem wird. Spinoza hebt sozusagen mit spekulativen Mitteln die „Entfremdung" des Menschen gegenüber der übrigen Natur auf und gewinnt das Bewußtsein der Freiheit, indem er annimmt, daß der Mensch im Grunde von Gott nicht getrennt ist und daher an der Freiheit Gottes teil hat.

Die spekulative Erhebung über die empirische Ebene ist in Spinozas Philosophie von Anfang an vorbereitet, weshalb auch der Schlußteil der „Ethica" an den grundlegenden Propositionen des ersten Teils anknüpft. Nach Spinoza kann der Geist bewirken, daß sich alle Affektionen des Körpers auf die Idee Gottes beziehen (II, 290). Das geschieht durch Bildung distinkter Begriffe der Affektionen, die, wie alle distinkten Ideen, von Gott abhängen, ohne den weder etwas sein noch begriffen werden kann (II, 56). Wir befreien uns m. a. W. dadurch von der Welt empirisch-zufälliger Dinge, daß wir sie als unwesentlich erkennen. Das ist möglich, indem wir Einsicht in den Wesenszusammenhang der Wirklichkeit und in Gott als seinen Grund gewinnen.

Die Erkenntnis Gottes ist für Spinoza eine Erkenntnis besonderer Art, sofern sie zugleich Vereinigung mit dem Erkannten ist. Diese einzigartige Beziehung von Subjekt und Objekt nennt Spinoza „Liebe", wobei dieser Ausdruck selbstverständlich hier keine Leidenschaft, sondern einen vernünftigen Affekt bezeichnet. Daher kann Spinoza sagen: „Wer sich und seine Affekte klar und distinkt erkennt, liebt Gott, und das um so mehr, je mehr er sich und seine Affekte erkennt" (II, 290). Er glaubte nicht, daß die Leidenschaften durch die Liebe zu Gott faktisch aufgehoben werden, wenn er auch überzeugt war, daß der vernünftige Affekt, als den er die Gotteserkenntnis betrachtet – der *amor intellectualis Dei* –, die Leidenschaften weitgehend einzuschränken geeignet ist, da er den Geist mehr als alles andere erfüllt.

„Amor Dei" bedeutet nicht nur „Liebe zu Gott" (genetivus objectivus) sondern auch „Liebe Gottes" (genetivus subjectivus), da Gott sich in der Gottesliebe des vernünftigen menschlichen Geistes selbst liebt (II, 302). Die Liebe des Menschen zu Gott ist „Teil" der unendlichen Liebe, mit der Gott sich selbst liebt. Analog ist die Macht des Menschen (wie jedes endlichen Seienden), sich im Dasein zu erhalten, „Teil" der unendlichen Macht Gottes, mit der dieser seine Wesenheit und alles, was aus ihr folgt, aktualisiert. Ähnlich ist die menschliche Erkenntnis „Teil" des göttlichen Erkennens, in dem Gott alle Folgen aus seiner Wesenheit, und damit sich selbst erkennt. Das Bewußtsein der Einheit des Vermögens der Selbsterhaltung aller Wesen und namentlich der Einheit von menschlicher geistiger Aktivität und unendlicher Aktualität der Substanz ist die Glückseligkeit, die nicht auf die Tugend als deren Lohn folgt, sondern mit der Tugend, die dasselbe ist, wie die Macht (potentia) oder die Wesenheit (essentia) des Menschen (II, 210), identisch ist (II, 307).

6. Gemeinschaft und Staat

Spinozas Sozialphilosophie läßt eine Entwicklung erkennen, innerhalb deren sich zwei Phasen abheben: Eine erste, nach dem Bruch mit der Synagoge beginnende Phase kann als mystisch charakterisiert werden. In ihr erblickte Spinoza das Ideal einer Gesellschaft in einer Gemeinschaft vernünftiger, d. h. Gott erkennender und liebender, das Richtige ohne Zwang aus einsichtiger Freiheit tuender Menschen. Die Erfahrungsgrundlage dieser Konzeption dürften Eindrücke gewesen sein, die er durch seine Verbindung zu den Rijnsburger Kollegianten – Angehörigen einer mennonitischen Sekte – gewann.

Eine zweite Phase der Entwicklung seiner Sozialphilosophie begann mit der Übersiedlung nach Voorburg bzw. mit der Aufnahme von Kontakten zur realen Politik und der Rezeption der Hobbesschen Staatsphilosophie. Diese Phase läßt sich als konstruktiv kennzeichnen, sofern es Spinoza nunmehr darum geht, mit den Grundbegriffen und der Methode der Hobbesschen Staats- und Rechtslehre einen Begriff der staatlichen Rechtsordnung zu konstruieren. Sie wird durch die politische Umwälzung, die das Jahr 1672 in den Niederlanden mit sich brachte (worauf unten eingegangen wird), in zwei Abschnitte geteilt, deren erster, dem der „Theologisch-politische Traktat" angehört, durch einen größeren Optimismus hinsichtlich der Rationalisierbarkeit des menschlichen Verhaltens geprägt ist als der zweite Abschnitt, dem der fragmentarische, posthum veröffentlichte „Politische Traktat" angehört.[38]

Spinozas ursprüngliche Konzeption einer Gemeinschaft, deren Angehörige durch gemeinsame Gotteserkenntnis und Gottesliebe verbunden sind und keines äußeren Zwanges bzw. keiner Zwangsandrohung bedürfen, um richtig zu handeln, findet sich andeutungsweise schon im „Traktat über die Verbesserung des Intellekts" (cf. II, 8–9), in dem von einer zwangsrechtlichen Ordnung im Sinne des durch einen Sozialkontrakt geschaffenen Staates noch nicht die Rede ist. Als höchstes Gut galt Spinoza hier die Vervollkommnung der menschlichen Natur, und zwar nicht der Natur des isolierten, sondern des mit anderen in die gleiche Richtung strebenden Individuums. Das Glück, das in der Einsicht in die Einheit des Geistes mit der Gesamtwirklichkeit liegt, wird daher von einem jeden nicht nur für sich allein, sondern gemeinsam mit möglichst vielen anderen zu erstreben sein. Auf das Ziel einer vollkommenen (d. i. vollkommen erkennenden) menschlichen Natur muß nach Spinoza die Gesellschaft gerichtet sein. Das Ideal einer vom Zwangsrecht unabhängigen Gemeinschaft rational handelnder Menschen hat der Philosoph niemals verleugnet; er erkannte es aber sukzessive deutlicher als Ideal, dem die Gesellschaft, die wegen der faktischen Irrationalität des Verhaltens der meisten einer zwangsrechtlichen Ordnung bedarf, nur asymptotisch angenähert werden kann.[39]

Mag auch der in gewissem Sinne mystische Gedanke einer menschlichen Gemeinschaft auf der Grundlage der Einsicht in die Alleinheit der Wirklichkeit

eine Grunderfahrung Spinozas gewesen sein, so verhinderte er doch nicht die
Konstruktion einer Rechts- und Staatstheorie, die auf einer realistischen, die
Tatsachen vor allem im Bereich der Triebe und Affekte berücksichtigenden
Basis errichtet ist. Der reife Spinoza war nicht der wirklichkeitsfremde Mysti-
ker, als der er gelegentlich dargestellt wurde, sondern ein klarsichtiger Analyti-
ker der zeitgenössischen politischen Situation, der sich im Rahmen seiner
Möglichkeiten auch politisch engagierte, indem er als politischer Philosoph auf
die allgemeinen Voraussetzungen der verfassungsrechtlichen, wirtschaftlichen
und sozialen Tatsachen und Tendenzen seiner Zeit reflektierte und durch seine
Theorien die liberale Politik Jan de Witts, des überragenden Staatsmannes der
Niederlande zur Zeit Spinozas, zu stützen suchte.

Die unabhängigen Niederlande waren in ihrem goldenen Jahrhundert der
wirtschaftlich fortgeschrittenste Staat Europas,[40] in dem sich bereits Ansätze
einer liberalen Ökonomie zeigten und der unter dem Ratspensionär Jan de Witt
(1625–1672)[41] wie ein großes Wirtschaftsunternehmen verwaltet zu werden
begann. Der Kapitalreichtum des Landes ermöglichte Investitionen in der
Manufaktur, im Handel und im Verkehrswesen, was zur Steigerung der Pro-
duktivität und zur Verbilligung des Warentransports führte und damit eine
Steigerung der Profite bewirkte. Gewaltige Gewinne erzielte vor allem die
niederländisch-ostindische Compagnie. Die Banken der Niederlande zählten
zu den kreditwürdigsten Europas. Vier angesehene Universitäten (bei einer
Gesamtbevölkerung von dreieinhalb Millionen) repräsentierten den Bildungs-
stand des Landes. Trotz einer gewissen Vorzugsstellung der orthodoxen Kalviner, die allein das Vorrecht genossen, in Staatsämter berufen werden zu können,
herrschte eine relativ große Toleranz in religiösen Dingen, weshalb die Niederlande für weltanschaulich Verfolgte, so namentlich die Juden der Pyrenäenhalbinsel, attraktiv waren.

Die von de Witt verfolgte liberale Linie war, ungeachtet bemerkenswerter
politischer und wirtschaftlicher Erfolge, nicht unangefochten. Innenpolitisch
stieß die von ihm geführte aristokratisch-republikanische Partei auf den Widerstand der Monarchisten, die Anhänger des von der Regierung ausgeschlossenen
Hauses Oranien waren, und der mit diesen verbündeten kalvinischen Prädikan-
ten. Außenpolitisch wurde de Witt das England Cromwells, später Frankreich
gefährlich, wo Colberts Politik auf die Ausschaltung der wirtschaftlich erfolg-
reichen Niederlande drängte. Als sich diese 1672 von dem militärisch übermäch-
tigen Frankreich Ludwigs XIV. angegriffen sahen, wurde unter dem Eindruck
der Gefährdung durch den Überfall das Haus Oranien wieder in seine früheren
Rechte eingesetzt und Jan de Witt zusammen mit seinem Bruder verhaftet und
kurz danach der Wut des aufgehetzten Pöbels geopfert (20. 8. 1672).

Spinoza gehörte zu dem Kreis von Theoretikern,[42] die de Witt mit der
Aufgabe betraut hatte, das ideologische Fundament seiner liberalen Politik zu
legen. In diesem Kreis wurde Hobbes' Staatsphilosophie diskutiert, teilweise
rezipiert und teilweise modifiziert, da ihre autoritäre Tendenz mit der verfas-

sungsrechtlichen Situation der Niederlande nicht vereinbar war.[43] Im Sinne
dieser Bestrebungen entwickelte Spinoza mit Hilfe der Grundbegriffe und der
meisten Voraussetzungen der Hobbesschen Sozialkontraktslehre eine politische Theorie, derzufolge der Demokratie gegenüber der Monarchie ein prinzipieller und ein genetischer Primat zukommt. Bei dieser im „Theologisch-
politischen Traktat" entwickelten Konzeption konnte er sich auf gewisse in
Richtung auf die Auszeichnung der Demokratie weisende Ansätze bei Hobbes
selbst stützen. Gleichzeitig bemühte sich Spinoza um die Rechtfertigung des
Mehrheitsprinzips und plädierte für die Trennung von Kirche und Staat, womit
er einerseits den Ansprüchen der monarchistischen Partei, andererseits den
Ansichten der die Einheit von Staat und Kirche fordernden orthodoxen Kalviner entgegen trat.

Abweichend von Hobbes und im Interesse seiner tendenziell liberalen Konzeption nahm Spinoza an, daß das natürliche Recht als die *Freiheit,* die Macht des
Individuums, einschließlich seiner geistigen Potenz, zur Geltung zu bringen,
beim Eintritt in den Staat nur in gewisser Hinsicht, nicht schlechthin aufgehoben werde: Als Recht willkürlicher Freiheit muß es zwar aufgegeben werden, da
der Sozialkontrakt in der Preisgabe der Willkürfreiheit besteht; als wesentliches
Freiheitsrecht ist es dagegen unverzichtbar, und eine wesentliche Funktion des
Staates besteht gerade in der Realisation des natürlichen Rechts jedes Einzelnen
auf Durchsetzung seines Freiheitsanspruchs, wobei „Freiheit" im zweiten Sinn
als geistige und damit wesentliche Freiheit zu verstehen ist. Nach Spinoza darf
daher der Staat die Freiheit der Wissenschaft, der Weltanschauung, der Religion
und die Freiheit des Wortes nicht antasten. Das natürliche Recht der *Selbsterhal-*
tung betrifft nach Spinoza nicht nur die Erhaltung des Daseins und die
Erhaltung der physischen Integrität, sondern gleichzeitig auch die Erhaltung, ja
Steigerung der geistigen Potenz bzw. der Wesensfreiheit des Menschen. Das
Selbsterhaltungsstreben, das Gegenstand des Naturrechts ist, erweist sich daher
unter Spinozas Voraussetzungen nicht nur als naturgemäß, sondern – wegen der
weiten Bedeutung des metaphysischen Begriffs „Natur" – auch als vernünftig
(cf. Eth. IV, 18 schol.; II, 222).[44]

Ein anderer Unterschied gegenüber der Hobbesschen Auffassung von Recht
und Staat besteht in dem für Spinozas Konzeption charakteristischen Vernunftoptimismus, demzufolge die grundlegenden Rechtsnormen für den Einsichtigen auch unabhängig von Sanktionsandrohungen verpflichtend sein sollen.
„Wären die Menschen von Natur aus so beschaffen, daß sie nur das wünschten,
was die wahre Vernunft [als begehrenswert] anzeigt, so bedürfte die Gesellschaft sicherlich keiner Gesetze, sondern es würde völlig genügen, die Menschen in der wahren Sittenlehre zu unterweisen, damit sie spontan, aus ganzem
Herzen und mit freiem Willen das täten, was wahrhaft nützlich ist" (III, 73).
Weil aber der wahre Zweck der Gesetze den meisten Menschen nicht klar ist,
müssen außervernünftige Motive des Gesetzesgehorsams geschaffen werden,
indem für Zuwiderhandlungen Strafen festgesetzt werden (III, 58 sq.). Legalität

auf Grund von Furcht vor Sanktionen ist aber nach Spinoza sittlich weniger wertvoll als Gesetzesgehorsam auf Grund von Einsicht. Spinozas Vernunftoptimismus liegt offensichtlich der rationalistische Glaube an die Möglichkeit einer Verbindlichkeit aus reiner Vernunft zugrunde, den Hobbes schon prinzipiell überwunden hatte. Dieser Vernunftoptimismus erfuhr aber nach de Witts Ermordung, die einen tiefen Eindruck in Spinozas Denken hinterließ, eine Abschwächung, wie die Spinozanische Staatslehre auch in einigen anderen Punkten unter dem Eindruck dieses Ereignisses modifiziert wurde.[45] Im „Politischen Traktat" wird der zwangsrechtliche Charakter der Gesetze stärker betont als im „Theologisch-politischen Traktat", ohne daß die Forderung, die Menschen zu einem vernunftbestimmten Leben zu führen, völlig aufgegeben würde. Die Möglichkeit, das Ideal einer rationalen Praxis zu realisieren, wird allerdings pessimistischer beurteilt; die Meinung, die große Menge der Menschen könnte veranlaßt werden, ausschließlich nach vernünftigen Einsichten zu leben, gilt als Traum (III, 275). Im „Politischen Traktat" verzichtete Spinoza auf eine wertende Differenzierung von Demokratie, Aristokratie und Monarchie als den Haupttypen politischer Verfassungen und räumte ein, daß jede von ihnen unter bestimmten Umständen gewisse Vorteile, aber auch gewisse zu diesen komplementäre Nachteile aufweist. Er hielt jedoch daran fest, daß nur eine von einem freien Volke gewählte Regierung legitim sei (III, 296) und gab somit der Demokratie vor den anderen Regierungsformen einen systematischen Vorrang.[46] Das wesentliche Ziel jeder Regierung besteht in der Gewährleistung von Frieden und Sicherheit als „Tugenden" des Staates, wogegen Freiheit und Tapferkeit lediglich private Tugenden sind. Die Hauptaufgabe der politischen Theorie besteht demgemäß darin, die Bedingungen anzugeben, unter denen das Ziel der Sicherheit optimal erreicht werden kann. Obwohl daran festzuhalten ist, daß jemand insofern autonom (sui juris) ist, als sein Verhalten vernunftdeterminiert ist (III, 278; cf. III, 287), kann nicht geleugnet werden, daß die Menschen mehr durch den blinden Trieb als durch die Vernunft zum Handeln bestimmt werden, wobei jedoch in jedem Fall das auf die Selbsterhaltung bezogene Handeln naturrechtlich legitim ist (III, 277). Die politische Theorie orientiert sich somit nicht am Ideal einer rein vernünftigen Natur des Menschen, sondern stellt die Affektabhängigkeit des menschlichen Handelns in Rechnung. Wer auf Grund irrationaler Motive das Ziel der Selbsterhaltung zu erreichen sucht, verstößt nicht gegen das Naturrecht, obwohl dasselbe Naturrecht die Überlegenheit des rationalen gegenüber dem irrationalen Verhalten begründet.

In der „Ethica" hat Spinoza mit den Mitteln der metaphysischen Spekulation versucht, die Idee der Vernunftgemeinschaft mit der Idee der staatlichen Rechtsordnung zu verbinden. Die letzten Teile seines Hauptwerkes dienen dem Zweck, den Staat dadurch zu rechtfertigen, daß er als Mittel der Durchsetzung des natürlichen wie des göttlichen Gesetzes der Gerechtigkeit und Liebe dargestellt wird. Er hat demgemäß auch die Aufgabe, das göttliche Gesetz zu konkretisieren und ihm durch Positivierung Rechtsgeltung zu verschaffen.

Damit gelangte Spinoza nicht nur zu einer Apotheose des Staates, sondern er sicherte zugleich mit den Mitteln der Theorie dessen Unabhängigkeit von den Kirchen, indem er ihm die Aufgabe zuwies, festzulegen, was als göttliches Gesetz zu gelten habe.

Spinozas Staatskonzeption steht in engem systematischen Zusammenhang mit den Grundlagen der Metaphysik, sofern das natürliche Recht, auf dessen Begriff die Rechtslehre beruht, als Manifestation der Macht Gottes verstanden wird und sofern das Vernunftgesetz, das der staatliche Gesetzgeber in positive Normen übersetzt und damit auch für die Menge der uneinsichtigen Individuen verbindlich macht, seinen Grund im Verhältnis des Einzelnen zu Gott hat. Daher ist der Einsichtige, der seine und seiner Mitmenschen Abhängigkeit von der absolut unendlichen Substanz begreift und in der vernünftigen Gottesliebe bejaht, nicht auf eine Interpretation der ewigen Wahrheiten durch irgendeine Autorität angewiesen und der Leitung durch positive Normen nicht bedürftig. Hier zeigt sich bei Spinoza der anarchistische Grundzug, der der Naturrechtslehre im allgemeinen eigentümlich ist. Höher als die staatliche Rechtsordnung steht die auf Recht und Gesetz nicht angewiesene, ja gesetzliche Normierung ausschließende Gemeinschaft vernünftiger Menschen, deren Grundlage die Freundschaft ist, – dieses Wort nicht in alltäglicher, sondern in metaphysischer Bedeutung verstanden. Die Freundschaft hat nach Spinoza ihren Grund in der Gemeinsamkeit des Ziels höchstmöglicher Aktualisierung des eigenen Wesens durch die Gotteserkenntnis. Die Gemeinschaft auf der Grundlage der Freundschaft beruht auf der Einsicht, daß die einzelnen untereinander nicht in Beziehungen des Interessengegensatzes stehen, wie es für das Verhältnis der egoistischen Individuen im Staate charakteristisch ist, sondern desto mehr am höchsten Gute – der Gotteserkenntnis – partizipieren, je mehr auch andere an ihm teilhaben. So wie aber die diskursive Erkenntnis der Ratio nicht durch intuitives Wissen entbehrlich gemacht werden kann und so wie die menschliche Knechtschaft infolge der Abhängigkeit von den Leidenschaften nicht völlig zu brechen ist, so läßt sich nach Spinozas Überzeugung die Fremdbestimmung des Handelns von Menschen, wie sie faktisch sind, nicht völlig durch Selbstbestimmung aus reiner Vernunft ersetzen.

7. Religionskritik und Hermeneutik

Der „Theologisch-politische Traktat" ist, wie der Titel andeutet, der Erörterung theologischer Fragen im Zusammenhang mit politischen gewidmet. Vor allem geht es darum, ob religiöse Gesichtspunkte in der Politik eine Rolle spielen dürften oder gar müßten oder ob – wie Spinoza überzeugt war – der politische vom religiösen Bereich klar zu trennen sei. Um die prinzipielle *Unabhängigkeit der Politik* von religiösen Voraussetzungen zu zeigen, wies Spinoza den immer wieder von den Kirchen erhobenen Anspruch zurück, auf Grund von Offenbarungen über eine der Vernunfterkenntnis überlegene Einsicht zu verfügen, an die sich die politischen Mächte zu halten hätten. Er bekämpfte damit nicht nur das Streben der Kirchen nach politischem Einfluß, sondern ebenso alle Versuche, politische Ansprüche mit den Mitteln der Offenbarungsreligion zu rechtfertigen. Bei allen derartigen Versuchen, Rechtfertigungsideologien auf religiöse Voraussetzungen zu stützen, wird die Bereitschaft der Menge ausgenutzt, abergläubische Meinungen zu akzeptieren, ja sogar für eine Art höherer Weisheit zu halten, und die Vernunft, sofern sie mit jener vorgeblichen Weisheit nicht übereinstimmt, abzuwerten. Dagegen bekannte sich Spinoza zur Vernunfteinsicht als Kriterium des religiös Angemessenen wie des politisch Richtigen, denn auf Vernunft beruht – wie die „Ethica" mit den Mitteln der metaphysischen Konstruktion zeigt – die wahre Freiheit des Urteilens wie des Wertens, die im „Theologisch-politischen Traktat" durch die Abwehr von Gegenmeinungen verteidigt wird. Diese Abhandlung verhält sich daher zur „Ethica" wie die Kritik zur Konstruktion.

Im Sinne dieser Aufgabe wendete sich Spinoza entschieden gegen die theologische Lehre von der Verderbnis der menschlichen Vernunft mit der Konsequenz ihrer Unfähigkeit zur adäquaten Erkenntnis. Dieser negativen Konzeption der Vernunft setzte Spinoza die im Rahmen seiner Erkenntnismetaphysik begründete Auffassung entgegen, daß die Vernunft als das allen Menschen gemeinsame natürliche Licht prinzipiell zur Wahrheit befähige und daß die Evidenz als Wahrheitskriterium durch kein anderes Kriterium relativiert werden könne. Zweifel an den Prinzipien seiner Philosophie, für die er quasi-mathematische Evidenz in Anspruch nahm, hielt er für ebenso unangebracht wie Zweifel an den Grundsätzen der Geometrie (cf. IV, 320).

Wenn die Evidenz der vernünftigen Einsicht einziges Kriterium der Wahrheit ist, dann sind nicht die rationalen Urteile der Autorität der Heiligen Schriften, sondern deren Auslegung dem *Kriterium der Rationalität* zu unterwerfen, zumal nach Spinozas Überzeugung das Alte Testament, auf das er sich in erster Linie bezieht, nichts enthält, was mit der Vernunft im Gegensatz stünde. Nur wenn man ungerechtfertigterweise Metaphern des Alten Testaments wörtlich versteht, kann ein anderer Eindruck entstehen. Bei richtiger Abgrenzung interferieren Philosophie und Religion grundsätzlich nicht, da sie disparate Sphären betreffen: Die Philosophie hat es mit Erkenntnis, die Religion mit der inneren Einstellung gegenüber Gott zu tun. Gegenstand der Offenbarung ist der Gehorsam, weshalb der Glaube von der Erkenntnis dem Inhalt, den Voraussetzungen und den Mitteln nach gänzlich verschieden ist (III, 10). Die angedeutete Unterscheidung von Glauben und Wissen bzw. von Theologie und Philosophie hat Spinoza ausdrücklich als Ziel des „Theologisch-politischen Traktats" bezeichnet (III, 44).[47]

Gegen die Annahme einer übervernünftigen Wirklichkeitserkenntnis auf Grund von Offenbarung gab Spinoza zu bedenken, daß *Prophetien* nicht Ausdruck der Einsicht, sondern der Phantasie sind und daher nicht die mit klaren und distinkten Ideen verbundene Gewißheit haben können (III, 30). In theoretischen Fragen können die Äußerungen von Propheten daher niemals maßgeblich sein (III, 35). Auch der Versuch, das Verhalten der Menschen mit dem Hinweis auf vorgebliche Gebote oder Verbote Gottes, die bestimmte Handlungen betreffen, zu beeinflussen, ist sachlich nicht zu rechtfertigen, da es nach Spinoza keine partikulären Anordnungen Gottes gibt, sondern „Gebot Gottes" nichts anderes als ein wahres Urteil über den Zusammenhang zwischen dem höchsten Zweck des Menschen und den hierzu geeigneten Mitteln bedeutet. „Gebot Gottes" bezeichnet also nicht einen Imperativ, sondern eine Erkenntnis, weshalb Spinoza nur in übertragenem Sinne von „göttlichen Geboten" sprach. Die Mittel zu unserem höchsten Ziel werden uns von Gott *sozusagen* (quasi) vorgeschrieben, sofern er in unserem Geiste ist (III, 60). Das göttliche Gesetz kann daher auch nicht irgendwelche äußerlichen Verrichtungen zum Inhalt haben, und ebensowenig kann es den Glauben an (biblische) Geschichten verbindlich machen. Schließlich ist im Rahmen von Spinozas deterministischer Philosophie der Glaube an *Wunder* als Ausnahmen der naturgesetzlichen Ordnung nicht aufrechtzuerhalten. Von einem Wunder kann nur im subjektiven Sinne als von etwas Unerklärbarem gesprochen werden. Durch die Berufung auf Wunder darf also das Handeln der Menschen nicht zu beeinflussen gesucht werden, so wie Wunder als etwas Unbegreifliches nicht Voraussetzungen für das Begreifen Gottes sein können.

Mit aller Entschiedenheit hat Spinoza eine ausschließlich *immanente Interpretation* der biblischen Texte gefordert. In seiner Terminologie bedeutet die Wendung „die Schrift lehrt etwas" nicht, daß der Glaube an das Gelehrte heilsnotwendig sei, sondern sie verweist lediglich auf das zeitgenössische Verständnis des Verfassers des fraglichen Textes (III, 96). Die immanente Interpretation läßt das Verfahren der Theologen, „ihre Erfindungen und Einfälle aus der Schrift herauszupressen, um sie auf die göttliche Autorität zu stützen" (III, 97), als unzulässig erscheinen. Die Forderung, die Schrift nur aus der Schrift auszulegen, wurde von Spinoza unmißverständlich aufgestellt (III, 98) und sogar als das Fundament des „Theologisch-politischen Traktats" bezeichnet (IV, 323 sq.). Die Bedeutung dieses hermeneutischen Prinzips wird nicht dadurch beeinträchtigt, daß manche von Spinozas speziellen Interpretationen verfehlt sind, so z. B. die Zurückführung des Pentateuchs, von dem er klar sah, daß er nicht von Moses stammen könne, auf Esra. Es mutet sehr modern an, wenn Spinoza erklärt, „daß die Methode der Schrifterklärung sich in nichts von der Methode der Naturerklärung unterscheidet, sondern völlig mit ihr übereinstimmt. Denn ebenso, wie die Methode der Naturerklärung in der Hauptsache darin besteht, eine Naturgeschichte zusammenzustellen, aus der man dann als aus sicheren Daten die Definitionen der Naturdinge ableitet, ist es auch zur Schrifterklärung nötig, eine getreue Geschichte der Schrift auszuarbeiten, um daran als an sicheren Daten und Grundsätzen den Sinn der Verfasser der Schrift in richtiger Folgerung abzuleiten" (III, 98).[48]

Spinozas Begriff der Religion setzt die Grundlagen der Metaphysik voraus, sofern mit ihrer Hilfe das Verhältnis von Gott und Mensch sowie die Möglichkeit und die Grenzen der Gotteserkenntnis zu bestimmen sind. Die von der Metaphysik analysierten Beziehungen können aber nicht nur intuitiv gewußt und rational begriffen werden, sondern sie lassen sich auch anschaulich vorstellen, ja sie müssen Gegenstand der Imagination sein, sofern das sie denkende Subjekt nicht reiner Intellekt, sondern an den Körper und seine Funktionen gebundenes Bewußtsein ist. Da der religiöse Glaube auf den Ebenen der Anschauung (Imagination) und des Fürwahrhaltens auf Grund fremder Zeugnisse als den unteren Erfassungsweisen angesiedelt ist, erwächst für die Philosophie, deren Gedanken sich auf den übergeordneten Ebenen des diskursiven rationalen Begreifens und der intuitiven Vernunfteinsicht vollziehen, das Recht und die Pflicht, die religiösen Vorstellungen kritisch zu analysieren.[49] Der aufklärerische Anspruch der Philosophie, die Religion zum Gegenstand kritischer Reflexion zu machen, erhält hier also seine metaphysische Rechtfertigung.

Anmerkungen

Hinweise auf die Primärliteratur erfolgen im Text wie in den Anmerkungen immer dann mit bloßer Angabe von Band- und Seitenzahl, wenn eine maßgebliche Edition der Werke des jeweiligen Philosophen existiert, die in den Anmerkungen als solche gekennzeichnet wird. Nur bei Fr. Bacons „Novum Organum" (abgekürzt „NO") und bei B. Pascals „Pensées" ist diesen Angaben die Ziffer des zitierten Aphorismus vorangestellt.

Einleitung

1. Die These, daß der asketische Geist des Protestantismus, namentlich des Kalvinismus und näherhin des Puritanismus, eine wesentliche Bedingung der Entwicklung des neuzeitlichen Kapitalismus und der modernen Wissenschaft darstelle, wurde von M. Weber in verschiedenen Arbeiten vorgetragen und verteidigt (z. B. „Die protestantische Ethik und der Geist des Kapitalismus". In: Archiv für Sozialwiss. und Sozialpolitik 20 (1904) und 21 (1905); auch in M. Weber: Ges. Aufsätze zur Religionssoziologie, vol. I. Tübingen, 5. A. 1963); sie wurde aufgegriffen und weiter entwickelt von E. Troeltsch: „Die Kulturbedeutung des Calvinismus". In: Internat. Wochenschrift, vol. IV, 1910, Spalte 449–468 und 501–508; R. H. Tawney: Religion and the Rise of Capitalism. London 1926; R. K. Merton: „Science, Technology and Society in the Seventeenth Century". In: Osiris 4 (1938), 360–632, u. a., stieß aber auch von allem Anfang an auf Widerspruch. Neuerdings hat L. S. Feuer: The Scientific Intellectual. The Psychological and Sociological Origins of Modern Science. New York und London 1963, ihr eine Gegenthese entgegengestellt, derzufolge nicht der Geist der Askese, sondern der des Optimismus als Voraussetzung für die ökonomische und wissenschaftliche Entwicklung in der Neuzeit anzusehen ist.

2. Zur Kritik an der Ansicht, die Herausbildung des neuzeitlichen Geistes sei als Prozeß der Säkularisation aufzufassen, cf. H. Blumenberg: Die Legitimität der Neuzeit. Frankfurt a. M. 1966, 1 sqq.

3. Die Unterschiede zwischen vorkapitalistischer und kapitalistischer Gesellschaft haben herausgearbeitet M. Weber: Ges. Aufsätze zur Religionssoziologie, cit., passim, und W. Sombart: Der moderne Kapitalismus, 2 voll. Leipzig 1902; Id.: Der Bourgeois. Zur Geistesgeschichte des modernen Wirtschaftsmenschen. München und Leipzig 1913. In diesem Zusammenhang verdient auch die (allerdings oft einseitige) Arbeit von Fr. Borkenau Erwähnung: Der Übergang vom feudalen zum bürgerlichen Weltbild. Studien zur Geschichte der Philosophie der Manufakturperiode. Paris 1934 (Neudr. Darmstadt 1971).

4. Cf. C. B. Macpherson: The Political Theory of Possessive Individualism. Hobbes to Locke. Oxford 1962 (Die politische Theorie des Besitzindividualismus. Von Hobbes bis Locke. Frankfurt a. M. 1967).

5. Cf. H. J. Vleeschauwer: More seu ordine geometrico demonstratum. Geulincx et

Spinoza. Pretoria 1961; E. De Angelis: Il metodo geometrico nella filosofia del seicento. Pisa 1964; H. W. Arndt: Methodo scientifica pertractatum. Mos geometricus und Kalkülbegriff in der philosophischen Theorienbildung des 17. und 18. Jhs. Berlin und New York 1971.

6. Zum Aspekt der Mathematisierung und Mechanisierung cf. E. J. Dijksterhuis: Die Mechanisierung des Weltbildes. Berlin 1956; G. Frey: Die Mathematisierung unserer Welt. Stuttgart 1967. Mit der wissenschaftlichen Revolution der frühen Neuzeit setzen sich auseinander A. N. Whitehead: Science and the Modern World. New York 1925; E. A. Burtt: The Metaphysical Foundations of Modern Physical Science. New York 1926 (2. A. London 1932); J. H. Randall: The Making of the Modern Mind. Boston 1926, um nur einige Titel aus einer reichhaltigen Literatur zu erwähnen.

7. A. Koyré: Von der geschlossenen Welt zum unendlichen Universum. Frankfurt a. M. 1969 (From the Closed World to the Infinite Universe. Baltimore 1957), 7 sqq., hält „die Zerstörung des Kosmos und die Geometrisierung des Raums" (8, cf. 12) für entscheidender für das moderne Denken als die Hinwendung zur Praxis oder die Ablehnung der teleologischen Betrachtungsweise.

8. Cf. W. Röd: „Die Idee der transzendentalphilosophischen Grundlegung der Metaphysik des 17. und 18. Jhs.". In: Philos. Jahrbuch der Görresgesellschaft 79 (1972), 1. Halbbd., 57–76.

I. Francis Bacon

1. Die älteste *Biographie* stammt von Bacons Kaplan und Vertrautem W. Rawley: „The Life of the Right Honourable Francis Bacon" (1657). Jüngere Werke zur Biographie: Ch. de Rémusat: Bacon. Sa vie, son temps, sa philosophie et son influence jusqu'à nos jours. Paris 1854; E. Lewalter: Fr. Bacon. Ein Leben zwischen Tat und Gedanke. Berlin 1939; F. H. Anderson: Francis Bacon: His Career and His Thought. Los Angeles 1962; A. W. Green: Sir Francis Bacon. New York 1966; B. Bevan: The Real Francis Bacon. A Biography. London 1960; Daphne du Maurier: Golden Lads. A Study of Anthony Bacon, Francis and Their Friends. London 1975 (Bis zu Anthony Bacons Tod); Ead.: The Winding Stair. Francis Bacon. His Rise and Fall. London 1976. – *Bibliographien*: R. W. Gibson: Francis Bacon. A Bibliography of His Works and of Baconiana to the Year 1750. Oxford 1950; J. Kemp Houck: Francis Bacon. Bibliography 1926–1966. London 1968 (Elizabethan Bibliographies. Suppl. 15). – *Maßgebliche Ausgabe* der Werke: The Works, ed. J. Spedding, R. L. Ellis, D. D. Heath. London 1858–1874 (Faksimile-Neudruck Stuttgart – Bad Cannstatt 1963). Nach dieser Ausgabe wird im folgenden zitiert. (Dasselbe mit anderer Bandeinteilung: Boston, später auch New York, 1861 sqq.; Neudruck Michigan 1969). – Eine Übersicht der Baconschen Schriften mit kurzen Inhaltsanalysen bietet F. H. Anderson: The Philosophy of Francis Bacon. Chicago 1948, Kap. III.

2. In den „Cogitata et Visa" billigte Bacon das Ziel der Alchemisten, erklärte aber die theoretischen Grundlagen der Alchemie für ungenügend, da sie nicht hinreichen, um eine Erklärung der wahren Veränderungen der Dinge zu geben. Cf. die englische Übersetzung des genannten Werkes unter dem Titel „Thoughts and Conclusions" in: B. Farrington: The Philosophy of Francis Bacon. Liverpool 1964, insb. 87. Auf die Bedeutung alchemistischer Fragen in Bacons Denken hat auch hingewiesen T. Kotarbiński: „The Methodology of Francis Bacon". In: Studia philosophica 1 (1935),

107–117; ferner P. Rossi: Francesco Bacone. Dalla magia alla scienza. Turin, 2. A. 1974 (1. A. 1957); sowie L. Thorndike: „The Attitude of Francis Bacon and Descartes Towards Magic and Occult Sciences". In: Science, Medicin and History 1 (1953), wo auf Bacons zwiespältige Haltung gegenüber der Alchemie hingewiesen wird.

3. In bezug auf die Beurteilung des *Common Law* stand Bacon, der sich auch als juristischer Schriftsteller betätigte (cf. „The Elements of the Common Law", 1630; nur der erste Teil des Werkes stammt von Bacon), im Gegensatz zu einem Verfechter des *Common Law* wie Edward Coke, dessen Auffassungen später auch Hobbes entgegentrat. Zu Bacons politischen Anschauungen cf. H. B. White: Peace Amongst the Willows. The Political Philosophy of Francis Bacon. Den Haag 1968, und E. De Mas: Francesco Bacone da Verulamio. La filosofia dell'uomo. Turin 1964, 237 sqq.

4. B. Farrington: Francis Bacon. Philosopher of Industrial Science. New York 1947 (u. ö.), 38, der in Bacon einen Pionier einer Periode revolutionärer Veränderungen in der Produktion sah.

5. B. Bevan: The Real Francis Bacon. London 1960, 171 sqq., nahm an, Bacon habe die Rolle des Anklägers im Essex-Prozeß nur widerstrebend übernommen.

6. Zur Vordergründigkeit des Bestechungsvorwurfs cf. Daphne du Maurier: Golden Lads. London 1975, 250 sqq.

7. Nach J. Aubrey: Brief Lives (ed. O. Lawson Dick), London 1958, 16, starb Bacon an einer Erkältung, die er sich bei dem Versuch zugezogen hatte, Fleisch durch Einfrieren frisch zu halten.

8. Cf. „Descriptio globi intellectualis" (1612); III, 727 sqq.; cf. die Einteilungen in „De dignitate et augmentis scientiarum", I, 494–495.

9. Zu Bacons Psychologie cf. E. De Mas, op. cit., 65 sqq.

10. Zu spezielleren Problemen der Einteilung der Wissenschaften cf. S. Dangelmayr: Methode und System. Wissenschaftsklassifikation bei Bacon, Hobbes und Locke. Meisenheim a. Glan 1974.

11. Der Vergleich der Wissenschaft mit einem Baum findet sich schon bei Raimundus Lullus (gest. 1315). Zur Abhängigkeit von Bacons Theorie wissenschaftsübergreifender allgemeinster Grundsätze von Aristoteles cf. Lisa Jardine: Francis Bacon. Discovery and the Art of Discourse. Cambridge 1974, 101.

12. K. Fischer: Geschichte der neueren Philosophie, vol. X; Heidelberg, 3. A. 1904, 206 sq., erkannte in Bacons enzyklopädischem Grundriß die Vorstufe der philosophischen Wörterbücher von der Art des Bayleschen und der Enzyklopädien von der Art der Encyclopédie Française.

13. Der Ausdruck „Instauratio" findet sich schon im Untertitel des frühen Entwurfs des etwa zweiundvierzigjährigen Philosophen „Temporis partus masculus sive Instauratio magna imperii humani in universum" (1603). Zu Bacons Entwicklung in den Jahren 1603–1609, in denen sich seine philosophische Position festigte, cf. B. Farrington: The Philosophy of Francis Bacon. Liverpool 1964, wo betont wird, daß es sich bei den Werken dieses Zeitraums nicht um jugendlich-unreife Entwürfe handle, wie manchmal gesagt wird, sondern um Werke eines Mannes im reifen Alter.

14. Die Keimzelle der späteren großen Werke „De Augmentis" (bzw. „The Advancement of Learning") und „Novum Organum" stellt die 1734 von Stephens herausgegebene Entwurf „Valerius Terminus or the Interpretation of Nature" (1603) dar.

15. „Sylva sylvarum", „Parasceue ad historiam naturalem", „Catalogus historiarum particularium secundum capita", „Historia naturalis et experimentalis ad condendam

philosophiam", „Historia densi et rari", „Historia ventorum", „Historia vitae et mortis", „Inquisitio de magnete". Zu den naturgeschichtlichen Schriften ist ferner das „Abecedarium naturae" zu rechnen. Die Menge der Titel läßt bereits erkennen, welch große Bedeutung Bacon der Naturgeschichte beigemessen hat. Bei den angeführten Schriften handelt es sich größtenteils um Kompilationen von Berichten über Tatsachen oder vorgebliche Tatsachen bei älteren Naturhistorikern (wie Paracelsus) oder Naturwissenschaftlern (wie Gilbert), für die Bacon (oft phantastische) Gründe angab.

16. Bacon betätigte sich auch als Historiker: Er schrieb eine Geschichte der Regierung König Heinrichs VII.

17. Hinter dieser Wendung wurden religiöse Motive vermutet. Cf. M. E. Prior: „Bacons Man of Science". In: Journal of the History of Ideas 15 (1945). G. V. Tovey: „Towards a New Understanding of Francis Bacon's Philosophy". In: The Philos. Review 67 (1952).

18. B. Farrington: The Philosophy of Francis Bacon. Liverpool 1964, 27, machte darauf aufmerksam, daß sich dieser Gedanke schon in G. Brunos „Spaccio della Bestia Trionfante" findet.

19. Mit Recht forderte E. De Mas, op. cit., 295, die Praxis im Sinne Bacons nicht nur im Sinne der Technik, d. h. der angewandten Naturwissenschaften zu verstehen, sondern auch Bacons Idee einer angewandten Wissenschaft vom Menschen zu berücksichtigen.

20. Zu Bacons Abhängigkeit von der Tradition der griechischen und römischen Dichtung cf. E. Wolff: Bacon und seine Quellen, I–II. Berlin 1910 und 1913. Auf Einflüsse der aristotelischen Tradition machte aufmerksam Lisa Jardine, op. cit., passim; cf. J. Stephens: Fr. B. and the Style of Science. Chicago und London 1975.

21. Cf. K. R. Popper: Conjectures and Refutations. London, 2. A. 1965, 13 sq., und Id.: Objektive Erkenntnis. Hamburg 1973, 211 (gegen Diltheys Deutung der Wendung als Metapher in: Schriften V, 318). Der Terminus „Interpretatio naturae" kommt als Untertitel des „Novum Organum", der „Cogitata et Visa" und des „Valerius Terminus" vor, was zeigt, daß er ein durchgängiges Thema Bacons bezeichnet.

22. Cf. Kap. II, Abschn. 1.

23. Mit der Ablehnung des Verbalismus und der Forderung „realen" Wissens leistete Bacon dem pädagogischen „Realismus" Vorschub, der im 17. Jh. insbesondere von W. Ratke (Ratichius) (1571–1635) und J. A. Komensky (Comenius) (1592–1670) vertreten wurde.

24. Diese Einteilung findet sich schon im „Valerius Terminus", wo zwischen „idols of the nation or tribe", „idols of the Palace" (statt: Place?), „idols of the Cave" und „idols of the theatre" unterschieden wird (III, 242); cf. Distributio operis, I, 139.

25. Cf. K. Salamun: „Bacons Idolenlehre aus der Sicht der neueren Ideologiekritik". In: Archiv für Rechts- und Sozialphilosophie 61 (1975), 529–556. Dort Lit. zur Frage von Bacons Einfluß auf die moderne Ideologiekritik. – Hervorzuheben ist Bacons Feststellung, daß gewisse soziale und politische Strukturen erkenntniserschwerend wirken. Unter einer monarchischen Verfassung wird das Gewinnstreben übermäßig stimuliert, unter einer demokratischen die Eitelkeit usw.

26. Insbesondere galt ihm die Aristotelische Philosophie als Ergebnis sprachlicher Täuschungen: Aristoteles macht uns zu Sklaven von Worten. Cf. „Temporis partus masculus", in: B. Farrington: The Philosophy of Francis Bacon (cit.), 63.

27. Der Vergleich philosophischer Konstruktionen mit einem phantastischen Theater,

der schon in der Schrift „Temporis partus masculus" vorkommt, richtete sich vermutlich in erster Linie gegen die naturphilosophische Spekulation gewisser Renaissancephilosophen.

28. Zu den theologischen Voraussetzungen, die hinter Bacons Pragmatismus wie hinter seinem Methodenmonismus stehen, cf. E. De Mas, op. cit., 33 sqq.

29. Zur Entwicklung von Bacons Methodologie cf. F. H. Anderson, op. cit., 80 sqq. Zur frühen Philosophie Bacons cf. B. Farrington, op. cit.

30. Cf. NO, Praef.: „mens, jam ab ipso principio nullo modo sibi permittatur, sed perpetuo regatur; ac res veluti per machinas perficiatur".

31. Zum Verhältnis Bacons gegenüber der zeitgenössischen Dialektik cf. Lisa Jardine, op. cit., passim. Bacon lehnte jede Logik ab, die nicht der Entdeckung technisch verwertbarer Kenntnisse dienstbar gemacht werden kann. Deshalb kritisierte er in der Schrift „Temporis partus masculus" auch die Ramistische Logik, die er jedoch später positiver beurteilte.

32. Wie bei Aristoteles ist auch bei Bacon Ziel der Wissenschaft die Auffindung von Prinzipien, die an sich bekannter und insofern „früher" sind als die von ihnen abhängigen Folgesätze. Cf. Lisa Jardine, op. cit., 76 sqq.

33. Cf. Aristoteles: Analytica post. II 19, 100 a–b.

34. T. Kotarbiński, op. cit., hat gezeigt, daß sich Bacon zunächst, ausgehend von der Aufgabe der Herstellung bestimmter Qualitäten, die Frage nach der Wirkursache der Qualitäten stellte, daß aber dann eine Verschiebung des Problems auf die theoretische Ebene erfolgte, indem Bacon zu der Frage überging, mit Hilfe welcher Bestimmungen eine Eigenschaft zu definieren sei. Er suchte m. a. W. zu einem gegebenen Begriff einen anderen mit gleicher Denotation, aber verschiedener Konnotation, wobei der definierende Begriff strukturale Eigenschaften des Dinges betreffen sollte. Sobald diese Stufe erreicht war, begann Bacon, sich des Ausdrucks „Form" zur Bezeichnung des definierenden Begriffs zu bedienen, während die zu definierenden Eigenschaften die „Natur" des Dings genannt werden. Daher konnte er von der „Form einer Natur" sprechen. – Man muß sich jedoch vor Augen halten, daß hier nicht im eigentlichen Sinne von „Definieren" gesprochen werden kann. Es handelt sich nämlich um Erklärungen von Eigenschaften mit Hilfe von Annahmen über die (molekulare) Struktur von Dingen.

35. Cf. E. Wolff, op. cit., I, 129, wo Bacons bald positive, bald negative Urteile über Plato zusammengestellt sind.

36. Bacons Auffassung berührt sich hier mit dem Begriff der Form als korpuskularer Struktur, wie ihn die zeitgenössische Chemie, namentlich R. Boyle, verwendete. Im Sinne einer theoretischen Physik der Mikrostruktur der Dinge deutete Bacons Formenlehre C. D. Broad: The Philosophy of Bacon. Cambridge 1926, 40. Bacon bekannte sich zur Atomistik in den „Cogitationes de natura rerum".

37. F. H. Anderson, op. cit., 48 sqq., sah in der Einführung des Begriffs der Form eine Modifikation von Bacons ursprünglichem naturphilosophischen Ansatz, nach dem alle physikalischen Tatsachen mit Hilfe von Annahmen über Bewegungen von Korpuskeln zu erklären sein sollen.

38. Die aus der Überlagerung von demokritischen und platonistischen Elementen entsprungene Zweideutigkeit der Formenlehre wurde von Forschern wie H. Heussler: Francis Bacon und seine geschichtliche Stellung. Breslau 1898, und W. Frost: Bacon und die Naturphilosophie. München 1927, für unüberwindbar gehalten. Cf. W.

Schneiders: „Einige Bemerkungen zum gegenwärtigen Stand der Bacon-Forschung". In: Zeitschr. f. philos. Forschung 16 (1962), 450–471.

39. Bacon erklärte, er schreibe nicht nur über die sich selbst überlassene Natur, sondern auch und vor allem über die „natura constricta et vexata" (I, 141). In diesem Sinne meinte er auch: „. . . natura rerum magis se prodit per vexationes artis quam in libertate propria" (ib.): cf. I, 399: Die „vexationes artis" sind sozusagen die Fesseln des Proteus (d. i. der sich ständig wandelnden und daher schwer faßbaren Natur).

40. Bacon antizipierte somit die kinetische Theorie der Wärme.

41. Zur Bedeutung des Ausdrucks „prärogative Instanzen" cf. K. Fischer, op. cit., 150 sqq.

42. F. H. Anderson, op. cit., Kap. XIX–XXI, unterschied im Hinblick auf die Instanzen „aids to the senses", „aids to the intellect" und „aids to the furthering of operation". Es gibt nach Bacon Instanzen, die nicht direkt der Erkenntnisgewinnung, sondern dem Zweck dienen, der Praxis den Weg zu ebnen und sie zu unterstützen (NO II, 52; I, 537). Das gilt insbesondere für die Instanzen der Macht, die gemeinnützigen und die „magischen" Instanzen.

43. Während z. B. Harvey von Bacon ironisch meinte, er philosophiere wie ein Lordkanzler (Cf. Aubrey, op. cit., 130), stellte ihn Leibniz hoch über Descartes, der ihm im Vergleich mit Bacon im Staube zu kriechen schien (Opp., ed. Dutens, vol. VI/1, 303).

44. K. Fischer, op. cit., 140 sq.

45. J. v. Liebig: Über Francis Bacon von Verulam und die Methode der Naturforschung. München 1863. Liebig machte den Gegensatz zwischen dem methodologischen Programm und dem naturgeschichtlichen Verfahren Bacons eindrucksvoll deutlich. Die Methode der Naturwissenschaft ist nicht die Baconsche Methode, denn: „Ein Experiment, dem nicht eine Theorie, d. h. eine Idee vorhergeht, verhält sich zur Naturforschung wie das Rasseln mit einer Kinderklapper zur Musik" (49). Nach Liebig beruhte Bacons Wirkung weitgehend auf Mystifikation seiner Leser.

46. E. J. Dijksterhuis: Die Mechanisierung des Weltbildes. Berlin 1956, 449, verglich Bacon mit Tyrtaeus, der mit seinen Gesängen die Krieger anfeuerte, selbst aber nicht kämpfte.

47. P. Hoßfeld: „Francis Bacon und die Entwicklung der naturwissenschaftlichen Methode". In: Philosophia naturalis 4 (1957), 140–150, zeigt durch Gegenüberstellung der Baconschen und der Gilbertschen Methodologie, wie weit Bacon von der modernen wissenschaftlichen Denkweise entfernt war. Man wird aber mit W. Schneiders, l. cit., 468, bedenken müssen, daß Bacon den zeitgenössischen Wissenschaften nicht nur wegen des Mangels an Einsicht in deren Wesen verständnislos gegenüber stand, sondern auch darum, weil es ihm um etwas anderes ging als den Naturwissenschaftlern. Ihn bewegte das Ziel stärker als die Mittel. „Er wollte keine theoretischen Einzelerkenntnisse, sondern universale Macht" (l. c.).

48. K. R. Popper: Conjectures and Refutations. London, 2. A. 1965, 137; cf. Id.: Objektive Erkenntnis. Hamburg 1973, 384.

49. Cf. I, 462 sq.: „Hoc enim illud est, quod revera doctrinam atque artes condecoraret et attolleret, si contemplatio et actio arctiore quam adhuc vinculo copularentur". Cf. I, 487: „. . . si quis judicet doctrinam omnem referendam esse ad usum et actionem, recte sapit". Cf. die Forderung nach fruchtbaren, nicht nur erhellenden Experimenten (I, 128). Daß „Nutzen" nicht eng zu verstehen ist, zeigt Bacons Forderung, nach Wissen zum Vorteil eines von der Liebe (charitas) geleiteten Lebens zu streben (I, 132). In der

„Nova Atlantis" heißt es vom Haus Salomonis, es sei zur Erforschung der Natur der Dinge und zum Nutzen der Menschen, aber auch zur größeren Ehre Gottes eingerichtet (III, 146).
50. Cf. T. K. Derry und T. J. Williams: A Short History of Technology.
51. Zur Wirkungsgeschichte cf. Ch. de Rémusat, op. cit., 375 sqq. Bacons Geist herrschte in der Royal Society und wurde in der zweiten Hälfte des 17. Jhs. zum dominierenden Glauben der aufgeklärten Kreise. Im 18. Jh. galt er Voltaire, Diderot, d'Alembert u. a. als maßgeblich für die wissenschaftliche Haltung. Besonders hob Rémusat Bacons Einfluß auf Th. Reid hervor.
52. Essay XXXIX: „Of Riches"; VI, 460 sqq.
53. Essay XLI: „Of Usury"; VI, 474.
54. Essay XXVIII: „Of Expense"; VI, 443.

II. Galileo Galilei

1. Zur politischen Situation Italiens im fraglichen Zeitraum cf. Fr. Catalano et al.: Storia d'Italia, vol. II. Turin, 2. A. 1965, 607 sqq.; H. Kramer: Geschichte Italiens, vol. II. Stuttgart etc. 1968, 20 sqq. Zur Wirtschaftsgeschichte cf. R. Romano und C. Vivanti: Storia dell'Italia, vol. II. Turin 1974, 1813 sqq.; zur Kulturgeschichte ibid. 1360 sqq.
2. Cf. W. Sombart: Der Bourgeois. München und Leipzig 1913, 136, wo die frühe Verbürgerlichung der Bevölkerung der italienischen Kommunen festgestellt wird.
3. Zur Biographie: Älteste *Biographien* sind die der Galilei-Schüler V. Viviani und N. Gherardini, nunmehr in vol. XIX der unten angeführten Gesamtausgabe von Galileis Werken. – Von jüngeren Arbeiten seien erwähnt A. Banfi: Vita di G. G. Mailand 1930 (2. A. 1962); L. Bulferetti: G. G. nella società del suo tempo. Manduria 1964; L. Geymonat: G. G. Turin 1957 (englisch: G. G. A Biography and Inquiry into His Philosophy of Science. New York 1965); E. Wohlwill: G. und sein Kampf für die Kopernikanische Lehre, vol. I. Leipzig 1909; vol. II (posth.) 1926; E. Schmutzer und W. Schütz: G. G. Leipzig 1976. – *Maßgebliche Ausgabe* der Werke, nach der im folgenden zitiert wird: Opere, ed. A. Favaro („Edizione nazionale"), 20 voll. Florenz 1890 sqq. (Neudruck Florenz 1929 sqq. und 1965). – *Bibliographien:* A. Carli und A. Favaro: Bibliografia galileiana. Rom und Florenz 1896; G. Favaro: Bibliografia galileiana di Antonio Favaro. Venedig 1942; S. Vismara: „Bibliografia galileiana". In: Nel terzo centenario della morte di G. G. Mailand 1942 (Ed. Università Cattolica); E. Gentili: Bibliografia galileiana fra i due centenari (1942–1964). Venegono Inferiore 1966.
4. In diesen Bemühungen konnte er sich durch das Beispiel W. Gilberts (gest. 1603) bestärkt fühlen, der die experimentelle Methode in Anlehnung an handwerkliche Techniken entwickelte. Cf. E. Zilsel: „Origins of Gilbert's Scientific Method". In: Journal of the History of Ideas 2 (1941), 1–32. Gilbert wandte in „De magnete" (1600) allerdings noch nicht die quantifizierende Methode an. Dem im Text erwähnten Interessenbereich gehörte die Darstellung des Proportionalzirkels an, die später unter dem Titel „Le operazioni del compasso geometrico et militare" (1606) als erste Druckschrift Galileis publiziert wurde (II, 365–424). Einen guten Überblick über Galileis Leistungen im fraglichen Bereich bietet H. Chr. Freiesleben: Galilei als Forscher. Darmstadt 1968.

5. Cf. St. Drake: Galileo Studies. Ann Arbor 1970, 140 sqq. („Galilei and the Telescope"), wo nachgewiesen wird, daß Galilei das Fernrohr gegenüber der Regierung Venedigs nicht als eigene Erfindung ausgegeben hat. Ferner H. Blumenberg: „Das Fernrohr und die Ohnmacht der Wahrheit". In: G. G.: Sidereus Nuncius (ed. H. Blumenberg). Frankfurt a. M. 1965.

6. Zur Bedeutung der Überwindung dieses Unterschieds cf. B. Sticker: „Galilei und die dualistische Weltauffassung". In: Atti del Symposium Internazionale di Storia, Metodologia, Logica e Filosofia della Scienza „Galileo nella Filosofia della Scienza" (Firenze – Pisa 14.–16. 9. 1964). Florenz 1967, pp. XCIX–CXIII.

7. Der Titel „Saggiatore" („Goldwäger") spielt auf den Titel von Grassis (Sarsis) Schrift „Libra astronomica et philosophica" an, gegen die Galilei polemisiert.

8. Zu Galileis Konzeption der Trägheit cf. A. Koyré: Études Galiléennes, 3 voll. Paris 1939 (Neuausg. in einem Band 1966), vol. III; St. Drake, op. cit., 240–255 („Galileo and the Concept of Inertia"); J. Mittelstraß: Neuzeit und Aufklärung. Studien zur Entstehung der neuzeitlichen Wissenschaft und Philosophie. Berlin und New York 1970, 273 sqq. D. Shapere: Galileo. A Philosophical Study. Chicago und London 1974, unterscheidet mehrere Aspekte des Trägheitsprinzips: (1) Die Bewegung eines bewegten Körpers ist „natürlich", d. h. sie erfolgt ohne äußeren oder inneren Anstoß; (2) sie dauert an, solange sie nicht durch eine äußere Krafteinwirkung gehemmt wird; (3) sie ist geradlinig; (4) ihre Geschwindigkeit ist gleichförmig; (5) sie hat keine „Neigung" für oder gegen eine bestimmte Richtung; (6) die Ruhe ist der Inertialbewegung gleichwertig, sofern ein Körper in einem der beiden Zustände so lange verbleibt, als keine äußere Einwirkung erfolgt. Koyré und Drake stimmen darin überein, daß der Aspekt (3) bei Galilei fehlt. Da ihn der erstere als wesentlich ansah, sprach er Galilei die Kenntnis des Trägheitsprinzips im vollen Wortsinn ab, während ihn letzterer für unwesentlich hielt und daher die Kenntnis des Trägheitsprinzips bei Galilei konstatieren konnte (l. c., 125). Die Frage, ob Galilei im Besitz des Trägheitssatzes war, läßt sich m. e. W. nur in bezug auf eine bestimmte Formulierung desselben unmißverständlich beantworten.

9. Zur Vorgeschichte der analytischen Methode cf. H. Randall jr.: The School of Padua and the Emergence of Modern Science. Padua 1961; L. Geymonat: Galileo Galilei. Mailand 1957; H. W. Arndt: Methodo scientifica pertractatum. Mos geometricus und Kalkülbegriff in der philosophischen Theorienbildung des 17. und 18. Jhs. Berlin und New York 1971, 15 sqq.

10. Auf die Kritik, die L. delle Colombe an seiner Abhandlung „Delle cose che stanno in su l'acqua" geübt hatte, ließ Galilei durch B. Castelli erwidern, der in seinem Geiste 1615 die „Considerazioni intorno al Discorso apologetico di Lodovico delle Colombe" veröffentlichte. Hier findet sich eine für Galileis Methodologie aufschlußreiche Passage, die wegen ihrer Wichtigkeit ausführlich (in der Übers. des Vfs.) zitiert werden soll: „Da viele nicht wissen, wie man vorzugehen hat, um den Grund (la ragion) einer Konklusion aus deren wahren und bekannten Prinzipien abzuleiten, begehen sie schwere Fehler, indem sie oft Prinzipien voraussetzen, die weniger sicher sind als die Konklusionen, oder solche Prinzipien heranziehen, die dasselbe besagen wie das, was zu beweisen ist, und sich von diesem nur terminologisch unterscheiden, oder indem sie Konklusionen aus etwas ableiten, was mit diesen nichts zu tun hat. Und meistens nehmen sie, indem sie sich – jedoch schlecht – der resolutiven Methode (die, richtig gebraucht, das vorzügliche Mittel der Entdeckung ist) bedienen, die Konklusion als

wahr an, und anstatt, von ihr ausgehend, diese, dann jene und dann noch andere Konsequenzen zu deduzieren, bis man eine findet, die aus sich selbst offenbar oder bereits bewiesen ist, und sodann aus ihr mit Hilfe der kompositiven Methode das Beabsichtigte abzuleiten, ... formulieren sie mit Hilfe ihrer Phantasie einen Satz, der zur Konklusion paßt, die sie beweisen wollen, und betrachten ihn, ohne weiter als einen einzigen Schritt zurückzugehen, als wahr, obwohl er falsch oder ebenso unsicher ist wie die Konklusion. Mit seiner Hilfe ersinnen sie sogleich einen Syllogismus, der uns dann, ohne irgendeinen Gewinn zu bringen, in der ursprünglichen Ungewißheit beläßt" (IV, 521). – Zu dieser Methode cf. A. Aliotta und Cl. Carbonara: Galilei. Mailand 1949, 203 sqq.; A. Pasquinelli: Letture Galileiane. Bologna 1968. Daß sich der Wissenschaftsfortschritt in der von Galilei angedeuteten rationalen Weise vollzieht, wurde bezweifelt von Th. S. Kuhn: The Structure of Scientific Revolutions. Chicago 1962 (2. A. 1970) [Die Struktur wissenschaftlicher Revolutionen. Frankfurt a. M. 1967], und von P. K. Feyerabend: „Against Method". In: M. Radner und S. Winokur (eds.): Minnesota Studies in the Philosophy of Science, IV, Minneapolis 1970, 12–130 [Wider den Methodenzwang. Frankfurt a. M. 1976]. Zur rationalen Rekonstruktion bzw. Neuinterpretation von Kuhns und Feyerabends Thesen cf. W. Stegmüller: Probleme und Resultate der Wissenschaftstheorie und Analytischen Philosophie, vol. II, Berlin etc. 1973, 153 sqq. (mit ausführlichen Literaturangaben), sowie Id.: „Theoriendynamik und logisches Verständnis". In: W. Diederich (ed.): Theorien der Wissenschaftsgeschichte. Beiträge zur diachronen Wissenschaftstheorie. Frankfurt a. M. 1974, 167–209.

11. Dieses Gesetz erwähnte Galilei erstmals 1604 (an Paolo Sarpi; X, 115), leitete es jedoch noch aus der falschen Voraussetzung der Proportionalität von Fallgeschwindigkeit und Fallweg ab; cf. J. Mittelstraß, op. cit., 215 sq. Zu den mit der Ableitung des Fallgesetzes zusammenhängenden erkenntnis- und wissenschaftstheoretischen Problemen cf. M. A. Finocchiaro: „Cause, Explanation, and Understanding in Science. Galileo's case". In: Review of Metaphysics 29 (1975), 117–128, wo die Bedeutung von Galileis nicht-kausaler Erklärung im Hinblick auf den durch sie bewirkten Erkenntnisfortschritt (als Erkenntniszuwachs, als Erfolg mathematischer Analysen, als Systematisierung und als Elimination überholter Betrachtungsweisen) hervorgehoben wird. Galilei war sich des hypothetischen Charakters seiner Argumentation bewußt, er glaubte aber an die Möglichkeit einer endgültigen Verifikation von Hypothesen, wie aus einem Brief an Carcavy hervorgeht: „Ich argumentiere ‚ex suppositione', indem ich mir eine Bewegung auf einen Punkt hin vorstelle, die, von der Ruhelage ausgehend, beschleunigt wird, so daß die Geschwindigkeit mit derselben Proportion wächst wie die Zeit. Von dieser so bestimmten Bewegung beweise ich in stringenter Weise viele Eigenschaften. Dann füge ich hinzu, daß, falls die Erfahrung zeigte, daß diese Eigenschaften bei der Bewegung schwerer, frei fallender Körper auftreten, wir ohne Irrtum sagen können, diese Bewegung sei dieselbe, die ich definiert und vorausgesetzt habe ... Nun ist bei der von mir dargestellten Bewegung eingetroffen, daß alle Eigenschaften, die ich von ihr beweise, sich beim freien Fall schwerer Körper zeigen, und zwar so, daß, wenn wir mit der Erde experimentieren und mit den Höhen und Längen, die uns zur Verfügung stehen, sich keine wahrnehmbaren Abweichungen ergeben ..." (XVII, 88–89).

12. Hier wird besonders deutlich, daß die Resolution nur im Rahmen einer Theorie, im vorliegenden Fall der Kopernikanischen, erfolgen kann. Die Zerlegung der Bewegung

eines Punktes der Erdoberfläche in Komponenten kann nur erfolgen, wenn man sich
auf den Standpunkt der heliozentrischen Theorie stellt.

13. VII, 452. Cf. Discorso del flusso e reflusso del mare; V, 382.

14. E. Mach: Die Mechanik. Darmstadt 1963 (Nachdr. der 9. A. Leipzig 1933), 210,
betonte mit Recht, daß Galilei die Mängel seiner Theorie nur hätte durchschauen
können, wenn es ihm möglich gewesen wäre, die Einsichten Huygens und Newtons
zu antizipieren. Eine relative Rechtfertigung des Galileischen Erklärungsversuchs
findet sich bei St. Drake, op. cit., 200 sqq.

15. Als Empiristen sahen Galilei: P. Duhem: Études sur Léonard da Vinci, vol. III: Les
précurseurs de Galilée. Paris 1913; E. A. Strong: Procedures and Metaphysics.
Berkeley 1936; E. Mach, op. cit., 125 sqq.

16. Cf. A. Koyré: Études Galiléennes (cit.), passim; Id.: „Galilei and Plato". In: P. P.
Wiener und A. Noland (eds.): Roots of Scientific Thought. New York 1957. Zu
Galileis Platonismus cf. auch E. Cassirer: „Galileo's Platonism". In: M. F. Ashley-
Montagu (ed.): Studies and Essays ... in homage to G. Sarton. New York 1944,
279–297; sowie E. A. Burtt: The Metaphysical Foundation of Modern Physical
Science. New York, 2. A. 1932. Wie A. Crombie: Galilée devant les critiques de la
posterité. Paris 1956, bemerkte, konnten sich wegen des unsystematischen Charakters
von Galileis Philosophie Anhänger sehr verschiedener Richtungen auf ihn berufen.

17. Cf. M. Clavelin: La philosophie naturelle de Galilée. Essai sur les origines et la
formation de la mécanique classique. Paris 1968.

18. Ibid., 434. Gegen die Auffassung, Galilei sei induktivistisch verfahren, wendete sich
auch P. K. Feyerabend, op. cit., der erklärt, Galilei habe sich für das heliozentrische
System entschieden und dann erst nach empirischen Stützen der entsprechenden
Konzeption gesucht. Die geozentrische Theorie sei noch keineswegs der heliozentrischen unterlegen gewesen. Hierzu ist zu bemerken, daß die ptolemäische Konzeption
den schweren Nachteil hatte, daß in ihrem Rahmen den Fixsternen eine um so größere
Geschwindigkeit ihrer vermeintlichen täglichen Kreisbewegung zugeschrieben werden mußte, je größer ihr Abstand von der Erde war. Nun begann man im 17. Jh. zu
ahnen, daß es sich um ungeheure Abstände handle und daß daher unter den Voraussetzungen des geozentrischen Systems mit ungeheuren Fixsterngeschwindigkeiten gerechnet werden müßte. Zugunsten des heliozentrischen Systems sprach, daß diese
Konsequenz unter seinen Voraussetzungen vermieden wurde.

19. Cf. T. R. Girill: „Galileo and Platonistic Methodology". In: Journal of the History of
Ideas 31 (1970), 501–520.

20. Cf. VII, 217 sqq., wo anhand des Satzes über die tangentiale Richtung der Fliehkraft
eines sich auf einer Kreisbahn bewegenden Körpers die Auffassung des Erkennens als
Wiedererinnerung in einer an Platos Überlegungen im Dialog „Meno" gemahnenden
Weise entwickelt wird.

21. K. R. Popper: „Three Views Concerning Human Knowledge". In: Conjectures and
Refutations. London, 2. A. 1965, 97 sqq., sah die entscheidende Differenz zwischen
seiner und Galileis wissenschaftstheoretischer Auffassung in dessen Essentialismus.

22. Gelegentliche Bemerkungen, die in die Richtung der Auffassung der Prämissen von
Theorien als Hypothesen weisen, dürften der Tarnung gegenüber der kirchlichen
Autorität gedient haben. Selbst wenn sie ernst gemeint gewesen sein sollten, stehen
ihnen viel mehr Äußerungen rationalistischer Art gegenüber.

III. Descartes

1. Zur *Biographie:* Die ältesten Biographien sind diejenigen von D. Lipstorp und A. Baillet, die in der unten angeführten Gesamtausgabe ausgewertet sind. A. Baillet: Vie de M. Des-Cartes, 2 voll. Paris 1691 ist zugleich eine wichtige Quelle für Descartes' frühe Gedanken. Aus jüngerer Zeit sind zu erwähnen Ch. Adam: Vie et oeuvres de Descartes. Étude historique. Paris 1910 (= vol. XII der unten angeführten Gesamtausgabe); Cornelia Serrurier: Descartes. L'homme et le penseur. Paris 1951; F. Alquié: Descartes, l'homme et l'œuvre. Paris 1956, sowie die einschlägigen Passagen in G. Cohen: Écrivains français en Hollande dans la première moitié du XVIIᵉ siècle. Den Haag 1921. – Maßgebliche *Gesamtausgabe* (nach der im folgenden zitiert wird): Œuvres de Descartes. Publiés par Ch. Adam et P. Tannery. Paris 1897–1913, 11 voll.; Nachdruck 1957 sq.; Neuausgabe Paris 1964 sqq. – Zur *Bibliographie:* Bis 1960/61 wird die Descartes-Literatur in vorbildlicher Weise erfaßt von G. Sebba: Bibliographia Cartesiana. A Critical Guide to the Descartes Literature 1800–1960. Den Haag 1964. Seit 1972 informiert das von der „Équipe Descartes" des C. N. R. S. hrsg. „Bulletin Cartésien", veröffentlicht jährlich einmal in: Archives de Philosophie 35 sqq. (1972 sqq.) über die Descartes-Literatur. – Wichtige *Hilfsmittel* der Descartes-Forschung sind: J.-R. Armogathe und J.-L. Marion: Index des Regulae ad directionem ingenii de René Descartes. Rom 1976 (Lessico intellettuale europeo, 10 = Corpus cartesianum, 1); P.-A. Cahné: Index du Discours de la méthode de René Descartes. Rom 1977 (Lessico intellettuale europeo, 12 = Corpus cartesianum, 2). Die Indexierung der anderen Werke Descartes' und der Korrespondenz ist in Vorbereitung.

2. Descartes versuchte unter I. Beeckmans Einfluß, das Quadratgesetz des freien Falls in rein mathematischer Weise abzuleiten (cf. X, 219 sq.). Daß es sich um eine gleichförmig beschleunigte Bewegung handelt, wird vorausgesetzt.

3. Die Anordnung dieser Aufzeichnungen hat rekonstruiert H. Gouhier: Les premières pensées de Descartes. Paris 1958. Es handelt sich um die „Praeambula", „Experimenta" und „Olympica" überschriebenen Notizen. Durch dieses Werk sind ältere Arbeiten wie die von J. Millet: Descartes. Sa vie, ses travaux, ses découvertes avant 1637. Paris 1867, oder J. Sirven: Les années d'apprentissage de Descartes. Albi 1928 (Paris 1930) zu ergänzen. Zu Descartes' Jugendgeschichte cf. auch A. Tillmann: L'itinéraire du jeune Descartes. Lille und Paris 1976.

4. Daß Descartes an das Vorhandensein eines solchen Rosenkreuzerischen Programms glaubte, darf als gesichert gelten, da eine geplante Arbeit („Polybii Cosmopolitani Thesaurus mathematicus") den Rosenkreuzern in Deutschland gewidmet sein sollte. Ob die Rosenkreuzerei in der von Descartes angenommenen Form wirklich existierte oder ob alle Spekulationen über sie romanhaft sind, wie H. Gouhier, op. cit., meinte, ist demgegenüber sekundär.

5. Dieser Satz wird von A. Baillet, op. cit., vol. I, 51, wörtlich angeführt.

6. Cf. Geneviève Rodis-Lewis: L'œuvre de Descartes. Paris 1971, 43 sqq.

7. L. Gäbe: Descartes' Selbstkritik. Untersuchungen zur Philosophie des jungen Descartes. Hamburg 1972, nimmt an, daß Descartes erst durch die Grundlegung seiner Metaphysik die spekulative Naturphilosophie überwunden habe.

8. Solange Descartes bei der Armee war, sah er sich zweifellos genötigt, seine wissenschaftlichen Interessen zu verheimlichen. Hierauf dürfte sich die Tagebuchnotiz

„Larvatus prodeo" (X, 213) beziehen, die M. Leroy: Descartes, le philosophe au masque, 2 voll. Paris 1929, als Ausdruck des Willens zu weltanschaulicher Tarnung interpretierte. Die Cartesianische Metaphysica specialis deutete neuerdings H. Caton: The Origin of Subjectivity. An Essay on Descartes. New Haven und London 1973, ebenfalls als weltanschauliche Camouflage. Cf. Id.: „The Problem of Descartes' Sincerity". In: Philosophical Forum 2 (1971), 355–370.

9. Das Manuskript der „Regulae" ist verloren. Erst 1701 erschien der Text in der *Opera posthuma* (Amsterdam). Diese Fassung pflegt mit „A" zitiert zu werden. Eine handschriftliche Kopie aus Leibnizens Nachlaß fand sich in Hannover; auf sie wird in der Literatur mit „H" hingewiesen. Schließlich existiert eine niederländische Fassung („N"). Über den Wert dieser Fassungen gehen die Meinungen auseinander. Ch. Adam benutzte (in Œuvres, vol. X) A und H; G. Crapulli: R. Descartes, Regulae ad dir. ing. Texte critique. Den Haag 1966, und H. Springmeyer: R. Descartes, Regulae ad dir. ing. Kritisch revidiert, übersetzt und hrsg. von H. Springmeyer, L. Gäbe und H. G. Zekl. Hamburg 1973, berücksichtigten außerdem N. Cf. H. Springmeyer: „Eine neue kritische Textausgabe der Regulae etc.". In: Zeitschr. f. philos. Forschung 24 (1970), 101–125. Zur Struktur der „Regulae" cf. J.-P. Weber: La constitution du texte des Regulae. Paris 1964. Die Ergebnisse der modernen Textkritik berücksichtigt die folgende Übersetzung: Règles utiles et claires pour la direction de l'esprit... Trad. et annotation conceptuelle par J.-L. Marion, avec des notes mathématiques de P. Costabel. Den Haag 1977 (Archives d'histoire des idées. 88).

10. Zum vermutlichen Inhalt des Entwurfs cf. G. Rodis-Lewis, op. cit., 105 sqq., wo die sog. Cartesius-Fragmente (XI, 647–653) als Vorarbeiten zum Traktat über die Metaphysik gedeutet werden.

11. Die Unabhängigkeit der Cartesianischen Physik von der Metaphysik behaupteten L. Liard: Descartes. Paris 1882, Ch. Adam, op. cit., u. a.; dagegen hat sich in der jüngeren Literatur die Auffassung weitgehend durchgesetzt, daß die Cartesianische Metaphysik für die Physik Descartes' wesentlich war. Solange der Philosoph die Grundlagen seiner reifen Metaphysik noch nicht konzipiert hatte, handelte es sich selbstverständlich nur um implizite metaphysische Voraussetzungen, die zum Teil von denjenigen der entwickelten Metaphysik abwichen. Zum Primat der Metaphysik bei Descartes cf. O. Hamelin: Le système de Descartes. Paris 1911 (2. A. 1921).

12. Seit A. Espinas: Descartes et la morale, 2 voll. Paris 1925, der in Descartes vor allem den christlichen Apologeten sehen wollte, wurden entsprechende Thesen wiederholt vertreten, so auch, obwohl in differenzierender Form, von H. Gouhier: La pensée religieuse de Descartes. Paris 1924, der in Descartes nicht nur einen Kämpfer gegen Libertinismus und Atheismus erblickte, sondern seine Philosophie als wesentlich christlich charakterisierte und auf die Abhängigkeit einiger ihrer zentralen Punkte vom Thomismus hinwies. Auch diese Auffassung wird Descartes nicht gerecht, der den Begriff Gottes primär im Zusammenhang seiner Erkenntnismetaphysik, d. h. unabhängig von seiner theologischen Funktion, bestimmte.

13. In diesem Sinne schrieb Descartes im November 1633 an Mersenne: „... ich gestehe, daß, wenn sie [scil. die heliozentrische Auffassung] falsch ist, alle Grundlagen meiner Philosophie es gleichfalls sind, denn sie wird durch dieselbe evident erwiesen" (I, 271).

14. Cf. VI, 19: „Jene langen Ketten von völlig einfachen und leichten Gründen, deren sich die Geometer bedienen, um zu ihren schwierigsten Demonstrationen zu gelangen, boten mir den Anlaß zu der Vorstellung, daß alle Dinge des menschlichen Erkenntnis-

bereichs ebenso zusammenhängen, und daß es keine gibt, die so entlegen wären, daß sie nicht erreicht, und so verborgen, daß sie nicht entdeckt werden könnten...". Das Verhältnis von Cartesianischer Methode und Universalmathematik erörtert ausführlich H. W. Arndt: Methodo scientifica pertractatum. Mos geometricus und Kalkülbegriff i. d. philos. Theorienbildung des 17. u. 18. Jhs. Berlin und New York 1971, 29 sqq.

15. Zur Idee der *sagesse* cf. P. Mesnard: Essai sur la morale de Descartes. Paris 1936; id.: „L'arbre de la Sagesse". In: Descartes. Cahiers de Royaumont. Philosophie, no. 2. Paris 1957, 336–349; J. Segond: La sagesse cartésienne et la doctrine de la science. Paris 1932; J. Combès: Le dessein de la sagesse cartésienne. Lyon und Paris 1960; L. Verga: L'etica di Cartesio. Mailand 1974, 11 sqq.

16. In Descartes' letzte Jahre dürfte gehören „La Recherche de la vérité". Cf. H. Gouhier: „Sur la date de la Recherche de la vérité". In: Revue d'Histoire de la Philosophie 3 (1929), 296–320. G. Cantecor hatte in derselben Zeitschrift, 2 (1928), 254–289, das Werk in Descartes' Frühzeit datiert, konnte sich mit dieser Ansicht jedoch nicht durchsetzen. Für die Annahme einer späten Entstehungszeit sprach sich auch aus E. Cassirer: „Descartes' Dialog Recherche de la vérité etc.". In: Lychnos 1938, 139–179; Id.: „Ü. d. Bedeutung u. Abfassungszeit von Descartes' Recherche de la vérité etc.". In: Theoria 4 (1938), 193–294.

17. Das hat eindringlich gezeigt J.-L. Marion: Sur l'ontologie grise de Descartes. Paris 1975.

18. Vor allem von E. Gilson: Index scolastico-cartésien. Paris 1913; Études sur le rôle de la pensée médiévale dans la formation du système cartésien. Paris 1930 (1951), und von A. Koyré: Essai sur l'idée de Dieu et les preuves de son existence chez Descartes. Paris 1922. Ferner J. Freudenthal: „Spinoza und die Scholastik". In: Philosophische Aufsätze E. Zeller zu seinem 50. Geburtstag gewidmet. Leipzig 1886, 83–138, der in der fraglichen Hinsicht zum Anreger der Descartes-Forschung wurde, und G. v. Hertling: „Descartes' Beziehungen zur Scholastik". Abh. d. Kgl. Bayer. Akad. d. Wiss., phil.-hist. Kl., 1897/II, 3–36.

19. Cf. L. Gäbe, op. cit., 97 sqq., wo Bacons Einfluß unter dem Gesichtspunkt des Verhältnisses von wissenschaftlicher Theorie und praktischen Zielsetzungen erörtert wird.

20. In einem Brief an Mersenne vom 11. Okt. 1638 erklärte Descartes, Galilei habe zwar die Irrtümer der Scholastik vermieden und sich mathematischer Beweise bedient, er gestatte sich jedoch ständig Abschweifungen und verfahre nicht nach der sachgemäßen Ordnung, sofern er nicht nach den ersten Ursachen, sondern nur nach den Ursachen spezieller Tatsachen gesucht habe.

21. Zur Theorie der Entscheidung unter Ungewißheit cf. G. Gäfgen: Theorie der wirtschaftlichen Entscheidung. Untersuchungen zur Logik und Bedeutung des rationalen Handelns. Tübingen, 3. A. 1974, ins. 325 sqq. Ferner die äußerst klare Darstellung bei W. Stegmüller: Probleme und Resultate der Wissenschaftstheorie und Analytischen Philosophie, I. Berlin etc. 1969, 385 sqq.

22. Über stoische Elemente in Descartes' Philosophie informieren J.-E. d'Angers: „Sénèque, Épictète et le stoicisme dans l'œuvre de René Descartes". In: Revue de théologie et de philosophie 4, ser. 3 (Lausanne 1954), 169–196; V. Brochard: „Descartes stoicien". In: Revue philos. de la France et de l'Étranger 1 (1880), 548–552; sowie P. Daphnos: Stoische Elemente bei Descartes und Spinoza. Athen 1976 (Diss. München).

23. Cf. M. Leroy: Descartes social. Paris 1931.
24. In diesem Sinne meinte M. Leroy: Descartes, le philosophe au masque, I. Paris 1929, Descartes habe richtige moralische Urteile für unmöglich gehalten und sich daher im Grunde niemals von der Basis der provisorischen Moral entfernt. Ähnlich hielt G. Schmidt: Aufklärung und Metaphysik. Die Neubegründung des Wissens durch Descartes. Tübingen 1965, 51, die seiner Ansicht nach offen nihilistische provisorische Moral für unüberwunden. – Descartes selbst beanspruchte jedoch, mit Hilfe der Physik (mithin indirekt auch der Metaphysik) eine Moral begründet zu haben (cf. IV, 441), die er wegen der vermeintlichen Endgültigkeit der metaphysischen und naturphilosophischen Grundlagen nur für definitiv gehalten haben kann.
25. Zu Descartes' definitiver Moral cf. J. Combès, op. cit., insb. 101 sqq.; ferner L. Verga, op. cit., 64 sqq.; W. Röd: Descartes. München und Basel 1964, 185 sqq., wo auch auf die Schwierigkeiten hingewiesen wird, die sich der Realisierung des Ideals einer Vernunftmoral entgegenstellen. – Zur provisorischen Moral cf. R. Spaemann: „Praktische Gewißheit. Descartes' provisorische Moral". In: Epirrhosis. Festgabe für Carl Schmitt. Berlin 1968, 683–696.
26. Zum Begriff „générosité" cf. J. Combès, op. cit., 323 sqq.
27. Cf. R. Specht: Innovation und Folgelast. Stuttgart – Bad Cannstatt 1972, 94, wo festgestellt wird, daß eine sozialgeschichtliche Erklärung der Cartesianischen Zielsetzungen nicht restlos gelingt.
28. Dieser Zusammenhang hat hervorgehoben Fr. Borkenau: Der Übergang vom feudalen zum bürgerlichen Weltbild. Studien zur Geschichte der Philosophie der Manufakturperiode. Paris 1934 (Nachdruck Darmstadt 1971).
29. Cf. W. Sombart: Der moderne Kapitalismus, I: Die Genesis des Kapitalismus. Leipzig 1902, 395 et pass. Die Rechenhaftigkeit ist ein Grundzug des ökonomischen Rationalismus. Cf. Id: Der Bourgeois. Zur Geistesgeschichte des modernen Wirtschaftsmenschen. München und Leipzig 1913, 164, wo die Rechenhaftigkeit als wesentlicher Bestandteil der kapitalistischen Wirtschaft bezeichnet wird.
30. Cf. K. Th. Buddeberg: „Descartes u. d. polit. Absolutismus". In: C. A. Emge (ed.): Dem Gedächtnis an R. Descartes. Archiv f. Rechts- und Sozialgeschichte 30 (1937), 77–96; A. Del Noce: „Cartesio e la politica". In: Riv. di Filosofia 41 (1950), 3–30.
31. Hierzu und zum folgenden cf. H. Sée: Französische Wirtschaftsgeschichte, vol. I. Jena 1930 (Hdb. d. Wirtschaftsgeschichte, ed. G. Brodnitz); ferner C. H. Wilson: „Trade, Society and the State". In: The Cambridge Econ. Hist. of Europe, vol. IV, 487 sqq.
32. Zu diesem Begriff cf. G. Crapulli: Mathesis universalis. Genesi di una idea nel XVI secolo. Rom 1969 (Lessico intellettuale europeo, 2); ferner R. Perini: „Mathesis universalis e metafisica nel metodo cartesiano". In: Giornale di Metafisica 28 (1973), 159–207.
33. Die *Mathesis universalis* ermöglicht zwar eine besonders klare Formulierung der methodologischen Prinzipien der Mathematik, sie ist aber selbst nicht Methodologie, sondern eine allgemeine mathematische Disziplin von „Ordnung und Maß". Erst recht ist die Mathesis universalis nicht Metamathematik. Auf den Zusammenhang von Mathesis universalis und *ars inveniendi* hat aufmerksam gemacht H. W. Arndt, op. cit., 33.
34. Die idealistischen Interpretationen, die dieser Tatsache nicht gerecht werden, sind in dieser Hinsicht, ungeachtet ihrer sonstigen Vorzüge, unangemessen. Vom idealistischen Standpunkt aus haben die Cartesianische Philosophie gedeutet P. Natorp:

Descartes' Erkenntnistheorie. Eine Studie zur Vorgeschichte des Kritizismus. Marburg 1882; Id.: „Die Entwickelung Descartes' von den Regeln bis zu den Meditationen". In: Archiv f. Gesch. d. Philos. 10 (1897), 10–28; H. Heimsoeth: Die Methode der Erkenntnis bei Descartes und Leibniz. I–II; Gießen 1912 bzw. 1914; A. Hannequin: „La preuve ontologique de Descartes etc.". In: Revue de Métaphysique et de Morale 4 (1896), 433–458; O. Hamelin: Le système de Descartes. Paris 1911 (2. A. 1921); L. Brunschvicg: Descartes. Paris 1937; und andere.

35. Mit P. Boutroux: L'imagination et les mathématiques selon Descartes. Paris 1900, sowie Id.: „Sur la signification de la Géométrie de Descartes". In: Revue de Métaphysique et de Morale 22 (1914), 814–827, und gegen L. Brunschvicg: Écrits philosophiques, vol. I. Paris 1951, der eine prinzipiell unanschauliche Algebra bei Descartes annehmen zu können glaubte, wird daran festzuhalten sein, daß Descartes' „pura atque abstracta mathesis" (VII, 65) nicht darum „rein und abstrakt" heißt, weil sie von der Anschauung unabhängig wäre. Cf. W. Röd: Descartes' Erste Philosophie. Bonn 1971, 60.

36. Cf. M. Gueroult: Descartes selon l'ordre des raisons, vol. II. Paris 1953, 307–312: „Le Cogito et la notion ‚Pour penser il faut être'" (zuerst in: Travaux du Congrès International de Philosophie 1937, vol. I; Congrès Descartes).

37. Cf. H. Gouhier: „Les exigences de l'existence dans la métaphysique de Descartes". In: Revue Intern. de Philos. 4 (1950), 123 sqq. bzw. Id.: La pensée métaphysique de Descartes. Paris 1962, 271 sqq. Zur Debatte zwischen Gueroult und Gouhier cf. Ginette Dreyfus: „Discussion sur le Cogito et l'axiome ‚Pour penser il faut être'". In: Revue Intern. de Philos. 6 (1952), 117 sqq.

38. In Reg. XI wird das anhand von Beispielen aus der Proportionenlehre erläutert. Analoges gilt für die Reduktion von Gleichungen höheren auf solche niedrigeren Grades. Zum Zusammenhang von Mathematik und Metaphysik cf. J. Vuillemin: Mathématique et métaphysique chez Descartes. Paris 1960.

39. Descartes relativierte die Unterscheidung von Intuition und Deduktion, indem er einfache Deduktionsschritte für intuitiv einsichtig erklärte. Die Deduktion ist zwar ein Denkprozeß, der in der Zeit verläuft und daher von der Reaktualisierung von Voraussetzungen in der Erinnerung abhängig und daher irrtumsgefährdet ist, während die Intuition als schlagartige Einsicht gedächtnisunabhängig sein soll, doch kann die Deduktion in gewissen Fällen durch Übung in Intuition übergeführt werden, sofern Prämissen und Konsequenzen innerhalb der psychischen Präsenzzeit gedacht werden.

40. Descartes antizipierte die moderne Auffassung der wissenschaftlichen Erklärung, wie sie sich z. B. bei W. Stegmüller: Probleme und Resultate der Wissenschaftstheorie und Analytischen Philosophie, I. Berlin etc. 1969, insb. 82 sqq., oder bei K. R. Popper: The Logic of Scientific Discovery. London 1959 u. ö., 59 sqq., findet.

41. Das deutlichste Beispiel ist der bereits erwähnte Versuch einer erfahrungsunabhängigen Ableitung des Fallgesetzes (cf. X, 219 sq.). Bei der Formulierung spezieller Theorien hat Descartes später nicht mehr versucht, a priori vorzugehen, sondern Beobachtung und Experiment gebührend berücksichtigt, ohne daß er jedoch, wie E. Denissoff: Descartes, premier théoricien de la physique mathématique. Löwen und Paris 1970, annahm, im Grunde positiver Wissenschaftler war. Denissoff hebt aber mit Recht die Bedeutung hervor, die die Theorie der wissenschaftlichen Erkenntnis für Descartes hatte. Zu dieser ist auch zu vergleichen Fr. L. Will: Induction and Justifica-

tion. An Investigation of Cartesian Procedure in the Philosophy of Knowledge. Ithaca und London 1974.

42. Ein Beispiel für die Reduktion komplexer Zusammenhänge auf „einfache Naturen" ist Descartes' Versuch, die Lichtbrechung im Rahmen einer Theorie des Lichts zu erklären, die ihm die (von ihm unabhängig von Snell gefundene) Formulierung des Sinusgesetzes der Lichtbrechung ermöglichte. Cf. „La Dioptrique" (VI, 81 sqq.).

43. Zum Begriff „Naturkraft" cf. W. Röd: Descartes' Erste Philosophie. Bonn 1971, 37 sq.

44. Zu Descartes' Verhältnis zur frühneuzeitlichen Skepsis cf. R. Popkin: The History of Scepticism from Erasmus to Descartes. Assen 1960, 174 sqq.

45. Eine Interpretation, bei der der Zweifel als Annahme der möglichen Falschheit *aller* Urteile aufgefaßt wird, ist unangemessen. Descartes hat angedeutet, daß es unmöglich sei, im vollen Sinne universal zu zweifeln, da von „zweifeln" nur gesprochen werden könne, wenn bekannt sei, was „wahr" und „falsch" sowie „zweifeln" bedeutet. Wenn von seiten sprachanalytisch verfahrender Kritiker gelegentlich bemerkt wird, der Zweifel an der Zuverlässigkeit der Wahrnehmung sei undurchführbar, wenn nicht prinzipiell die Möglichkeit zuverlässiger Wahrnehmungen bestehe (da von „Täuschung" nur die Rede sein kann, wo die Möglichkeit der Aufhebung der Täuschung vorausgesetzt ist), so ist mit A. Kenny: Descartes. New York 1968, 26, zu entgegnen, daß dieser Einwand Descartes nicht trifft, da für ihn die Möglichkeit der Berichtigung irriger Wahrnehmungsurteile auf Grund rationaler, auf eingeborenen Ideen beruhender Einsicht besteht.

46. Cf. W. Röd: „L'argument du rêve dans la théorie cartésienne de l'expérience". In: Les Études philosophiques 1976, 461–473.

47. Die von H. Gouhier: Essais sur Descartes. Paris 1937, Kap. IV, und F. Alquié: La découverte métaphysique de l'homme chez Descartes. Paris 1950, Kap. VIII, behauptete Differenz von „genius malignus" und „dieu trompeur" dürfte ohne hinreichendes Fundament in den Texten sein. Sie wurde entscheidend umgedeutet von M. Gueroult: Nouvelles réflexions sur la preuve ontologique de Descartes. Paris 1955, 80–86. Bzgl. der geistesgeschichtlichen Zusammenhänge, in die die Vorstellung des genius malignus einzuordnen ist, cf. T. Gregory: „Dio ingannatore e genio maligno". In: Giornale crit. della Filos. Ital. 53 (1974), 477–516.

48. Zur Vorgeschichte des Satzes „Ich denke, also bin ich" cf. L. Blanchet: Les antécédants historiques du Je pense, donc je suis. Paris 1920.

49. Cf. L. J. Beck: The Metaphysics of Descartes. A Study of the *Meditations*. Oxford 1965, 85 sq. Zum „Intuitus" cf. Id.: The Method of Descartes. Oxford 1952, 50 sqq. Zur Diskussion über die logische Form des Cogito ergo sum cf. P. Weingartner: „Sind das Cogito und ähnliche Existentialsätze zum Teil analytisch?" In: P. Weingartner (ed.): Deskription, Analytizität und Existenz. Salzburg und München 1966, 285–316.

50. Zur Kritik des „Cogito ergo sum" in der sprachanalytischen Philosophie cf. A. J. Ayer: The Problem of Knowledge. London 1956, 45 sqq., und J. Hintikka: „Cogito ergo sum. Inference or Performance". In: The Philos. Review 71 (1962), 3–32. Zur transzendentalphilosophischen Interpretation cf. E. Husserl, op. cit., und Id.: Erste Philosophie. Den Haag 1956 (Husserliana, 7). Zur Interpretation des Prinzips in der jüngeren Phänomenologie cf. M. Merleau-Ponty: Phénoménologie de la perception. Paris 1945, 423 sqq. („Le Cogito"), und J.-P. Sartre: „La transcendance de l'Ego. Esquisse d'une description phénoménologique". In: Recherches philosophiques 6

(1936/37), 85 sqq. (Deutsche Übers. in: Die Transzendenz des Ego. Reinbek 1964); cf. Id.: L'être et le néant. Introduction, insb. 16 sqq. (Deutsch unter dem Titel: Das Sein und das Nichts. Hamburg 1952).

51. Den Übergang zum „Sum res cogitans" haben im Anschluß an die neukantianische Kritik bemängelt M. Heidegger: Sein und Zeit. Halle 1927 u. ö., 24 sqq., und K. Jaspers: Descartes und die Philosophie. Berlin, 3. A. 1956 (1. A. 1937), 83.

52. Da „distinkt" mit Hilfe von „klar" definiert wird, „klar" aber eine psychologische Bedeutung hat, bleibt in Descartes' Formulierung des Wahrheitskriteriums ein psychologischer Rest bestehen, der sich auch dadurch nicht beseitigen läßt, daß die Klarheit und Distinktheit von Einsichten auf die Einfachheit des eingesehenen Objekts zurückgeführt werden, da dann „Einfachheit" definiert werden müßte, was unter Descartes' Voraussetzungen nur durch Rückgriff auf die Distinktheit der entsprechenden Idee möglich ist.

53. N. Chomsky: Cartesian Linguistics. New York und London 1966, 3 sqq., hat bemerkt, daß Descartes die Wirksamkeit eines vom Organismus unabhängigen Geistes auch deshalb annahm, weil er die sprachliche Kreativität nicht im Rahmen einer Theorie des vermeintlich mechanistisch begreifbaren körperlichen Verhaltens erklären konnte. Cf. L. Oeing-Hanhoff: „Der Mensch in der Philosophie Descartes' ". In: Die Frage nach dem Menschen. Festschrift für Max Müller. Freiburg und München 1966, 375–409, der u. a. auf denselben Zug der menschlichen Natur hinweist (379).

54. Die Bedeutung von „objektiv" bei Descartes erschließt sich ohne weiteres, wenn man berücksichtigt, daß der Vorstellungsinhalt als das unmittelbar Vor-gestellte, objectum, gilt. Zum Begriff der objektiven Realität cf. H. Wagner: „Realitas objectiva. Descartes – Kant". In: Ztschr. f. philos. Forschung 21 (1967), 325–340; T. J. Cronin: Objective Being in Descartes and Suárez. Rom 1966.

55. Zu den aposteriorischen Gottesbeweisen cf. M. Gueroult: Descartes selon l'ordre des raisons, vol. I. Paris 1953, 154–285.

56. Zum ontologischen Gottesbeweis cf. M. Gueroult, op. cit., 334 sqq.; gegen Gueroults Annahme einer Abhängigkeit des Beweises vom aposteriorischen Gottesbeweis der Med. III argumentiert H. Gouhier: „La preuve ontologique de Descartes". In: Revue Internat. de Philosophie 8 (1954), 295–303; Erwiderung M. Gueroults: Nouvelles réflexions sur la preuve ontologique de Descartes. Paris 1955. Eine Rekonstruktion des ontologischen Arguments nahm vor G. Nakhnikian: An Introduction to Philosophy. New York 1967, 217 sqq. Nach A. Kenny: Descartes. A Study of His Philosophy. New York 1968, 164 sq., ist das ontologische Argument unter Descartes' „Meinongianischen" Voraussetzungen korrekt; cf. das Kapitel VII seines Buches („The Ontological Argument", 146–171), wo auch auf die Erörterung des Beweises in den „Objektionen" und „Responsionen" eingegangen wird. Zur Möglichkeit eines zum ontologischen Gottesbeweis symmetrischen Arguments, mit dessen Hilfe die Inexistenz eines *genius malignus* bewiesen werden könnte, cf. R. Haller: „Das cartesische Dilemma". In: Zeitschr. f. phil. Forschung 18 (1964), 369–385.

57. Gelegentlich wurde im Hinblick auf VII, 109, angenommen, es gebe einen dritten Cartesianischen Gottesbeweis, bei dem von der Voraussetzung der unendlichen Macht Gottes ausgegangen werde. An der fraglichen Stelle wollte Descartes jedoch nicht beweisen, daß Gott existiert, sondern daß Gott, *wenn es ihn gibt, notwendig* existiert. Das Argument betrifft also die Seinsweise, nicht das Dasein Gottes.

58. Dieser Erhaltungssatz wurde, wie die Stoßgesetze, vielfach angegriffen, so von Malebranche (siehe Kap. V) und von Leibniz, der ihn als „error memorabilis" bezeichnete.

59. Hierzu und zum folgenden cf. Descartes: Prinzipien der Philosophie, Teile III und IV.
– Wie schon die antiken „Plenisten" sah sich auch Descartes infolge der Leugnung der
Möglichkeit eines Vakuums genötigt, Bewegung nur in Form eines geschlossenen
Kreislaufs zuzulassen.

60. Zu Descartes' Zeitauffassung cf. J. Wahl: Du rôle de l'idée de l'instant dans la
philosophie de Descartes. Paris 1953. Streng genommen ist nach Wahls Deutung die
Ansicht, daß Erhaltung kontinuierliche Neuschöpfung sei, nicht völlig angemessen,
da von „Neuschöpfung" nur gesprochen werden könnte, wenn eine Vernichtung
vorangegangen wäre; infolgedessen kann nur eine Fortsetzung der Schöpfung gemeint sein (18). Nur vom Standpunkt des Menschen aus lassen sich Schöpfung und
Erhaltung unterscheiden; vom Standpunkt Gottes aus sind sie identisch (19).

61. Cf. VII, 109: „... temporis partes a se mutuo sejungi posse, atque ita ex eo quod jam sim
non sequi me mox futurum ...."

62. Die Erklärung des Blutkreislaufs entnahm Descartes dem Werk W. Harveys „De
motu cordis" (siehe Kap. II). Die Erklärung der Herztätigkeit dagegen stammt von
ihm selbst (cf. XI, 123; VI, 46 sqq.; XI, 239 sqq.). Die für seine Theorie wesentliche
Annahme einer gegenüber der Körpertemperatur im allgemeinen erhöhten Temperatur des Herzens ist der aristotelisch-scholastischen Tradition entlehnt (hierüber cf. É.
Gilson: Discours de la méthode. Texte et commentaire. Paris 1947 (ursprünglich 1925;
2. A. 1930), 400).

63. Diese Auffassung übernahm Fr. v. Brentano: Psychologie vom empirischen Standpunkt, Bd. II: Von der Klassifikation der psychischen Phänomene. Hamburg 1971
(ursprünglich Leipzig 1925, posth.).

64. Hierzu Br. Christiansen: Das Urteil bei Descartes. Hanau 1902; zur Kritik der
Identifikation von Urteilen und Wollen cf. A. Kastil: Studien zur neueren Erkenntnistheorie, I: Descartes. Halle 1909, 12 sqq. Die Identitätsthese spielt bei den Versuchen
eine Rolle, die Idee der Freiheit als zentralen Gedanken der Cartesianischen Metaphysik erscheinen zu lassen. Da der Wille nach Descartes wesentlich frei ist, muß auch für
die Vernunft als Urteilsvermögen Freiheit in Anspruch genommen werden können,
wenn das Urteilen als eine Art von Wollen gilt. Als Ausdruck der wesentlichen
Freiheit des Menschen wird dann in erster Linie die Urteilszurückhaltung im methodischen Zweifel gedeutet. Zur cartesianischen Freiheitskonzeption cf. J.-P. Sartre:
„La liberté cartésienne". In: J.-P. Sartre: Descartes. Paris 1946 (deutsch in: R.
Descartes, Discours de la méthode – Abhandlung über die Methode, mit einem
Vorwort von K. Jaspers. Mainz 1948, 183–205); J. Laporte: „La liberté selon
Descartes". In: Revue de Métaphysique et de Morale 44 (1937), 101–164; Id.: Le
rationalisme de Descartes. Paris 1945, 123 sqq.; L. Oeing-Hanhoff: „Descartes' Lehre
von der Freiheit". In: Philos. Jahrbuch 78/I (1971), 1–16, wo Sartres Auffassung der
Freiheit als Autonomie die Cartesianische Konzeption derselben als Bindung an das
erkannte Wahre (8) gegenübergestellt wird.

IV. Reaktionen auf die Cartesianische Herausforderung

1. Zu den „Objektionen" im allgemeinen cf. P. Carabellese: Le obbiezioni al cartesianesimo, I–III. Messina 1946.
2. A. Arnauld (1612–1694) war Professor an der Sorbonne und gehörte zum jansenistischen Kreis von Port- Royal. Er war im wesentlichen von Descartes abhängig und verteidigte die Cartesianische Auffassung der Ideen gegen Malebranche (siehe Kap. V, Abschn. 4 b), dem er auch in der Gnadenlehre widersprach, weil er an der Annahme einer partikulären Einwirkung Gottes auf den Menschen festhielt. Arnaulds *Œuvres complètes,* 45 voll. Lausanne 1775–1783 (Nachdruck Brüssel 1964 sqq.) enthalten in den Bänden 30 bis 40 die philosophischen Schriften, die auch separat von J. Simon und C. Jourdain, Paris 1893, herausgegeben wurden (Die Objektionen in Œuvres XXXVIII, 7–38; „Novae objectiones" ibid., 67–75; 78–83).
3. In einem Brief an Clerselier vom 12. 1. 1646 (IX, 202–207) äußerte sich Descartes zu Gassendis Kritik und bezeichnete die Behauptung, die Idee der Ausdehnung sei ein Abstraktionsbegriff, als „Einwand der Einwände", dem die irrige Vermengung von Verstand und Einbildungskraft zugrunde liege.
4. Caramuels Objektionen hat wiedergegeben und analysiert D. Pastine: „Caramuel contro Descartes". In: Giornale crit. di storia della filosofia 27 (1972), 177–221. Zur Biographie cf. J. A. Tadisi: Memoria della vita di mons. G. Caramuel di Lobkowitz... Venedig 1760. Caramuel hatte in Alcalà und Salamanca studiert, wurde Abt eines Zisterzienserklosters in der Pfalz und später Bischof von Vigévano.
5. Die Auseinandersetzung zwischen H. More und Descartes wird in Kap. VII, Abschn. 1 c, behandelt.
6. Zur Biographie cf. H. De Coste: La vie du R. P. Marin Mersenne. Paris 1659, sowie R. Lenoble: Mersenne ou la naissance du mécanisme. Paris 1943, Kap. I, 15–59. Ausführliche Bibliographie bei Lenoble, pp. XII sqq.
7. Cf. „Synopsis Mathematica". Paris 1926. „Universae Geometriae Synopsis". Paris 1644 (Neuausgabe des Werkes von 1626).
8. „Traité de l'harmonie universelle". Paris 1627. „Harmonie universelle contenant la théorie et la pratique de la musique". Paris 1636. „Ballistica et Acontismologia". Paris 1644. „Cogitata physico-mathematica". Paris 1644. „Tractatus mechanicus theoreticus et practicus". Paris 1644. „L'optique et la catoptrique". Paris 1651 (posth.).
9. Ausgabe des Briefwechsels: Correspondance du P. Marin Mersenne. Publ. par Mme. P. Tannery, ed. C. de Waard und R. Pintard. 3 voll. Paris 1933, 1936, 1942.
10. Cf. R. Lenoble, op. cit., 8 sqq.
11. In dieser Hinsicht stand er Hobbes' Ansicht nahe, der eine Praefatio zu Mersennes „Ballistica" schrieb. Wie Hobbes war Mersenne von der Notwendigkeit einer mechanistischen Erklärung der Empfindungen überzeugt.
12. Cf. „La vérité des sciences", Préface (s. p.).
13. Op. cit., 240.
14. Op. cit., 212.
15. Op. cit., 213.
16. In den „Cogitata physico-mathematica" (1644) betonte Mersenne in der Abhandlung über den Magnetismus (245–251), daß er nicht wie Descartes das Wesen dieser Erscheinung begreifen, sondern nur eine Beschreibung liefern wolle.

17. Zur Biographie cf. S. Sorbière: De vita et moribus Petri Gassendi. In: Opera omnia, 6 voll. Lyon 1658 (Neudruck Stuttgart – Bad Cannstatt 1964), vol. I. Nach dieser Ausgabe wird im folgenden zitiert. Ferner B. Rochot: „La vie, le caractère et la formation intellectuelle". In: P. Gassendi. Sa vie et son œuvre. Paris 1955.

18. So im Gegensatz zu älteren Interpreten T. Gregory: Scetticismo ed empirismo. Studio su Gassendi. Bari 1961, und O. R. Bloch: La philosophie de Gassendi. Den Haag 1971.

19. Cf. zu diesem Werk B. Rochot: „Gassendi et le Syntagma Philosophicum". In: Revue de Synthèse 47 (1950), 67–79.

20. Die Verbindung Gassendis mit dem Libertinismus hat betont R. Pintard: Le libertinage érudit dans la première moitié du 17ᵉ siècle. 2 voll. Paris 1943. Dagegen meinte O. R. Bloch, op. cit., daß Gassendi nicht primär als Vertreter des Libertinismus gesehen werden dürfe. Seiner Ansicht nach ist „Libertinismus" als Kategorie der Philosophie- und Geistesgeschichte nicht so grundlegend, wie Pintard gemeint hatte.

21. Ausführliche Bibliographie bei O. R. Bloch, op. cit. (unter Berücksichtigung unveröffentlichter Manuskripte).

22. Cf. B. Rochot: Les travaux de Gassendi sur Epicure et sur l'atomisme 1619–1658. Paris 1944.

23. Gassendi ließ, über Galilei hinausgehend, die Beschränkung des Trägheitssatzes auf die Horizontalbewegung fallen. Cf. A. Koyré: „Gassendi, le savant". In: Pierre Gassendi. Sa vie et son œuvre. (Centre International de Synthèse). Paris 1955, 59 sqq., insb. 66 sq. Nach R. Tack: Untersuchungen zum Philosophie- und Wissenschaftsbegriff bei P. Gassendi. Meisenheim am Glan 1974, 175, meinte aber Gassendi wie Galilei, daß die natürliche Bewegung die auf einer Kreisbahn sei. Hierzu cf. III, 488 a. Aufsehen erregte Gassendis Beschreibung des Durchgangs des Planeten Merkur durch die Sonne am 7. 11. 1631 („Mercurius in Sole visus et Venus invisa". Paris 1631). Demselben Themenkreis gehören an „De apparente magnitudine solis humilis et sublimis", „Novem stellae circa Jovem visae" und „Solstitialis altitudo Massiliensis".

24. In bezug auf Gassendis Wirkung cf. G. Mongrédien: „Gassendi, l'influence immédiate" und Antoine Adam: „Gassendi, l'influence posthume"; beide in Pierre Gassendi. Sa vie et son œuvre (cit.), 118 sqq. bzw. 158 sqq.

25. Cf. G. Mongrédien, op. cit., 119.

26. Cf. III, 192 a: „Quod nulla sit scientia et maxime Aristotelea".

27. Gassendi bekannte sich wiederholt zum Pyrrhonianismus, z. B. III, 102. Cf. O. R. Bloch, op. cit., 80 sqq. et passim. Mit dem Skeptiker La Mothe le Vayer (gest. 1672) stand Gassendi in Verbindung.

28. Cf. O. R. Bloch, op. cit., 92 sqq. Gegen H. Berr: Du scepticisme de Gassendi. Paris 1960 (zuerst lat. Paris 1898), der angenommen hatte, Gassendi habe sich von einer extrem skeptischen Einstellung in Richtung auf eine mittlere Position hin entwickelt, betonte Bloch, op. cit., 87–88, daß Gassendi von Anfang an nur die Möglichkeit der *scientia*, nicht der hypothetischen Naturwissenschaft, bestritten habe. Deshalb braucht seiner Ansicht nach eine Entwicklung im Sinne der Modifikation einer ursprünglichen skeptischen Haltung bei Gassendi nicht angenommen zu werden. Allerdings muß nach Bloch eine gewisse Zweideutigkeit von Gassendis agnostischen Thesen konstatiert werden. Zur Deutung von Gassendis „Skepsis" als Agnostizismus cf. T. Gregory, op. cit., und die Einleitung zum Nachdruck der *Opera omnia*, vol. I. R. H. Popkin: The History of Scepticism from Erasmus to Descartes. Assen 1960, 142, nannte Gassendi, zum Unterschied von den destruktiven Skeptikern, einen konstruk-

tiven Skeptiker. Sein Pyrrhonianismus sei zutage getreten, wenn er auf den Dogmatismus reagierte (145). Dann habe er sich zu einem totalen Skeptizismus bekannt (146).
29. Cf. E. Cassirer: Das Erkenntnisproblem in der Philosophie und Wissenschaft der neueren Zeit, II. Darmstadt 1971 (Nachdruck der 3. A. 1922), 35: Als empirischer Forscher mußte Gassendi „für seine theoretische Deutung der Erfahrung Begriffe aufnehmen, die, gemäß dem eigenen Maßstab, den die Philosophie Gassendis aufstellt, in ihrer Geltung fragwürdig sind."
30. Cf. III, 653 a: „Nihil scire licere ex rebus naturae praeter ipsarum historiam."
31. Cf. O. R. Bloch, op. cit., 100 sqq.
32. V. Obj.; in: Descartes, Œuvres (ed. Adam et Tannery), vol. VII, 320.
33. Ibid., 320–321.
34. Ibid., 320; cf. Gassendi: Exercitationes, Opera omnia III, 177 b sq.
35. Die Zenonischen Paradoxien können auf diese Weise nicht vermieden werden, wie schon J. Schaller: Geschichte der Naturphilosophie seit Bacon. Leipzig 1841, vol. I, 207 sq., gezeigt hat.
36. Cf. I, 334 a: „Quod vero principium agendi in corporibus esse debeat corporeum, vel ex eo intelligi potest, quod physicae actiones corporeae cum sint, nisi a principio physico corporeoque elici non possint."
37. Cf. O. R. Bloch, op. cit., 319.
38. Cf. T. Gregory: Einleitung zum Nachdruck der Opera Omnia, vol. I, p. XX.
39. Cf. I, 295 b: „... tam est necesse intelligi existere Deum, quam necessarium est mundi ordinem fieri attendenti perspicuum."
40. Cf. O. R. Bloch, op. cit., 379 sqq.
41. Wie T. Gregory: Einleitung zum Neudruck der Opera omnia, vol. I, pp. XX sq., meinte.
42. Cf. T. Gregory: Scetticismo ed empirismo, cit., 224 sqq.
43. Neuausgabe der drei Fassungen des Werkes mit einer kritischen Einleitung des Herausgebers St. Medcalf: „The Vanity of Dogmatizing. The three ‚versions‘". Hove (Sussex) 1970 (The Harvester Renaissance Library. 1). Nach dieser Ausgabe wird im folgenden zitiert.
44. Zur Biographie cf. die (nicht paginierte) Vita, die Glanvills „Sadducismus Triumphatus", 4. A. 1726, vorangestellt ist. S. auch B. Willey: The Seventeenth Century Background. New York 1953, Kap. IX, sowie J. I. Cope: Josef Glanvill, Anglican Apologist. St. Louis 1956.
45. The Vanity of Dogmatizing, 249 sq.
46. Ibid., 211.
47. Scepsis scientifica, Widmung an die Royal Society, s. p.
48. Ibid.
49. The Vanity of Dogmatizing, 22.
50. Ibid., 25.
51. Ibid., 43.
52. Ibid., 210.
53. Ibid., 210 sq.
54. The Vanity of Dogmatizing, 189 sq. Cf. R. H. Popkin: „J. Glanvill, Precursor of Hume". In: Journal of the History of Ideas 14 (1953), 292–303.
55. Ibid., 190.
56. Ibid., 193.

57. Ibid., 195; cf. Scepsis scient., 145; Essays, 15.
58. Ibid., 213.
59. Ibid., 225.
60. Ibid., 233.
61. Ibid., 228.
62. Zu Bayles Stellung in seiner Zeit cf. P. Dibon (ed.): Pierre Bayle, le philosophe de Rotterdam. Amsterdam und Paris 1959; sowie Elisabeth Labrousse: Pierre Bayle, I–II. Den Haag 163 sq.
63. Neudruck des „Dictionnaire historique et critique" Genf 1969.
64. Addition aux Pensées diverses à l'occasion de la comète...; in: Œuvres diverses, I–IV. Hildesheim 1964–1968 (Reprogr. Nachdr. der Ausgabe von 1727–1731), vol. III/1, 180a. – Auf die „Œuvres diverses" beziehen sich auch die folgenden Angaben im Text.
65. Zum Folgenden cf. Opuscules, in: Œuvres div. IV, 109 sqq., insb. die Dissertation von 1680 und die etwa gleichzeitigen „Thèses philosophiques".
66. Œuvres div. IV: „Système abrégé de Philosophie".
67. Cf. Elisabeth Labrousse: Historische Einleitung zu vol. IV der Œuvres diverses.
68. Unter den katholischen Theologen, die sich von Descartes beeinflussen ließen, ragen hervor Fr. Fénelon (1651–1715), Erzbischof von Cambrai, und J. B. Bossuet (1627–1704), Bischof von Meaux. Fénelon, der zeitweise am Hofe Ludwigs XIV. als Erzieher des Thronfolgers wirkte, ist vor allem als Verfasser des „Télémaque" bekannt, eines Fürstenspiegels. Er verband Gedanken der Cartesianischen Metaphysik mit mystisch-quietistischen Ideen. Eine Gesamtausgabe seiner Werke erschien in Paris etc. 1848–1852. Bossuet nahm ebenfalls Cartesianische Gedanken auf und akzentuierte deren augustinischen Aspekt. Eine Gesamtausgabe seiner Werke erschien in Bar-le-Duc 1870. Zu beiden cf. R. Spaemann: Reflexion und Spontaneität. Studien über Fénelon. Stuttgart 1963 (mit Bibliographie).

V. Blaise Pascal und die Logik von Port-Royal

1. Zur *Biographie* cf. F. Strowski: „Biographie". In: Pascal. Édition définitive des Œuvres complètes, ed. F. Strowski, 3 voll. Paris 1923–1931; vol. I. pp. I–CL; Id.: Pascal et son temps, 3 voll. Paris 1907–1908; insb. vol. III: L'histoire de Pascal; M. Bishop: Pascal. The Life of Genius. New York 1968 (1. A. 1936); E. Mortimer: Blaise Pascal. The Life and Work of a Realist. London 1959. – *Ausgaben der Werke:* Œuvres de Pascal, publiées suivant l'ordre chronologique par L. Brunschvicg, P. Boutroux und F. Gazier, I–XIV. Paris 1904–1914 (Neudruck Vaduz 1965); nach dieser Ausgabe wird im folgenden zitiert. Œuvres complètes, ed. F. Strowski (v. supra); Œuvres complètes, ed. L. Lafuma. Paris 1963; Œuvres complètes, ed. J. Chevalier, Brügge 1964; Œuvres complètes, ed. J. Mesnard, I–II. Paris 1964/1970. – *Bibliographie:* A. Maire: Bibliogr. générale des œuvres de B. P. 5 voll. Paris 1925–1927.
2. Kritisch ediert von R. Taton in: Revue Hist. Sciences 8 (1955), 1–18.
3. Den einleitenden Teil über die Erzeugung von Kegelschnitten hat Leibniz kopiert (cf. II, 234–243).
4. Zur Abhängigkeit Pascals von G. Desargues cf. R. Taton: „L'œuvre de Pascal en Géométrie projective". In: P. Costabel et. al.: L'œuvre scientifique de Pascal. Paris

1964, 17–72. cf. E. T. Bell: Men of Mathematics, vol. I. Harmondsworth 1965 (1. A. 1937), 93.

5. Cf. R. Taton: „Sur l'invention de la machine arithmétique". In: P. Costabel et al., op. cit., 207–228; J. Payen: „Les exemplaires conservés de la machine de Pascal"; ibid., 229–247.

6. Cf. B. v. Freytag-Löringhoff: „Über die erste Rechenmaschine". In: Physik. Blätter 1958, 361–365. Anders als v. Freytag-Löringhoff glaubt R. Taton, op. cit., 212, nicht an einen Einfluß der Schickardschen Idee auf Pascal.

7. Zu diesen cf. E. Mach: Die Mechanik. Darmstadt 1963 (9. A. 1933), 104 sq.; C. de Waard: L'expérience barométrique. Thouars 1936; A. Koyré: „Pascal savant". In: Blaise Pascal. L'homme et l'œuvre. Paris 1956 (Cahiers de Royaumont).

8. An Mersenne, 13. Dez. 1647; Œuvres de Descartes, ed. Adam und Tannery, vol. V, 99; cf. ibid., 365.

9. Cf. Isabel Leavenworth: The Physics of Pascal. New York 1930, 92 sqq.; Michelle Sadoun-Goupil: „L'œuvre de Pascal et la physique moderne". In: P. Costabel et al., op. cit., 248–277, insb. 262–264.

10. E. Mach, op. cit., 85 sq., 24 sq., 34 sq.

11. III, 156 sqq., bzw. 193 sqq. Nach Isabel Leavenworth, op. cit., 102, handelt es sich um Pascals wichtigste Beiträge zur Physik.

12. P. Fermat war einer der bedeutendsten Mathematiker der Epoche, der wichtige Beiträge zur Analytischen Geometrie leistete und Gedanken zur Infinitesimalrechnung entwickelte, bevor Leibniz und Newton diese Disziplin konstituierten. – Zur Korrespondenz Pascal – Fermat cf. Œuvres de Fermat, ed. P. Tannery, Ch. Henry und C. de Waard, 5 voll. Paris 1891–1922; vol II (1904).

13. III, 445: Traité du triangle arithmétique; Usage du triangle arithmétique pour les combinaisons. Hierüber informiert sehr klar M. Cantor: Vorlesungen zur Gesch. d. Mathematik, vol. II, Leipzig, 2. A. 1900, 750 sq.

14. Beim Abbruch einer Partie mit zwei Spielern läßt sich feststellen, in welchem Verhältnis der in Aussicht stehende Gewinn zu teilen ist; cf. M. Cantor, op. cit., 756.

15. Cf. Mémorial; XII, 4: „Depuis environ 10 heures et demi du soir jusques environ minuit et demi, Feu". Das „Mémorial" war ein Pergamentblatt, das stichwortartig die Eindrücke jener Nacht festhielt und das Pascal zur Erinnerung an seine Bekehrung und zur Abwehr von Versuchungen ständig in seinem Rock eingenäht bei sich trug (XII, 3–7).

16. Cf. die Vita, verfaßt von seiner Schwester Gilberte; I, 81.

17. IX, 116: Traité général de la Roulette; VIII, 195 sqq.: Histoire de la Roulette.

18. Sie wurde von Ch. Bouvelles entdeckt; Galilei und seine Schüler, ferner Roberval und Fermat beschäftigten sich mit ihr. Galilei und Chr. Wren erkannten ihre Bedeutung für die Architektur.

19. Cf. Fr. Russo: „Pascal et l'analyse infinitésimale". In: P. Costabel et al., op. cit., 136–153 (Dort weitere Lit.).

20. Les Provinciales ou Lettres écrites par Louis Montalte à un provincial de ses amis (in Œuvres IV–VII nach der editio princeps. Die Provinzialbriefe wurden ursprünglich in einzelnen Lieferungen in quarto veröffentlicht, die nachträglich zusammengefaßt wurden. Eine Ausgabe derselben in 12° erschien mit der Angabe „Cologne 1657", faktisch aber bei Elzevier). Zur allgemeinen Orientierung cf. F. Strowski: Pascal et son temps, II: Les Provinciales et les Pensées. Paris 1908.

21. Zu den „Écrits sur la grâce" (XI, 128–295) cf. J. Miel: Pascal and Theology. Baltimore und London 1969, 64 sqq.
22. L. Goldmann: Der verborgene Gott. Studie über die tragische Weltanschauung in der Pensées Pascals und im Theater Racines. Neuwied und Darmstadt 1973 (Le Dieu caché. Paris 1953), 272.
23. Zur Entstehungsgeschichte cf. F. Strowski: Les Pensées de Pascal. Étude et analyse. Paris 1930; M. und Marie-Rose Le Guern: Les Pensées de Pascal. De l'anthropologie à la théologie. Paris 1972; J. Miel, op. cit., 148 sqq.; H. Meyer: Pascals Pensées als dialogische Verkündigung. Göttingen 1962 (mit besonderer Berücksichtigung der in der Schrift „L'art de persuader" aufgestellten Regeln).
24. IX, 240 sqq. Die beiden Bruchstücke sind vermutlich zu verschiedenen Zeitpunkten entstandene Entwürfe zum gleichen Thema (cf. IX, 231). Kritische Ausgabe von J.-P. Schobinger: Blaise Pascals Reflexionen über die Geometrie im allgemeinen: „De l'esprit géométrique" und „De l'art de persuader". Mit deutscher Übersetzung und Kommentar. Basel und Stuttgart 1974 (471–485 Literaturverzeichnis).
25. Cf. IX, 287: „La méthode de ne point errer est recherchée de tout le monde. Les logiciens font profession d'y conduire, les géomètres seuls y arrivent, et hors de leur science et de ce qui l'imite, il n'y a point de véritables démonstrations".
26. Cf. IX, 282: „définir tous les noms qu'on impose; prouver tout en substituant les définitions à la place des définis."
27. Cf. H. Scholz: „Pascals Forderungen an die mathematische Methode". In: Festschr. f. A. Speise. Zürich 1945. Separatdruck Zürich 1945, 14. (Auch in H. Scholz: Mathesis universalis, ed. H. Hermes, F. Kambartel, J. Ritter, Darmstadt 1961).
28. Cf. Isabel Leavenworth, op. cit., 151 sq.
29. Cf. Michelle Sadoun-Goupil, op. cit., 271 sqq.
30. Cf. L. Brunschvicg: Le génie de Pascal. Paris 1924, 47.
31. Zwei Ausgaben der „Pensées" konkurrieren seit längerem miteinander, die von L. Brunschvicg, Paris 1904 (auch in dessen Ausgabe der Œuvres complètes, XII–XIV), und die von F. Strowski (in der Edition définitive, siehe Anm. 1). Letztere liegt der deutschen Ausgabe der „Pensées" von W. Rüttenauer, mit einer Einführung von R. Guardini, Bremen 1955 (zuerst Leipzig 1938), zugrunde. Die beiden Ausgaben folgen verschiedenen Interpretationsprinzipien. Im folgenden wird die Numerierung nach Bunschvicg und Band- nebst Seitenzahlen nach dessen Ausgabe der Œuvres complètes angegeben.
32. Pascals Verhältnis zu Descartes untersucht M. Le Guern: Pascal et Descartes. Paris 1971.
33. Cf. 434; XIII, 346 sq.: „Die Natur verwirrt die Pyrrhonisten und die Vernunft verwirrt die Dogmatiker." Zu Pascals Verhältnis zur Skepsis cf. L. Brunschvicg: Descartes et Pascal lecteurs de Montaigne. Neuchâtel 1945.
34. Cf. 230; XIII, 139: „Es ist unbegreiflich, daß Gott ist, und unbegreiflich, daß er nicht ist."
35. Zum Begriff „Herz" cf. J. Laporte: „Le cœur et la raison selon Pascal". In: Revue philosophique 103–104 (1927), 93–118; 255–299; 421–451; Ch. Baudouin: B. Pascal ou l'ordre du cœur. Paris 1962; J. Miel, op. cit., 157 sqq.; M. und Marie-Rose Le Guern, op. cit., 67 sqq.
36. IX, 273, wird „Herz" mit „Willen" in Verbindung gebracht; „le cœur" hat also auch diese Bedeutungskomponente.

37. „Das Herz hat seine Gründe, die die Vernunft nicht kennt". Strowski, Édition définitive, vol. III, 47: „Le cœur a sa raison..." („Das Herz hat seine Vernunft, die die Vernunft nicht kennt").

38. Cf. 278; XIII, 201: „Es ist das Herz, das Gott fühlt, und nicht die Vernunft."

39. Cf. 233; XIII, 154: „cela vous fera croire et vous abêtira". Gegen V. Cousin, der hier die Forderung nach dem Opfer des Intellekts zu vernehmen glaubte, suchte L. Brunschvicg (XIII, 154 N. 1) die in der Ausgabe von Port-Royal unterdrückte Stelle abzuschwächen, indem er „abêtir" im Sinne des Verzichts auf Bildungswissen und auf Vorurteile bzw. im Sinne der Rückkehr zu einer kindlichen Geisteshaltung deutete.

40. Cf. 252; XIII, 184: „Wir sind ebensosehr Automat wie Geist; und daher kommt es, daß das Werkzeug, durch das die Überzeugung zustande kommt, nicht allein der Beweis ist."

41. Nach Pascal erfaßt die Seele Zahl, Zeit und Ausdehnung, weil sie in einem Körper ist (cf. 233; XIII, 141).

42. Cf. G. Brunet: Le pari de Pascal. Paris 1956; L. Goldmann, op. cit., 423: Die Wette.

43. A. Arnauld und P. Nicole: L'art de penser. La logique de Port-Royal. Ed. B. v. Freytag-Löringhoff. Stuttgart – Bad Cannstatt 1965–1967; vol. I: Facsimile-Nachdruck der 1. A. 1662; voll. II–III: Varianten der späteren Ausgaben und der Manuskripte.

44. L'art de penser, vol. I, 7.

45. L. c., 23: „La logique est l'art de bien conduire sa raison dans la connaissance des choses, tant pour s'en instruire soi-même, que pour en instruire les autres."

46. Zum Einfluß Pascalscher Gedanken auf die Logik von Port-Royal cf. L. Marin: La critique du discours. Sur la „Logique de Port-Royal" et les „Pensées" de Pascal. Paris 1975; zu speziellen Einflüssen H. W. Arndt: Methodo geometrica pertractatum. Berlin und New York 1971, 69 sqq.

47. L'art de penser, vol. I, 16 sqq.

48. L. c., 15.

49. L. c., 341.

50. L. c., 341.

51. L. c., 341 sqq.

52. L. c., 344 sq.

53. L. c., 346 sqq.

54. L. c., 329.

55. L. c., 332.

56. L. c., 332 sqq.

57. L. c., 51; cf. J.–Cl. Pariente: „Sur la théorie du langage à Port-Royal". In: Studia Leibnitiana 7 (1975), 229–235; insb. 232.

58. Ibid.

59. A. Arnauld und C. Lancelot: Grammaire générale et raisonnée ou La Grammaire de Port-Royal. Ed. H. E. Brekle, 2 voll. Stuttgart – Bad Cannstatt 1966.

60. Hierauf hat hingewiesen N. Chomsky: Cartesian Linguistics. New York und London 1966, 33 sqq.

61. Cf. J.–Cl. Pariente: „Grammaire générale et grammaire générative". In: Actes de la recherche en sciences sociales, Nov. 1975, No. 5/6, 36–49, wo Chomskys Versuch kritisiert wird, die Grammatik von Port-Royal als Vorstufe der generativen Gramma-

tik zu interpretieren. Pariente führt die Auseinandersetzung vor allem in Form einer Analyse der in der „Grammaire générale" entwickelten Theorie der Relativsätze, die, wie er zeigt, von Chomsky einseitig und unvollständig berücksichtigt wurde. Gegen Chomsky betont er, daß es Arnauld und Lancelot im Grunde um eine Philosophie der Sprache des Cartesianischen Dualismus von Verstand und Willen und nicht um eine generative Grammatik ging.

VI. Die Okkasionalisten

1. Zur Vorgeschichte des Terminus cf. R. Specht: „Über ‚occasio' und verwandte Begriffe vor Descartes". In: Archiv für Begriffsgeschichte 15 (1971), 215–255. Cf. Id.: Art. „Anlaß". In: Hist. Wörterbuch der Philosophie (ed. Ritter et al.), I (1971).
2. Œuvres (ed. Adam und Tannery), vol. IX, 144; 164; 176.
3. Œuvres, vol. VIII/2, 359: „non quia istae res illas ipsas [sc. ideas] nostrae menti per organa sensuum immiserunt, sed quia tamen aliquid immiserunt, quod ei dedit occasionem ad ipsas, per innatam sibi facultatem, hoc tempore potius quam alio, efformandas." Auch die Ideen des Schmerzes, der Farben, der Töne usw. müssen in gewissem Sinne eingeboren sein, „ut mens nostra possit, occasione quorundam motuum corporeorum, sibi eas exhibere" (ib.).
4. Cf. H. Gouhier: La vocation de Malebranche. Paris 1926, 84.
5. Zur Biographie cf. die den Opera omnia philosophica (ed. Schalbruch), Amsterdam 1691, vorangestellte Vita von H. Chr. Henninius. Zu den geistes- und problemgeschichtlichen Zusammenhängen bei Clauberg, La Forge, Cordemoy u.a. cf. R. Specht: Commercium mentis et corporis. Über Kausalvorstellungen im Cartesianismus. Stuttgart – Bad Cannstatt 1966.
6. Die Seitenangaben beziehen sich auf die Opera omnia philosophica. Amsterdam 1691.
7. Es dürfte sich um eine Neuprägung Claubergs handeln. Der Ausdruck „Ontologie" findet sich später auch bei Leibniz: Cf. Opuscules et fragments inédits (ed. Couturat), Paris 1903, 111 sq.
8. Zu diesem Prozeß cf. I. Mancini: „Una battaglia contro la metafisica classica nel seicento: Arnoldo Geulincx". In: Rivista di Filosofia neo-scol. 49 (1957), 476 sqq.
9. Zur Biographie cf. P. Clair: „Etude bio-bibliographique" in dessen Ausgabe von La Forges Œuvres philosophiques. Paris 1974 (Le mouvement des idées au XVIIe s., 9).
10. Über die Bemühungen im Zusammenhang mit der Herausgabe des Werks informiert J. Isolle: „Un disciple de Descartes: Louis de La Forge". In: Dix-septième siècle, No. 92 (1971), 99–117.
11. A. G. A. Balz: „Louis de La Forge and the Critique of Substantial Forms". In: The Philos. Review 41 (1932), 551–576, hat gezeigt, daß La Forge von der okkasionalistischen Deutung des Verhältnisses von Nervenprozessen und konfusen Empfindungen ausging und auf die Frage stieß, wie es angesichts der Verworrenheit der Wahrnehmungen Gegenstandserkenntnis auf Grund von distinkten Ideen geben könne. Er suchte das Problem mit Hilfe der Annahme zu lösen, daß auch die Ideen von Bewegungsverhältnissen wegen der Unbegreiflichkeit von Kräften konfus (und nur die allgemeine Idee der Bewegung distinkt) seien. Damit entfällt der Deutlichkeitsunterschied zwischen Empfindungen und Begriffen ausgedehnter und bewegter Gegenstände. Auf die Frage, wie die allgemeine deutliche Idee der Bewegung auf bestimmte,

konfus vorgestellte Bewegungsverhältnisse angewandt werden könne, antwortete La Forge, daß das auf Grund des von Gott hergestellten Zusammenhangs der Erscheinungen möglich sei. Die Empfindungen sind Gelegenheitsursachen für die Anwendung der distinkten Ideen von Ausdehnung und Bewegung im allgemeinen. Zu La Forges Philosophie im allgemeinen cf. H. Seyfarth: L. de La Forge und sein Occasionalismus. Gotha 1887.

12. Zur Biographie cf. P. Clair und Fr. Girbal: „Biographie", in den von ihnen edierten Œuvres philosophiques von G. de Cordemoy, Paris 1968 (Le mouvement des idées au XVIIe siècle, 6). Seitenangaben im Text beziehen sich auf diese Ausgabe.

13. Cf. N. Chomsky: Cartesian Linguistics. New York und London 1966 (auch deutsch: Cartesianische Linguistik. Tübingen 1970), 6–9.

14. Auf die große Bedeutung der jansenistischen Idee einer das Endliche absorbierenden absoluten Herrschaft Gottes in Geulincx' Denken hat aufmerksam gemacht I. Mancini: „Una battaglia contro la metafisica classica nel seicento: Arnoldo Geulincx". In: Rivista di Fil. neo-scol. 49 (1957), 476–500. Ferner H. J. de Vleeschauwer: „Les antécédents du transcendantalisme Kantien: Geulincx et Kant". In: Kant-Studien 45 (1953/54), 245–273. Cf. Id.: „Occasionalisme et Conditio humana chez Arnold Geulincx". In: Kant-Studien 50 (1958/59), 109–124.

15. *Gesamtausgabe* der philosophischen Schriften von J. P. N. Land: Opera philosophica. Den Haag 1891–1893. Neudruck Stuttgart – Bad Cannstatt 1965 sqq., mit zwei Erg.-Bden in Vorb. (ed. Vleeschauwer). Außer den in der vorhergehenden Anm. angeführten Arbeiten veröffentlichte J. H. de Vleeschauwer: „Die biologische Funktion der sinnlichen Erkenntnis bei A. Geulincx". In: Zeitschr. f. phil. Forschung 8 (1954); „Le opere di A. Geulincx. Bibliografia e evoluzione". In: Filosofia 1957; Three Centuries of Geulincx Research. Pretoria 1957 (mit Bibliographie); More seu ordine geometrico demonstratum. Geulincx et Spinoza. Pretoria 1961; Le problème du suicide dans la morale de Geulincx. Pretoria 1965. Auf Geulincx geht auch ein P. Dibon: La philosophie néerlandaise au siècle d'or, I. Paris 1954. Die ausführlichste Darstellung von Geulincx' Philosophie bietet A. de Lattre: L'occasionalisme d'Arnold Geulincx. Etude sur la constitution de la doctrine. Paris 1967.

16. Auf mystische Einflüsse in Geulincx' Denken haben hingewiesen G. Schmitz: Mystische Wurzeln der Geulincx'schen Philosophie. Bonn 1944 (Diss.), und M. F. Sciacca: „S. Bonaventura e Geulincx". In: Studi sulla filosofia medievale e moderna. Neapel 1935, 29 sqq.

17. Geulincx nennt die bewußtseinstranszendenten Dinge „res in se" und unterscheidet sie von den vorgestellten erscheinenden Dingen: Man darf seiner Ansicht nach nicht annehmen, „res ... in se tales esse, existere secundum se sub illa specie aut phantasmate, sub quo sensui aut intellectui apparent".

18. Cf. A. de Lattre: L'occasionalisme d'Arnold Geulincx. Paris 1967, 302 sqq.

19. H. J. de Vleeschauwer: „Les antécédants du transcendantalisme: Geulincx et Kant". In: Kant-Studien 45 (1953/54), 261.

20. Zu den Erkenntnisarten bei Geulincx cf. H. J. de Vleeschauwers in der vorhergehenden Anmerkung zitierte Arbeit; ferner A. de Lattre, op. cit., 296 sqq.

21. Cf. II, 205; II, 268; 188; II, 502, III, 32; III, 205. Eine Übersicht bietet C. Verhoeven: Het axioma van Geulincx. Bilthoven 1973.

22. Cf. C. Verhoeven, op. cit., 72: Nach Geulincx „tut sich" eigentlich nichts; alles wird getan.

23. Ähnlich läßt sich die These, daß wir körperliche Bewegungen nicht willkürlich hervorbringen können, plausibel machen: Wenn wir auch wüßten, wie z.B. die Artikulation eines Wortes vor sich geht, würde die bewußte Vergegenwärtigung aller hierzu erforderlichen Bewegungsvorgänge in den Nerven bzw. in den *Spiritus animales* und in den Muskeln wegen deren Komplexität mindestens sehr lange Zeit beanspruchen, so daß in einer konkreten Situation kein Wort hervorgebracht werden könnte. Analoges gilt für alle willkürlichen Bewegungen. Cf. A. de Lattre, op. cit., 371 sq.

24. Cf. II, 224: „Soli menti debetur actio".

25. „Instituto decretoque divino" (Annotata latiora in Principia Cartesii).

26. Zu dieser Frage cf. H. J. de Vleeschauwer: Le problème du suicide dans la morale de Geulincx. Pretoria 1965.

27. H. J. de Vleeschauwer: „Les antécédants du transcendantalisme", cit. (siehe Anm. 19), unterschied vier Richtungen der Geulincx-Interpretation: (1) Die Cartesianische, derzufolge Geulincx ein Epigone Descartes' gewesen sein soll (so Francisque Bouillier: Histoire de la philosophie cartésienne, I–II. Paris 1868). Als Geulincx' Hauptanliegen erscheint nach dieser Deutung die Lösung des Problems des psychophysischen Dualismus; (2) die spinozistische Interpretationsrichtung, die Geulincx dem Spinozanischen Pantheismus anzunähern sucht, wie gelegentliche Äußerungen des Philosophen nahezulegen scheinen; (3) die okkasionalistische Richtung, derzufolge im Mittelpunkt von Geulincx' Denken die okkasionalistische Theorie gestanden sein soll; (4) die kantianische Richtung, die in Geulincx einen Vorläufer der Transzendentalphilosophie sieht (wie es Vleeschauwer selbst tat, der den Okkasionalismus nicht für den zentralen Gedanken der Geulincxschen Philosophie hielt, dagegen auf die Bedeutung des Prinzips „Quod nescis . . ." nachdrücklich hinwies und es mit dem „Verum factum" bei G. B. Vico und B. Croce in Verbindung brachte).

28. Die älteste *Biographie* ist die von P. André (nunmehr in Œuvres complètes, ed. A. Robinet, Paris 1958 sqq., voll. XVIII–XIX). Cf. Œuvres complétes, vol. XX: Malebranche vivant. Biographie. Bibliographie (1968). Ferner: Malebranche. L'homme et l'œuvre (ed. Centre International de Synthèse). Paris 1967.

29. Zur Entfaltung von Malebranches Persönlichkeit im Oratorium cf. H. Gouhier: La vocation de Malebranche. Paris 1926.

30. Cf. S. Banchetti: Il pensiero e l'opera di N. Malebranche. Mailand 1963, 49. H. Gouhier, op. cit., Kap. III–IV; M. Gueroult: Malebranche, I–III. Paris 1955–1959; vol. II, 210 sqq.

31. Zur Ausgabe des „Traité de l'homme" cf. Œuvres de Descartes (ed. Adam und Tannery), vol. XI, p. VI; cf. 119, 229. (Siehe auch Abschnitt 2b dieses Kapitels.)

32. Die *maßgebliche Ausgabe* von Malebranches Werken sind die von A. Robinet edierten Œuvres complètes. Paris 1958 sqq. Nach dieser Ausgabe wird im folgenden zitiert. Gliederung dieser Ausgabe: I–III: Recherche de la vérité; IV: Conversations chrétiennes; V: Traité de la nature et de la grâce; VI–IX: Recueil de toutes les réponses à M. Arnauld; X: Méditations chrétiennes et métaphysiques; XI: Traité de morale; XII–XIII: Entretiens sur la métaphysique et sur la religion. Entretiens sur la mort; XIV: Traité de l'amour de Dieu; XV: Entretien d'un philosophe chrétien et d'un philosophe chinois; XVI: Réflexions sur la prémotion physique; XVII: Pièces jointes et écrits divers. Mathematica; XVIII–XIX: Correspondance et actes.

33. Zu Malebranches mathematischen und wissenschaftlichen Leistungen cf. A. Robinet:

Malebranche de l'Académie des Sciences. L'œuvre scientifique 1674–1715. Paris 1970. Eine allgemeine Charakteristik von Malebranches Konzeption der Mathematik und deren Einfluß auf seine Philosophie bietet P. Schrecker: „Malebranche et les mathématiques". In: Travaux du IXᵉ Congrès International de Philosophie, II: Etudes Cartésiennes (Congrès Descartes), IIᵉ partie. Paris 1937. 33–40.

34. Œuvres complètes VI-IX. Die Kontroverse war durch A. Arnaulds Werk „Des vraies et des fausses idées" (1683), Œuvres XXXVIII, ausgelöst worden. Zu seiner Vorstellungstheorie cf. Daisie Radner: „Representationalism in Arnauld's Act Theory of Perception". In: Journal of the Hist. of Philos. 14 (1976), 96–98.

35. In der zeitgenössischen Theologie gab es eine malebranchistische Strömung, der Thomassin, B. und Fr. Lamy und André angehörten. Cf. F. Alquié: Le Cartésianisme de Malebranche, Paris 1974, wo von einem unterschwelligen Einfluß Malebranches auf die Aufklärungsphilosophie die Rede ist (14 sqq.).

36. Cf. A. Robinet, op. cit. Zu Malebranches naturwissenschaftlichen Leistungen cf. P. Mouy: Le développement de la physique cartésienne 1646–1712. Paris 1934, 264 sqq.

37. Cf. E. Bréhier: „Les jugements naturels chez Malebranche". In: Revue philosophique 1938 (Malebranche-Sonderheft).

38. Nach A. Robinet: Système et existence dans l'œuvre de Malebranche. Paris 1965, ist diese Auffassung der Idee für die erste Phase von Malebranches Denkentwicklung charakteristisch (zum entsprechenden Begriff der Idee cf. 211 sqq.), während für deren letzte Phase nach 1695 eine Konzeption wesentlich wird, derzufolge der Idee eine eigene Wirksamkeit zukommt (259 sqq.). F. Alquié, op. cit., 210, sah in der Wirksamkeit der Idee die Wirkung Gottes auf Subjekte.

39. A. Arnauld, Œuvres (ed. cit.), vol. XXXVIII, 196: Malebranche hielt nach Arnauld die Idee als „être représentatif" für etwas ebenso vom Subjekt Verschiedenes wie das Ding selbst. Arnauld betonte die Verwandtschaft dieser Auffassung mit der populären Ansicht, daß ein Vorstellungsinhalt vorgängig gegeben sein müsse, damit er apperzipiert werden könne (l. c., 192 sq.). Malebranche spricht von den Ideen wie von einem Instrument der Wahrnehmung und behandelt sie damit wie ein Fernrohr, mit dessen Hilfe wir z. B. die Jupitermonde beobachten können (221). Die Wendung „Wir sehen nicht die Dinge unmittelbar, sondern deren Ideen" ist als bloße Façon de parler zu verstehen, die besagt, daß wir auf die „objektive Realität" der perzipierten Sache reflektieren können (204). „Idee eines Objekts" heißt nichts anderes als „Perzeption eines Objekts" (207), so daß die Annahme von „êtres représentatifs" hinfällig wird (209 et pass.).

40. A. Arnauld, l. c., 198: Die Beziehung der Vorstellung aufs Subjekt und die Beziehung derselben aufs Objekt sind zwei Aspekte ein und derselben Bewußtseinsmodifikation.

41. Wie A. Robinet: Système et existence etc., cit., 262 sq., bemerkte, tritt bei Malebranche an die Stelle der Schau *in* Gott die Schau *durch* Gott, weil er nur unter Voraussetzung der letzteren die Frage beantworten zu können meinte, wie das Subjekt die ihm gegebenen Ideen perzipieren könne.

42. Eine späte Wirkung übte Malebranche im 19. Jh. auf L. de Bonald und A. Rosmini (siehe Bd. X) aus.

43. Cf. X, 100: „Car quoique tu doives juger de l'essence des êtres par les idées qui les représentent, tu ne dois jamais juger par elles de leur existence".

44. Die Konzeption der intelligiblen Ausdehnung wurde *vor* Arnaulds Kritik entwickelt, wie H. Gouhier: La philosophie de Malebranche. Paris 1926, 353 sq., gegen Fr. Boullier, op. cit., betonte. Zur Entwicklung der Idee der intelligiblen Ausdehnung cf. Geneviève Rodis-Lewis: Nicolas Malebranche. Paris 1963, 81–88.

45. In den „Méditations chrétiennes et métaphysiques" läßt Malebranche Jesus, seinen imaginären Gesprächspartner, vom „elenden Spinoza" reden, der die Schöpfung als unmöglich bezeichnet habe (X, 101). In deutlicher Anspielung auf Spinoza wird es als Narrheit (folie) bezeichnet, sich als Teil der Gottheit bzw. als Modifikation des absolut vollkommenen Wesens zu betrachten. Der „schlechte Geist", der diese Ansicht vertrat, habe die Schöpfung für unmöglich erklärt und sich infolgedessen in jenen Irrtum verstrickt (X, 102).

46. Arnauld wies op. cit., 327 sq., darauf hin, daß sich Malebranche nicht auf die Cartesianische Begründung des Leib-Seele-Dualismus hätte berufen dürfen, da er die Möglichkeit einer klaren Idee der Seele bestritt.

47. Unter anderen Voraussetzungen hatte Geulincx (Abschn. 3 a) die Möglichkeit einer Metaphysik als Wissenschaft von der Wirklichkeit selbst bestritten.

48. Arnauld, op. cit., 324 sq., warf im Hinblick hierauf Malebranche terminologische Inkonsequenz vor. In der Erwiderung (VI, 166) unterschied Malebranche zwischen einer engeren und einer weiteren Bedeutung von „Idee" und erklärte, daß nur Ideen als objektrepräsentierende Seiende bei der Gotteserkenntnis keine Rolle spielten. Die „Idee" Gottes ist Gott „konsubstantiell", sie enthält Gottes ganze Substanz, ja sie ist Gott selbst (I, 166). Man wird nicht bestreiten können, daß es irreführend ist, von einer „Idee Gottes" zu sprechen, wenn Gott selbst gemeint ist. Arnauld konnte nachweisen (op. cit., cap. III), daß Malebranche den Ausdruck „Idee" in Buch I und II der „Recherche" in anderer Bedeutung verwendete als in Buch III. Gelegentlich hat Malebranche die Mehrdeutigkeit von „Idee" selber eingeräumt (III, 44).

49. Zum Verhältnis von Malebranches apriorischem Gottesbeweis und dem ontologischen Argument Descartes' cf. E. Callot: Problèmes du cartésianisme. Annecy 1956, 179–205.

50. Zu Malebranches Beurteilung der Cartesianischen Beweise cf. „Eclaircissement de la preuve de M. Descartes de l'existence de Dieu" (II, 96 sqq.).

51. Cf. II, 377: „Es ist nicht absolut notwendig zu beweisen, daß es wirklich außer uns Seiende gibt, die diesen Ideen entsprechen, denn wir argumentieren nicht in bezug auf diese Seienden, sondern in bezug auf ihre Ideen".

52. Die verschlungenen Wege der Entwicklung von Malebranches Theorie stellte ausführlich dar A. Robinet: Malebranche de l'Académie des Sciences. Paris 1970, 129 sqq.

53. „Kraft" ist kein klarer Begriff und daher auf dieselbe Stufe wie die Begriffe von Vermögen und substantiellen Formen in der scholastischen Naturphilosophie zu stellen. Die Annahme einer bewegenden Kraft (puissance d'agir) in den Dingen ist gefährlich, da sie als etwas Göttliches gelten muß, das nur ein heidnischer Philosoph den Dingen zuschreiben könnte.

54. F. Alquié, op. cit., 514 sq., hat Malebranches Kausalitätskonzeption mit der Kantischen verglichen, die wesentlich von der ersteren dadurch abweicht, daß nicht mehr Gott, sondern das Subjekt als das in der Kausalverknüpfung wirksame synthetische Prinzip erscheint. Außerdem hat Malebranche, anders als Kant, die Kausalität nicht auf Zeitverhältnisse bezogen. – Es ist allerdings nicht ganz unbedenklich, Malebran-

che im fraglichen Punkte direkt mit Kant zu vergleichen, da die vermittelnde Rolle Humes nicht außer acht gelassen werden darf.

55. Zu Malebranches Konzeption des Willens cf. Ginette Dreyfus: La volonté selon Malebranche. Paris 1958, und A. Robinet: Système et existence etc., cit., 367 sqq.

56. „On peut dire en un sens que le mouvement d'amour que nous avons pour toutes choses n'est qu'une suite de l'amour propre" (II, 215 N.).

57. Zu dieser Problematik cf. S. Nicolosi: Causalità divina e libertà umana nel pensiero di Malebranche. Padua 1963.

58. Zum Verhältnis von Philosophie und Theologie bei Malebranche cf. J. Reiter: System und Praxis. Zur kritischen Analyse der Denkformen neuzeitlicher Metaphysik im Werk von Malebranche. Freiburg und München 1972 (Symposion. 20), wo 247–248 die „dialektische" Einheit beider betont und Robinets Auffassung widersprochen wird, auf der Suche nach dem Philosophen Malebranche finde man den Theologen Malebranche. Cf. A. Robinet: Système et existence etc., cit., 500 sq. Robinets Urteil ist unter der Voraussetzung der erkenntnistheoretischen Verschiedenheit von Theologie und Philosophie unbestreitbar. Cf. Ginette Dreyfus: „Philosophie et Religion chez Malebranche". In: Revue philos. de la France et de l'Étranger 101 (1976), 3–25.

59. Zum Beispiel H. Gouhier in seinen beiden oben angeführten Werken, der über den apologetischen Charakter von Malebranches Philosophie vorsichtiger urteilte als Ollé-Laprune: La philosophie de Malebranche, I–II. Paris 1870, der in Malebranche einseitig den christlichen Apologeten sah.

60. Zum Beispiel A. Delnoce: „Nota sull'anticartesianismo di Malebranche". In: Rivista di fil. neoscol. 1934.

61. G. W. Leibniz: Die philos. Schriften (ed. Gerhardt), vol. IV, 483.

62. Ibid., 509 sq.

63. Zu Kants Kritik an Malebranche cf. an Markus Herz, 21. 2. 1772 (Ges. Schr., hrsg. von der Pr. (später: Dt.) Akad. d. Wiss., Berlin 1902 sqq.; X, 126), sowie Kritik der Urteilskraft (Ges. Schr., V, 422): Der Okkasionalismus sei für jemand, dem es ernstlich um Philosophie zu tun sei, unannehmbar.

64. Cf. M. Blondel: „L'anticartésianisme de Malebranche". In: Revue de Métaphysique et de Morale 1916, pp. 1 sqq.

65. Cf. F. Alquié, op. cit.

66. Solche Gegensätze hat herausgestellt M. Gueroult, op. cit. F. Alquié, op. cit., hat gegen Gueroult diese Gegensätze für oberflächlich gehalten.

67. Auf den mystischen Aspekt haben sich konzentriert A. Cuvillier: Essai sur la mystique de Malebranche. Paris 1954, und J. Vidgrain: Le christianisme dans la philosophie de Malebranche. Paris 1923.

68. Diese Frage läßt sich wohl nur entwicklungsgeschichtlich beantworten, wie es bei A. Robinet: Système et existence etc., cit., geschieht.

VII. Thomas Hobbes

1. Zur *Biographie:* Hobbes verfaßte zwei Autobiographien, eine in Versen und eine in Prosa („Vita Tho. Hobbes, authore seipso"; „Vita"; vervollständigt von R. Blackburne: „Auctarium vitae Hobbianae"; alle in Opera latina, ed. Molesworth, vol. I). F. Tönnies: Thomas Hobbes. Leben und Lehre. Stuttgart – Bad Cannstatt 1971

(Neudr. d. 3. Aufl. Stuttgart 1925), eingeleitet und hrsg. von K.-H. Ilting. – *Maßgebliche Ausgabe* (nach der im folgenden zitiert wird): Opera philosophica quae scripsit omnia (ed W. Molesworth), 5 voll. London 1839–1845 (Neudr. Oxford 1961; Aalen 1961); The English Works of Thomas Hobbes of Malmesbury (ed. W. Molesworth), 11 voll. London 1839–1845 (Neudr. Oxford 1961; Aalen 1962). Im folgenden werden die Opera latina durch bloße Angabe von Band- und Seitenzahl, die English Works außerdem unter Verwendung der Sigel „EW" zitiert. – *Bibliographien:* H. Macdonald und Mary Hargreaves: Thomas Hobbes. A Bibliography. London 1952; A. Pacchi: „Bibliografia Hobbesiana dal 1840 ad oggi". In: Rivista crit. di storia della filosofia 17 (1962), 528–547; R. Ross et al. (eds.): Thomas Hobbes in His Time. Minneapolis 1974, pp. 136–139: Bibliographie ab 1957. – *Sammelwerke:* K. C. Brown (ed.): Hobbes Studies. Oxford 1965; R. Koselleck und R. Schnur (eds.): Hobbes-Forschungen, Berlin 1969. – Eine kritische Übersicht über die jüngere Hobbes-Forschung in bezug auf die politische Philosophie bietet I. Fetscher: Einleitung zu der von ihm hrsg. Übersetzung des „Leviathan", Neuwied und Berlin 1966.

2. Cf. A. G. Kästner: Geschichte der Mathematik, IV. Göttigen 1800, 186: „Joh. Albert de Soria, ehemaliger Lehrer der Universität zu Pisa, versichert, man wisse aus mündlicher Überlieferung, Galilei habe dem Hobbes auf einem Spaziergang ... die erste Idee gegeben, die Sittenlehre durch Behandlung nach geometrischer Lehrart zur mathematischen Gewißheit zu bringen". (Soria lebte 1707 bis 1769.) – Auf die Bedeutung der modernen Bewegungslehre für die Hobbessche Staatslehre hat hingewiesen Th. A. Spragens jr.: The Politics of Motion. The World of Thomas Hobbes. London 1973, der in der Ablösung der aristotelischen durch die moderne Naturauffassung einen Paradigmenwechsel erblickt und untersucht, inwieweit er auch die Staatslehre betraf. Wie er betont, gelang es Hobbes jedoch nicht, die gesamte politische Theorie mit Hilfe des neuen Paradigmas aufzubauen, weshalb er sich zum Teil auf beobachtbare Züge der menschlichen Natur beziehen mußte. Als den Galilei der Welt des Rechts betrachtet Hobbes auch Simone Goyard-Fabre: Le droit et la loi dans la philosophie de Thomas Hobbes. Paris 1975.

3. Die ursprüngliche Fassung wurde ediert von F. Tönnies: Elements of Law, Natural and Politic. London 1889 (Neudruck Cambridge 1928). In deutscher Übersetzung unter dem Titel „Naturrecht und allgemeine Staatslehre in den Anfangsgründen". Berlin 1926.

4. Cf. A. Pacchi: Convenzione e ipotesi nella formazione della filosofia naturale di Thomas Hobbes. Florenz 1965, 15 sqq. Frühe Entwürfe berücksichtigen J. Jacquot: „Notes on an Unpublished Work of Thomas Hobbes". In: Notes and Records of the Royal Society of London, vol. IX, 1952, 188–195; und R. I. Aaron: „A Possible Early Draft of *De Corpore*". In: Mind 54 (1945), 342–356. Ein früher, axiomatisch aufgebauter Entwurf der Naturphilosophie (einschließlich der mechanistischen Theorie der Wertungen) ist: „A Short Tract on First Principles". Publiziert als Appendix I zu F. Tönnies' Ausgabe der „Elements of Law" (zit.).

5. Gegen Wallis war gerichtet die Streitschrift: „Stigmai, or Marks of the Absurd Geometry, Rural Language, Scottish Church Politics and Barbarism of John Wallis" (1657) (EW VII); mit zeitgenössischen Mathematikern geht auch ins Gericht die „Examinatio et Emendatio Mathematicae Hodiernae" (1660) (IV, 1–232). Weitere polemische Schriften in V und EW VII. Hobbes verteidigte z. B. hartnäckig seine vermeintliche Lösung der Quadratur des Kreises. Hobbes' Vorwürfe gegen die

Universitäten im allgemeinen wies zurück Seth Ward: Vindiciae Academiarum (1654), der im Anhang des Werkes seinerseits behauptete, Hobbes' Auffassungen könnten für die geistige Freiheit, namentlich an den Universitäten, gefährlich werden.

т 6. In Deutschland wendete sich Chr. Kortholt: De tribus impostoribus magnis. Kiel 1680, außer gegen E. Herbert von Cherbury und Spinoza auch gegen Hobbes als vermeintlichen philosophischen Dogmatiker und vor allem als Feind der Religion.

7. Ausgehend von M. Weber: „Die protestantische Ethik und der Geist des Kapitalismus". In: Archiv f. Sozialwiss. u. Sozialpolitik 20 (1904) und 21 (1905) (auch in: Gesammelte Aufsätze zur Religionssoziologie. Tübingen, 5. A. 1963; 1. A. 1920),
т wurde von R. H. Tawney: Religion and the Rise of Capitalism. London 1929 (1. A. 1926), und anderen der entwickelte Puritanismus als wichtigstes Motiv zur Ausbildung des englischen Kapitalismus betrachtet, was neuerdings nicht mehr ohne
т weiteres gelten gelassen wird; cf. C. H. Wilson: „Trade, Society and the State", in: The Cambridge Economic History of Europe, IV (ed. Rich und Wilson). Cambridge 1967, Kap. VIII, 487 sqq.

⑧ Cf. Th. Hobbes: Behemoth or the Long Parliament. Ed. F. Tönnies. London 1889 (Neuausgabe, ed. M. M. Goldsmith, New York 1969). Zu Hobbes' Einschätzung der politischen Situation cf. J. Lips: Die Stellung des Thomas Hobbes zu den politischen Parteien der großen englischen Revolution. Leipzig 1927 (mit deutscher Übersetzung des „Behemoth"). Als Rechtsreformer, der die Rechtsprechung nach dem Common Law kritisiert, wird Hobbes gesehen von J. Dewey: „The Motivation of Hobbes's Political Philosophy". In: Studies in the History of Ideas, I. New York 1918, 88–115; nunmehr auch in R. Ross et al., op. cit. 8 sqq. Eine eigenartige Deutung der fraglichen Zusammenhänge gibt E. Voegelin: Die neue Wissenschaft der Politik. München, 2. A. 1965 (1. A. 1959; urspr.: The New Science of Politics. Chicago und London 1952), insb. 211 sqq. und 245 sqq., der in Hobbes' Staatstheorie einen Versuch erblickt, den verhängnisvollen Auswirkungen des auch im Puritanismus in Erscheinung tretenden gnostischen Geistes der Modernität, der die staatliche Ordnung unterminiert, entgegenzutreten. Als Gegner E. Cokes (gest. 1633) und anderer Vertreter des *Common Law* muß Hobbes gesehen werden nach M. Kriele: Die Herausforderung des Verfassungsstaates. Hobbes und englische Juristen, Neuwied und Berlin 1970, der in Hobbes einen der für den Bürgerkrieg Verantwortlichen erblickt.

⑨ Zur wirtschaftlichen und sozialen Situation Englands im 17. Jh. cf. C. H. Wilson; op. cit., wo auf den „ökonomischen Nationalismus" des Merkantilismus hingewiesen wird. Die Forderung: „to sell more to strangers yearly than we consume of theirs in value", drückte die beherrschende Tendenz einer Zeit aus, in der der Handel die früheren engen Grenzen gesprengt hatte, innerhalb deren sich die Handelspartner noch kennen konnten. Der Tauschhandel wurde immer mehr verdrängt, wenn er auch im 17. Jh. noch gelegentlich vorkam. Die Edelmetalle als universelle Zahlungsmittel wurden demgemäß immer höher geschätzt. Zu der sukzessiven Aufteilung der Allmende durch „*Einhegung*" *(enclosing)* im Zusammenhang mit der Ausdehnung der Schafzucht cf. J. Kulischer: Allgemeine Wirtschaftsgeschichte des Mittelalters und der Neuzeit. Band II: Die Neuzeit. München und Wien, 3. A. 1965, 61 sqq. Betroffen waren die unabhängigen Bauern (*yeomen* oder *freeholders*), die sich im Bürgerkrieg auf die Seite Cromwells stellten. Allerdings gab es im 17. Jh. weniger Einhegungen als im 16.; erst im 18. Jh. erhielt das *enclosing* eine gesetzliche Basis. Während durch die Privatisierung der Allmende einerseits die Existenz der *yeomanry*

in Frage gestellt wurde – sie war von den herkömmlichen Weiderechten abhängig –,
wurde auf der anderen Seite die Agrarwirtschaft rationalisiert, indem die Gemeinde-
weiden urbar gemacht wurden. In der Industrie spielte die Wollerzeugung eine
besonders große Rolle. England überflügelte in diesem Wirtschaftsbereich Flandern
und die italienischen Städte (J. Kulischer, op. cit., 164 sqq.). Es handelte sich im
wesentlichen um eine Hausindustrie. Der Absatz erfolgte über den Verleger, der oft
auch die Rohwolle zur Verfügung stellte, wodurch die Abhängigkeit der Produzenten
von ihm wesentlich verstärkt wurde. Die Zahl der Kaufleute vervielfachte sich mit der
Zunahme des Handels. Die englische Politik führte zur Ausschaltung der wichtigsten
Konkurrenten, sofern der spanische und portugiesische Handel nach der Niederlage
der Armada 1588 zurückgedrängt und der starke Konkurrent Holland durch die
Navigationsakte beträchtlich behindert wurde. – Die Entwicklung einer kapitalistischen Wirtschaftsform, die zur Auflösung der ständisch gebundenen Ökonomie
führte, erzeugte Spannungen, die die zeitgenössischen Sozialphilosophen zur Stel-
lungnahme veranlaßten. Auch Hobbes, der gegenüber wirtschaftlichen, sozialen und
politischen Problemen stets aufgeschlossen war, verfolgte die Entwicklung aufmerksam, weil er es für notwendig hielt, sie so zu beeinflussen, daß revolutionäre Prozesse
hintan gehalten werden konnten. – Auf das Verhältnis zwischen der sozialen und
politischen Herausforderung und Hobbes' Reaktion auf dieselbe gehen ausführlich
ein C. B. Macpherson: The Political Theory of Possessive Individualism. Hobbes to
Locke. Oxford 1962 [deutsch: Die politische Theorie des Besitz-Individualismus.
Frankfurt a. M. 1967], der u. a. ausführlich die Rolle der *Gentry* bei der Veränderung
der zeitgenössischen Gesellschaft erörtert, und B. Willms: Die Antwort des Leviathan.
Neuwied und Berlin 1970. So wichtig die Analyse der Hobbesschen Philosophie unter
sozialen Gesichtspunkten auch ist, man darf dennoch nicht vergessen, daß Hobbes –
wie J. W. N. Watkins: „Philosophy and Politics in Hobbes". In: K. C. Brown (ed.):
Hobbes Studies. Oxford 1965, 242, betonte – zwar ein *politischer Historiker* war,
bevor er zum Philosophen wurde, daß er aber *Philosoph* geworden war, bevor er zum
politischen Theoretiker wurde.

10. Zur Vermutung, daß der Puritanismus die Funktion hatte, das kapitalistische Gewinn-
    streben zu rechtfertigen, cf. die oben (Anm. 7) genannten Werke Webers und
T   Tawneys. Außerdem E. Troeltsch: „Die Kulturbedeutung des Calvinismus". In:
    Internat. Wochenschrift, vol. IV, 1910, Spalte 449–468 und 501–508.

11. Cf. R. H. Tawney, op. cit., 237 sq.

12. Cf. II, 139: „Auch habe ich mich im ganzen Verlauf meiner Arbeit sorgfältig in acht
    genommen, etwas über die bürgerlichen Gesetze eines bestimmten Volkes zu sa-
    gen …"

13. Das zeigte sich deutlich in seiner Auseinandersetzung mit Mathematikern wie J. Wal-
T   lis. Cf. R. Hönigswald: Hobbes und die Staatsphilosophie. München 1924, 20.

T 14. Cf. F. A. Lange: Geschichte des Materialismus, I. Leipzig, 2. A., o. J. [1905], 240. Zu
    Hobbes' naturphilosophischen Auffassungen und seinem Verhältnis zur Wissen-
T   schaft cf. Fr. Brandt: Den mekaniske naturopfattelse hos Thomas Hobbes. Kopenha-
    gen 1921; bzw. Thomas Hobbes' Mechanical Conception of Nature. Copenhagen
    1928.

T 15. M. Oakeshott hat in der Einführung zu seiner Ausgabe des „Leviathan", Oxford 1946,
    p. XXII (wiederabgedruckt in M. Oakeshott: Hobbes on Civil Association. Oxford
    1975), Hobbes' Mangel an Interesse für die „experimental philosophy" konstatiert.

т Hierzu auch J. Bowle: Hobbes and His Critics. A Study in Seventeenth Century Constitutionalism. London 1951, 121.

т 16. F. S. McNeilly: The Anatomy of Leviathan. London und New York 1968, 35 sqq., hat gezeigt, daß Hobbes nicht den extremen nominalistischen bzw. konventionalistischen Standpunkt eingenommen hat.

т,н 17. Cf. R. Polin: Politique et philosophie chez Thomas Hobbes. Paris 1953. Derselbe Primat der „einfachen Natur" der Bewegung vor allen anderen „Naturen" war oben im Zusammenhang mit Bacons Philosophie zu konstatieren gewesen (s. Kap. I). Da die Bewegung stets Bewegung eines materiellen Dings sein soll („matter in motion" ist ein Schlüsselbegriff der Hobbesschen Philosophie), scheint Hobbes eine mindestens in ihren Konsequenzen materialistische Position eingenommen zu haben. In diesem Punkte sind aber die Interpreten vorsichtig. Wie schon Fr. Brandt, op. cit., Hobbes nicht als Materialisten, sondern als „Motionalisten" bezeichnen wollte, so warnte auch J. W. N. Watkins: Hobbes's System of Ideas. London 1965, 104, Hobbes ohne weiteres als Materialisten zu kennzeichnen; er zieht es vor, ihn als Epiphänomenalisten aufzufassen. Ähnlich stellt A. Pacchi, op. cit., 6–7, die Annahme in Frage, Hobbes sei Materialist gewesen. Zu den Gegnern einer Interpretation der Hobbesschen Metaphysik im Sinne des Materialismus gehört auch C. Walton: „The *Philosophia prima* of Thomas Hobbes". In: R. Ross et al. (eds.), op. cit., 31–41.

18. I, 316: „Phaenomenôn... omnium... id ipsum *tò phaínesthai* est admirabilissimum".

19. Zur Theorie der Wertungen cf. „Short Tract", sect. III, insb. pp. 208 sqq. der zitierten Ausgabe. Diese Theorie wird in den „Elements of Law", dem „Leviathan" (Kap. 6) und in „De homine" (Kap. 11) weiter entwickelt.

20. Zu den Schwierigkeiten der Hobbesschen Philosophie im Zusammenhang mit dem Versuch einer Rechtfertigung von Normen mit Hilfe deskriptiver Aussagen cf.

т W. Röd: Geometrischer Geist und Naturrecht. München 1970 (Abh. d. Bayer. Akad. d. Wiss., phil.-hist. Kl., N. F., Heft 70), Kap. I.

т 21. A. E. Taylor: „The Ethical Doctrine of Hobbes". In: Philosophy 8 (1938). Auch in K. C. Brown (ed.), Hobbes Studies (cit.). Zu der von Taylor gewiesenen Richtung der Interpretation cf. die treffenden Bemerkungen von I. Fetscher in seiner Einleitung zur deutschen Übersetzung des „Leviathan", Neuwied und Berlin 1966, pp. LXII sqq.

т 22. H. Warrender: The Political Philosophy of Hobbes. His Theory of Obligation.
т Oxford 1957. Zur Kritik cf. B. Barry: „Warrender and His Critics". In: Philosophy 43
т (1968). J. Plamenatz: „Mr. Warrender's Hobbes". In: Political Studies 5 (1957).
т Hierzu die Entgegnung Warrenders: „The Place of God in Hobbes's Philosophy". In: Political Studies 8 (1960), 48–57.

т 23. J. W. N. Watkins: Hobbes's System of Ideas (cit.), 82 sqq. Cf. Id.: „Philosophy and
т Politics in Hobbes" (cit.), 249. Kritik an Watkins übte G. Weiler: „Hobbes and Performatives". In: Philosophy 45 (1970), 210–220, der mit Warrender annimmt, daß moralische Prädikate („gut", „gerecht") bei Hobbes eine von den positiven Rechtsordnung unabhängige Bedeutung haben, da es sonst nicht möglich wäre, daß Hobbes positive Gesetze wertend beurteilt. Er scheint hierbei jedoch die *rechtspolitische* Beurteilung unter pragmatischen Gesichtspunkten mit einer rechtlichen oder moralischen Bewertung zu verwechseln. Zum Verhältnis der in Frage stehenden Interpreta-
т tionsrichtungen cf. C. Williamson: „Watkins and the Taylor-Warrender Theses". In: Mind 78 (1969). Unter anderen Voraussetzungen gelangt P. Baumanns: Einführung in die praktische Philosophie. Stuttgart–Bad Cannstatt 1977, 23 sqq., zur Annahme

einer Normativität aus praktischer Vernunft bei Hobbes, indem er davon ausgeht, daß sich nach Hobbes der Wille sein zweckrationales Wollen selbst vorschreibe (p. 28).

24. Deshalb betrifft das natürliche Gesetz nach Hobbes Handlungen, die vorzunehmen oder zu unterlassen sind im Hinblick auf die Erhaltung des Lebens bzw. die Unversehrtheit des Körpers; das natürliche Gesetz wird in diesem Sinne definiert als „dictamen rectae rationis circa ea quae agenda vel omittenda sunt ad vitae membrorumque conservationem" (II, 169–170).

25. Von neueren Werken zu Hobbes' genetischer Theorie des Staates seien genannt: M. M. Goldsmith: Hobbes's Science of Politics. New York und London 1966; D. P. Gauthier: The Logic of Leviathan. The Moral and Political Theory of Thomas Hobbes. London 1969; F. O. Wolf: Die neue Wissenschaft des Thomas Hobbes. Zu den Grundlagen der politischen Philosophie der Neuzeit. Stuttgart 1970.

26. Cf. Leviathan, cap. 11; EW III, 85 sq.: „I put for a general inclination of all mankind a perpetual and restless desire of power after power, that ceases only in death".

27. Von zahlreichen Autoren wird die Vorstellung des Naturzustandes mit Recht als theoretische Konstruktion aufgefaßt, so von J. Laird: Hobbes. London 1934, 176; G. Lyon: „Le Léviathan et la paix perpétuelle". In: Revue de Métaphysique et de Morale 10 (1902), 144; M. M. Goldsmith, op. cit., 92, u.a.; dagegen neigen einer realistischen Auffassung zu L. Strauss: Naturrecht und Geschichte. Stuttgart 1956, 105 (urspr.: Natural Right and History. Chicago 1953); und R. Polin, op. cit., 88 sq.

28. Zur älteren, wesentlich von F. Tönnies, op. cit., bestimmten Debatte über Hobbes' kontraktualistische Theorie und ihre Schwierigkeiten cf. W. Röd, op. cit., insb. pp. 38 sqq. Eine interessante Verbindung zwischen der Hobbesschen Vertragstheorie und der puritanischen Idee eines *Covenant* haben hergestellt W. Förster: Thomas Hobbes und der Puritanismus. Grundlagen und Grundfragen seiner Staatslehre. Berlin 1969, insb. 221 sqq., und Th. Waldmann: „Hobbes on the Generation of a Public Person". In: R. Ross et al. (eds.), op. cit., 61–83. Auch im Bund (covenant) mit Gott entsteht durch die Vereinigung der Gläubigen eine moralische Person, die möglicherweise das Vorbild für Hobbes' Konzeption des Staates als *persona ficta* darstellte.

29. Über die Ansätze einer analytischen Rechts- und Staatsphilosophie bei Hobbes cf. W. Röd, op. cit., 30 sqq.

30. Cf. „Elements of Law"; P. II, cap. 2, § 4.

31. Zum Widerstandsrecht bei Hobbes cf. P. C. Mayer-Tasch: Thomas Hobbes und das Widerstandsrecht. Tübingen 1965.

32. Zur Absorption aller partikulären Rechtssysteme durch den Staat cf. C. Schmitt: Der Leviathan in der Staatslehre des Thomas Hobbes. Hamburg 1938, wo betont wird, daß Hobbes die Ablösung der Legitimität durch die Legalität bzw. die Verwandlung des Rechts in einen positiven Gesetzesbefehl konsequent durchdacht habe (103).

33. Zu Hobbes' Religionsphilosophie und -politik cf. F. C. Hood: The Divine Politics of Thomas Hobbes. Oxford 1964; R. Peters: Hobbes. Harmondsworth 1956, ch. 10: Religion; H. W. Schneider: „The Piety of Hobbes". In: R. Ross et al. (eds.), op. cit., 84–101, wo Hobbes' „wahre Religion" charakterisiert werden soll; ebenso ist von der Aufrichtigkeit des Philosophen im Hinblick auf seine religiösen Äußerungen überzeugt K.-M. Kodalle: Thomas Hobbes. Logik der Herrschaft und Vernunft des Friedens. München 1972. Dagegen neigten viele ältere Autoren zu der Annahme, daß sich Hobbes in den fraglichen Äußerungen nur aus Tarnungsgründen verstellt habe. Wie bei so manchem Philosophen des 17. Jh. ist es auch bei Hobbes außerordentlich

schwer, wenn nicht gar unmöglich, seine innersten religiösen Überzeugungen festzustellen, da weltanschauliches Mimikri vielfach für die beste Art gehalten wurde, sich
vor Behelligung seitens religiöser Institutionen zu schützen.

54. Unter Berufung auf das (inhaltlich interpretierte) Naturrecht und das Common Law
kritisierten Hobbes vor allem J. Bramhall, Bischof von Derry (gest. 1663), der in
seinem Werk „The Catching of the Leviathan or the Great Whale" (London 1658) die
Hobbessche Auffassung als gefährlich für die Religion darzustellen bemüht war.
Vorher schon hatte Bramhall gegen Hobbes' Leugnung der Willensfreiheit polemisiert. Auch R. Cumberland, Bischof von Peterborough (1632–1718), suchte gegen
Hobbes die Interessen der Religion bzw. der Kirche zur Geltung zu bringen, wobei er
in seinem Hauptwerk „De legibus naturae" (London 1672) jedoch nicht als Theologe,
sondern als Naturrechtstheoretiker argumentierte. Im Namen des Common Law und
der praktischen Politik übte E. Hyde, Earl of Clarendon (1609–1674), Kritik an
Hobbes, indem er ihm in seinem Werk „A Brief View or Survey of the Dangerous and
Pernicious Errors to Church and State in Mr Hobbes's Book entitled Leviathan"
(Oxford 1676) die juristische und politische Kompetenz zur Formulierung einer
Rechts- und Staatslehre abzusprechen suchte. Zu diesen Auseinandersetzungen cf.
J. Bowle: Hobbes and His Critics. A Study in Seventeenth Century Constitutiona-
lism. London 1951; S. I. Mintz: The Hunting of Leviathan. Cambridge 1962; W. Röd:
Geometrischer Geist und Naturrecht. Methodengeschichtliche Untersuchungen zur
Staatsphilosophie im 17. und 18. Jahrhundert. München 1970 (Abh. d. Bayer. Akad. d.
Wiss., phil.-hist. Kl., Neue Folge, H. 70), Kap. II. – Auch die von H. Grotius
(1538–1645), dem Verfasser des epochemachenden Werkes „De jure belli ac pacis"
(1625), ausgehende naturrechtliche Tradition der Rechts- und Staatslehre blieb von
Hobbes nicht unbeeinflußt. Während S. Pufendorf (1632–1694) in den „Elementa
jurisprudentiae universalis" (Den Haag 1660) und in seinem Hauptwerk „De jure
naturae et gentium" (Lund 1672) durch die Annahme eines Naturrechts als Inbegriff
vernünftig einsichtiger Normen und durch die Voraussetzung einer natürlichen
Sozialität des Menschen in Gegensatz zu Hobbes trat, berührt er sich mit ihm in der
Konstruktion eines reinen Naturzustandes als „Fiktion" im Interesse der Sozialkon-
traktstheorie, wie aus seiner „Dissertatio de statu hominum naturali" (In: Dissertatio-
nes academicae selectiores. Lund 1675) hervorgeht. Noch deutlicher zeigt sich der
Einfluß der Hobbesschen Rechtsphilosophie bei Chr. Thomasius (1655–1728), der
zunächst in seinen „Institutiones jurisprudentiae" (Frankfurt und Leipzig 1688)
weitgehend von Pufendorf abhängig war, später aber in den „Fundamenta juris
naturae et gentium" Halle 1705) eine der Hobbesschen nahestehende Konzeption
entwickelte, derzufolge nur Befehle einer zur Normsetzung kompetenten Instanz
(jussa imperantis) als „Gesetze" gelten können, während naturrechtliche Normen
lediglich als Aussagen über Zweck-Mittel-Zusammenhänge *(consilia)* aufzufassen
sind. Thomasius tat aber einen wichtigen Schritt über die rechtsphilosophische
Tradition hinaus, indem er auch die Bereiche der Sittlichkeit (des *honestum*) und der
Sitte (des *decorum*) als rechts- und staatsphilosophisch relevant bestimmte.

55. Zu J. de Witt siehe Anm. 41 zu Kap. IX. – L. S. Feuer, op. cit., insb. 77, erblickte in de
Witt den eigentlichen Begründer der „sozialen Mathematik", teils wegen seines
Versuchs, in der Erörterung volkswirtschaftlicher und politischer Zusammenhänge
statistische Methoden zur Geltung zu bringen, teils wegen seines Versuchs, die
Gesellschaft als geometrisch konstruierbares Gebilde zu begreifen. Nach de Witt soll

die Gesellschaft, wie alles in der Natur, unverbrüchlichen Gesetzen unterworfen sein, denen sich der individuelle Wille letzten Endes unterzuordnen habe.

36. Pieter van den Hove (1618–1685) und Johan van den Hove (1622–1660). Vermutlich gehen die Werke der Brüder materialiter vor allem auf Johan, der Form nach aber auf Pieter zurück. Cf. M. Francès: La Balance Politique de J. et P. de la Court. Paris 1937, Avertissement, pp. XXII–XXIII. Die wichtigsten Werke sind: „Consideratien van Staat ofte Polityke Weeg-Schaal, waar in met veele Reedenen, Omstandigheden, Exempelen en Fabulen werd ooverwoogen, welke forme der Regeeringe, in speculatie geboud op de practijk, onder de menschen de beste zy. Beschreven door V. H." Amsterdam, 3. A. 1662 und „Het Interest van Holland". Amsterdam 1662. Cf. W. Röd: „Van den Hoves ‚Politische Waage' und die Modifikation der Hobbesschen Staatsphilosophie bei Spinoza". In: Journal of the History of Philosophy 8 (1970), 29–48.

37. Cf. The Economic Writings of Sir William Petty; ed. Ch. H. Hull. Cambridge 1899.– Petty war als junger Mann zur See gegangen. Nach seiner Desertion nach Frankreich studierte er auf dem Kontinent und hatte in Paris Verbindung mit Hobbes, zu dessen „Optik" er die Abbildungen zeichnete. 1650 wurde er Professor für Musik in Gresham College, bald danach Surveyor of Ireland im Auftrag des Parlaments. In Irland erwarb er große Besitzungen. Nach J. Aubrey: Brief Lives, ed. O. Lawson Dick. London 1958, 240, quälte er James Harrington (siehe unten) mit arithmetischen Sätzen, indem er die Politik auf Zahlen reduzierte. Zur Entstehung der Sozialarithmetik cf. W. Voisé: La réflexion présociologique d'Erasme á Montesquieu. Wroclaw etc. 1977, 135–143.

38. Zum Merkantilsystem cf. M. Blaug: Systematische Theoriegeschichte der Ökonomie, vol. I. München 1971, 41 sqq.

39. Zur Biographie cf. J. Tolands Lebensbeschreibung in: James Harrington: The Oceana and other Works with an Account of His Life. London 1771 (Nachdruck Aalen 1963). Zu Harringtons Stellung angesichts der sozialen Bewegungen seiner Zeit cf. C. B. Macpherson: The Political Theory of Possessive Individualism. Oxford 1962, 160–193.

40. Nach J. Tolands Zeugnis in seiner Einleitung zur angeführten Ausgabe der Works, p. XIV. Toland beruft sich auf eine private Äußerung Harringtons.

41. Wieder abgedruckt in vol. I von: The Works of Sir William Temple, to which is prefixed The Life and Character of the Author. 4 voll. Neue Ausgabe, London 1757.

42. Dieses Werk wurde 1680 veröffentlicht, ist aber etwa dreißig Jahre früher als Beitrag zur Diskussion über die Ausschließungsakte geschrieben worden. Es wurde ursprünglich als Manuskript verbreitet. Neuere Ausgaben: P. Laslett: Patriarcha and other Political Works of Sir Robert Filmer. Oxford. Deutsche Übersetzung in J. Locke: Zwei Abhandlungen über Regierung nebst „Patriarcha" von Sir Robert Filmer (übers. v. H. Wilmanns). Halle a. d. Saale 1906.

43. Sidney schrieb gegen Filmer zwei „Discourses Concerning Government" (erstmals veröffentlicht 1698), die als Beweismaterial in dem mit Sidneys Verurteilung zum Tode endenden Prozeß eine Rolle spielten.

VIII. Der Platonismus von Cambridge

1. B. Whichcotes Predigten wurden posthum veröffentlicht im Rahmen der vierbändigen Ausgabe seiner Werke, Aberdeen 1751.
2. Zur gesamten Richtung ist zu vergleichen: E. Cassirer: Die platonische Renaissance in England und die Schule von Cambridge. Leipzig und Berlin 1932; E. M. Austin: The Ethics of the Cambridge Platonists. Philadelphia 1935; J. Muirhead: The Platonic Tradition in Anglo-Saxon Philosophy. London 1931; F. J. Powicke: The Cambridge Platonists. London und Toronto 1926; G. P. H. Pawson: The Cambridge Platonists and Their Place in Religious Thought. London 1930; S. I. Mintz: Materialism. More, Cudworth, and Glanvill. Cambridge 1962.
3. Cf. J. Hoyles: The Waning of the Renaissance 1640–1740. Studies in the thought and poetry of Henry More, John Norris and Isaac Watts. Den Haag 1971 (insb. Kap. III).
4. Cf. F. J. Powicke, op. cit., 10.
5. Zur Biographie cf. F. J. Powicke, op. cit., 110 sqq.
6. Im folgenden zitiert nach dem Facsimile-Neudruck Stuttgart-Bad Cannstatt 1964.
7. Noch später wurde aus Cudworths Manuskripten „A Treatise on Freewill", ed. J. Allen, London 1838, veröffentlicht.
8. Cudworth antizipierte hier eine Argumentation, die Ch. Hartshorne: The Logic of Perfection and Other Essays in Neoclassical Metaphysics. LaSalle, Ill. 1962, ausführlich entwickelt hat.
9. In diesem Sinne heißt es in der (nicht paginierten) Inhaltsübersicht des Werkes: „. . . wenn es ewige und intelligible Wahrheiten gibt, deren Existenz ebenfalls notwendig ist, so muß es – da diese nur in einem Geist sein können – einen *ewigen, notwendig existierenden Geist* geben, der alle jene Ideen und Wahrheiten gleichzeitig enthält oder sie ist" („ . . . if there be eternal truths, and intelligibles, whose existence also is necessary; since these can be nowhere but in a mind; there must be an *eternal, necessarily existing mind,* comprehending all these Ideas and truths at once, or being them"). Cf. 736 sq., wo diese Argumentation ausführlicher entwickelt wird. Zum platonistischen Hintergrund cf. J. Jacquot: „Le Platonisme de R. Cudworth". In: Revue philosophique 154 (1964), 29–44.
10. Zur Biographie cf. F. J. Powicke, op. cit., sowie A. Lichtenstein: Henry More. The Rational Theology of a Cambridge Platonist. Cambridge, Mass. 1962, Kap. I.
11. Nachdruck des „Democritus Platonissans", Los Angeles 1968 (The Augustan Reprint Society, Publ. Nr. 130), mit einer Einleitung von P. G. Stanwood.
12. Großen Eindruck machte auf More die Haltung der den Quäkern nahestehenden Lady Conway, mit der er auch korrespondierte. Cf. Conway Letters, ed. Marjorie H. Nicolson, London 1930.
13. H. Mores wichtigste Werke von philosophischer Bedeutung sind: An Antidote Against Atheism. London 1652; Enthusiasmus triumphatus. London 1656; The Immortality of the Soul. London 1659; An Explanation of the Grand Mystery of Godliness. London 1660; Enchiridium Ethicum. London 1667; Divine Dialogues. London 1668; Philosophiae Teutonicae Censura. S. l. 1670; Enchiridium metaphysicum. London 1671; An Account of Virtue. London 1690. – Im folgenden wird nach den „Opera philosophica" (= Opera omnia, II/1 und II/2), London 1679 (Nachdruck Hildesheim 1966), zitiert.
14. S. Hutin: Henry More. Essai sur les doctrines théosophiques chez les platoniciens de

Cambridge. Hildesheim 1966, p. 65, hat More in dieser Hinsicht mit Kant verglichen, doch kann nicht übersehen werden, daß More keineswegs ein Transzendentalphilosoph *ante litteram* war.

15. Cf. Antidotus; II/2, 53 sqq., ferner Enchiridium metaphysicum, pass., und Dialogi divini; II/1, 643 sqq.

16. Ausführlich setzte sich More mit Hobbes auseinander II/2, 332 sqq.

17. Zur Mehrdeutigkeit des Ausdrucks „absoluter Raum" cf. B. Kanitscheider: Vom absoluten Raum zur dynamischen Geometrie. Mannheim etc. 1976, 13 sqq.

18. Von dieser Auffassung war Descartes nicht weit entfernt, als er im Entwurf einer Antwort auf Mores letzte Briefe schrieb: „Dixi Deum extensum ratione potentiae, quod scilicet illa potentia se exserat, vel exserere possit, in re extensa . . ." (II/2, 268). More nahm zu dieser Auffassung in einem Brief an Clerselier Stellung, in dem er erklärte, zwischen ihm und Descartes gebe es im fraglichen Punkte keine Meinungsverschiedenheit mehr (II/2, 270).

19. Cf. II/2, 235: „res extensa latior corpore est". Zu Mores Verhältnis zum Cartesianismus cf. A. Koyré: Von der geschlossenen Welt zum unendlichen Universum. Frankfurt a. M. 1969 [From the Closed World to the Infinite Universe. 1957].

20. H. Randall jr.: The Career of Philosophy, vol. I. New York und London, 4. A. 1970, 489, hat darauf hingewiesen, daß die Vorstellung der plastischen Kraft in Newtons Annahme eines Äthers weiter wirkte. Die positive Bedeutung der Moreschen Konzeption des Raumes unterstrich auch A. Koyré, op. cit., 144: „Henry Mores Vorstellung vom Raum, die diesen zu einem Attribut Gottes werden läßt, ist . . . keineswegs eine abwegige, wunderliche und kuriose Erfindung, die ‚Phantasie' eines neuplatonischen Mystikers, der sich in der Welt der neuen Wissenschaft nicht mehr zurecht findet." Sie wurde vielmehr von einer Reihe großer Denker (wie Spinoza, Malebranche und Newton, der im Hinblick auf seine Raum-Konzeption von More beeinflußt war) geteilt.

21. Eine der seltsamsten Schriften Mores sind die „Fundamenta Philosophiae sive Cabbalae Aeto-paedo-melissaeae" (II/1, 521 sqq.), deren Namen auf einen Traum zurückgeht, in dem More einen Adler (griech. „aetós") sah, der sich in einen Knaben (griech. „paîs") und später in eine Biene (griech. „mélissa") verwandelte. In diesem Traum meinte er in verhüllter Form verschiedene kabbalistische Lehren zu erkennen, die auf die Leugnung der Existenz der Materie hinauslaufen sollen (cf. II/1, 523), so daß nur der Geist als wirklich gelten kann, und zwar als ungeschaffener, ewiger, bewußter, vitaler, sich selbst bewegender, unendlicher Geist, der auf Grund dieser Attribute als göttlich zu bezeichnen ist und außer dem es nichts geben kann. Die einzelnen Dinge müssen daher als Teile des göttlichen Wesens begriffen werden, das sich mithin als teilbar erweist. Die Elemente der Welt sind Monaden als Teile der göttlichen Wesenheit. Die „Kontraktion" der Monaden bewirkt einen Zustand der Bewußtlosigkeit, ihre „Expansion" eine sukzessive Bewußtwerdung, die über die Stufen des vegetativen, sensitiven und rationalen Lebens vor sich geht. Aus Staub kann eine Pflanze, aus dieser ein Tier und aus diesem wiederum ein Mensch, ja ein Engel werden (II/1, 523). More läßt der Darstellung dieser Auffassung eine Widerlegung folgen (II/1, 523 sqq.), in der die Grundsätze der Adler-Knaben-Bienen-Kabbala als haltlos bezeichnet werden. S. Hutin, op. cit., 73 sqq., erblickt aber in ihnen einen verschlüsselten Ausdruck von Mores wahrer Überzeugung.

22. Hierzu A. Lichtenstein, op. cit.

IX. Spinoza

1. Die ältesten *Biographien* sind die von J. Colerus [Köhler], 1705 in niederländischer Sprache erschienen, und von J. M. Lucas, Amsterdam 1719 (Beide nunmehr in B. de Spinoza: Die sämtlichen Werke, vol. 7: Lebensbeschreibungen und Gespräche. Übers. und Anm. von C. Gebhardt. Nachdruck mit neuer Bibliographie von M. Walther. Hamburg 1977). – Wichtige *jüngere Biographien:* J. Freudenthal: Spinoza. Sein Leben und seine Lehre. Stuttgart 1904 (2. A. 1927); St. Dunin-Borkowski: Spinoza, 4 voll. Münster 1933 sqq. (mit reichem zeitgeschichtlichen Material); A. Wolfson: Spinoza. A Life of Reason. New York, 2. A. 1969 (1. A. 1932).

2. *Maßgebliche Ausgabe:* Spinoza. Opera, ed. C. Gebhardt, 4 voll. Heidelberg 1925 sqq. (Neudr. 1972); vol. V (ed. N. Altwicker) in Vorbereitung. Nach dieser Ausgabe wird im folgenden zitiert. – Zur *Bibliographie:* A. S. Oko: The Spinoza Bibliography. Boston 1964; J. Wettlesen: A Spinoza Bibliography 1940–1970. Oslo 1971 (ergänzt A. S. Oko, op. cit.); J. Prepoziet: Bibliographie Spinoziste. Paris 1973; ferner Bibliographie 1924–1968 in: N. Altwicker (ed.): Texte zur Geschichte des Spinozismus. Darmstadt 1971, 393–410. – Ein unentbehrliches Hilfsmittel der Spinoza-Forschung ist Emilia Giancotti Boscherinis Lexicon Spinozanum, 2 voll. Den Haag 1970.

3. Zur Entwicklung von Spinozas Philosophie cf. A. Guzzo: Il pensiero di Spinoza. Turin, 2. A. 1964 (1. A. 1924).

4. Cf. L. Roth: Spinoza, Descartes, and Maimonides. Oxford 1924; C. Gebhardt: „Spinoza und der Platonismus". In: Chronicon Spinozanum I (1921), 182–359; speziell in bezug auf den Gottesbegriff cf. P. Lachièze-Rey: Les origines cartésiennes du Dieu de Spinoza. Paris 1934 (2. A. 1950); Spinozas Verhältnis zu Zeitgenossen untersucht L. Brunschvicg: Spinoza et ses contemporains. Paris 1923 (4. A. 1951); zur Frage der Abhängigkeit von der jüdischen Tradition cf. D. Neumark: Crescas und Spinoza. Cincinnati 1908; M. .Joel: Zur Genesis der Lehre Spinozas. Breslau 1871; S. Scheur: Spinoza und die jüdische Philosophie des Mittelalters. Berlin 1925; gegen Versuche, Spinozas Gottesvorstellung in Abhängigkeit von der biblischen Vorstellung Jahwes zu verstehen, wendet sich J. F. Barwirsch: Spinoza. Vaduz 1972, 28 sqq.; allgemein warnt St. Hampshire: Spinoza. Harmondsworth 1962 (1. A. 1951), 26, davor, die Spinozanische Philosophie als bloße Weiterentwicklung einer anderen philosophischen Konzeption aufzufassen, namentlich der Cartesianischen, auf deren Verhältnis zur Spinozanischen Philosophie er 16 sqq. ausführlich eingeht.

5. Über „Tendenzen der Spinoza-Rezeption und -kritik" cf. N. Altwicker, op. cit., 1–58 (Einleitung).

6. Die Idee der Idee oder des Geistes ist nach II, 109 die Form der Idee, sofern diese als Bewußtseinsmodus unter Absehung von der Beziehung auf ein Objekt betrachtet wird.

7. Cf. II, 27: „... id, quod formam verae cogitationis constituit, in ipsa eadem cogitatione est quaerendum, et ab intellectu natura est deducendum".

8. In bezug auf endliche Dinge (und nur in bezug auf sie) stimmt also Spinoza mit Hobbes' Lehre von der genetischen Definition überein.

9. Zur These, daß die wahre Idee notwendige Voraussetzung der Methode sei, cf. H. H. Joachim: A Study of the Ethics of Spinoza. New York 1964 (1. A. 1904), 7–8. Die gelegentlich aufgestellte Behauptung, Spinoza sei von einer beliebigen wahren Idee

ausgegangen, scheint dagegen mit Spinozas systematischer Konzeption weniger leicht zu vereinbaren.

10. Die deduktive Form der Darstellung, der *ordo geometricus,* ist nicht zufällige Einkleidung des Spinozanischen Systems, sondern hängt mit dessen rationalistischem Charakter zusammen. Die Angemessenheit dieser Form hat betont G. H. R. Parkinson: Spinoza's Theory of Knowledge. Oxford 1954, vor allem im Hinblick auf analytische Sätze (89). Cf. Th. C. Mark: „Ordine geometrico demonstrata. Spinoza's Use of the Axiomatic Method". In: Review of Metaphysics 29 (1975–76), 263–286.

11. Damit soll nicht geleugnet werden, daß Spinoza eine Wissenschaftsphilosophie entwickelte, in der die von der zeitgenössischen Wissenschaft angeregten Fragen nach der Natur der Kausalbeziehung, dem Wesen wissenschaftlicher Erklärungen, dem Begriff des partikulären Seienden usw. eine Rolle spielten. Zum Zusammenhang zwischen Spinozanischer Philosophie und zeitgenössischer Wissenschaft cf. G. H. R. Parkinson: „Being and Knowledge in Spinoza". In: J. G. van der Bend (ed.): Spinoza on Knowing, Being and Freedom. Assen 1974, 24–40.

12. Die von H. H. Joachim und anderen vertretene Auffassung, Spinoza habe die Kohärenz-Konzeption der Wahrheit vertreten, wird neuerdings meist abgelehnt; cf. G. H. R. Parkinson: Spinoza's Theory of Knowledge (cit.), 137; H. F. Hallett: Benedict de Spinoza. The Elements of His Philosophy. London 1957, 60 sq.

13. Zum Verhältnis der Erkenntnisarten cf. E. Cassirer: Das Erkenntnisproblem in der Philosophie und Wissenschaft der neueren Zeit, vol. II. Darmstadt 1971 (Neudr. d. 2. A. 1922; 1. A. 1911), 76 sqq.; St. Hampshire, op. cit., 84 sqq.; mit besonderer Berücksichtigung des „Traktats über die Emendation des Intellekts" H. H. Joachim: Spinoza's Tractatus de Int. Emendatione. A Commentary. Oxford 1940 (2. A. 1958), 37 sq.; in bezug auf die „Ethica": M. Gueroult: Spinoza, vol. II: L'âme. Hildesheim und New York (identische Ausgabe Paris) 1974, 381 sqq.; zur Rolle des Verstandes cf. G. Floistad: The Problem of Understanding in Spinoza's Ethics. Oslo 1968.

14. Daß das Beispiel aus der Proportionenlehre nicht glücklich gewählt ist, bemerkt auch J. J. Groen: „Spinoza, Philosopher and Prophet". In: J. G. van der Bend (ed.), op. cit., 69–76, insb. 76.

15. So besonders deutlich C. De Deugd: The Significance of Spinoza's First Kind of Knowledge. Assen 1966, insb. 174 sqq., der gegen Gebhardt, Freudenthal und andere meint, die *scientia intuitiva* habe nichts mit der Schau der Dinge in Gott zu tun. L. C. Rice: „The Continuity of ‚Mens‘ in Spinoza". In: The New Scholasticism 43 (1969), 75–103, argumentiert, daß das intuitive Wissen dieselben kausalen Beziehungen betreffe wie die rationale Erkenntnis, im Unterschied zu dieser jedoch nicht Beziehungen zwischen Klassen, sondern zwischen Individuen zum Objekt habe. Nach G. H. R. Parkinson. Spinoza's Theory of Knowledge, cit., 188, soll die intuitive Erkenntnis von der gewöhnlichen deduktiven Erkenntnis nicht verschieden sein. Im Gegensatz zu dieser Beurteilung betonte M. Gueroult, op. cit., vol. II, 603 sqq., in Übereinstimmung mit den älteren Deutungen (z. B. H. H. Joachims), daß die intuitive Erkenntnis in allen Werken Spinozas als nichtdiskursive Erkenntnis Gottes und der Dinge in Abhängigkeit von Gott verstanden sei.

16. Cf. W. Röd: „Spinozas Idee der scientia intuitiva und die Spinozanische Wissenschaftskonzeption". In: Zeitschr. f. philos. Forschung 31 (1977), 497–510.

17. Dieses Verhältnis des Besonderen zur absolut unendlichen Substanz ist gemeint, wenn Spinoza das intuitive Wissen „rerum singularium cognitio" (II, 303) nennt. Es handelt

sich nicht um die Erkenntnis des Besonderen als solchen, sondern in Abhängigkeit vom Absoluten.

18. Ob man die intuitive Einsicht als „mystisch" zu kennzeichnen hat, hängt vom vorausgesetzten Begriff der Mystik ab; man ist hierzu berechtigt, wenn „Mystik" nicht im Sinne einer emotionalen Erfassungsweise verstanden wird; cf. J. J. Groen, op. cit., 78; H. G. Hubbeling: „Logic and Experience in Spinoza's Mysticism". In: J. G. van der Bend (ed.), op cit., 126–143. Nach Hubbeling handelt es sich bei der intuitiven Einsicht um die Erfassung von Strukturen, die von logischen Beziehungen bestimmt sind (137).

19. Zum Charakter der Spinozanischen Axiome cf. M. Gueroult, op. cit., vol. I: Dieu. Hildesheim (bzw. Paris) 1968, 20 sqq.

20. Zum Verhältnis der Axiome zu den Definitionen cf. M. Gueroult, op. cit., vol. I, 85 sqq.

21. Zu den Grundlagen der „Ethica" ist außer dem in der vorhergehenden Anm. genannten Werk vor allem heranzuziehen H. H. Joachim: A Study of the Ethics of Spinoza. New York 1964 (1. A. 1901); ferner W. Cramer: Spinozas Philosophie des Absoluten. Frankfurt a. M. 1966; St. Hampshire, op. cit., 30 sqq. Eine knappe Erläuterung der Hauptbegriffe der „Ethica" findet sich bei G. Deleuze: Spinoza. Paris 1970, 39–99 („Index des Principaux Concepts de l'Éthique").

22. „Affectio" bedeutet im vorliegenden Zusammenhang „Zustand" (ausgehend von „afficere" in der Bedeutung „in einen Zustand versetzen").

23. Zu Spinozas ursprünglicher Identifikation von „Substanz" und „Attribut" cf. L. Robinson: Kommentar zu Spinozas Ethik. Leipzig 1928; cf. M. Gueroult, op. cit., vol. I, 426 sq.

24. Im Appendix der „Kurzen Abhandlung", der einen frühen Versuch geometrischer Darstellung der Grundlagen der Metaphysik darstellt, gab es nur Axiome. Manche der Sätze, die in jener Abhandlung als Axiome fungieren, kehren in der „Ethica" als Theoreme wieder. Spinoza war offenbar um formale Verbesserungen bemüht.

25. Diese Ausdrücke sind nach Definition VI des II. Teils der „Ethica" (II, 85) synonym.

26. H. F. Hallett, op. cit., 5 sq. et pass., hat den Gedanken nachdrücklich hervorgehoben, daß die Wesenheit nach Spinoza „potency-in-act" sei und als solche nach Aktualisierung strebe.

27. Zur Definition von „Freiheit" cf. M. Gueroult, op. cit., vol. I, 75 sqq; ferner H. F. Hallett, op. cit., 148 sqq., der zeigte, daß die Annahme der Freiheit sinnlos wäre, wenn es nur eine Determination *a tergo* gäbe. Spinoza kennt aber auch eine andere Art kausaler Determination, nämlich durch das Wesen, dessen Potenz in der Handlung determiniert wird. Freiheit ist somit ein Modus der Determination von Handlungen, sofern diese als Aktualisierung einer Potenz verstanden werden.

28. Cf. H. G. Hubbeling: „Hat Spinozas Gott (Selbst)bewußtsein?" In: Zeitschr. f. phil. Forschung 31 (1977), 590–597, der, abweichend von seiner in der früheren Untersuchung von „Spinoza's Methodology" vertretenen Auffassung die im Titel formulierte Frage vorsichtig affirmativ beantwortet. – Zur *Idea Dei* als *modus infinitus* bzw. zu Spinozas Lehre von den Modi infiniti im allgemeinen cf. G. Th. Richter: Spinozas philosophische Terminologie. Leipzig 1913, 91 sqq. Ein Modus infinitus zweiten Grades ist die „Facies totius universi", d. h. die Gesamtstruktur des gesamten Universums (IV, 278: Sie bleibt, obwohl sie in unendlichen Weisen variiert, immer dieselbe). Auf diesen Begriff legt großes Gewicht H. F. Hallett, op. cit., passim.

29. H. F. Hallett, op. cit., 46 sqq., hat darauf aufmerksam gemacht, daß Spinoza zwar von „geschaffenen Dingen" spricht, unter „Erschaffung" aber nicht einen einmaligen, auch nicht einen ständig wiederholten Vorgang, sondern die unendliche und ewige Aktion der Substanz verstand, so daß die geschaffenen Dinge als Aktualisierungen der göttlichen Potenz aufzufassen sind.

30. Zum Terminus „Geist" cf. Emilia Giancotti Boscherini: „Sul concetto Spinoziano di Mens". In: G. Crapulli und E. Giancotti Boscherini: Ricerche lessicali su opere di Descartes e Spinoza. Rom 1969 (Lessico intellettuale europeo, 3), 121 sqq.

31. Zu Spinozas Psychologie cf. D. Bidney: The Psychology and Ethics of Spinoza. New Haven 1940.

32. Zur Affektenlehre cf. A. Naess und J. Wetlesen: Spinozas Affektenlehre. Oslo 1967; V. Gherasim: „Die Bedeutung der Affectenlehre Spinozas". In: S. Hessing (ed.): Spinoza. Dreihundert Jahre Ewigkeit. Spinoza-Festschrift 1632–1932. Den Haag, 2. A. 1968 (1. A. 1932), 48–59.

33. Zum Übergang von der Psychologie zur Moralphilosophie cf. H. F. Hallett, op. cit., 110 sqq.

34. Zum Begriff „exemplar humanae naturae" cf. F. H. Hallett, op. cit., 115 sqq.

35. Eine umfassende Darstellung von Spinozas Moralphilosophie bietet S. Zac: La Morale de Spinoza. Paris, 2. A. 1966.

36. Cf. S. Hessing: „Die Glückseligkeit des freien Menschen". In: S. Hessing (ed.), op. cit., 73–100, der in freier Interpretation den fraglichen Zusammenhängen nachgeht.

37. Zum Freiheitsproblem cf. A. Naess: „Is Freedom Consistent with Spinoza's Determinism?" In: J. G. van der Bend (ed.), op. cit., 6–23, der – ähnlich wie unter anderem Gesichtspunkt H. F. Hallett (siehe Anm. 27) – zum Ergebnis gelangt, daß unter Spinozas Voraussetzungen die Annahme der Freiheit mit der Annahme des auf Wesenszusammenhänge bezogenen Determinismus verträglich ist. Ferner cf. G. H. R. Parkinson: „Spinoza on the Power and Freedom of Man". In: The Monist 55 (1971), 527–553; St. Hampshire: „Spinoza's Theory of Human Freedom". In: The Monist 55 (1971), 554–566.

38. Die Entwicklung des Sozialphilosophen Spinoza stellt im Rahmen der zeitgenössischen Situation dar L. S. Feuer: Spinoza and the Rise of Liberalism. Boston 1958.

39. Zu diesen Zusammenhängen cf. W. Röd: Spinozas Lehre von der societas. Turin 1969 (Studi e ricerche di storia della filosofia, 97).

40. Cf. P. Geyl: The Netherlands in the 17th Century. London 1961; C. R. Boxer: The Dutch Seaborne Empire. New York 1965. Zur wirtschaftlichen Entwicklung cf. E. Antonelli: Études d'Économie humaniste, vol. I. Paris 1957. E. Baasch: Holländische Wirtschaftsgeschichte. Jena 1927 (Handbuch d. Wirtschaftsgesch., ed. G. Brodnitz, vol. IV). Zum weltanschaulichen Hintergrund cf. E. Beins: „Die Wirtschaftsethik der calvinischen Kirche der Niederlande 1565–1650". In: Nederlandsch Archief voor Kerkgeschiedenis, N. S., deel XXIV. Den Haag 1931, 81–156.

41. J. de Witt war ein ausgezeichneter Mathematiker, wie sein Beitrag zur 2. Auflage von Descartes' Geometrie zeigt, nämlich die „Elementa Curvarum Linearum" (cf. Cartesii Geometria, ed. Fr. Schooten, vol. II, Amsterdam 1661, (vol. I, 1659). In der Rentenrechnung wendete er die von Pascal und Huygens entwickelte Wahrscheinlichkeitsrechnung an; cf. „Waerdy van Lyfrenten naar proportie van los-renten" (1671). Den methodisch argumentierenden Wissenschaftler verrät auch die „Deductie, ofte Declaratie van de Staaten van Hollandt ende West-Vrieslandt ... dienende tot

Justificatie van't verlenen van seeckere Acte van Seclusie" (1654), als deren Verfasser de Witt gilt. (Durch die Seklusionsakte wurde das Haus Oranien von allen seinen Rechten ausgeschlossen.) Zu de Witts Politik cf. A. Lefèvre-Pontalis: Jean de Witt – Grand Pensionnaire de Hollande. Vingt années de République parlementaire au 17e siècle. I–II. Paris 1884; J. Geddes: History of the Administration of John de Witt. London 1879; N. Japikse: Johann de Witt, der Hüter des freien Meeres. Leipzig 1917.

42. Cf. K. O. Meinsma: Spinoza und sein Kreis. Berlin 1909 (ursprünglich: Spinoza en zijn kring. Den Haag 1896).

43. Cf. W. Röd: „Van den Hoves ,Politische Waage' und die Modifikation der Hobbesschen Staatsphilosophie bei Spinoza". In: Journal of the History of Philosophy 8 (1970), 29–48.

44. Spinozas Naturrechtslehre analysieren J. N. Carp: „Naturrecht und Pflichtbegriff nach Spinoza". In: Chronicon Spinozanum 1 (1921), 81–90; A. Menzel: „Beiträge zur Geschichte der Staatslehre". In: Sitzungsberichte d. Akad. d. Wiss. in Wien, Bd. 210., Abh. 1 (1929), 3. Abt.: „Die Staatslehre Spinozas"; einseitig ablehnend urteilt H. Steffen: Recht u. Staat im System Spinozas. Bonn 1968.

45. Zu den unterschiedlichen Auffassungen im „Theol.-pol. Traktat" und im „Pol. Traktat" cf. A. Menzel: „Wandlungen in der Staatslehre Spinozas". In: Festschr. f. J. Unger. Stuttgart 1898, 54 sqq. F. Tönnies: „Studien zur Entwicklungsgeschichte des Spinoza". In: Vierteljahrsschr. f. wiss. Philosophie 7 (1883), insb. 344 sqq.

46. R. J. McShea: The Political Philosophy of Spinoza. New York und London 1968, 199, hat Spinozas Staatslehre als „bürgerlich" charakterisiert, sofern sie auf die Ablehnung feudaler Ansprüche und der hierarchischen Gesellschaftsordnung auf traditionalistischer Grundlage hinausläuft; sie begünstigt den Individualismus, namentlich auch in der Wirtschaft, wo freier Handel gefordert wird; auch durch die Forderungen nach freier Entfaltung der Talente, nach Freiheit der Rede, der Presse und des Gewissens erweist sie sich als liberal. Zur Rechtsphilosophie cf. G. Belaief: Spinoza's Philosophy of Law. Den Haag 1971.

47. Zur Religionskritik im „Theol.-pol. Traktat" cf. L. Strauss: Die Religionskritik Spinozas als Grundlage seiner Bibelwissenschaft. Untersuchungen zu Spinozas Theologisch-politischem Traktat. Berlin 1930; A. Mallet: Le Traité Théologico-Politique de Spinoza et la pensée biblique. Paris 1966; G. Gawlick: Einleitung zu B. Spinoza: Theologisch-politischer Traktat. Hamburg 1976.

48. Cf. S. Zac: Spinoza et l'interprétation de l'Écriture. Paris 1965.

49. Die Struktur von Spinozas Konzeption der Religion charakterisiert klar in Form von zehn Propositionen St. Breton: Politique, Religion, Écriture chez Spinoza. Lyon 1973, 23–28. Speziellere Probleme der Spinozanischen Religionsphilosophie erörtert A. Matheron: Le Christ et le salut des ignorants chez Spinoza. Paris 1971.

Literaturauswahl

Im folgenden werden nur nach 1945 erschienene monographische Untersuchungen zu den im vorliegenden Band behandelten Philosophen berücksichtigt. Angaben zur Primärliteratur finden sich im Anmerkungsteil, der auch Hinweise auf ältere Arbeiten sowie auf Zeitschriftenartikel enthält.

Aliotta, A. und Cl. Carbonara: Galilei. Mailand 1949.

Alquié, F.: La découverte métaphysique de l'homme chez Descartes. Paris 1950

–: Descartes, l'homme et l'œuvre. Paris 1956.

–: Le Cartésianisme de Malebranche. Paris 1974.

Altwicker, N. (ed.): Texte zur Geschichte des Spinozismus. Darmstadt 1971.

Anderson, F.H.: Francis Bacon. His Career and His Thought. Los Angeles 1962.

–: The Philosophy of Francis Bacon. Chicago 1948.

Arndt, H.W.: Methodo scientifica pertractatum. Mos geometricus und Kalkülbegriff in der philosophischen Theorienbildung des 17. und 18. Jhs. Berlin und New York 1971.

Beck, L.J.: The Metaphysics of Descartes. A Study of the *Meditations*. Oxford 1965.

–: The Method of Descartes. Oxford 1952.

Bend, J. G. van der (ed.): Spinoza on Knowing, Being and Freedom. Assen 1974.

Bevan, B.: The Real Francis Bacon. A Biography. London 1960.

Bloch, O. R.: La philosophie de Gassendi. Den Haag 1971.

Blumenberg, H.: „Das Fernrohr und die Ohnmacht der Wahrheit." In: H. Blumenberg (ed.): Galileo Galilei: Sidereus Nuncius. Frankfurt a. M. 1965.

–: Die Legitimität der Neuzeit. Frankfurt a. M. 1966.

Bowle, J.: Hobbes and His Critics. A Study in Seventeenth Century Constitutionalism. London 1951.

Breton, St.: Politique, Religion, Ecriture chez Spinoza. Lyon 1973.

Brown, K. C. (ed.): Hobbes Studies. Oxford 1965.

Brunschvicg, L.: Spinoza et ses contemporains. Paris 1923 (4. Aufl. 1951).

–: Descartes et Pascal, lecteurs de Montaigne. Neuchâtel 1942 (Neudr. 1945).

–: Ecrits philosophiques, vol. I. Paris 1951.

Cahné, P. A.: Index du Discours de la méthode de René Descartes. Rom 1977 (Lessico intellettuale europeo, 12 = Corpus cartesianum, 2).

Carabellese, P.: Le obbiezioni al cartesianesimo, 3 voll. Messina 1946.

Caton, H.: The Origin of Subjectivity. An Essay on Descartes. New Haven und London 1973.

Clavelin, M.: La philosophie naturelle de Galilée. Essai sur les origines et la formation de la mécanique classique. Paris 1968.

Combés, J.: Le dessein de la sagesse cartésienne. Lyon und Paris 1960.

Costabel, P., et al.: L'œuvre scientifique de Pascal. Paris 1964.

Cramer, W.: Spinozas Philosophie des Absoluten. Frankfurt a. M. 1966.

Crapulli, G.: Mathesis universalis. Genesi di una idea nel XVI secolo. Rom 1969 (Lessico intellettuale europeo, 2).

Crombie, A.: Galilée devant les critiques de la posterité. Paris 1956.
–: Von Augustinus bis Galilei. Die Emanzipation der Naturwissenschaft. München 1977. (Augustin to Galileo. 1959).
Dangelmayr, S.: Methode und System. Wissenschaftsklassifikation bei Bacon, Hobbes und Locke. Meisenheim a. Glan 1974.
Daphnos, P.: Stoische Elemente bei Descartes und Spinoza. Athen 1976.
De Angelis, E.: Il metodo geometrico nella filosofia del seicento. Pisa 1964.
De Deugd, C.: The Significance of Spinoza's First Kind of Knowledge. Assen 1966.
Deleuze, G.: Spinoza. Paris 1970.
De Mas, E.: Francesco Bacone da Verulamio. La filosofia dell'uomo. Turin 1964.
Dibon, P.: La philosophie néerlandaise au siècle d'or, I. Paris 1954.
Dijksterhuis, E. J., et al.: Descartes et le Cartésianisme hollandais. Amsterdam 1950 (Publications de l'Institut Francais d'Amsterdam).
Dijksterhuis, E. J.: Die Mechanisierung des Weltbildes. Berlin 1956.
Drake, St.: Galileo Studies. Personality, Tradition, and Revolution. Ann Arbor 1970.
Dreyfus, Ginette: La volonté chez Malebranche. Paris 1958.
Farrington, B.: Francis Bacon. Philosopher of Industrial Science. New York 1947.
–: The Philosophy of Francis Bacon. Liverpool 1964.
Feuer, L. S.: Spinoza and the Rise of Liberalism. Boston 1958.
Freiesleben, H. Chr.: Galilei als Forscher. Darmstadt 1968.
Gäbe, L.: Descartes' Selbstkritik. Untersuchungen zur Philosophie des jungen Descartes. Hamburg 1972.
Gauthier, D. P.: The Logic of Leviathan. The Moral and Political Theory of Thomas Hobbes. London 1969.
Geymonat, L.: Galileo Galilei. Turin 1957.
–: Galileo Galilei. A Biography and Inquiry into His Philosophy of Science. New York 1965.
Giancotti Boscherini, Emilia: Lexicon Spinozanum, 2 voll., Den Haag 1970.
Gibson, R. W.: Francis Bacon. A Bibliography of His Works and of Baconiana to the Year 1750. Oxford 1950.
Goldmann, L.: Der verborgene Gott. Studie über die tragische Weltanschauung in den Pensées Pascals und im Theater Racines. Neuwied und Darmstadt 1973 (Le Dieu caché. Paris 1953).
Goldsmith, M. M.: Hobbes's Science of Politics. New York und London 1966.
Gouhier, H.: Les premières pensées de Descartes. Paris 1958.
–: La pensée métaphysique de Descartes. Paris 1962.
Goyard-Fabre, Simone: Le droit et la loi dans la philosophie de Thomas Hobbes. Paris 1975.
Green, A. W. : Sir Francis Bacon. New York 1966.
Gregory, T.: Scetticismo ed Empirismo. Studio su Gassendi. Den Haag 1971.
Gueroult, M.: Spinoza, 2 voll. Hildesheim und New York (bzw. Paris) 1968 und 1974.
–: Descartes selon l'ordre des raisons, 2 voll., Paris 1953.
–: Nouvelles réflexions sur la preuve ontologique de Descartes. Paris 1955.
–: Malebranche, 3 voll. Paris 1955 – 1959.
Hallett, H. F.: Benedict de Spinoza. The Elements of His Philosophy. London 1957.
Hampshire, St.: Spinoza. Harmondsworth 1962 (1. A. 1951).
Hessing, S. (ed): Spinoza. Dreihundert Jahre Ewigkeit. Spinoza-Festschrift 1632 – 1932.

Den Haag, 2. A. 1968 (1. A. 1932).

Hood, F. C.: The Divine Politics of Thomas Hobbes. Oxford 1964.

Houck, J. Kemp: Francis Bacon. Bibliography 1926 – 1966. London 1968 (Elizabethan Bibliographies, Suppl. 15).

Hoyles, J.: The Waning of the Renaissance, 1640 – 1740. Studies in the Thought and Poetry of Henry More, John Norris and Isaac Watts. Den Haag 1971.

Hubbeling, H. G.: Spinoza's Methodology. Assen 1964.

Hutin, S.: Henry More. Essai sur les doctrines théosophiques chez les platoniciens de Cambridge. Hildesheim 1966.

Jardine, Lisa: Francis Bacon. Discovery and the Art of Discourse. Cambridge 1974.

Kenny, A.: Descartes. New York 1968.

Kodalle, K.-M.: Thomas Hobbes. Logik der Herrschaft und Vernunft des Friedens. München 1972.

Koselleck, R., und R. Schnur (eds.): Hobbes-Forschungen. Berlin 1969.

Koyré, A.: Von der geschlossenen Welt zum unendlichen Universum. Frankfurt a. M. 1969 (From the Closed World to the Infinite Universe. 1957).

Kriele, M.: Die Herausforderung des Verfassungsstaates. Hobbes und englische Juristen. Neuwied und Berlin 1970.

Lattre, A. de: L'occasionalisme d'Arnold Geulincx. Etude sur la constitution de la doctrine. Paris 1967.

Leavenworth, Isabel: The Physics of Pascal. New York 1950.

Le Guern, M. und Marie Rose: Les Pensées de Pascal. De l'anthropologie à la théologie. Paris 1972.

Lichtenstein, A.: Henry More. The Rational Theology of a Cambridge Platonist. Cambridge, Mass. 1962.

Macdonald, H. und Mary Hargreaves: Thomas Hobbes. A bibliography. London 1952.

Marin, L.: La critique du discours. Sur la „Logique de Port Royal" et les „Pensées" de Pascal. Paris 1975.

Marion, J.-L.: Sur l'ontologie grise de Descartes. Paris 1975.

Matheron, A.: Le Christ et le salut des ignorants chez Spinoza. Paris 1971.

Maurier, Daphne du: Golden Lads. A Study of Anthony Bacon, Francis and Their Friends. London 1975.

–: The Winding Stair. Francis Bacon. His Rise and Fall. London 1976.

Mayer-Tasch, P. C.: Thomas Hobbes und das Widerstandsrecht. Tübingen 1965.

McNeilly, F. S.: The Anatomy of Leviathan. London und New York 1968.

McShea, R. J.: The Political Philosophy of Spinoza. New York und London 1968.

Miel, J.: Pascal and Theology. Baltimore und London 1969.

Mintz, S. I.: The Hunting of Leviathan. Cambridge 1962.

–: Materialism. More, Cudworth, and Glanvill. Cambridge 1962.

Mittelstraß, J.: Neuzeit und Aufklärung. Studien zur Entstehung der neuzeitlichen Wissenschaft und Philosophie. Berlin und New York 1970.

Naess, A. und J. Wetlesen: Spinozas Affektenlehre. Oslo 1967.

Nicolosi, S.: Causalità divina e libertà umana nel pensiero di Malebranche. Padua 1963.

Oakeshott, M.: Hobbes on Civil Association. Oxford 1975.

Pacchi, A.: Convenzione e ipotesi nella formazione della filosofia naturale di Thomas Hobbes. Florenz 1965.

Parkinson, G. H. R.: Spinoza's Theory of Knowledge. Oxford 1954.

Peters, R.: Hobbes. Harmondsworth 1956.

Polin, R.: Politique et philosophie chez Thomas Hobbes. Paris 1953.

Popkin, R.:The History of Scepticisme from Erasmus to Descartes. Assen 1960.

Prepoziet, J.: Bibliographie spinoziste. Paris 1973.

Randall, jr. H.: The School of Padua and the Emergence of Modern Science. Padua 1961.

Reiter, J.: System und Praxis. Zur kritischen Analysis der Denkformen neuzeitlicher Metaphysik im Werk von Malebranche. Freiburg und München 1972.

Robinet, A.: Système et existence dans l'œuvre de Malebranche. Paris 1965.

–: Malebranche de l'Académie des Sciences. L'œuvre scientifique 1674–1715. Paris 1970.

Rodis-Lewis, Geneviève: Nicolas Malebranche. Paris 1963.

–: L'œuvre de Descartes. Paris 1971.

Röd, W.: Descartes. München und Basel 1964.

–: Descartes' Erste Philosophie. Bonn 1971 (Kantstudien, Erg.-Heft 103).

–: Geometrischer Geist und Naturrecht. München 1970 (Abh. d. Bayer. Akad. der Wiss., phil.-hist. Kl., N. F., Heft 70).

–: Spinoza's Begriff der societas. Turin 1969 (Studi e Ricerche di Storia della Filosofia).

Ross, R. et al. (eds): Thomas Hobbes in His Time. Minneapolis 1974.

Rossi, P.: Francesco Bacone. Dalla magia alla scienza. Turin, 2. A. 1974.

Schmidt, G.: Aufklärung und Metaphysik. Die Neubegründung des Wissens durch Descartes. Tübingen 1965.

Schobinger, J.-P.: Blaise Pascals Reflexionen über die Geometrie im allgemeinen: „De l'esprit géométrique" und „De l'art de persuader". Mit deutscher Übersetzung und Kommentar. Basel und Stuttgart 1974.

Schmutzer, E. und W. Schütz: Galileo Galilei. Leipzig 1976.

Sebba, G.: Bibliographia Cartesiana. A Critical Guide to the Descartes Literature 1800–1960. Den Haag 1964.

Shapere, D.: Galileo. A Philosophical Study. Chicago und London 1974.

Spaemann, R.: Reflexion und Spontaneität. Studien über Fénelon und seine Wirkungsgeschichte. Stuttgart 1964.

Specht, R.: Innovation und Folgelast. Stuttgart-Bad Cannstatt 1972.

–: Commercium mentis et corporis. Über Kausalvorstellungen im Cartesianismus. Stuttgart-Bad Cannstatt 1966.

Spragens jr., Th. A.: The Politics of Motion. The World of Thomas Hobbes. London 1973.

Stephens, J.: Francis Bacon and the Style of Science. Chicago und London 1975.

Strauss, L.: Naturrecht und Geschichte. Stuttgart 1956 (Natural Right and History. Chicago 1953).

Thijssen-Schoute, Louise: Nederlands Cartésianisme. Amsterdam 1954 (Verhandelingen der Koninklijke Nederlandse Akademie van Wetenschappen, afd. Letterkunde; Nieuwe Reeks, deel XL).

Verga, L.: L'etica di Cartesio. Mailand 1974.

Vleeschauwer, H. J.: Three Centuries of Geulincx Research. Geulincx et Spinoza. Pretoria 1961.

–: Le Problème du suicide dans la morale de Geulincx. Pretoria 1965.

Voegelin, E.: Die neue Wissenschaft der Politik. München, 2. A. 1965 (1. A. 1959) (The New Science of Politics. Chicago and London 1952).

Voisé, W.: La réflexion présociologique d'Erasme à Montesquieu. Wrocław etc. 1977 (Veröffentlichungen der Polnischen Akad. d. Wiss.).

Vuillemin, J.: Mathématique et métaphysique chez Descartes. Paris 1960.

Wahl, J.: Du rôle de l'instant dans la philosophie de Descartes. Paris 1953.

Warrender, H.: The Political Philosophy of Hobbes. His Theory of Obligation. Oxford 1957.

Watkins, J. W. N.: Hobbes's Systems of Ideas. London 1965.

Weber, J.-P.: La constitution du texte des Regulae. Paris 1964.

Wettlesen: A Spinoza Bibliography 1940 – 1970. Oslo 1971.

White, H. B.: Peace Amongst the Willows. The Political Philosophy of Francis Bacon. Den Haag 1968.

Wiener, P. P. und A. Noland (eds.): Roots of Scientific Thought. New York 1957.

Will, Fr. L.: Induction and Justification. An Investigation of Cartesian Procedure in the Philosophy of Knowledge. Ithaca und London 1974.

Willms, B.: Die Antwort des Leviathan. Neuwied und Berlin 1970.

Wolf, F. O.: Die neue Wissenschaft des Thomas Hobbes. Zu den Grundlagen der politischen Philosophie der Neuzeit. Stuttgart 1970.

Wundt, M.: Die deutsche Schulphilosophie im Zeitalter der Aufklärung. Tübingen 1945 (Neudruck Hildesheim 1964).

Zac, S.: Spinoza et l'interprétation de l'Ecriture. Paris 1965.

–: La Morale de Spinoza. Paris, 2. A. 1966.

Zilsel, E.: Die sozialen Ursprünge der neuzeitlichen Wissenschaft. (ed. W. Krohn). Frankfurt am. M. 1976.

–: „The Origins of Gilbert's Scientific Method". In: Journal of the History of Ideas 2 (1941), 1 – 32.

Personenregister

Seitenzahlen über 212 beziehen sich auf den Anmerkungsteil. Über das Personenregister sind auch die nicht in die Literaturauswahl aufgenommenen Titel von Werken der Sekundärliteratur zu ermitteln.

Geschichte der Philosophie

Herausgegeben von Wolfgang Röd

Plan des Gesamtwerks

Verlag C.H.Beck München

Weitere Werke zur Geschichte
der Wissenschaften und Philosophie

F. C. Copleston
Geschichte der Philosophie im Mittelalter
Aus dem Englischen übertragen von Wilhelm Blum
1976. 400 Seiten. Paperback (Beck'sche Elementarbücher)

John Losee
Wissenschaftstheorie
Eine historische Einführung
Aus dem Amerikanischen übertragen von Walter Hoering
1977. 218 Seiten mit 24 Abbildungen im Text. Paperback
(Beck'sche Elementarbücher)

Wolfgang Büchel
Gesellschaftliche Bedingungen der Naturwissenschaft
1975. 183 Seiten. Paperback (Beck'sche Schwarze Reihe, Band 129)

Reinhold Zippelius
Das Wesen des Rechts
Eine Einführung in die Rechtsphilosophie
4., neubearbeitete und erweiterte Auflage. 1978
224 Seiten. Paperback (Beck'sche Schwarze Reihe, Band 35)

Klassiker des politischen Denkens I/II
Band I: Von Plato bis Hobbes
Herausgegeben von Hans Maier, Heinz Rausch, Horst Denzer
4., durchgesehene Auflage. 1972. XIV, 435 Seiten. Leinen
Band II: Von Locke bis Max Weber
Herausgegeben von Hans Maier, Heinz Rausch, Horst Denzer
3., durchgesehene und erweiterte Auflage. 1974. VIII, 433 Seiten. Leinen
(Beck'sche Sonderausgaben)

Wolfgang Röd
Dialektische Philosophie der Neuzeit 1/2
Band 1: Von Kant bis Hegel
1974. 228 Seiten. Paperback (Beck'sche Schwarze Reihe, Band 120)
Band 2: Von Marx bis zur Gegenwart
1974. 178 Seiten. Paperback (Beck'sche Schwarze Reihe, Band 121)

Verlag C. H. Beck München